COLLECTION
FOLIO ESSAIS

Jean-Pierre Luminet

L'Univers chiffonné

Édition revue et augmentée

Gallimard

Cet ouvrage a originellement paru
aux Éditions Fayard.

AVANT-PROPOS
POUR L'ÉDITION REVUE ET AUGMENTÉE

Ce livre est consacré à la présentation d'une approche, celle de la « topologie cosmique », qui cherche à dévoiler la taille et la forme de l'Univers, l'une des plus grandes questions de la cosmologie depuis vingt-cinq siècles.

En compagnie d'une poignée de collaborateurs, je l'ai défendue opiniâtrement durant une dizaine d'années contre l'opinion sceptique — et, semblait-il alors, « raisonnable » — de la majorité de mes collègues chercheurs dans la discipline. En effet, l'une des conclusions possibles et des plus surprenantes de nos modèles d'« Univers chiffonné » est celle d'un espace plus petit que celui qui est embrassé par l'observation télescopique des objets célestes ; en conséquence, une partie des sources lumineuses lointaines pourrait n'être qu'une assemblée de « fantômes » se réverbérant aux limites d'un espace aux formes étranges, refermé sur lui-même...

En 2001, date de publication de l'édition originale du livre, les outils théoriques pour traiter de la topologie cosmique existaient en grande partie. J'en donnais des explications et des argumentations compréhensibles par tous, qui se retrouvent sans modification dans la présente édition. En revanche, je ne cachais pas au lecteur que les preuves observationnelles manquaient encore. J'évoquais les différentes méthodes et instruments susceptibles à l'avenir d'opérer cette discrimination, et de résoudre du même coup d'innombrables questions théoriques sur la nature de l'espace. En particulier, au chapitre 38, j'expliquais comment, avec le futur satellite MAP de la NASA, la cartographie précise du rayonnement fossile — nous donnant à voir les grumeaux de lumière formés pour la première fois dans l'histoire de l'Univers — permettrait de décoder les vibrations originelles de l'espace et d'en déduire, peut-être, la forme du « tambour cosmique ». Dans le chapitre 23, j'exprimais même une préférence esthétique toute personnelle pour un modèle précis, celui de l'« espace sphérique dodécaédrique »...

C'est donc dans un état d'expectative mêlé d'excitation que je remis le manuscrit de *L'Univers chiffonné* à mon éditeur. Je ne soupçonnais pas que mes vœux se concrétiseraient aussi vite et de façon aussi spectaculaire. Lancé le 30 juin 2001, le satellite MAP (rebaptisé entre-temps « WMAP », Wilkinson Anisotropy Microwave Probe) a effectivement remplacé et amélioré les données collectées par ses prédécesseurs de moindre envergure. À la vue des premiers résultats expérimentaux, publiés en février 2003, il est apparu que certaines « anomalies » dans les données permettaient de tester nos hypothèses sur la forme de l'Univers, et nous avons pensé que notre rêve devenait peut-être réalité... L'article que nous avons rédigé à la suite a fait la couverture de la célèbre revue *Nature* du 9 octobre 2003, car il représentait l'archétype du travail scientifique : observation nouvelle, proposition d'explication par un modèle théorique spécifique — précisément le modèle d'Univers sphérique dodécaédrique, que les journalistes en quête d'images frappantes ont immédiatement popularisé sous le nom d'« Univers ballon de football » — et prédictions précises du modèle, réfutables ou confirmables par des observations plus fines.

Outre les corrections et améliorations de détail suggérées par des lecteurs particulièrement perspicaces sur l'édition originale, il m'est donc apparu indispensable d'effectuer une mise à jour pour la présente édition, sous forme d'une postface. Celle-ci dresse le bilan des progrès accomplis depuis 2001 dans le domaine de la topologie cosmique — sujet jusqu'alors confidentiel, mais propulsé depuis sur le devant de la scène cosmologique.

Les nouvelles fraîches tombant chaque mois du cosmos lointain exigeraient d'autres ajouts. Nul doute que, dans les mois à venir, les progrès fulgurants de l'astronomie observationnelle dévoileront d'autres surprises célestes, de nouvelles découvertes affineront nos théories, en invalideront certaines. Quoi qu'il en soit, elles continueront à nous faire rêver à la place que nous humains, petits êtres de poussière, occupons dans ce cosmos immense dont nous tentons orgueilleusement de dévoiler les formes.

JEAN-PIERRE LUMINET
Meudon, juillet 2004

L'espace a pour jouet le cri : je ne sais pas !

STÉPHANE MALLARMÉ

GUIDE DE LECTURE

La mise en mots de la science a commencé dans l'Antiquité grecque. En ce temps, les philosophes naturalistes — Démocrite, Héraclite, Platon — étaient des maîtres du langage autant que des savants. Dans leurs traités sur la nature, raisonnement physique et expression poétique allaient de pair. Un sommet du genre a été atteint par Lucrèce. Ce poète latin du Ier siècle avant notre ère, disciple d'Épicure et de la philosophie atomiste, a laissé une œuvre phare, *De natura rerum*, qui conjugue admirablement un dessein épistémologique et un souci formel. Plus encore, Lucrèce a donné à son ouvrage une tournure aussi adéquate que possible au contenu[1].

Tout au long de l'histoire, cette façon de conter la science a connu des succès, mais aussi des critiques virulentes. Certains esprits se croyant puristes ont estimé que nulle expression littéraire ne pouvait rendre compte de la subtilité et de la complexité de la pensée scientifique. Pour ma part, j'ai toujours

1. Le poème, tant dans son organisation générale que dans sa syntaxe et son alphabet, exploite un cycle de création et de destruction qui mime l'un des aspects essentiels de la philosophie atomiste ; voir par exemple Paul Braffort, *Science et littérature*, Paris, Diderot Éditeur, 1999.

pensé qu'il n'y avait pas de contradiction entre la tâche du savant et l'art de l'écrivain. Certes, je connais les limites du langage, de l'analogie et de la métaphore. En ce qui concerne l'emploi du vocabulaire par exemple, les sciences physiques et mathématiques ont emprunté au langage courant un grand nombre de termes auxquels elles ont donné un sens très précis, souvent éloigné de leur acception commune : espace, champ, onde, chaos, etc. Or ces glissements sur les mots de la science ne manquent pas d'engendrer des confusions, voire des contresens, dans l'esprit du public, ou sous la plume d'intellectuels qui n'ont pas de formation scientifique approfondie[1].

Mais j'ai toujours été séduit par l'idée que la forme même d'un livre puisse refléter, d'une façon ou d'une autre, son contenu — par son gabarit, sa maquette, son organisation, sa construction littéraire, son rythme.

Le premier livre de « vulgarisation » que j'ai écrit[2], consacré aux trous noirs, avait la structure d'un roman policier. Il mettait en scène deux protagonistes, la gravitation et la lumière. Cette dernière était assassinée, ce qui donnait lieu à une sorte d'investigation policière sur ce crime peu commun. L'enquête commençait par une autopsie, décrite dans la partie intitulée « Cadavres exquis », et se poursuivait jusqu'à la résolution de l'énigme, dans une partie finale baptisée « La lumière retrouvée ». Je dois admettre que cette construction est passée inaperçue, hormis auprès de rares lecteurs. Aussi suis-je

1. Voir l'ouvrage d'Alan Sokal et Jean Bricquemont, *Impostures intellectuelles*, Paris, Odile Jacob, 2ᵉ éd., 1999.
2. Jean-Pierre Luminet, *Les Trous noirs*, Paris, Belfond, 1987 ; Seuil, coll. « Points Sciences », 1992.

tenté d'expliquer en préambule la construction particulière du présent ouvrage et d'en proposer un guide de lecture.

Ce livre traite de la topologie de l'Univers, sujet aux ramifications multiples qui obligent à faire des incursions dans les mathématiques, la physique, l'astrophysique, mais aussi l'histoire des idées, les concepts philosophiques, voire les références artistiques. Le lecteur pourrait avoir quelque difficulté à suivre le fil conducteur si celui-ci se dévidait d'un bloc unique et linéaire. J'ai donc opté pour une construction arborescente, en dotant l'ouvrage d'une structure de graphe. En mathématiques, un graphe est un ensemble visuel d'éléments mis en correspondances mutuelles à l'aide d'arcs, de flèches, de boucles. Or, comme nous le verrons avec la devinette des ponts de Königsberg, la théorie mathématique des graphes est fille de la topologie ; elle permet de résoudre des problèmes complexes à partir de représentations graphiques simples.

La première partie constitue le tronc principal du graphe. Son matériau emprunte largement aux conférences de vulgarisation que j'ai maintes fois données sur le sujet. La succession logique des idées et des concepts fait progresser sans à-coups de la naïve interrogation initiale sur la forme de l'espace aux considérations les plus sophistiquées sur la topologie cosmique, les modèles d'espace chiffonné et leurs approches expérimentales.

Les chapitres de la seconde partie intitulée « Les plis de l'Univers » peuvent être vus comme les branches du graphe, qui apportent des éclairages et des approfondissements particuliers sur divers points du parcours principal. Comme un graphe peut contenir des boucles et des croisements, comme il peut être parcouru en de multiples sens, l'exploration de ces ramifications peut être tentée à plusieurs moments de la lecture. Le plus simple est de s'y rendre dès qu'un point de sortie possible est indiqué dans la partie principale ; libre au lecteur de revenir ensuite au tronc, ou de flâner de branche en branche, dans l'arborescence du sujet. Libre à lui aussi de n'explorer aucune branche avant d'avoir entièrement gravi le tronc principal.

À Syracuse, dans la Sicile grecque du IIIe siècle avant l'ère chrétienne, le roi Hiéron engageait Archimède à tourner son art des choses purement intellectuelles vers les objets sensibles, à rendre ses raisonnements accessibles aux sens et palpables au commun des hommes. Je serais comblé si cet opuscule, consacré à un sujet jamais traité à ce niveau de divulgation, parvenait à ce but.

I

LA FORME DE L'ESPACE

1

Le mollusque universel

Et toi, douce Espace,
Où sont les steppes de tes seins, que j'y rêvasse ?

JULES LAFORGUE

Quelle est la forme de l'espace ? C'est l'une des questions qui m'intriguent le plus depuis trente ans. Plus précisément depuis un après-midi d'été qui reste gravé dans ma mémoire. Adolescent, je lisais dans mon jardin inondé de soleil une encyclopédie d'astronomie destinée au grand public. À la fin de l'ouvrage, des pages plus techniques introduisaient les notions de relativité générale et d'espace courbe. Je ne comprenais rien, mais j'étais fasciné. Un certain Albert Einstein avait démontré que l'espace et le temps n'étaient pas aussi simples que ce que nous souffle l'intuition géométrique... Une phrase avait surtout piqué ma curiosité : il était dit que, dans un champ de gravitation, le continuum d'espace-temps n'était plus euclidien, mais constituait un mollusque de référence. Une image très forte s'était aussitôt formée dans mon esprit. À la saveur des mots s'ajoutait leur valeur métaphorique : le mollusque d'espace-temps fit naître dans mon imaginaire la vision pittoresque d'un immense escargot cosmique à la peau striée de lumière, variée en courbures et en galbes. Dès lors, je n'ai eu de cesse d'expliciter cette étrange affirmation — quel est ce mollusque universel ? — et je n'ai jamais plus contemplé du même œil les beaux cieux étoilés de ma Provence natale. Ce n'étaient plus les myriades d'étoiles coulant dans la Voie lactée comme des rivières de diamants qui m'intriguaient, c'était ce qu'il y avait autour, c'était l'*espace*. Ce n'était plus le contenu, mais le contenant qui faisait se bousculer les questions : cet espace impalpable qui contient les étoiles a-t-il une texture ? Est-il plat, cabossé, courbé, plié, lisse, rugueux, granuleux ? Est-il fini, infini ? A-t-il des extrémités, des trous, des poignées ? Et puis, qu'est-ce que cela signifie, au juste, de dire que l'espace a une forme ?

C'est à cette époque que j'ai résolu de m'intéresser non pas tant à l'Univers tel qu'il est, qu'à l'Univers tel qu'il *pourrait être*, en restant dans les limites de la physique raisonnable (dans le cas contraire, toutes les fantaisies seraient permises et il ne s'agirait plus d'un travail scientifique). Il m'a fallu plusieurs années avant de commencer à mettre un contenu rationnel dans ce mollusque à consonance poétique. Pour le sens commun, il est courant de penser l'espace comme une sorte de réceptacle vide, dépourvu de forme, accueillant les corps matériels. Certains philosophes ont tenté de donner chair à ce réceptacle en l'envisageant plutôt comme un matériau, une substance éthérée qui tout à la fois contiendrait et imprégnerait les corps. Pour un scientifique, les questions sur l'espace ne sont pertinentes que si des mathématiques lui donnent sens. Or, c'est seulement aujourd'hui que les mathématiques, suffisamment outillées, peuvent poser de bonnes questions sur l'espace et, le cas échéant, nous aider à les résoudre. Si elles ne nous enseignent pas que l'espace existe nécessairement en tant que réalité objective (cette question continue de relever de la philosophie), du moins lui confèrent-elles une existence en tant que structure, définie par des symétries et des formes. **La symétrie, p. 376**

L'étude des formes est une science en soi qui se rattache à la géométrie. Les géomètres ont l'habitude de jongler avec des espaces qui défient le sens commun. Espaces qui possèdent onze ou quatre-vingts dimensions, espaces indéfiniment lisses ou, au contraire, discontinus, espaces criblés de trous, qui ont des bords ou qui se terminent brutalement par des points anguleux. Mais ces espaces abstraits n'ont guère de rapport avec l'espace physique. D'ailleurs, si l'on y songe, même les objets géométriques les plus élémentaires, entrés dans la langue courante, sont des abstractions : le point comme élément sans dimension, la ligne comme ensemble de points, le plan comme étant formé de lignes et le volume comme agrégat de plans — rien de tout cela n'existe dans l'Univers réel. Mais alors, cet Univers réel qui contient les objets matériels, les créatures vivantes, les étoiles, les galaxies, les ondes, les rayonnements, que peuvent en dire le physicien, le mathématicien, l'astronome ? A-t-il commencé ? Est-il éternel ou éphémère ? L'espace est-il fini ou infini ?

Lorsque j'ai commencé à m'interroger sur la nature, la grandeur et l'origine de l'Univers, j'ignorais que ces questions faisaient partie de celles que l'homme se pose depuis fort longtemps. Dans presque toutes les cultures, philosophes, savants ou artistes y ont apporté des explications variées, et qui ont évolué au cours de l'histoire. Si la cosmologie moderne et les solutions de big-bang qui en découlent connaissent actuellement un tel succès public, c'est parce qu'elles cherchent à y répondre en combinant raisonnements mathématiques, modélisations physiques et observations astronomiques.

Questions cosmiques, p. 258

Après un siècle de progrès remarquables, les cosmologistes sont sur le point d'élucider certaines de ces énigmes. Je m'attacherai en particulier à montrer comment, avec un peu de géométrie et des télescopes perfectionnés, nous espérons parvenir à mesurer, au cours des prochaines années, la grandeur et la forme de l'espace.

Jusqu'ici, j'ai parfois utilisé le mot « Univers » en lieu et place du mot « espace ». Cette assimilation est courante dans le vocabulaire commun. Pourtant, elle est illicite. Il convient de préciser les distinctions entre espace mathématique, espace physique, espace-temps et Univers.

Espace et Univers

• Un espace mathématique est un ensemble d'objets sur lequel est définie une structure (par exemple un ensemble de points entre lesquels on définit une distance). Il y a autant d'espaces mathématiques que de structures possibles, c'est-à-dire une infinité, qui ne saurait être épuisée par l'imagination humaine. Jusqu'au XIXe siècle, le seul espace mathématique connu était l'espace euclidien, dont la structure géométrique découle de postulats posés par Euclide dans l'Antiquité, et dont nous avons tous appris les règles élémentaires sur les bancs de l'école.

• L'espace physique, au contraire, est unique. Si l'on en croit la définition du dictionnaire, c'est l'étendue indéfinie qui contient les corps matériels. Dans l'acception commune, c'est l'espace de la conquête, celui dans lequel vogue le vaisseau Enterprise de la série *Star Trek*. Mais affirmer que cet espace possède un certain nombre de dimensions, en l'occurrence trois, qu'il est fini ou infini, qu'il est plat ou courbé, etc., n'a rien d'évident ! La raison en est que notre espace perceptif est *a priori* distinct de l'espace physique[1]. Le physicien cherche justement à décrire cette étendue indéfinie qu'est l'espace au moyen d'un modèle géométrique. Comme nous le verrons, plusieurs modèles sont possibles : la description obtenue dépend notamment du degré de finesse avec lequel l'espace physique est analysé.

• L'espace-temps est une entité théorique qui réunit un espace géométrique à trois dimensions et le continuum temporel à une dimension. C'est donc un espace à quatre dimensions muni d'un certain nombre de structures possibles (généralement non euclidiennes), qui sert de cadre de travail aux théories de la relativité.

Les géométries non euclidiennes, p. 239

• L'Univers, par définition, est l'ensemble de tout ce qui existe. En relativité générale, il est modélisé par une association complexe regroupant le contenant et le contenu, c'est-à-dire l'espace, le temps, mais aussi l'énergie sous toutes ses formes (matière, lumière, énergie du vide). L'Univers relativiste, c'est l'espace physique tissé par le temps et gravé par la matière. À ce titre, certaines assertions cosmologiques qui assimilent l'Univers à sa seule composante spatiale — par exemple affirmer que l'Univers est plat — peuvent induire en erreur le lecteur.

L'Univers est-il plat ?, p. 367

• Reste la notion d'Univers observable, que je serais tenté d'appeler univers sans majuscule. À la différence de l'Univers, espace-temps-matière dans son entièreté, qui n'a vraisemblablement ni centre ni frontières, ni intérieur ni extérieur, l'univers observable est centré sur l'observateur terrestre et possède des frontières. Toute investigation astronomique nous plonge en effet dans le passé, puisque l'information nous parvient par l'intermédiaire de rayonnements (électromagnétique, gravitationnel) ou de particules (neutrinos, rayons cosmiques) voyageant à une vitesse finie.

1. Les canaux semi-circulaires de notre oreille interne, qui détectent les accélérations angulaires de la tête dans trois plans perpendiculaires, construisent un espace mental de structure localement euclidienne ; voir par exemple A. Berthoz, *Le Sens du mouvement*, Paris, Odile Jacob, 1998.

> Mais cette remontée dans le temps se heurte nécessairement à une limite correspondant à une époque où aucune source de rayonnement ne s'était encore formée. L'univers observable n'est donc qu'une portion de l'espace-temps, délimitée par un *horizon cosmologique* : c'est l'intérieur d'une sphère centrée sur nous, dont le rayon actuel est d'environ cinquante milliards d'années-lumière. Au cours de l'expansion cosmique, cet horizon sphérique augmente de rayon.

Gardons présentes à l'esprit ces différentes acceptions. Il est probable que, dans la suite de ce livre, j'utiliserai encore ponctuellement le mot « univers » (avec minuscule) au lieu du mot « espace », mais par simple commodité de discours, et uniquement là où aucune erreur d'interprétation ne risque de s'ensuivre.

2

La grandeur de l'espace

> *[Le cosmos] est un morceau retranché à l'infini et borné par une limite, soit rare, soit dense, soit en révolution, soit stationnaire : ses contours sont tantôt sphériques, tantôt triangulaires, tantôt de toute autre forme.*
>
> ÉPICURE

L'histoire des conceptions de la forme de l'espace est longue de vingt-cinq siècles. Elle est pleine de surprises, de rebondissements, parfois de retours en arrière, elle fourmille de vues profondes autant que d'anecdotes pittoresques. Mais elle s'est longtemps cantonnée à une question : l'espace est-il fini ou infini ? Selon les époques et les cultures, la réponse a oscillé, telle une valse hésitante, entre ces deux visions extrêmes du monde, qui relèvent au moins autant de la philosophie et de l'esthétique que de l'astronomie. **Une brève histoire de l'espace, p. 209**

Un épisode de l'Antiquité nous éclaire sur le type de raisonnement utilisé par les anciens sages. Dans son traité intitulé *L'Arénaire*, le géomètre Archimède discute la grandeur de l'Univers selon les hypothèses des astronomes grecs. Pour cela, il se propose d'écrire le nombre de grains de sable qui rempliraient le volume du monde. Pour la plupart des

Anciens, le monde ne se limitait pas à la Terre, mais s'étendait à l'Univers entier, embrassant le Soleil et les planètes, jusqu'aux étoiles fixes. Ces dernières étaient censées être situées à la même distance, sortes de clous dorés encastrés dans une sphère ultime ceignant l'espace de toutes parts. Archimède veut donc calculer le volume du monde en comptant les grains de sable que l'on devrait empiler pour le remplir entièrement. En prenant comme diamètre du monde celui admis par le système géocentrique d'Aristote et d'Eudoxe, Archimède obtient un nombre de grains égal, en notation moderne, à 10 à la puissance 51. Or son contemporain Aristarque de Samos avait conjecturé un monde beaucoup plus étendu que celui de ses prédécesseurs. Il avait en effet proposé un système du monde héliocentrique, dans lequel le Soleil était immobile au centre de l'Univers, la Terre tournant en cercle autour de lui. Dans ces conditions, il fallait que les étoiles fussent extrêmement lointaines, sinon, par un effet de perspective appelé « parallaxe », leur position dans le firmament aurait changé au cours de l'année. En adoptant pour diamètre du monde celui donné par Aristarque, **Distances astronomiques, p. 286.** Archimède obtient 10^{63} grains de sable. Trouvant ce nombre déraisonnablement grand, il en conclut qu'Aristarque a surestimé la taille du cosmos et qu'il s'est fourvoyé dans ses hypothèses cosmologiques.

L'astronomie moderne nous a appris non seulement qu'Aristarque avait raison quant au mouvement de la Terre, mais qu'il avait aussi entrevu l'immensité du cosmos. L'Univers est incroyablement plus étendu que tout ce qui avait été imaginé par les savants de l'Antiquité. Le nombre total d'atomes contenus dans l'univers observable est estimé à environ 10^{79}. Cette valeur est très facile à calculer : sachant que l'univers est essentiellement composé d'atomes d'hydrogène, il suffit de multiplier la constante d'Avogadro (nombre d'atomes d'hydrogène contenus dans 1 gramme, environ 10^{24}) par la masse du Soleil (environ 10^{33} grammes), par le nombre moyen d'étoiles dans une galaxie (environ cent milliards, soit 10^{11}) et par le nombre de galaxies dans l'univers (également 10^{11})[1]. En outre, les atomes d'hydrogène ne se touchent pas à la manière des grains de sable d'Archimède ; il y en a seulement, en moyenne, une dizaine par mètre cube d'espace. Le volume de l'univers observable est donc 10^{78} mètres cubes, ce qui correspond au volume d'une sphère ayant approximativement dix milliards d'années-lumière de rayon.

Archimède, comme la plupart des astronomes de l'Antiquité, croyait que l'Univers était fini. Quand on parle d'Univers fini, beaucoup de gens ont à l'esprit une bulle de matière plongée dans un océan de néant. Ils imaginent une zone avec de la matière, des étoiles, qui s'étendrait jusqu'à une certaine frontière au-delà de laquelle il n'y aurait plus que l'espace vide. Cette vision est erronée à plus d'un titre. D'abord, il n'y a probablement pas d'espace physique sans matière ou énergie ; certes il est impossible de le prouver parce qu'on ne peut pas retirer toutes les formes d'énergie de l'Univers pour vérifier que l'espace disparaît bien avec elles ; néanmoins, les théories de la relativité générale et de la mécanique quantique, piliers de la physique moderne nous

1. La notation en « puissances de 10 » permet de ramener les multiplications à de simples additions : $10^{24} \times 10^{33} \times 10^{11} \times 10^{11} = 10^{24+33+11+11} = 10^{79}$.

confortent dans cette idée. Ensuite, l'espace peut parfaitement être fini sans avoir de frontière. C'est ce que nous ont appris les nouvelles géométries découvertes au XIXe siècle et leurs espaces non euclidiens aux propriétés déroutantes.

Les géométries non euclidiennes, p. 239

On saisira mieux cette notion d'espace à la fois fini et sans bord en reprenant une analogie donnée par Georges Lemaître — le père du big-bang — dans une de ses conférences intitulée *La Grandeur de l'espace*. Simplifions le raisonnement en passant de trois à deux dimensions, autrement dit réduisons le volume de l'espace à une surface, par exemple celle de la Terre. Cette surface a une étendue finie mesurable par une superficie, tout comme l'espace ordinaire a un volume. C'est une mosaïque constituée de pièces inégales juxtaposées, par exemple les pays et les océans, chaque pièce ayant une frontière précise. Mais si l'on fédère de proche en proche tous les pays, les continents et les océans, les frontières sont progressivement repoussées, jusqu'à s'évanouir complètement lorsque l'union de toutes les parties est réalisée. La surface de la Terre est sans frontières. Pourquoi n'en serait-il pas de même pour l'ensemble de l'espace à trois dimensions ? Pour que l'analogie fonctionne, il faut oublier que nous pouvons nous détacher de la surface terrestre pour nous déplacer dans la troisième dimension. En effet, nous ne pouvons pas nous évader de l'espace ordinaire par quelque quatrième dimension et l'examiner de l'extérieur.

On a coutume de penser que la physique n'accède qu'à une infime partie du réel. Pour ce qui est de la cosmologie, quand on songe à l'Univers, on pourrait penser que l'univers *observable* — celui qui est à la portée de notre vue ou de nos télescopes — n'est forcément qu'une petite fraction de l'Univers *réel*. Or cette idée pourrait être fausse. Nous verrons que les modèles d'Univers chiffonné, munis de leur étrange topologie, offrent une alternative paradoxale où l'espace réel est plus petit que l'espace observé ! Des objets cosmiques apparemment situés à une distance de dix milliards d'années-lumière pourraient emplir un espace ne mesurant que trois milliards d'années-lumière. Comment est-ce possible ?

3

Jeux de miroirs

Là une salle immense, à travers cent fenêtres
De limpide cristal, prend la lumière du jour
Et dans un beau décor de fines mosaïques
Elle contient la figure de l'Univers.

GIAMBATTISTA MARINO

Quiconque visite la galerie des Glaces du château de Versailles ou les plus modestes palais des glaces des attractions foraines est captivé par les jeux de miroirs. Chacun s'émerveille de l'illusion d'optique engendrée par les images spéculaires, pareilles à des fantômes.

Les miroirs ne font pas que refléter les images ; ils recèlent aussi certains secrets de l'infini. Chacun sait que couvrir de miroirs les murs d'une pièce donne l'illusion qu'elle est plus vaste. Plaçons-nous entre deux miroirs parallèles — une situation classique dans un salon de coiffure. Nous nous voyons alternativement de face et de dos, et cela presque à l'infini. Presque, car en pratique l'infini n'est pas atteint : le plus léger défaut de parallélisme entre les miroirs transforme le système en un grand kaléidoscope. Un kaléidoscope est un cylindre à l'intérieur duquel se trouve un jeu de petits miroirs disposés selon certains angles, qui produisent de multiples combinaisons d'images. Dans un salon de coiffure, l'imperfection du parallélisme distribue les images spéculaires selon un cercle, jusqu'à ce qu'elles finissent par disparaître du miroir après un certain nombre de réflexions.

Imaginons maintenant une pièce tapissée de miroirs sur ses quatre murs verticaux, et plaçons-nous n'importe où dans la pièce : un effet kaléidoscopique se produit par rapport au coin le plus proche ; de plus, les réflexions répétées de chaque paire de miroirs opposés reproduisent sans cesse l'effet, créant l'illusion d'un réseau infini s'étendant dans un plan. Ce pavage d'un plan infini par des motifs qui se répètent porte, en mathématiques, le nom de *tessellation* (tesselle désigne une pièce de mosaïque).

Considérons enfin une pièce tapissée de miroirs sur ses six parois (plancher et plafond compris). Si nous pénétrons dans la pièce, le jeu des multiples réflexions fait que nous avons immédiatement l'impression de voir l'infini dans toutes les directions, comme si nous étions suspendus au sommet d'un puits sans fond, prêts à être avalés, au moindre mouvement, dans une direction ou dans une autre[1].

L'espace cosmique, d'apparence gigantesque, pourrait nous bercer d'une illusion semblable. Bien entendu, il ne possède ni murs ni miroirs, et les images fantômes y seraient créées non par la réflexion de la lumière sur les parois de l'Univers, mais par la démultiplication des trajets lumineux empruntant les plis d'un espace chiffonné (voir figure 3.1).

1. L'architecte Serge Salat a conçu d'étonnantes installations où le spectateur perd ses repères spatiaux, en ayant l'impression de pénétrer dans un espace cristallin démultiplié à l'infini de toutes parts. Voir Serge Salat et Françoise Labbé, *Le Livre infini*, AFAA, 1994.

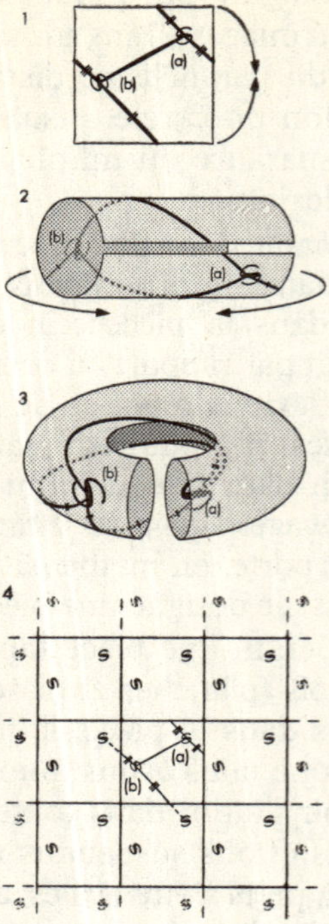

3.1. Jeux de miroirs

Un univers très simple à deux dimensions, appelé *tore* (3), illustre comment un observateur situé dans la galaxie (b) peut voir des images multiples de la galaxie (a). Ce modèle d'univers « chiffonné » est construit à partir d'un carré (1) dont on a recollé les bords opposés (2) : tout ce qui sort d'un côté réapparaît immédiatement sur le côté opposé, au point correspondant. La lumière de la galaxie (a) atteint la galaxie (b) selon plusieurs trajets, de sorte que l'observateur dans la galaxie (b) voit de nombreuses images de la galaxie (a), réparties dans toutes les directions du ciel. Bien que l'espace du tore soit fini, un être qui y vit a l'illusion de voir un espace, sinon infini (en pratique, des horizons limitent la vue), du moins plus grand que ce qu'il n'est en réalité. Cet espace fictif (4) a l'aspect d'un réseau construit à partir d'une cellule fondamentale, qui répète indéfiniment chacun des objets de la cellule.

4

Les quatre échelles de la géométrie

Tu as beau appeler à la rescousse l'Espace, vieux vautour podagreux qui bave le ruban blanc des routes et les grands arcs de l'horizon, semblables à d'immenses limaces arrondies !

FILIPPO MARINETTI

Les formes de la nature sont limitées par certaines contraintes. Les premières sont celles qu'impose le caractère tridimensionnel de l'espace[1]. L'espace n'est pas une toile de fond passive, il a une structure qui influe sur la forme de tout ce qui existe. Son architecture dicte des règles auxquelles chaque forme matérielle qui y réside paie un tribut.

L'architecture réelle de l'espace et les contraintes qu'elle impose nous sont encore inconnues. S'il pouvait étudier la flottabilité, la pression, les lois d'écoulement et autres propriétés constitutives de son espace naturel, nul doute que le poisson aurait une perception différente de son environnement ! Notre espèce a cette capacité : en étudiant le large éventail des espaces abstraits proposés par les ma-

1. Je parle ici des trois dimensions usuelles de longueur, largeur et profondeur, sachant que des théories récentes invoquent l'existence de dimensions spatiales supplémentaires, qui ne seraient perceptibles qu'à courte distance.

thématiques, en étudiant leurs courbures, leurs transformations, leurs dilatations, l'homme parvient à mieux comprendre l'Univers. Certes, la plupart des esprits sont incapables de se représenter mentalement un espace non euclidien, mais les géomètres peuvent en donner des descriptions mathématiques cohérentes. Les peintres de la Renaissance ont beaucoup travaillé sur la représentation de l'espace afin d'améliorer leur pratique. Face à la difficulté de projeter l'espace en trois dimensions sur une surface plane, ils ont inventé la perspective, mathématisant ainsi l'espace perçu au moyen des lois de la géométrie, qui sera qualifiée de « projective » au XVIIe siècle par Girard Desargues. Leon Battista Alberti, Piero della Francesca, Paolo Uccello, Albrecht Dürer furent les vrais géomètres de leur temps.

Quel est l'espace mathématique susceptible de représenter correctement l'espace réel ? Le problème est beaucoup plus compliqué qu'il ne semble. Les mondes microscopiques et macroscopiques diffèrent profondément de l'espace immédiat qui nous environne. La question de la représentation géométrique de l'espace se pose à quatre niveaux différents, quatre échelles comme disent les physiciens : microscopique, locale, macroscopique et globale. Qu'est-ce que cela signifie au juste ? Revenons sur l'image du mollusque universel. Au niveau macroscopique, la surface du mollusque paraît doucement incurvée, souple et régulière. Si on l'observe à la loupe, cette courbure devient imperceptible, de sorte qu'à l'échelle locale chaque petit voisinage d'un point de la surface du mollusque peut être assimilé à une portion de plan. Si l'on se sert maintenant d'un microscope, on découvre de nombreuses irrégularités et rugosités à la surface du mollusque. Enfin, en prenant tout le recul nécessaire, on perçoit la morphologie globale de l'animal. S'agit-il d'une limace, d'un escargot ou d'un calmar ? Les observations effectuées aux résolutions précédentes ne nous apprenaient rien à ce sujet.

C'est un peu la même chose avec la structure de l'espace. À l'échelle locale, disons sur des distances comprises entre 10^{-18} mètre (un milliardième de milliardième de mètre, longueur actuellement accessible à l'expérimentation) et 10^{11} mètres (cent millions de kilomètres, de l'ordre de la distance Terre-Soleil), la géométrie de l'espace se décrit très bien par celle de l'espace euclidien tridimensionnel ordinaire, sans courbure. « Très bien » signifie que cette structure mathématique sert de cadre naturel aux théories physiques qui, comme la mécanique classique newtonienne et la relativité restreinte, permettent d'expliquer correctement la quasi-totalité des phénomènes naturels. L'espace euclidien tire son nom du géomètre grec Euclide qui, au IIIe siècle avant notre ère, avait réuni l'ensemble des connaissances mathématiques de l'Antiquité dans les treize volumes de ses *Éléments*. L'œuvre d'Euclide traite des formes des figures géométriques, de leurs relations, leurs dimensions et leurs proportions. Pendant longtemps, l'espace euclidien fut le seul espace connu des mathématiciens, au point qu'au XVIIIe siècle le philosophe Emmanuel Kant put soutenir que les postulats d'Euclide étaient inhérents à la pensée humaine. Mais il écrivait cela au moment où l'ère euclidienne touchait à sa fin ! **Une brève histoire de l'espace, p. 209**

À l'échelle macroscopique[1], comprise *grosso modo* entre 10^{11} et 10^{25} mètres, la géométrie de l'espace se

1. Dans le langage courant, les termes « microscopique » et « macroscopique » que j'utilise ici pour décrire la géométrie de

décrit mieux par une géométrie non euclidienne, plus précisément une « variété riemannienne » (généralisation tridimensionnelle d'une surface à courbure variable) continue, plus ou moins courbée par les corps massifs qu'elle contient[1]. Dans la théorie de la relativité générale d'Einstein, l'Univers est mieux décrit par une étoffe souple et élastique ; l'espace, couplé au temps, est une harmonieuse anatomie tout en rondeurs, creux et bosses rendant compte des phénomènes de gravitation.

À l'extrémité infinitésimale de l'échelle, sur des distances inférieures à 10^{-18} mètre, nous pénétrons dans le royaume de l'espace microscopique, encore inexploré par la physique expérimentale. Son architecture la plus intime est inaccessible à nos moyens d'investigation actuels, qu'il s'agisse des puissants microscopes électroniques ou des accélérateurs de particules à très haute énergie. Seules des théories spéculatives en proposent des modèles géométriques. L'espace microscopique pourrait dévoiler des propriétés géométriques particulières. De quoi est-il réellement fait ? Existe-t-il des grains d'espace comme il y a, en physique quantique, des grains d'énergie ? Au début du XXe siècle, le chimiste Dimitri Mendeleïev, célèbre pour avoir conçu la table périodique des éléments, émit l'idée que l'espace était constitué de particules un million de fois plus petites que l'atome d'hydrogène, et que les atomes n'étaient que

---

l'espace n'ont pas la même signification. Une bactérie est microscopique car elle ne se voit pas à l'œil nu, une fleur est macroscopique. Or, selon mes définitions, la bactérie et la fleur se rattachent toutes deux à l'échelle locale de l'espace.

1. Au voisinage de corps exceptionnellement massifs ou denses comme les trous noirs, les effets de la courbure peuvent être ressentis sur des distances de quelques mètres.

des combinaisons de ces particules. Des théoriciens inventifs comme Paul Dirac et John Wheeler ont développé cette idée et ont assimilé l'espace à un ensemble de grains ou de bulles de savon. Dans cette vision, l'espace n'a plus la passivité d'un simple système de coordonnées. C'est un principe actif donnant naissance au monde matériel, une substance magique dont la courbure, la granularité et les excitations définissent la masse des particules, leur charge électrique et tous les champs d'interaction auxquels elles sont soumises. Par exemple, l'espace pourrait être agité de fluctuations modifiant en permanence sa forme et la rendant extrêmement complexe : instable, discontinue, chaotique. L'espace pourrait même révéler des dimensions cachées supplémentaires.

Ces sujets hautement spéculatifs sont en plein développement et constituent l'un des grands enjeux de la physique de demain. Je ne les aborderai pas dans le présent ouvrage, car ce qui nous intéresse ici au premier chef, c'est la perspective la plus vaste possible sous laquelle l'étoffe universelle peut être vue. Et là, des surprises non moindres nous attendent. On ignore encore si, à l'échelle cosmologique, l'espace est infini, de courbure nulle ou négative, ou s'il est fini avec une courbure positive, semblable à une sphère multidimensionnelle. Le plus intrigant est de se dire que l'espace pourrait être *chiffonné*, par exemple replié plusieurs fois sur lui-même tout en étant euclidien ou négativement courbé, mais malgré tout fini. Pour traiter ces aspects globaux de l'espace, une nouvelle discipline est nécessaire, mêlant mathématiques avancées et observations cosmologiques subtiles : la topologie cosmique. C'est l'objet de ce livre.

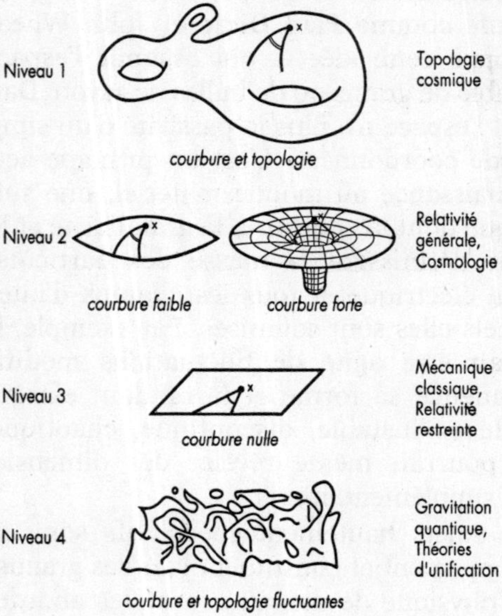

4.1. Les quatre niveaux de la géométrie

Les niveaux de la géométrie se définissent par ce que voit un observateur dont l'œil se rapproche de plus en plus d'un point de l'espace. On examine la forme de l'espace avec un télescope à grossissement variable, centré sur un point *x* choisi. À grossissement 1, le champ de vue embrasse la géométrie globale de l'espace, la forme de celui-ci pouvant être extrêmement compliquée (niveau 1). Lorsque le grossissement augmente, apparaît dans le champ de vue un morceau plus petit de l'espace, dont l'aspect est un disque plus ou moins courbé ; c'est l'espace de la géométrie macroscopique (niveau 2). Lorsque le grossissement augmente encore, le disque se réduit à un voisinage de plus en plus petit du point, dont la courbure devient imperceptible, au point de paraître plate ; c'est l'espace de la géométrie locale (niveau 3). À grossissement presque infini, on aperçoit la structure microscopique intime de l'espace, qui peut redevenir très compliquée (niveau 4). Dans la colonne de droite, j'ai indiqué les diverses théories de physique fondamentale qui, à l'heure actuelle, paraissent les plus à même de décrire correctement le niveau de grossissement correspondant.

5

Espace absolu ou relatif ?

Lorsque dans une chambre donnée, on change la place du lit, peut-on dire que l'on change de chambre, ou quoi ?

GEORGES PEREC

Les nombreuses spéculations sur la nature de l'espace, élaborées depuis l'Antiquité jusqu'à nos jours, peuvent se classer en deux grandes catégories : celles de l'espace absolu et celles de l'espace relationnel, selon que l'espace est supposé subir ou non l'influence de la matière qu'il contient. Ces spéculations ont eu tour à tour la faveur des physiciens. Au début du XVIIIe siècle, par exemple, l'espace absolu prôné par Newton a triomphé de l'espace relationnel soutenu par Descartes et par Leibniz. Au début du XXe siècle, la balance a penché de l'autre côté. Avec la théorie de la relativité générale, les conceptions de l'espace et du temps ont subi une refonte considérable. Aujourd'hui, près d'un siècle plus tard, la plupart des gens ignorent que le passage de la physique newtonienne à la physique einsteinienne a été l'un des plus formidables bouleversements intellectuels de l'Histoire, dont on n'a pas encore fini d'apprécier les conséquences. À première vue, la chose paraît anodine, tout au moins appréciable seulement par une poignée de spécialistes : l'attraction universelle de Newton a été remplacée par une autre théorie de la gravitation, la relativité générale d'Einstein. Mais comme celle-ci implique directement la nature de l'espace et du temps, le paysage de l'Univers change du tout au tout.

Dans la vision newtonienne du monde, l'espace est une toile de fond donnée *a priori* et absolue, en ce sens que les distances sont les mêmes pour tous les observateurs qui les mesurent, quelles que soient leur position ou leur vitesse. Cet espace est décrit par la structure géométrique la plus simple (et la seule connue de Newton) : celle de l'espace euclidien tridimensionnel, d'étendue infinie. Le temps est lui aussi absolu, représenté par un espace mathématique à une dimension : une droite, orientée du passé vers le futur. C'est dans ce cadre préétabli d'espace et de temps fixés une fois pour toutes que se meut la matière. Pour expliquer le mouvement des corps, il est toutefois nécessaire de faire intervenir un concept supplémentaire, celui de force. Voici pourquoi. Un corps en mouvement, s'il n'est soumis à aucune force, doit suivre une droite de l'espace. Or, on observe que les trajectoires des corps soumis à la pesanteur ne sont pas rectilignes : une comète par exemple, passant au voisinage du Soleil, est déviée de la ligne droite, et les planètes suivent des ellipses. Le problème de la mécanique céleste réside alors tout entier dans l'action physique : il faut inventer des forces qui tirent le système hors de sa trajectoire naturelle. L'idée de Newton fut d'imaginer que tous les corps massifs, qu'il s'agisse d'une pomme tombant d'un arbre, de la Lune gravitant autour de la Terre ou de la Terre tournant autour du Soleil, étaient soumis à une force de même nature : l'attraction universelle. Selon lui, tout corps massif exerce sur les autres corps une action attractive à distance. Cette explication de la gravitation en termes de force se surajoute à la structure absolue de l'espace et du temps. De la même façon, toutes les lois de la physique classique, y compris celles énoncées plus tard, au XIXe siècle, pour décrire les phénomènes électriques et magnétiques, sont définies au sein de ce décor figé : tous les corps, qu'ils soient célestes ou terrestres, se meuvent sous l'action de forces dans un cadre géométrique relativement pauvre (voir illustration 1).

La vision einsteinienne du monde, résumée par les deux théories de la relativité, est radicalement différente. C'est en termes de géométrie que ces théories s'expliquent le plus aisément.

La relativité restreinte, qui traite des mouvements uniformes à vitesse constante, se contente toujours d'une géométrie sans courbure, mais l'espace et le temps font cette fois partie d'une structure à quatre dimensions, l'espace-temps. Les équations qui décrivent par exemple des phénomènes aussi curieux que la dilatation apparente des durées et la contraction des longueurs se réduisent essentiellement au théorème de Pythagore généralisé à quatre dimensions, à une subtilité près : la coordonnée temporelle t se singularise des coordonnées spatiales (x, y, z), le carré de l'intervalle temporel étant affecté du signe moins : $s^2 = x^2 + y^2 + z^2 - c^2t^2$, où c est la vitesse de la lumière. On dit que l'espace-temps a une signature +++– (trois dimensions d'espace, une dimension de temps) et que sa géométrie est pseudo-euclidienne (la partie purement spatiale se réduit à l'espace euclidien).

La relativité générale traite de la gravité. Elle décrit cette dernière non plus comme une force à distance, mais comme une manifestation locale de la géométrie non euclidienne de l'espace-temps. Le choix d'Einstein fut en effet d'éliminer l'action physique de la gravitation, le prix à payer se traduisant par un enrichissement nécessaire de la géométrie sous-jacente. Cela conduit à considérer des espaces non euclidiens, dont les droites ne sont plus celles de la géométrie usuelle. La déviation de la trajectoire d'une comète s'interprète comme la conséquence du fait que la géométrie de l'espace-temps est incurvée par la présence du Soleil. La trajectoire suivie reste une droite dans une géométrie courbe : un fil tendu suivrait cette trajectoire.

L'espace-temps relativiste est donc doté d'une courbure. Lorsqu'on mesure les distances dans cet univers courbe (sous une forme mathématique appelée métrique), le théorème de Pythagore se traduit par une formule plus compliquée. La signature est toujours +++– (trois coordonnées d'espace et une coordonnée de temps), mais la partie spatiale est un espace courbe, dit « riemannien ».

Les mathématiques cosmiques, p. 291

Tout un chacun peut fabriquer son propre petit échantillon d'espace-temps élastique. Mais pour faciliter sa visualisation et pouvoir le manipuler aisément dans l'espace ordinaire, il faut une fois de plus se restreindre à deux dimensions : un morceau de bas résille, tendu et fixé sur un cadre rigide, fait parfaitement l'affaire. J'ai construit cet objet pour la première fois il y a une douzaine d'années, pour les besoins d'une émission grand public de la télévision italienne où je devais présenter mon livre sur les trous noirs fraîchement traduit dans la langue de Dante. Mon éditeur, fort inquiet, m'avait supplié de trouver une métaphore visuelle spectaculaire, afin de ne pas faire fuir d'emblée le téléspectateur. Toute analogie visuelle est en quelque point défectueuse ; mais c'est un jeu dont il faut connaître et respecter les règles. Je me suis donc rendu chez un marchand de lingerie féminine, à Rome. Je lui ai demandé une paire de bas résille grande taille, j'ai ouvert le paquet et, devant ses yeux horrifiés, j'ai découpé un morceau de bas avec une paire de ciseaux, l'étirant en tous sens pour en tester l'élasticité. Il s'en est fallu de peu que le commerçant n'appelle les *carabinieri* qui passaient dans la rue et ne dénonce le sadique... Satisfait, je me suis ensuite rendu dans un magasin de jouets où j'ai acheté des balles et des billes de masses, de tailles, de densités et de couleurs différentes. Le soir, ma démonstration a produit son petit effet. Depuis lors, j'utilise régulièrement ce dispositif dans mes conférences publiques et son succès ne s'est jamais démenti. Je vous engage donc à construire cet artefact aux vertus pédagogiques étonnantes.

Première manipulation : tenons le tissu en l'air sans aucun objet posé dessus. Il n'a pas de forme, pas de structure. Ou plutôt il possède la structure géométrique la plus simple qui soit, celle du plan euclidien. Nous visualisons là la conception newtonienne de l'espace. Le maillage rectiligne matérialise les trajets des rayons lumineux. Il tisse un système de coordonnées universel qui définit l'architecture de l'espace.

Souvenons-nous que Newton supposait un espace absolu rigide, c'est-à-dire qui n'est pas influencé par les corps matériels qui s'y trouvent. Le contenant est inflexible quel que soit le contenu. Posons donc le cadre élastique sur une table, pour en imposer l'inflexibilité[1], et plaçons une boule au centre, pour figurer un corps massif tel que le Soleil. Rien de particulier ne se passe. Si nous ajoutons une petite bille figurant une planète et que nous poussons cette bille, celle-ci va avoir tendance à aller en ligne droite — autrement dit à suivre la trame rectiligne du cadre. Or cela ne se passe pas ainsi dans la nature : la planète doit tourner autour du Soleil selon une ellipse. Pour expliquer cette déviation par rapport au mouvement naturel, il faut invoquer une force centrale qui empêche la bille de partir en ligne droite. De plus, cette force agit à distance (sans contact) et instantanément.

Dans la vision einsteinienne, le tissu élastique ne reste plat que s'il est vide de matière. Soulevons donc le cadre de la table, la boule-Soleil étant toujours posée au milieu. Que se passe-t-il ? La masse engendre un creux, une déformation du tissu qui se traduit par le fait que les rayons lumineux eux-mêmes — la trame du bas résille — s'incurvent autour d'elle. Nous voyons que le maillage du tissu épouse la courbure, et donc que l'espace-temps continue d'être tissé par les trajectoires des rayons lumineux. D'où l'idée qu'au voisinage des grandes masses, dans les parages du Soleil par exemple, les rayons lumineux voient leur trajectoire déviée par la gravitation. Cette courbure, tout comme le champ de gravitation, est variable en chaque point, pouvant être négative, positive ou nulle. Ainsi, la courbure du tissu tend

1. Une grille de barbecue ferait mieux l'affaire, car elle n'aurait pas besoin de support rigide pour rester inflexible. Mais elle ne serait pas très commode à transporter...

vers zéro au fur et à mesure que l'on s'éloigne de la boule centrale[1] (voir illustration 2).

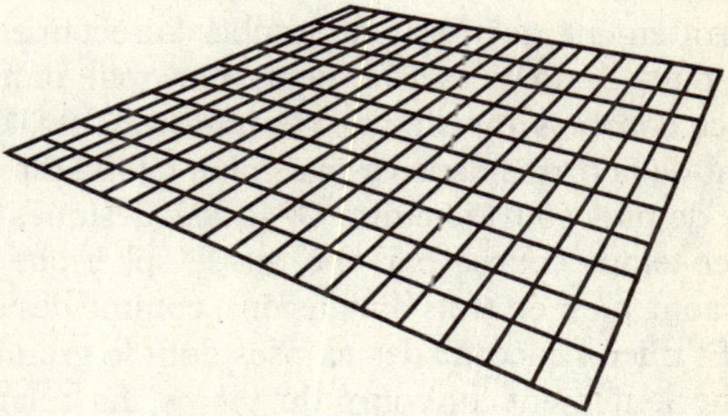

Figure 5.1. Tissu élastique plat

En l'absence de masse, c'est-à-dire de gravité, le tissu de l'espace-temps n'a aucune courbure. Les trajets des rayons lumineux tissent un quadrillage rectiligne, qui définit la géométrie euclidienne de l'espace.

Dans cette conception, la gravitation n'est pas une force agissant à distance ; ce n'est qu'une manifestation locale de la courbure. Si nous jetons sur le

1. L'expérience du tissu élastique n'est qu'une analogie très simplifiée qu'il ne faut pas prendre au pied de la lettre ; c'est la pesanteur terrestre, un champ de gravité surajouté et extérieur à l'espace bidimensionnel du tissu, qui fait que les billes déforment leur support, et non pas le champ de gravité propre des billes. En fait, pour représenter l'espace-temps, il faudrait une « éponge » molle à trois dimensions dont la forme change au cours du temps. Toutefois, et n'en déplaise aux puristes, la métaphore du tissu n'est pas si tricheuse : les diagrammes dits « de plongement » sont une technique mathématique permettant de visualiser la forme d'un espace en le plongeant dans un espace fictif de dimension supérieure. C'est ce que notre cerveau fait automatiquement pour visualiser les surfaces. Cette technique, appliquée à la représentation de l'espace-temps déformé par une masse sphérique, donne une forme qui évoque effectivement celle du tissu élastique creusé par le poids d'une bille — voir le chapitre XII de mon livre *Les Trous noirs*, *op. cit.*

tissu la petite bille figurant une planète, celle-ci, sans avoir besoin d'être soumise à une force d'attraction, suit la pente naturelle du tissu (dans les conditions réelles, le phénomène serait faussé à cause des forces de frottement qui feraient tomber directement la bille dans le creux !). Une pente naturelle dans un espace courbe s'appelle une *géodésique*. C'est l'équivalent de la droite dans l'espace plat, c'est-à-dire une ligne de plus court chemin. Or les géodésiques d'un espace-temps courbé par une masse sphérique centrale sont vues, en trois dimensions, comme des ellipses. Et mieux encore : des ellipses dont le grand axe tourne lentement au cours du temps. La relativité générale explique donc en prime un phénomène qui était observé par les astronomes depuis le milieu du XIXe siècle et que la théorie newtonienne laissait inexpliqué : l'avance du périhélie de la planète Mercure.

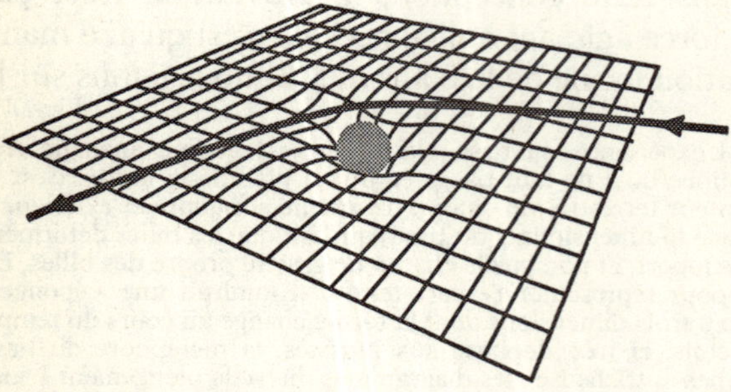

Figure 5.2. Tissu élastique courbe

Dans la conception relativiste, la gravité est une force illusoire créée par la courbure de l'Univers. Un astre massif comme le Soleil imprime un creux dans le tissu élastique de l'espace-temps. Les trajectoires des corps épousent naturellement la courbure du tissu.

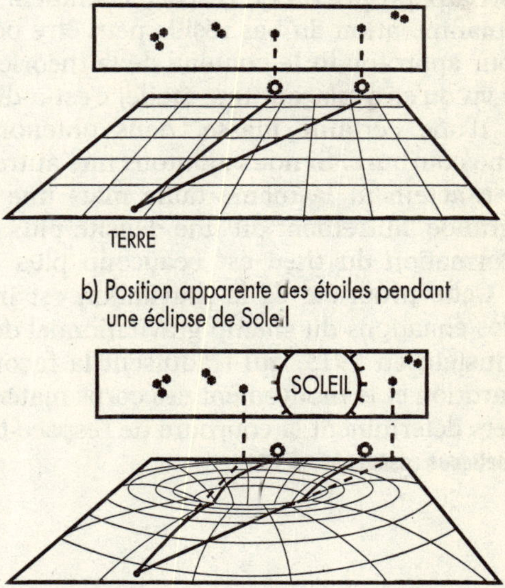

Figure 5.3. La déviation des rayons lumineux par le Soleil

Lorsque le Soleil se projette devant un fond lointain d'étoiles (visibles seulement lors d'une éclipse totale suffisamment longue), il courbe l'espace-temps dans son voisinage et dévie les rayons lumineux venant de l'arrière-plan. La direction apparente des étoiles (b) est décalée par rapport à leur position réelle (a).

La relativité générale nous force donc à réviser les concepts mêmes de temps et d'espace. L'Univers n'a plus une structure d'espace euclidien immuable tissé par un temps indépendant ; c'est un espace-temps déformé par la présence de matière et d'énergie. Au voisinage d'une masse comme le Soleil, une étoile ou une galaxie, existe une courbure qui mesure l'écart des propriétés géométriques de l'Univers par rapport aux propriétés de l'espace euclidien.

La manipulation du bas résille peut être poursuivie pour approfondir le contenu de la théorie. Nous avons vu qu'en y plaçant une étoile, c'est-à-dire une boule d'une certaine masse, nous obtenons une certaine courbure. Si nous ajoutons une autre étoile ayant exactement la même taille mais une masse plus grande, autrement dit une densité plus élevée, la déformation du tissu est beaucoup plus importante. Cette propriété de la gravitation est intégrée dans les équations du champ gravitationnel données par Einstein en 1915, qui traduisent la façon dont la répartition et le mouvement des corps matériels de l'Univers déterminent la courbure de l'espace-temps.

Les mathématiques cosmiques, p. 291

6

Mirages célestes

Son œil est comme le trèfle à quatre feuilles de l'espace.

BLAISE CENDRARS

Notre pièce de bas résille permet aussi de comprendre aisément pourquoi un espace courbé par la gravité introduit des déformations optiques, de véritables mirages célestes. Dans certaines situations, en effet, l'espace courbe démultiplie les trajectoires des rayons lumineux. Plaçons notre œil à l'un des coins du tissu et observons une étoile lointaine qui se trouve dans le coin opposé. Or, sur la ligne de visée, nous avons placé un corps massif : les rayons lumineux provenant de l'étoile lointaine, à l'arrière-plan de ce corps intermédiaire, vont donc avoir des trajectoires incurvées et atteindre notre œil en venant de plusieurs directions différentes. (Il faut évidemment imaginer le phénomène dans les trois dimensions.) Le corps massif intermédiaire peut être tout simplement le Soleil. Le premier test expérimental de la théorie de la relativité générale a justement été une éclipse de Soleil, en 1919. L'astronome britannique Arthur Eddington a observé pour la première fois que les étoiles situées à l'arrière-plan, mais au bord du limbe solaire, étaient légèrement déplacées de leur position habituelle — c'est-à-dire en l'absence du Soleil sur la ligne de visée — d'un écart angulaire en accord avec le calcul théorique d'Einstein.

Plus généralement, l'objet massif d'avant-plan peut être une étoile, un trou noir, une galaxie tout entière, un amas de galaxies, etc. Les sources situées à l'arrière-plan sont des étoiles, des galaxies très lointaines, des quasars. Dans les conditions idéales — une source lumineuse distante, une galaxie massive intermédiaire et un observateur terrestre parfaitement alignés —, l'observateur devrait voir une image de la source déformée par la galaxie d'avant-plan en un anneau de lumière. C'est ce que l'on appelle un mirage gravitationnel. La courbure de l'espace-temps créée par un objet situé sur la ligne de visée et faisant office de lentille gravitationnelle engendre des illusions d'optique pour tous les objets situés à l'arrière-plan, car la courbure démultiplie les trajets des rayons lumineux. Il a fallu attendre 1979 pour que les puissants télescopes modernes détectent des mirages gravitationnels, non pas sous l'aspect idéal d'un anneau, mais sous celui d'un quasar multiple.

Laissons maintenant le tissu pour admirer une image astronomique prise au télescope qui montre la réalité de l'espace-temps courbe et de ses mirages gravitationnels (voir illustration 3). Ce superbe objet cosmique appelé croix d'Einstein montre quatre images d'un seul astre, un quasar très lointain situé à l'arrière-plan d'une galaxie proche. Pourquoi quatre images ? Sur la ligne de visée se trouve une lentille massive, visible au centre de la croix, qui est une galaxie spirale. Il y a donc une démultiplication des images en provenance de l'arrière-plan. Comment est-on certain qu'il s'agit du même quasar ? Les quasars sont des objets de luminosité variable ; leur courbe de lumière — variation de leur luminosité au cours du temps — est une véritable carte d'identité. Pour s'assurer que les quatre images sont celles d'un même quasar, il suffit de suivre leurs courbes de lumière et de constater qu'elles sont identiques, à un certain décalage temporel près, correspondant aux temps de trajet différents pour les rayons lumineux épousant les divers contours de l'espace courbe.

Aujourd'hui, plusieurs dizaines de mirages gravitationnels ont été détectés, tous de caractéristiques différentes. On aimerait voir des anneaux de lumière parfaits, mais il faudrait pour cela une lentille sphérique placée exactement sur la ligne de visée. Or, dans la nature, la situation n'est jamais idéale ; on doit se contenter de fragments d'anneau. Dans certains cas qui se rapprochent de la symétrie parfaite, on observe des arcs gravitationnels (voir illustration 4).

Nous verrons plus loin comment les « mirages topologiques », créés par une topologie chiffonnée de l'Univers, peuvent produire des multiplications d'images beaucoup plus surprenantes encore que les mirages gravitationnels.

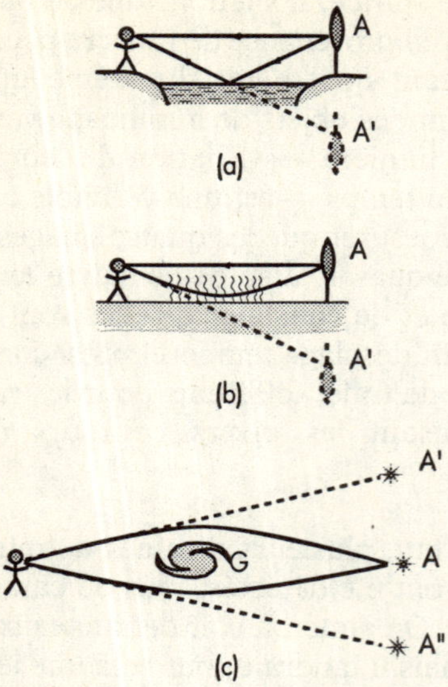

Figure 6.1. Le principe des mirages

(a) À cause de la réflexion de la lumière sur une surface aqueuse située entre l'observateur et l'objet A, deux rayons lumineux issus de A se rencontrent à nouveau : il y a dédoublement d'image.
(b) Dans un mirage terrestre, les rayons lumineux issus de A sont réfractés et déviés en traversant les couches d'air surchauffées proches du sol. Il y a aussi multiplication d'images.
(c) Dans un mirage gravitationnel, un corps massif G situé entre l'observateur et la source lumineuse A dévie, déforme et démultiplie les images de A.

7

Trou noir

Où un corps solaire obscur, infini, de plomb, engloutissait des flammes et des soleils, sans en devenir plus lumineux.

JEAN-PAUL RICHTER

La notion de trou noir est la conséquence extrême de la flexibilité de l'espace-temps. Toujours munis de notre tissu élastique, imaginons que nous plaçons dessus une bille si dense qu'elle creuse un puits insondable, au point que rien, sitôt le bord du puits franchi, ne peut en ressortir. Est-ce un vrai trou ? C'est en tout cas un puits infiniment profond, en ce sens qu'il faudrait une énergie infinie pour en sortir, si l'on s'aventurait à l'intérieur d'une zone critique délimitée par le bord du puits. Dans cette situation, lançons une bille en direction du voisinage du trou, mais pas directement vers lui, et donnons-lui suffisamment de vitesse ; la bille est déviée, puisqu'elle épouse la courbure de l'espace, mais elle possède suffisamment d'énergie pour échapper au puits. Toutefois, il existe un angle critique en dessous duquel la bille sera capturée quelle que soit sa vitesse — même si nous lui donnons la vitesse de la lumière, autrement dit même si, au lieu d'une bille, nous tirons un photon, un corpuscule de lumière. Le photon sera lui aussi capturé par le trou. La définition relativiste du trou noir découle de cette démonstration : c'est une région confinée de l'espace-temps dont la matière et la lumière ne peuvent pas s'échapper. Le trou noir est un corollaire naturel et incontournable de la théorie de la relativité.

Puisque les trous noirs engendrent les déformations extrêmes du tissu élastique de l'espace-temps, ils créent par la même occasion les plus fortes déviations des rayons lumineux passant dans leur voisinage et donnent lieu aux plus spectaculaires illusions d'optique. Un aspect qui m'a toujours particulièrement intéressé dans la recherche scientifique concerne justement tout ce qui pose un problème de visualisation. L'exemple type est bien sûr celui du trou noir, concept fascinant mais par définition impossible à visualiser directement. Par sa nature même, le trou noir est invisible : il ne laisse échapper ni matière ni lumière. On ne peut en comprendre toutes les propriétés qu'en résolvant les équations appropriées de la relativité générale, et cette compréhension est hélas réservée aux seuls spécialistes. Si l'on veut malgré tout en donner une représentation, on peut par exemple imaginer que ce trou noir est entouré de gaz chaud, qui l'éclaire d'une certaine façon et révèle la présence de l'invisible. Cette question a constitué l'un de mes premiers travaux de recherche. À la fin des années 1970, j'ai calculé par ordinateur une photographie virtuelle de trou noir. Aujourd'hui, il est possible d'observer des trous noirs indirectement, c'est-à-dire par les effets qu'ils causent sur leur environnement : leur puissant champ gravitationnel aspire la substance gazeuse des étoiles voisines en d'étranges tourbillons, appelés disques d'accrétion. Ces phénomènes ont été détectés dans certains systèmes d'étoiles doubles émettant du rayonnement X (trous noirs d'environ 10 masses solaires) et au centre de nombreuses galaxies (trous noirs dont la masse est comprise entre un million et un milliard de masses solaires).

L'illustration 5 montre comment l'on verrait un trou noir entouré d'un disque de gaz. Les images subissent des déformations optiques extraordinaires, dues à la déviation des rayons lumineux au voisinage du trou noir. Tout cela s'explique parfaitement par la relativité générale. Prenons un trou noir et un mince disque de gaz vus par la tranche, ainsi qu'un observateur lointain ou une plaque photographique si l'on désire immortaliser la chose. Dans une situation ordinaire, c'est-à-dire dans l'espace euclidien, la courbure est faible. C'est le cas du système solaire où l'on observe la planète Saturne entourée de ses somptueux anneaux, avec un angle de vision légèrement au-dessus du plan. Bien sûr, une partie des anneaux est cachée derrière la planète, mais on complète aisément par la pensée leur tracé elliptique. Autour d'un trou noir, il en va tout à fait différemment à cause des déformations optiques dues à la courbure de l'espace-temps. Notamment, on aperçoit le dessus du disque dans sa totalité, quelle que soit l'inclinaison du regard. L'arrière du disque n'est pas caché par le trou noir, car les images qui en proviennent sont en quelque sorte relevées par la courbure de l'espace et atteignent l'observateur lointain. Beaucoup plus étonnant, on voit également le dessous du disque gazeux. En effet, les rayons lumineux qui normalement se propagent vers le bas, dans une direction opposée à celle de l'observateur, remontent vers le haut et fournissent une image secondaire, vision très déformée du dessous du disque. En théorie, il existe une image tertiaire qui donne une vue du dessus distordue après que les rayons lumineux ont accompli trois demi-tours, puis une image d'ordre 4 qui donne une vue du dessous plus écrasée encore, et ainsi de suite à l'infini.

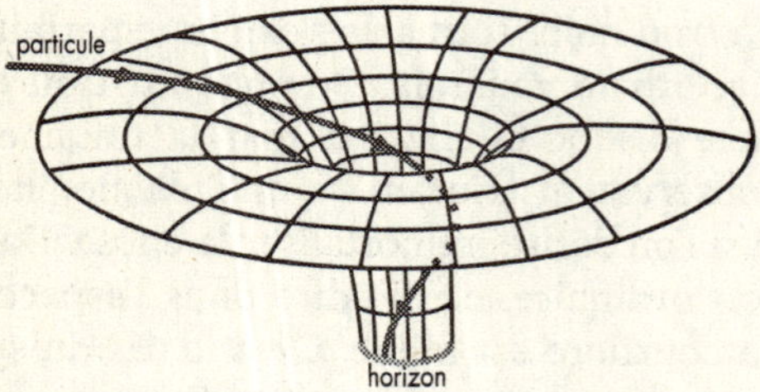

Figure 7.1. Le puits du trou noir

Le trou noir creuse un puits gravitationnel si profond dans le tissu élastique de l'espace-temps que toute particule ou tout rayon lumineux qui en franchit le bord est capturé. La surface du trou noir, appelée horizon, n'a aucune consistance matérielle : c'est la frontière purement géométrique d'une zone de non-retour.

Pour décrire l'image finale, nulle légende ne convient mieux que ces vers de Gérard de Nerval, écrits il y a plus d'un siècle :

En cherchant l'œil de Dieu, je n'ai vu qu'un orbite
Vaste, noir et sans fond, d'où la nuit qui l'habite
Rayonne sur le monde et s'épaissit toujours

Un arc-en-ciel étrange entoure ce puits sombre,
Seuil de l'ancien chaos dont le néant est l'ombre,
Spirale engloutissant les Mondes et les Jours[1] *!*

Voilà pour l'extérieur du trou noir. Mais que se passe-t-il à l'intérieur ? Reprenons notre tissu élastique. Si nous creusons un puits suffisamment profond pour simuler un trou noir, qu'advient-il au fond ? Y a-t-il un nœud qui bloque l'espace-temps (ce qu'en mathématiques on nomme une singularité, où la courbure devient infinie), ou bien le tissu est-il percé ? Dans ce dernier cas, l'ouverture est-elle un trou béant, ou s'apparente-t-elle à un passage vers l'ailleurs ? Comment agissent les distorsions spatio-temporelles sur le tissu élastique ? Seules les solutions mathématiques de la relativité générale peuvent nous guider. La possibilité la plus spectaculaire, bien que très spéculative, est une structure géométrique étrange appelée « trou de ver » : cette espèce de tunnel connecterait le fond du trou noir à une région de l'Univers appelée fontaine blanche, car elle fonctionnerait à l'inverse d'un trou noir. Selon certains modèles, cette région pourrait même se trouver dans un autre Univers. Cette solution mathématique des équations de la relativité ouvre des perspectives singulièrement nouvelles pour les voyages spatio-temporels, car elle offrirait des raccourcis d'espace-temps permettant d'éventuels trajets de plusieurs millions d'années-lumière en quelques fractions de seconde, sans toutefois dépasser la vitesse de la lumière. Certaines trajectoires pourraient même remonter le temps !

1. Gérard de Nerval, *Le Christ aux Oliviers*, in *Les Chimères*, 1854.

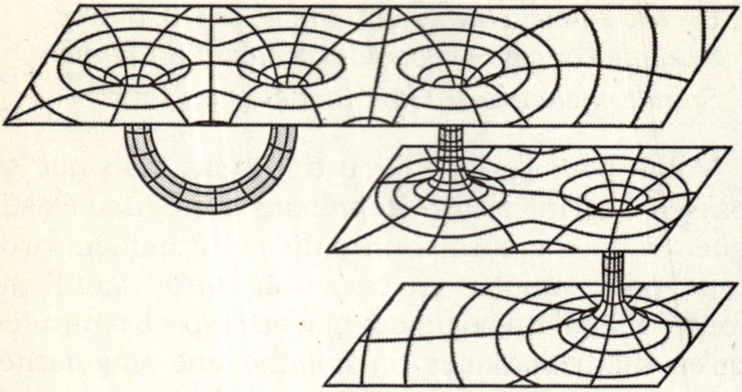

Figure 7.2. Trous de ver

Les trous de ver pourraient interconnecter des régions distantes de l'Univers et permettre des voyages interstellaires dans l'espace et dans le temps. Ils pourraient aussi relier une suite infinie d'univers parallèles.

Mais ne nous emballons pas. L'existence de ce phénomène, banalisé par les récits de science-fiction, est très sérieusement étudiée dans nos laboratoires ; la grande majorité des spécialistes estime que, dans les conditions ordinaires, disons pour les trous noirs stellaires et galactiques, ce genre d'anomalie spatio-temporelle ne peut pas se former. En effet, un trou de ver est fondamentalement instable : aussitôt formé dans des conditions idéalisées, le tunnel serait détruit par la moindre particule ou le moindre rayon lumineux pénétrant dans le trou. Les modèles de la physique se traitent avec des équations mathématiques, mais peu de solutions sont pertinentes pour la physique, c'est-à-dire pour la description de l'Univers réel[1].

1. Cependant, à l'échelle des micro-trous noirs, régis par les lois de la physique quantique, un tel voyage serait possible et des particules élémentaires pourraient emprunter fugitivement ces tunnels transitoires pour remonter le temps !

8

Mousse, cordes et fils

Combien de mondes estropiés, manqués, se sont dissipés, se reforment et se dissipent peut-être à chaque instant...

DENIS DIDEROT

Les considérations précédentes sur la forme de l'espace ne nous avaient pas fait quitter le niveau intermédiaire, compris entre 10^{-18} et 10^{25} mètres, la limite supérieure de cet intervalle correspondant environ au dixième du rayon de l'Univers observable.

Je vais brièvement discuter de la forme de l'espace dans le domaine situé à l'extrémité inférieure de cet intervalle, c'est-à-dire le niveau microscopique. La distance de 10^{-18} mètre est celle que nous sommes actuellement parvenus à sonder en laboratoire[1]. En réalité, le physicien expérimental utilise l'accélérateur de particules pour explorer les hautes énergies, mais les énergies sont reliées aux distances : plus on communique aux particules une grande énergie leur permettant d'entrer en collision avec d'autres particules à des vitesses proches de celle de la lumière, plus on sonde finement l'extension spatiale

1. Le futur collisionneur du CERN permettra d'explorer des distances dix fois plus courtes.

de ces particules, et plus on teste la structure subtile de l'espace. À cette échelle, il semble que l'espace physique puisse toujours être décrit par un espace mathématique continu — une variété différentiable. Mais des chercheurs comme Alain Connes estiment que les résultats expérimentaux obtenus au CERN impliquent déjà une structure plus complexe, en termes de géométrie dite « non commutative ». Dans cette nouvelle approche, l'espace n'est plus défini en termes de points caractérisés par des coordonnées précises qui commutent entre elles, mais en termes de champs d'interactions. Ce qui est certain, c'est que si l'on considère des distances beaucoup plus petites, l'espace doit révéler une forme extrêmement compliquée, nécessitant un paysage géométrique complètement nouveau.

L'espace ne peut se comprendre sans la gravité. Sa description au niveau subatomique, où s'entrecroisent relativité générale et mécanique quantique, suppose donc l'élaboration d'une théorie quantique de la gravité. Tel sera l'enjeu majeur de la recherche fondamentale au XXIe siècle. Pour comprendre la gravité quantique, les physiciens ne sont pas avares d'analogies et de métaphores.

L'une d'elles, proposée dès les années 1960 par John Wheeler, est l'écume d'espace-temps. Si nous observons l'océan à bord d'un avion volant à haute altitude, nous avons l'impression qu'il est lisse et plat, ou tout au moins faiblement courbé ; nous le décrirons donc par un espace mathématiquement simple : un morceau de plan euclidien ou une portion de surface sphérique de courbure uniforme. Si nous nous rapprochons, nous obtenons une meilleure résolution et nous voyons apparaître les vagues ; la surface de l'océan reste connexe, c'est-à-dire d'un seul tenant, et continue, mais elle acquiert une courbure variable de place en place, au gré des creux et des vagues. L'océan est cabossé. Enfin, si nous descendons au ras des vagues, c'est-à-dire si nous scrutons la surface de l'océan avec la résolution maximale, nous ne pouvons la décrire qu'à l'aide d'un espace mathématique extrêmement compliqué et dont la forme varie constamment au cours du temps. C'est une écume bouillonnante qui change ses structures spatiales en permanence, et de façon imprévisible. L'espace n'est même pas connexe, puisque des gouttes se détachent.

Pour comprendre la structure de l'espace à très petite échelle, et pour unifier du même coup les interactions fondamentales selon des théories telles que la gravité quantique, certains physiciens estiment que l'espace microscopique pourrait être semblable à cet océan. Si l'on disposait d'une résolution suffisante pour accéder aux distances de l'ordre de 10^{-35} mètre, une longueur caractéristique appelée « longueur de Planck », la structure granulaire et fluctuante de l'espace-temps apparaîtrait au grand jour. La longueur de Planck est aussi petite par rapport à la taille d'un noyau atomique que le noyau atomique est petit par rapport à nous.

Cette approche n'a guère dépassé le stade de l'analogie, car les outils mathématiques nécessaires, comme la compréhension de la topologie dynamique, ne sont pas suffisamment développés. Aussi, dans les années 1980, une autre hypothèse a-t-elle supplanté celle de l'écume d'espace-temps : la théorie des cordes, qui stipule que les constituants fondamentaux de la matière ne sont pas des particules ponctuelles mais des cordes ouvertes ou fermées à l'échelle de la longueur de Planck, dont les modes vibratoires

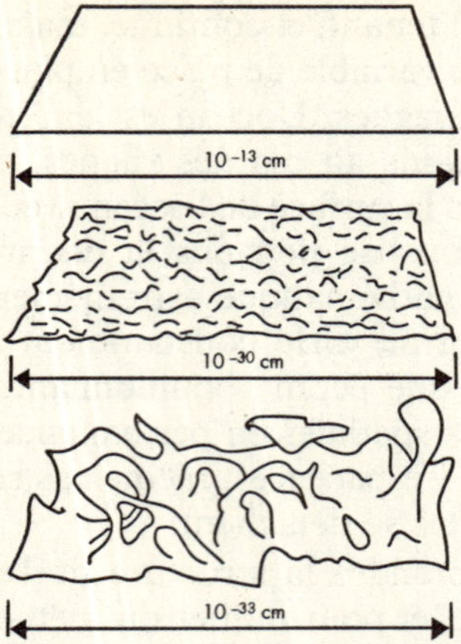

Figure 8.1. L'écume de l'espace-temps

Au niveau macroscopique, l'espace-temps est bien décrit par un continuum lisse, dépourvu d'aspérité, comme la surface d'un océan vue depuis une haute altitude. En approchant du niveau quantique, les fluctuations de la géométrie spatio-temporelle deviendraient perceptibles, comme les vagues de l'océan. Au niveau réellement quantique (10^{-33} cm), les fluctuations domineraient complètement la géométrie, qui deviendrait alors extrêmement tourmentée et en perpétuelle transformation, comme l'écume des vagues.

définissent les propriétés des particules. Dans ce cadre, l'espace-temps devient un concept dérivé, qui ne prend sens qu'à une échelle supérieure à celle des cordes. La théorie des cordes, qui se décline selon six variantes différentes, a suscité un tel engouement que certains physiciens ont pu croire, dans les années 1990, en tirer une théorie de tout. Mais les difficultés mathématiques sont redoutables et il n'est pas certain qu'elles soient résolues dans un proche avenir.

Récemment, les six théories des cordes ont donné

naissance à une théorie supposée plus large, dont les cordes ne seraient que les limites ; des surfaces bidimensionnelles et autres espaces de dimension supérieure, et non plus seulement des lignes unidimensionnelles, pourraient vibrer telles des membranes — d'où le nom de M-theory donné à cette hypothèse unificatrice[1]. Toujours dans les années 1990, Abhay Ashtekar a proposé un autre formalisme dans lequel la variété espace-temps est aussi une approximation valable à grande distance, tandis qu'à de courtes distances la géométrie serait une sorte de tissage, une interconnexion complexe de fils. Citons encore la théorie des twisteurs de Roger Penrose et la géométrie non commutative d'Alain Connes, aussi riches en perspectives.

Toutes ces approches ne sont pas nécessairement contradictoires entre elles, mais leurs formalismes individuels sont si complexes qu'il faut presque une vie de chercheur pour y pénétrer et tenter de les démêler, si bien qu'il reste peu de temps pour essayer d'établir un lien avec les formalismes des autres approches. Peut-être un pas majeur serait-il franchi si l'on pouvait englober ces formalismes en un seul dont tous les autres seraient dérivés.

Par ailleurs, la plupart de ces conceptions novatrices font intervenir, par nécessité de cohérence interne, des modélisations d'espaces à plus de trois dimensions spatiales. Elles apportent des éclairages tout à fait nouveaux sur la naissance de l'espace et du temps lors du big-bang : la cosmogenèse quantique. Un océan d'énergie bouillonnante est associé au vide quantique. Cette énergie engendre certaines fluctuations beaucoup plus importantes que d'autres

1. Pour certains chercheurs, la lettre M peut tout aussi bien signifier Meta ou Mystery.

sur des temps extrêmement courts, en vertu de l'inégalité d'Heisenberg temporelle qui, dans la mécanique quantique, contraint l'extension en énergie à des valeurs d'autant plus grandes que l'extension temporelle est courte. Dans cet océan quantique, les plus grosses fluctuations d'énergie pourraient éjecter spontanément des gouttes d'écume qui, une fois détachées, évolueraient selon leurs lois propres, sous forme d'univers à part entière. Dans un tel schéma développé notamment par Andrei Linde, notre Univers ne serait plus unique ; il ferait partie d'un « multivers ». Notre Univers, dont les astrophysiciens tentent laborieusement de reconstituer la structure et l'histoire en effectuant des observations astronomiques et en bâtissant des modèles cosmologiques, ne serait donc qu'une bulle très particulière qui se serait détachée du vide quantique il y a environ quinze milliards d'années — un temps mesuré dans sa propre horloge. Le multivers, lui, affranchi du temps et de l'espace, serait une mousse d'univers chaotique sans cesse régénérée, engendrant des bulles d'univers aux interconnexions perpétuellement changeantes, chaque bulle ayant des propriétés différentes, y compris le nombre de dimensions spatiales. Les perspectives fascinantes de tels scénarios devraient être développées dans un autre volume, complément logique de celui-ci.

9

De la relativité au big-bang

Vives les nébuleuses se trissaient en formant un espace au nez creux.

RAYMOND QUENEAU

Le reste de l'ouvrage sera consacré à la description de l'autre extrémité de l'échelle spatiale, celle qui met en jeu la forme globale de l'espace. Aborder un sujet aussi grandiose et complexe en usant de la langue de tous les jours n'est pas sans risque ; comme l'a écrit Paul Valéry : « Les grands mots : l'infini, l'absolu, la nature [...] ce sont les poids en carton que soulève, brandit et repose l'Hercule littéraire[1]. » Tentons néanmoins l'aventure et entrons dans le royaume de la cosmologie, cette science qui étudie la structure et l'évolution de l'Univers dans son ensemble.

Un jour, au terme d'une conférence que je donnais sur le sujet, un auditeur s'approche de moi et me dit d'un ton mystérieux : « Alors comme ça, vous faites de la *cosmétologie* ? » Sur le moment, j'avoue avoir été surpris, sinon vexé, et instinctivement j'ai passé la main dans mes cheveux pour vérifier si je n'avais

1. Paul Valéry, *Œuvres*, Paris, Gallimard, « Bibliothèque de la Pléiade », t. II, p. 1429.

pas trop forcé sur la laque... Plus tard, la maison L'Oréal me demande de présenter à son personnel un rapide panorama de l'évolution cosmique. Devant une assistance soigneusement fardée et manucurée, j'eus cette illumination : *cosmétologie* et *cosmologie* dérivent tous deux du grec *cosmos*, qui signifie « ordre, ornement, beauté ».

Les grandes questions que pose la cosmologie portent en effet sur l'organisation spatiale et temporelle du cosmos. Les interrogations sur le caractère fini ou infini de l'espace, le commencement du temps, le destin futur de l'Univers, la constitution de la matière cosmique, sur la nature du vide ont défié l'imagination des hommes durant des millénaires. Elles reçoivent aujourd'hui quelques éléments de réponse, grâce à une conjonction de progrès théoriques et expérimentaux.

Questions cosmiques, p. 258

Devenue science à part entière au XXe siècle seulement, la cosmologie garde toutefois ses adversaires, aussi bien dans les rangs des physiciens, dont certains font valoir qu'elle repose davantage sur le mythe que sur l'expérience, que dans les rangs des philosophes, dont certains prétendent qu'il n'existe pas de « bonne définition » de l'Univers. Mais les cosmologistes professionnels sont bien décidés à explorer le monde sans pourtant en avoir de définition !

Cosmos et logos, p. 251

À l'échelle cosmologique, le paysage de l'espace et du temps est gouverné par la gravitation. Aussi les modèles d'Univers reposent-ils sur la théorie fondamentale qui décrit cette interaction : la relativité générale. Les modèles cosmologiques relativistes sont des solutions particulières des équations du champ gravitationnel susceptibles de représenter, non plus seulement une petite région de l'espace-temps localement courbée par une étoile, mais l'Univers dans son ensemble, empli de ses milliards de galaxies, de ses rayonnements et de toutes ses composantes énergétiques. **Les mathématiques cosmiques, p. 291**

Les équations de la relativité sont très complexes. Mathématiquement, elles possèdent un grand nombre de solutions ; mais toutes ne seront pas possibles sur le plan physique : certaines d'entre elles, par exemple, violent des lois de base que le physicien n'est guère prêt à abandonner, comme la causalité ; d'autres peuvent être éliminées car elles sont en contradiction flagrante avec les observations. Hélas, les solutions restent encore nombreuses, et la tâche ardue. Les cosmologistes étudient donc en premier lieu les modèles les plus simples, ceux qui considèrent qu'il n'existe pas de position privilégiée dans l'espace. Cette *homogénéité* suppose que les propriétés physiques de l'Univers (par exemple, la répartition moyenne de matière) sont identiques en tout point de l'espace, bien qu'elles puissent changer au cours du temps.

Les cosmologistes supposent en outre que l'espace est *isotrope* (*iso* signifie « pareil » en grec et *trepein*, « tourner »), c'est-à-dire qu'il n'existe pas non plus de direction privilégiée. Ils éliminent ainsi des univers qui seraient en rotation autour d'un axe particulier, ou bien des univers qui se dilateraient ou se contracteraient à des vitesses différentes dans les diverses directions de l'espace.

Ces deux symétries, homogénéité et isotropie, ne vont pas nécessairement de pair. Un champ illimité de brins d'herbe qui poussent dans la même direction, ou un univers où toutes les galaxies auraient leurs axes de rotation parallèles, sont homogènes sans être isotropes ; une surface ovoïde est inhomogène (sa courbure varie) mais à ses deux « sommets », l'espace environnant est isotrope (la courbure est la même dans toutes les directions).

Le rayonnement fossile, p. 347

Examinons cette double hypothèse fondamentale selon laquelle l'espace est homogène et isotrope. L'isotropie est, autour de nous, justifiée par l'observation du « rayonnement fossile », ce vestige refroidi du big-bang caractérisé par une température de fond de ciel qui s'avère identique, au cent millième près, dans toutes les directions autour de l'observateur.

L'homogénéité, en revanche, peut sembler une hypothèse moins réaliste. En premier lieu, pour se rendre compte de l'homogénéité de l'espace, il faudrait pouvoir bouger instantanément dans l'Univers, ce qui est impossible. L'observateur immobile regarde l'Univers à des époques différentes du passé, il ne peut donc pas prouver expérimentalement l'homogénéité. Même en négligeant ce facteur temporel, on observe qu'à petite échelle, c'est-à-dire aux dimensions spatiales sondées par les investigations des galaxies, l'espace ne présente aucune trace de régularité. Les galaxies sont regroupées en amas et les amas en superamas, séparés par de grandes zones apparemment vides (illustration 6).

Toutefois, à une échelle plus vaste de quelques centaines de millions d'années-lumière, correspondant à des volumes suffisamment grands pour englober plusieurs amas de galaxies, il semble que la matière soit statistiquement répartie de manière uniforme.

D'une façon plus générale, il est raisonnable de présumer que l'espace physique est équivalent en chacun de ses points. Cette hypothèse, appelée

« principe cosmologique », ne résulte pas seulement de la nécessité de simplifier les choses. Elle constitue une extrapolation à l'échelle universelle de l'idée post-copernicienne que nous ne sommes pas au centre du monde : notre position est quelconque, et il n'y a aucune raison de penser que d'autres positions le seraient moins ; par conséquent, toutes les positions sont équivalentes. Et si l'espace est homogène et isotrope autour de nous, il est isotrope en tout point.

L'homogénéité et l'isotropie se traduisent mathématiquement par le fait que l'espace doit posséder une courbure moyenne *constante*. En effet, puisque la courbure est engendrée par la matière, le fait que cette dernière soit distribuée de façon uniforme entraîne que la courbure à grande échelle doit elle-même être uniforme. Pour mieux le visualiser, reprenons la métaphore du tissu élastique. Dans le cas du système solaire, c'est-à-dire une minuscule portion de l'Univers, nous n'avions besoin que d'une seule bille figurant le Soleil. Ce corps central engendre un creux et une courbure variable qui tend vers zéro lorsqu'on s'éloigne à l'infini. Tout autour, les grains de sable figurant les planètes ont des masses si faibles qu'elles n'affectent pas la courbure du tissu. Si nous voulions maintenant représenter l'Univers dans son ensemble, il faudrait déployer une immense surface, sur laquelle un grand nombre de billes représentant les galaxies et possédant sensiblement la même masse seraient placées de façon régulière. La distribution de ces masses étant uniforme, on imagine facilement que le tissu acquerrait une courbure constante.

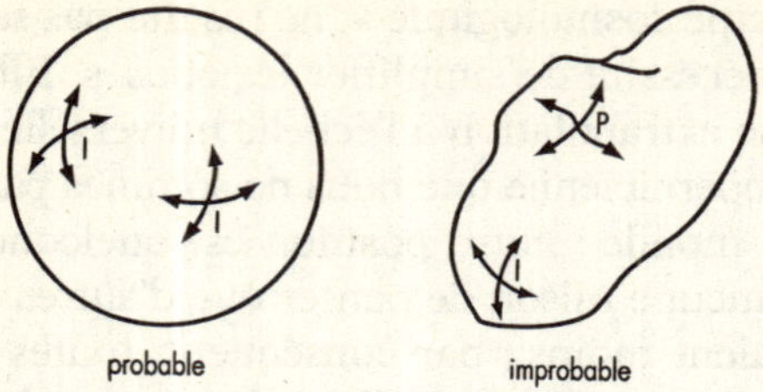

Figure 9.1. Illustration du principe cosmologique

À la surface d'une sphère, tous les points sont des centres d'isotropie *I* (la courbure est la même mesurée dans toutes les directions). À la surface d'une « patate », seuls des points exceptionnels sont des centres d'isotropie. Le principe cosmologique interdit à l'observateur terrestre toute position privilégiée de ce type : si l'Univers nous apparaît isotrope, il doit l'être en chacun de ses points. Il est donc tout à fait improbable que sa géométrie soit anisotrope comme la surface d'une patate.

Acceptons donc cette hypothèse d'un Univers homogène et isotrope, à courbure constante. Trois cas de figure s'offrent aux cosmologistes : cette courbure constante peut être positive, négative ou nulle.

En 1917, Einstein construisit le premier modèle d'Univers fondé sur sa théorie de la relativité. Il opta pour une géométrie non euclidienne de courbure positive, permettant de représenter précisément un espace à la fois fini et sans limites : l'hypersphère, découverte par Bernhard Riemann un demi-siècle auparavant, qui présentait l'avantage d'échapper à tout « paradoxe du bord ».

Le paradoxe du bord, p. 227

Toutefois, en ne s'intéressant qu'à l'aspect spatial de l'Univers à travers sa courbure, Einstein en ignora l'aspect temporel et il commit, comme il le reconnut par la suite, la plus grosse bévue de sa vie : il passa à côté de la *dynamique* cosmique. Car le modèle d'Einstein admettait, outre l'homogénéité de l'espace, une autre hypothèse qui semblait naturelle, à savoir que la circonférence de l'Univers ne variait pas au cours du temps. Or la philosophie profonde de la relativité est que l'espace et le temps sont, d'une certaine manière, inséparables. Appliqué à la cosmologie, ce principe doit logiquement déboucher sur des modèles d'Univers où l'architecture spatiale est indissociable de son histoire. De fait, parallèlement à la révolution einsteinienne, les progrès de l'observation conduisirent les astronomes à annoncer la découverte d'un étrange phénomène : les autres galaxies semblent s'éloigner systématiquement de la nôtre, à des vitesses d'autant plus grandes qu'elles en sont plus distantes. Le spectre de leur lumière reçue est décalé vers la partie rouge, c'est-à-dire vers les plus grandes longueurs d'onde, ce qui peut s'interpréter, en première approche, comme un mouvement de récession généralisé.

Galaxies en fuite, p. 265

Le modèle statique d'Einstein, confronté à la réalité expérimentale, dut donc être abandonné au profit de modèles d'Univers dynamiques, c'est-à-dire évoluant au cours du temps. De tels modèles venaient justement d'être découverts par le Russe Alexandre Friedmann et par le Belge Georges Lemaître[1]. Tous deux s'étaient rendu compte que, l'essence même de la relativité générale étant de coupler les propriétés géométriques de l'Univers à son contenu matériel, l'espace cosmique, modelé par la

1. Pour les détails de l'histoire, voir J.-P. Luminet, *L'Invention du big-bang*, Paris, Seuil, coll. « Points Sciences », 2004.

matière, devait naturellement varier au cours du temps, c'est-à-dire se dilater ou se contracter globalement.

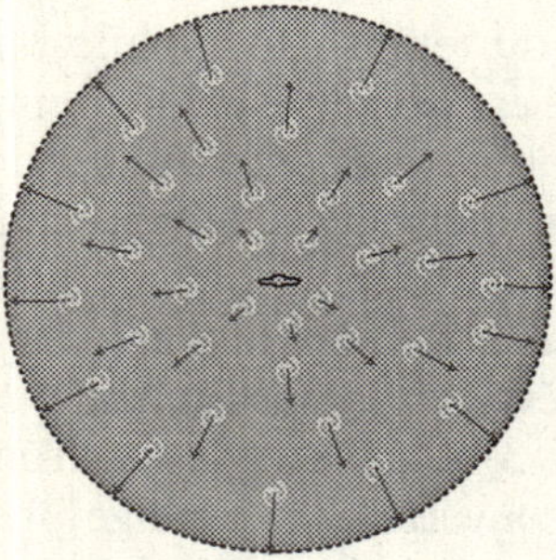

Figure 9.2. La fuite des galaxies traduit-elle une explosion ?

On observe autour de nous les galaxies s'éloigner systématiquement à des vitesses d'autant plus grandes (flèches) qu'elles sont plus éloignées. Est-ce à dire que nous sommes au centre d'une grande explosion, comme le suggère la figure ? Non, car, en vertu du principe cosmologique, en chaque point de l'espace le même type d'observation peut être fait. L'espace « explose » en chacun de ses points.

Lemaître, en 1927, fut le premier à faire le lien entre modèles relativistes et observations cosmologiques : c'est l'espace qui est en expansion en chacun de ses points, et non pas les galaxies qui fuient l'observateur terrestre. Le tissu élastique de l'espace, en plus d'être localement incurvé par la distribution des corps massifs, se dilate dans sa globalité. L'écart entre deux points quelconques, suffisamment distants pour échapper aux mouvements particuliers à caractère non cosmologique, augmente avec le temps (voir illustration 7). Imaginons des microbes disposés à la surface d'un ballon qui gonfle : chaque microbe pourrait constater que ses voisins s'éloignent de lui ; il aurait donc l'impression, et l'impression seulement, d'être au centre d'un univers où les galaxies fuient de toutes parts !

L'expansion et l'infini, p. 261

Si les solutions des équations relativistes rendent naturellement compte de la dilatation observée de l'espace, il reste à extrapoler l'évolution globale de l'Univers, d'une part dans le passé (toute cosmologie est ainsi une cosmogonie), d'autre part dans le futur.

Pour le passé, le film de l'expansion projeté à l'envers conduit inéluctablement à une époque reculée où l'expansion a commencé tandis que l'Univers se trouvait dans un état très concentré et très chaud. Lemaître, s'inspirant des phénomènes radioactifs découverts trente ans plus tôt, a imaginé que la totalité de la matière cosmique, avant le début de l'expansion, devait se trouver sous la forme d'un fluide nucléaire ultradense compacté en un noyau comparable aux noyaux atomiques ordinaires mais beaucoup plus grand, et dont l'instabilité fondamentale aurait engendré l'expansion : l'« atome primitif ». La vision de Lemaître, revue et corrigée par les progrès ultérieurs de la physique nucléaire, a donné naissance aux fameux modèles de big-bang. Au sens mathématique du terme, le big-bang correspond à une singularité où la courbure de l'espace devient infinie. Extrapolation de la relativité générale, le big-bang échappe donc aux lois de la physique connue, et une meilleure description de cet état singulier, qui pourrait être obtenue par une théorie de la gravité quantique, par exemple, constitue l'un des grands enjeux de la recherche du XXIe siècle.

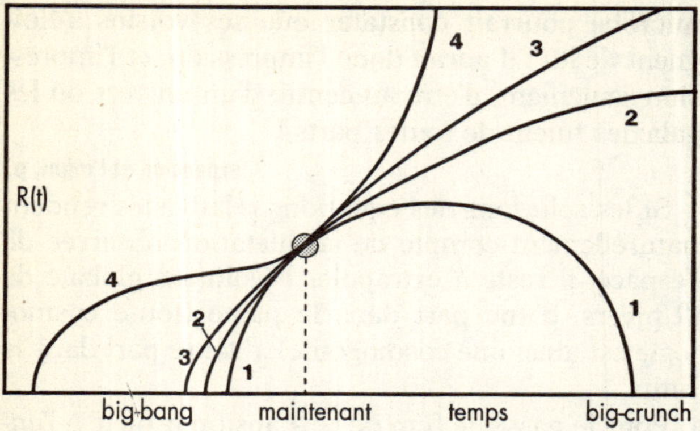

Figure 9.3. Les modèles de big-bang

Les modèles cosmologiques homogènes et isotropes, dits de Friedmann-Lemaître, se distinguent par leur courbure et par leur dynamique. Leur caractéristique essentielle est de proposer des solutions où l'espace varie au cours du temps. On représente (en ordonnée) un facteur d'échelle spatiale, c'est-à-dire une distance entre deux points quelconques suffisamment éloignés, dont on mesure la séparation au cours du temps (en abscisse).
Les modèles de big-bang viables sont les modèles de Friedmann-Lemaître fermé (1) et ouvert (2), le modèle d'Einstein-de Sitter (3) — cas particulier à courbure strictement nulle, et le modèle de Lemaître à expansion accélérée (4). Le petit cercle représente l'époque présente. Pour déterminer sur quelle branche on se trouve réellement, donc pour extrapoler le destin ultime de l'univers et son passé lointain, il faut déterminer la densité et la nature de l'énergie cosmique. Les mesures actuelles favorisent le modèle à expansion accélérée (4).

En ce qui concerne le futur de l'Univers, deux scénarios sont possibles : soit l'expansion se ralentit fortement, dilate l'espace jusqu'à un volume maximal, puis laisse place à un mouvement inverse de contraction et de réchauffement s'achevant en un ultime embrasement de l'Univers : le « big-crunch » (du mot anglais qui signifie « écrasement ») ; soit l'expansion actuelle se poursuit à jamais, diluant et refroidissant sans cesse l'Univers. Cette seconde possibilité se subdivise elle-même en deux, selon que l'expansion ralentit sans jamais s'arrêter, ou au contraire s'accélère. Tous ces scénarios sont prévus par les solutions de Friedmann-Lemaître et dépendent de la valeur de certains paramètres cosmologiques, telles la courbure de l'espace et la densité totale d'énergie. Je détaillerai plus loin ce que prédisent exactement les modèles et les réponses partielles apportées par les toutes dernières observations.

Depuis leur invention, les modèles de big-bang n'ont cessé de faire l'objet de disputes permanentes entre leurs partisans et leurs détracteurs. Les controverses historiques entre Einstein, le père de la relativité générale, Friedmann et Lemaître, les pères du big-bang, et Fred Hoyle, adversaire célèbre de la cosmologie du big-bang, font la joie des épistémologues. Aujourd'hui, un consensus assez large se dégage sur la validité des modèles généraux de big-bang ; les désaccords portent plutôt sur des variantes, par exemple le modèle de l'inflation (une théorie issue de la physique des particules des hautes énergies, selon laquelle, dans sa phase primitive, l'espace aurait gonflé dans des proportions fantastiques), l'âge de l'Univers, le caractère uniforme de la distribution des galaxies, la question de la finitude ou de l'infinitude de l'espace, etc. Dans ces débats **L'âge de l'Univers, p. 280** passionnés, beaucoup ont du mal à garder la tête froide. Les journalistes scientifiques, les médias et *a fortiori* le public qui les lit ont rarement en main toutes les données techniques du problème. Régulièrement, des articles aux titres sensationnels sont publiés, remettant en cause « le » modèle de big-bang prétendument établi. Or, d'une part il existe toute une palette de modèles de big-bang, qui diffèrent entre eux par leurs paramètres, et d'autre part *aucune* donnée expérimentale sérieuse n'a jusqu'ici contredit le schéma de base.

Il me revient en mémoire une histoire de ma Provence natale. Un couple qui passe son temps à se disputer prend régulièrement pour arbitre le vieux papet du village, qui fait office de sage. Chaque fois que le mari vient le voir pour se plaindre des exactions de sa femme, le papet hoche la tête et dit : « Oui, tu as raison. » Chaque fois que la femme vient le voir pour se plaindre des exactions de son mari, le papet hoche la tête et dit : « Oui, tu as raison. » Un jour, la propre épouse du papet jaillit de derrière le rideau où elle s'était cachée et, excédée, s'exclame : « Mais enfin, tu es insensé, comment peux-tu leur dire qu'ils ont tous les deux raison ? » Alors le papet hoche la tête et dit : « Oui, tu as raison. »

10

Quelle courbure pour l'Univers ?

Nous rêverons jusqu'à la fin
D'un excellent du subjonctif
Qui courberait l'espace-temps
Jusqu'à ce qu'il morde sa queue.

JEAN ROUSSELOT

Dans un espace quelconque, la courbure est un objet mathématique compliqué appelé « tenseur », caractérisé par un grand nombre de composantes. À quatre dimensions, toute l'information sur la courbure de l'espace-temps est ainsi contenue dans le tenseur de Ricci, qui possède seize composantes et peut être représenté par un tableau, ou matrice, de quatre lignes et quatre colonnes, comme les cases d'un petit damier. Dans le cas des univers homogènes et isotropes, le problème se simplifie considérablement, puisque la courbure de l'espace est constante. Elle s'exprime donc par un seul nombre, dont il suffit de connaître le signe[1]. Les modèles de Friedmann-Lemaître distinguent ainsi trois familles,

1. Si R est le rayon de courbure de l'espace, sa courbure est k/R^2, où $k = -1$, 0 ou +1 selon que la courbure est négative, nulle ou positive. Au cours du temps, R varie mais k ne varie pas. La géométrie de l'espace est donc fixée une fois pour toutes par le signe de sa courbure.

à courbures respectivement négative, nulle ou positive.

Pour comprendre la classification des modèles d'Univers par leur courbure, revenons une fois encore au cas des surfaces, espaces à deux dimensions. La surface la plus simple est le plan, de courbure nulle. La géométrie d'Euclide y règne : par un point passe une parallèle unique à une droite donnée (cinquième postulat d'Euclide), la somme des angles d'un triangle est toujours égale à 180 degrés, le rapport de la circonférence au rayon du cercle est toujours égal à 2π, etc. Autre surface simple, la sphère, dont la courbure est constante et positive. Il n'existe pas de ligne droite sur une sphère, mais les grands cercles (ceux dont le plan passe par le centre de la sphère) jouent le même rôle : quand on se déplace droit devant soi, on parcourt l'un de ces grands cercles ; le plus court chemin entre deux points est toujours une portion du grand cercle qui passe par ces deux points. Plus généralement, sur une surface quelconque, les courbes ayant cette propriété sont nommées « géodésiques ». Le cinquième postulat d'Euclide ne s'applique pas aux sphères, puisque les géodésiques ont toujours deux points d'intersection, tels les pôles pour les méridiens. Les autres propriétés du plan ne se retrouvent pas non plus : la somme des angles d'un triangle est supérieure à 180 degrés et le rapport de la circonférence au rayon du cercle est inférieur à 2π. La géométrie à courbure constante positive diffère donc de la géométrie euclidienne. Il existe enfin des surfaces à courbure constante négative, découvertes en 1829 par le mathématicien russe Nikolaï Lobatchevski. Le cinquième postulat d'Euclide, là encore, est mis à mal : par un point extérieur à une droite, on peut mener une infinité de parallèles, la somme des angles d'un triangle est inférieure à 180 degrés, etc. Ces surfaces sont difficiles à visualiser dans notre « espace mental ». Contentons-nous d'imaginer que, en tout point, elles sont identiques au creux d'une selle de cheval ou au cornet d'une trompette.

De même que les surfaces, les espaces tridimensionnels à courbure constante se classent en trois familles. À côté de l'espace « ordinaire » (euclidien), de courbure nulle, on rencontre des espaces à courbure constante positive, qualifiés de « sphériques », dont les propriétés géométriques généralisent celles de la sphère, et des espaces à courbure constante négative, dits « hyperboliques ». Aucun de ces derniers ne peut être visualisé, car ils ne sont pas contenus dans un univers euclidien : on ne doit pas les considérer comme des objets *dans* l'espace ordinaire, mais *à la place* de l'espace ordinaire.

Les modèles de Friedmann-Lemaître étant spatialement homogènes et isotropes, stipulent qu'à l'échelle du cosmos l'espace physique appartient à l'une de ces trois familles, sans privilégier *a priori* l'une ou l'autre. Par ailleurs, le signe de la courbure spatiale reste le même au cours de l'évolution cosmique (expansion ou contraction), même si le rayon de courbure varie (grandit ou diminue). L'une des questions pressantes de la cosmologie est donc de savoir dans quel cas de figure nous nous trouvons réellement. Peut-on mesurer la courbure de l'espace ? On pourrait le faire directement par une expérience de géométrie : en traçant un vaste triangle, en déterminant ses angles et en confrontant leur somme à 180 degrés ; ou bien en dessinant un gigantesque cercle, en évaluant sa circonférence et son rayon, et en comparant leur rapport à 2π. Toutefois, les difficultés

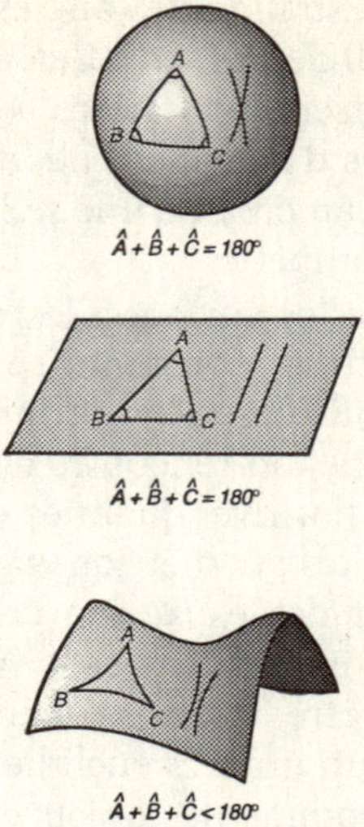

Figure 10.1. Trois types de surfaces courbes

La surface de la sphère a une courbure positive, le plan a une courbure nulle, et une selle de cheval a une courbure négative. Sur la sphère, la somme des angles d'un triangle est supérieure à 180 degrés ; dans le plan, elle est exactement égale à 180 degrés ; sur la selle, elle est inférieure à 180 degrés.
Les espaces tridimensionnels peuvent être courbés tout comme les surfaces, mais de façon plus compliquée. En principe, on pourrait détecter la courbure de l'Univers en mesurant les angles formés par un triangle cosmique gigantesque.

d'une telle entreprise sont considérables. Le mathématicien allemand Karl Friedrich Gauss avait déjà tenté de le faire dans la première moitié du XIXe siècle, en expérimentant sur un triangle de 100 km de côté dont les sommets coïncidaient avec des pics montagneux, mais en vain. À cette échelle, les déformations de l'espace imputables à la courbure sont beaucoup trop faibles pour se manifester. Mais elles doivent jouer un rôle important en cosmologie, si bien que les astronomes espèrent, en observant assez loin dans l'espace, les mettre en évidence. Il est désormais possible d'expérimenter sur des triangles cosmiques dont la taille est comparable à celle de l'univers observable. **Les géométries non euclidiennes, p. 239**

Une approche plus indirecte consiste à déduire la courbure des équations de la relativité générale. Celles-ci indiquent en effet que le signe de la courbure dépend de la densité moyenne de matière et d'énergie répartie dans l'espace, ainsi que d'un terme appelé « constante cosmologique ». Du point de vue mathématique, la constante cosmologique constitue une généralisation logique des équations de la relativité ; du point de vue physique, elle s'interprète comme une « énergie du vide ». Elle agit alors comme une contribution supplémentaire à la densité d'énergie et doit être incluse dans les équations pour évaluer la courbure de l'espace. **La répulsion cosmique, p. 307**

Les modèles de Friedmann-Lemaître nous enseignent que, selon que la densité moyenne de matière-énergie est supérieure ou inférieure à une certaine valeur critique, la courbure est positive ou négative, et nulle à la frontière exacte. Cette valeur critique, égale à 10^{-29} g/cm^3 (à un facteur près qui dépend du taux d'expansion actuel de l'Univers), équivaut à une fourchette comprise entre deux et dix atomes d'hydrogène par mètre cube[1]. À titre **Le taux d'expansion, p. 274** de comparaison, le meilleur vide obtenu dans un laboratoire moderne contient encore deux cents milliards de molécules d'air par mètre cube… Il est

1. Ou encore signifie qu'un cube d'univers de 10 000 kilomètres de côté pèse, en moyenne, 10 milligrammes !

donc frappant d'apprécier le changement de perspective. Tandis qu'à notre mesure humaine la densité critique semble une valeur extraordinairement petite, à l'échelle cosmique elle prend une importance gigantesque au point de décider du destin ultime de l'Univers, puisqu'elle correspond au seuil à partir duquel celui-ci finira par s'effondrer sous sa propre gravité.

Par commodité, les cosmologistes utilisent le « paramètre de densité », défini comme le rapport entre la densité réelle (toutes formes de matière et d'énergie confondues) et la densité critique. Selon que ce rapport est inférieur, égal ou supérieur à 1, la courbure est négative, nulle ou positive. Ce lien entre courbure et densité permet d'accéder expérimentalement à la géométrie macroscopique de l'espace. En principe tout au moins, car lorsque les astrophysiciens veulent faire l'inventaire de toute l'énergie contenue dans l'Univers, ils se heurtent à un certain nombre de complications. Sans toutefois se livrer à cette tâche de fou, évoquée dans les contes et légendes du monde entier, qui consisterait à compter une à une les étoiles, ils effectuent un comptage statistique des astres visibles : galaxies, amas de galaxies, etc. Le plus difficile est d'identifier une région de l'Univers constituant un bon échantillon, c'est-à-dire une région dont la quantité de matière est bien représentative du reste. Après avoir évalué cette masse, ils calculent que la densité de matière visible ne représente qu'un centième environ de la densité critique.

La densité de matière visible ne constitue forcément qu'une borne inférieure à la densité réelle. Tout n'est pas détectable par nos télescopes, si perfectionnés soient-ils. Il existe de la *matière sombre* :

des trous noirs, de petites étoiles trop peu massives pour allumer des réactions nucléaires et qui sont donc sous-lumineuses, de vastes nuages de gaz interstellaire formés d'hydrogène froid, des particules massives produites lors du big-bang, etc. Nous disposons de certains moyens pour déceler les traces indirectes de cette matière sombre, non par son rayonnement électromagnétique, mais par les effets gravitationnels qu'elle engendre sur les mouvements des étoiles et des galaxies. Plusieurs déterminations indépendantes conduisent à penser que l'Univers contient au moins dix fois plus de matière sombre que de matière visible.

L'étude des mirages gravitationnels est l'une des façons de mettre indirectement au jour la matière sombre. Le principe en est **La matière de l'ombre, p. 323** simple : plus la masse totale (visible et invisible) de la lentille gravitationnelle est grande, plus les déformations optiques des objets situés à l'arrière-plan sont importantes. En analysant la structure géométrique précise d'un mirage, par exemple l'écart angulaire entre les images multiples, on peut donc en déduire la masse de la lentille. Pour un amas de galaxies responsable d'un mirage, la masse ainsi déterminée s'avère systématiquement dix fois supérieure à celle obtenue en ne comptant que les galaxies visibles de l'amas. Autrement dit, au moins 90 % de la masse de l'Univers se trouve sous forme de matière sombre. C'est le même rapport que celui qui existe entre les parties immergée et émergée d'un iceberg dérivant dans l'Atlantique.

Jusqu'en 1996, la plupart des déterminations de la densité de l'Univers fondées sur ce type de technique convergeaient vers une valeur minimale « consensuelle » du paramètre de densité, comprise entre

0,1 et 0,3 (10 à 30 % de la valeur critique). Cela revenait donc à privilégier expérimentalement un Univers hyperbolique, à courbure négative et en expansion perpétuelle.

La situation a brusquement changé avec la mise en œuvre de nouvelles méthodes de détermination de la courbure. En effet, d'autres composantes de la matière sombre sont possibles, qui ne seraient pas nécessairement détectables dans les mirages gravitationnels ; des particules élémentaires massives, produites au cours du big-bang, qui baigneraient l'univers d'un fond uniforme, la contribution d'une constante cosmologique non nulle, ou celle d'un mystérieux champ de pression négative appelé « quintessence », pourraient faire grimper la densité réelle de l'Univers à une valeur notablement plus grande. Une véritable aubaine pour de nombreux cosmologistes qui, pour diverses raisons, gardaient une préférence pour les modèles d'« espace plat », c'est-à-dire de courbure nulle.

Certaines théories des tout premiers instants de l'Univers, telle celle de l'inflation, suggèrent en effet que l'Univers aurait connu dans les premières fractions de seconde de son évolution un taux d'expansion frénétiquement élevé, au point qu'au terme de cette phase d'inflation l'espace serait devenu quasiment plat et le serait resté depuis. Comme il est pratiquement acquis que la densité de matière sous toutes formes confondues représente au mieux le tiers de la densité critique, cela signifierait que l'énergie cosmique se trouverait essentiellement sous une forme additionnelle, peut-être due au vide quantique, le rôle dynamique de cette forme d'énergie sombre (constante cosmologique ou quintessence) étant alors d'*accélérer* l'expansion cosmique. Des équipes ont observé des supernovae (des étoiles qui explosent) dans les galaxies lointaines et en ont déduit que le paramètre de densité était égal à 1, dont une contribution de 0,3 pour la matière-énergie « ordinaire » et de 0,7 pour la constante cosmologique.

Plus récemment encore, au printemps 2000, des télescopes embarqués sur ballon, voués à l'analyse de certaines caractéristiques fines du rayonnement fossile, ont fourni des données permettant (moyennant certaines hypothèses contestables) de fixer le paramètre de densité dans une fourchette de valeurs assez étroite, ne s'écartant guère de plus de 15 % de part et d'autre de la valeur critique 1. En d'autres termes, l'espace serait presque plat, en expansion perpétuelle, et cette expansion s'accélérerait au cours du temps.

Les grands quotidiens de tous les pays, du *New York Times* jusqu'à *La Stampa* en passant par *Le Monde* et *Libération*, ont fait leurs choux gras de ces nouvelles. Tous les triomphalismes sont permis dans ce genre d'exercice, encouragés par des déclarations fracassantes de quelques ténors de la cosmologie. L'un deux, au cours d'une conférence de presse tenue au quartier général de la NASA à Washington, n'a pas hésité à déclarer : « Ceci est un moment dont nous nous souviendrons tous. Il restera marqué dans les annales. » Des déclarations de ce type adviennent chaque année, cautionnées par des organismes passés maîtres dans l'art du marketing scientifique visant à vendre leurs programmes. Cela en diminue quelque peu la portée historique[1]...

1. D'autant que nombre de ces déclarations doivent être démenties par la suite, comme ce fut le cas récemment pour les prétendues découvertes d'un axe de rotation de l'Univers, de la

Au-delà de ces effets d'annonce à caractère sensationnel, il me semble essentiel de rappeler que la mesure précise de la courbure reste aujourd'hui hors de notre portée, en raison de notre ignorance concernant la quantité exacte de matière sombre et la grandeur de la constante cosmologique. Méfions-nous donc des prétendues preuves d'un Univers plat ; au contraire, l'espace a toutes les chances d'être de courbure strictement négative ou strictement positive.

L'Univers est-il plat ?, p. 367

---

première image d'une planète extra-solaire ou d'une bactérie fossile dans une météorite martienne. Nous passons plus de temps à expliquer aux journalistes pourquoi ces annonces sont fallacieuses qu'à divulguer nos propres travaux !

11

Ouvert ou fermé ?

Deux choses sont infinies : l'Univers et la bêtise humaine ; mais en ce qui concerne l'Univers, je n'en ai pas encore acquis la certitude absolue.

Attribué à ALBERT EINSTEIN

La question la plus immédiate relativement à la forme globale de l'Univers concerne le caractère fini ou infini de l'espace. On pourrait croire que la relativité générale y répond. En effet, tout espace de courbure positive est de volume fini, quelle que soit sa topologie[1]. Quant aux espaces hyperboliques, de courbure négative, ou euclidiens, de courbure nulle, à première vue ils nous semblent infinis, mais ce n'est vrai que s'ils possèdent la topologie la plus simple. En réalité, le caractère fini ou infini de l'espace dépend de sa topologie et non pas seulement de sa courbure. Or les cosmologistes négligent le plus souvent la première pour ne considérer que la seconde.

Cette simplification abusive remonte aux sources mêmes de la relativité. À cette époque, la topologie restait essentiellement cantonnée à la classification des surfaces, espaces à deux dimensions, et l'on

1. Voir la définition de ce terme, p. 96.

connaissait peu de chose sur les formes des espaces à trois dimensions. C'est l'une des raisons pour lesquelles la topologie cosmique ne fut guère discutée, à quelques notables exceptions près comme Schwarzschild, Friedmann et Lemaître.

Topos et cosmos, p. 419

Le modèle d'Univers élaboré par Albert Einstein et Willem de Sitter en 1932 a fait florès durant soixante-cinq ans. Il stipulait un espace euclidien, en expansion perpétuelle, et faisait implicitement l'hypothèse du caractère infini de l'espace. L'oubli quasi total de l'aspect topologique remonte à cette période. À la suite, les articles et les manuels — spécialisés ou non — traitant de cosmologie ont décrété que la structure spatiale de l'Univers était soit l'hypersphère finie, soit l'espace euclidien infini, soit l'espace hyperbolique infini, sans mentionner les alternatives topologiques. Les astrophysiciens ont ignoré les développements nouveaux que les mathématiciens, à partir des années trente, ont obtenu sur les formes possibles d'espaces abstraits. Les idées extrêmement fécondes de la topologie sont donc restées largement ignorées du courant général de la cosmologie.

Cette simplification a des conséquences très importantes pour ce qui est du problème de l'extension spatiale puisqu'elle réduit le dilemme fini/infini à la connaissance du signe de la courbure de l'espace — et même, dans le cas où la constante cosmologique est supposée nulle, à la valeur de la densité de matière. Peu à peu s'est donc instaurée une confusion sur le sens des qualificatifs « ouvert » et « fermé », utilisés pour caractériser les modèles de Friedmann-Lemaître. À l'origine chargés de décrire le comportement *temporel* des modèles (ouverts s'ils sont en expansion perpétuelle, fermés s'ils sont en expansion-contraction), ils ont fini par s'appliquer aussi à leur comportement spatial : en effet, si l'on s'en tient à des topologies simples et si l'on suppose en outre que la constante cosmologique est nulle, les modèles en expansion perpétuelle coïncident strictement avec les modèles spatialement infinis, et les modèles en expansion-contraction avec les modèles spatialement finis.

Mais pour savoir si l'espace est fini ou infini, il ne suffit pas de déterminer sa métrique ou le signe de sa courbure spatiale, il ne suffit pas de comparer le paramètre de densité par rapport à 1 : des hypothèses supplémentaires sont nécessaires — précisément celles de la topologie.

La confusion sur les mots « ouvert » et « fermé » vient donc de ce que l'on mélange des concepts de courbure spatiale, de dynamique temporelle et de topologie. La terminologie correcte serait la suivante :

• Sur le plan de la courbure, les univers de courbure spatiale positive doivent être appelés *sphériques*, ceux de courbure nulle, *euclidiens* (les Anglo-Saxons disent « plats ») et ceux de courbure négative, *hyperboliques*. C'est la quantité totale de matière et d'énergie qui fixe le signe de la courbure.

• Sur le plan de leur évolution temporelle, les univers qui se recontractent doivent être qualifiés de *fermés*, ceux qui se dilatent à jamais avec une vitesse asymptotique nulle doivent être qualifiés de *critiques*, et ceux qui se dilatent perpétuellement doivent être dits *ouverts*.

• Sur le plan de leur topologie, les univers dont la partie spatiale est de volume fini ou infini doivent eux-mêmes être qualifiés de *finis* ou *infinis*.

courbure	topologie	dynamique	destin
K > 0 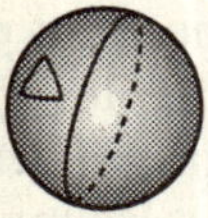 sphérique	fini	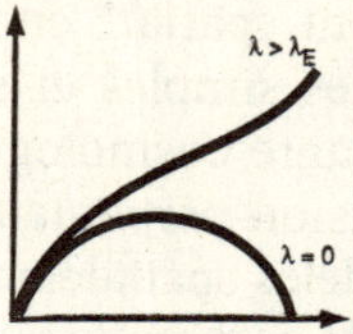	ouvert si λ grand fermé
K = 0  euclidien	fini ou infini	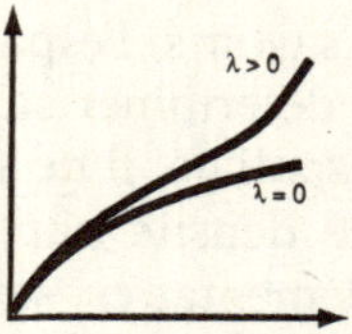	ouvert
K < 0  hyperbolique	fini ou infini	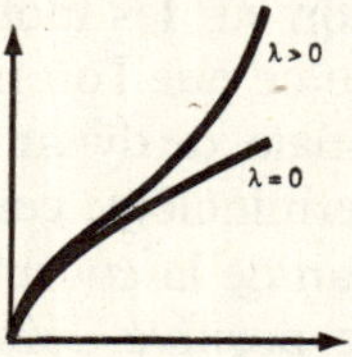	ouvert

Figure 11.1. Ouvert ou fermé ?

Contrairement à une opinion couramment répandue, la courbure de l'espace ne dicte ni l'évolution temporelle de l'Univers (sauf si la constante cosmologique est nulle), ni dicte le caractère fini ou infini de l'espace (sauf si la topologie est monoconnexe). Le tableau résume les divers cas pour les modèles de big-bang. La première colonne indique le signe de la courbure spatiale, la deuxième le caractère fini ou infini de l'espace, la troisième le comportement temporel du facteur d'échelle, la quatrième colonne le caractère ouvert ou fermé du modèle.

Quel que soit le jeu des paramètres cosmologiques (densité de matière, constante cosmologique, échelles de longueur topologiques), certaines combinaisons ne sont pas possibles. Par exemple, un univers sphérique peut être ouvert si la constante cosmologique est suffisamment grande, mais jamais infini. Un univers euclidien ou hyperbolique est en général ouvert dans le temps, mais il peut être fermé si la constante cosmologique est négative ; le fait qu'il soit fini ou infini dépend essentiellement de sa topologie, et non de son contenu matériel.

12

Connaissance des lieux

Les neuf dixièmes des mathématiques, en dehors de celles qui ont été suscitées par des besoins pratiques, sont des résolutions de devinettes.

JEAN DIEUDONNÉ

Les origines de la topologie remontent à une devinette que se posaient les Prussiens oisifs de la ville de Königsberg. Cette cité portuaire de Prusse-Orientale (rattachée à l'URSS en 1945 sous le nom de Kaliningrad, elle appartient aujourd'hui à la Russie) est construite autour des bras de la rivière Pregel. La devinette consistait à savoir si, à partir de n'importe quel point de la ville, il était possible d'accomplir une promenade en circuit fermé en traversant une fois et une seule chacun des sept ponts qui enjambent les bras de la Pregel. La devinette fut résolue par le fameux mathématicien Leonhard Euler, qui à cette époque œuvrait non loin de là, à Saint-Pétersbourg. En 1736, il publia un article donnant les conditions nécessaires pour permettre un tel parcours, et, comme la configuration des ponts ne satisfaisait pas à ces règles, il prouvait qu'il était impossible de traverser les sept ponts en un seul trajet.

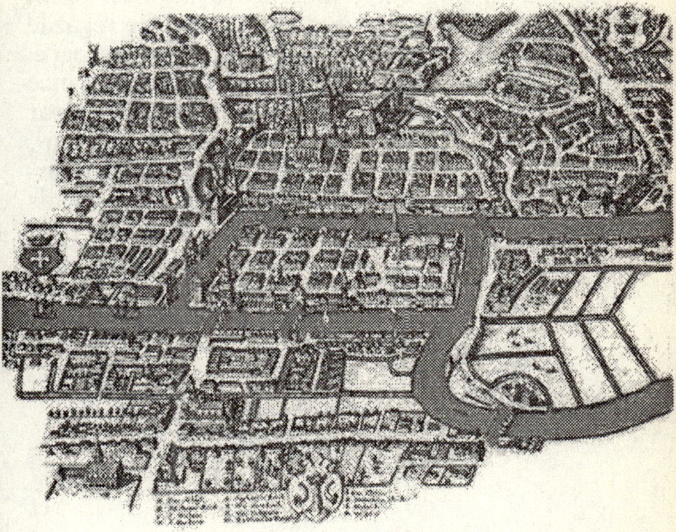

Figure 12.1. Plan de Königsberg

Ce plan de la ville de Königsberg, extrait d'un atlas du XVIIe siècle, fait ressortir le problème posé par le passage des sept ponts en un seul trajet.

Euler fit remarquer que, pour la première fois dans l'histoire des mathématiques, on avait affaire à un problème de géométrie qui n'avait rien à voir avec la métrique — la procédure permettant de mesurer les distances. Seules intervenaient les positions relatives des ponts. En effet, si nous traçons le plan de la ville sur un tissu élastique et si nous le déformons dans toutes les directions sans le trouer, ni le découper, ni le déchirer, le problème ne change absolument pas de nature.

L'énigme résolue des ponts de Königsberg a marqué la naissance de deux nouvelles branches des mathématiques qui allaient être promises à un riche avenir : la topologie et la théorie des graphes. La topologie fait abstraction des distances et ne regarde que les positions relatives des objets dans l'espace. Étymologiquement, *topologie* signifie « connaissance des lieux ». Le terme n'a été proposé qu'en 1847, par Johann Listing, et adopté encore plus tardivement[1]. Quant à la théorie des graphes, susceptible d'aborder des problèmes difficilement formalisables mais où l'intuition, soutenue par de petits dessins, peut s'avérer très efficace, elle s'est surtout développée dans la seconde moitié du XXe siècle[2].

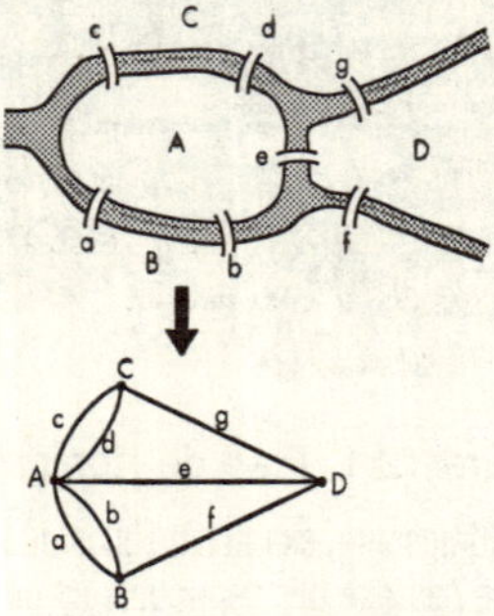

Figure 12.2. Graphe du problème des sept ponts

Le plan de la ville de Königsberg peut être schématisé par ce graphe à quatre sommets A, B, C, D (correspondant aux quatre zones de la ville pouvant servir de point de départ) et sept arêtes (traversant chacun des ponts). Si l'on change les proportions sans modifier les positions relatives, le graphe ne change pas de nature.

1. L'ouvrage de Listing, *Vorstudien zur Topologie*, est un livre allemand. Euler, Gauss et Poincaré, trois grands noms de la topologie, appelaient cette discipline *analysis situs*, c'est-à-dire calcul des positions — un vocable déjà introduit par Leibniz en 1679. Le français *topologie* (attesté pour la première fois en 1876) est d'abord un terme de rhétorique religieuse (« étude des lieux communs »). Il a pris son sens mathématique, sous l'influence de l'anglais *topology*, au début du XXe siècle.

2. Voir N. L. Biggs, E. K. Lloyd et R. Wilson, *Graph Theory, 1736-1936*, Clarendon Press, 1986.

En quoi la devinette des ponts de Königsberg peut-elle être liée à une question aussi sérieuse que la forme du cosmos ? Il se trouve que la solution donnée par Euler illustre parfaitement les deux aspects complémentaires de la géométrie comme science de l'espace : la partie « métrique » traite des propriétés de distance, tandis que la partie « topologie » étudie les propriétés globales, sans faire intervenir aucune mesure. Les propriétés topologiques sont celles qui restent insensibles aux déformations pourvu qu'elles soient continues : à condition de ne pas couper, ni percer, ni coller l'espace, on peut l'étirer, l'écraser, le malaxer dans tous les sens, on ne changera pas sa topologie, par exemple le fait qu'il soit fini ou infini, le fait qu'il ait des trous ou non, le nombre de ses trous s'il en a, etc. Il est aisé de comprendre que si des déformations continues peuvent déplacer les trous d'une surface, elles ne peuvent ni les créer ni les supprimer.

Pour un topologiste, il n'existe aucune différence entre un ballon de football et un ballon de rugby. Pis : un anneau et une tasse à l'anglaise ne sont qu'un seul et même objet, caractérisé par un orifice à travers lequel on peut passer le doigt (mais mieux vaut ne pas verser du café dans l'anneau). En revanche, une tasse et un bol, qui permettent tous deux de boire, sont radicalement différents sur le plan de la topologie, car le bol n'a pas d'anse.

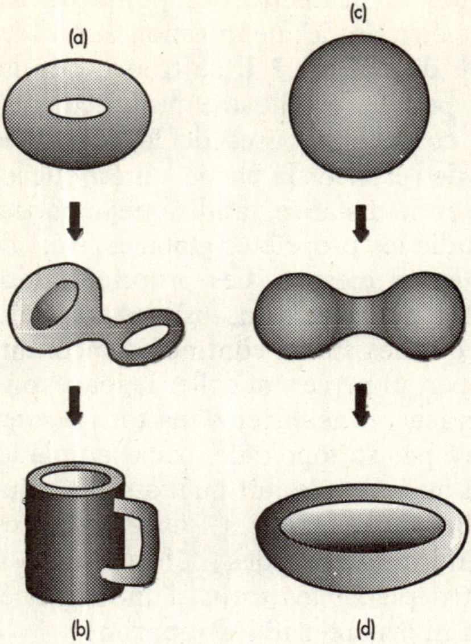

Figure 12.3. Déformations continues

Imaginons que la surface de l'anneau (a) est composée de caoutchouc, que l'on peut étirer facilement sans qu'il se déchire. Déformons une partie de la surface pour former une bosse, puis transformons cette bosse en une sorte de grand sac de taille beaucoup plus grande que l'anneau original. L'anneau est devenu une tasse à l'anglaise, avec anse (b)! Mais il est impossible, au prix de quelque déformation continue que ce soit, d'obtenir un bol (d). La surface d'une sphère (c), en revanche, ferait l'affaire.

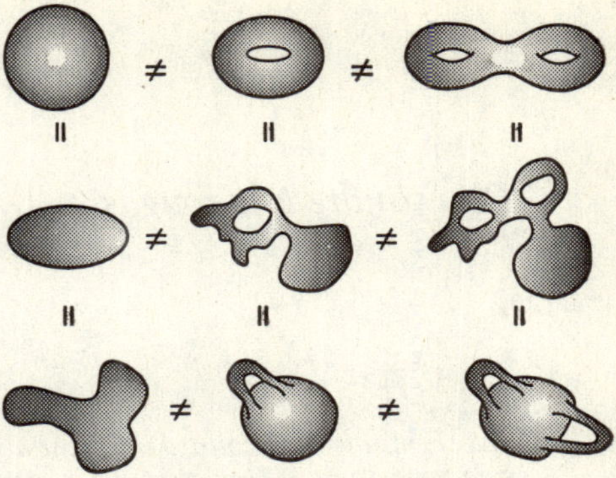

Figure 12.4. Sphère et tores

Dans le cas des espaces à deux dimensions, c'est-à-dire des surfaces, la sphère a la même topologie que n'importe quelle surface fermée sans trou. Les tores à un ou plusieurs trous sont de topologie différente ; ils peuvent être déformés continûment en des sphères munies de poignées.

13

Du cylindre à la fougasse

> *Le chemin le plus court d'un point à un autre est la ligne droite, à condition que les deux points soient bien en face l'un de l'autre.*
>
> PIERRE DAC

La topologie réserve bien des surprises. Prenons le plan euclidien : c'est un feuillet infini à deux dimensions, que l'on visualise le plus souvent dans l'espace à trois dimensions bien qu'il n'ait pas besoin de ce plongement pour être parfaitement défini de façon intrinsèque, sans espace de référence extérieur à lui. La géométrie locale du plan est déterminée par sa métrique, c'est-à-dire par la façon de mesurer les longueurs. Ici, il s'agit simplement d'appliquer le théorème de Pythagore pour un système de deux coordonnées rectangulaires couvrant le plan : le carré de l'hypoténuse est égal à la somme des carrés des deux autres côtés. C'est une mesure locale qui ne dit rien sur le caractère fini ou infini de l'espace.

Changeons de topologie. Pour cela, découpons dans le plan une bande de longueur infinie dans une direction et de largeur finie dans l'autre. Collons ensuite les deux bords de la bande : nous obtenons un cylindre, tube de longueur infinie. Dans cette opération, la métrique n'a pas changé : le théorème de Pythagore continue de s'appliquer à la surface du cylindre. La courbure « intrinsèque » du cylindre est donc nulle. Cela peut paraître surprenant, car on a l'impression qu'il existe « quelque part » une courbure non nulle, dont le rayon serait le rayon du cylindre. Mais ce quelque part met en jeu un espace extérieur au cylindre, celui dans lequel nous le visualisons. En ce sens, le cylindre a une courbure dite « extrinsèque ». Cependant, un être plat, sorte de paramécie géomètre vivant à sa surface, n'aurait accès ni à cet espace extérieur de dimensionnalité supérieure, ni à la courbure extrinsèque du cylindre. Lié à son espace bidimensionnel, il pourrait faire toutes les vérifications nécessaires (mesure de la somme des angles d'un triangle, rapport de la circonférence au rayon d'un cercle), il ne décèlerait aucun écart par rapport à la métrique euclidienne du plan. Le cylindre est dit *localement* euclidien.

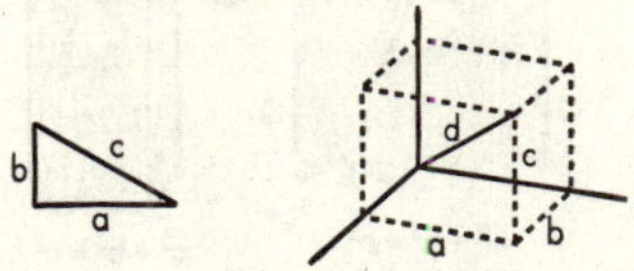

Figure 13.1. Théorème de Pythagore

Dans le plan, la longueur de l'hypoténuse d'un triangle rectangle est donnée par le théorème de Pythagore : $c^2 = a^2 + b^2$. La formule se généralise aux espaces euclidiens de dimensionnalité supérieure. Par exemple, la diagonale d'un cube est donnée par $d^2 = a^2 + b^2 + c^2$.

Toutefois, le cylindre diffère du plan par plusieurs aspects. Certes, son aire est infinie, tout comme celle du plan, mais il possède une circonférence finie dans la direction perpendiculaire à son axe de révolution.

En d'autres termes, le cylindre est anisotrope : toutes les directions n'y sont pas équivalentes ; en filant le long d'une droite parallèle à l'axe, on s'éloigne à l'infini, tandis que si l'on se déplace dans la direction perpendiculaire, on revient à son point de départ. Dans l'opération de construction du cylindre à partir d'un morceau de plan, certaines des propriétés globales ont changé ; le cylindre a donc une topologie différente de celle du plan, tout en ayant la même métrique. Sa caractéristique la plus remarquable est l'existence d'une infinité de « droites » qui joignent deux points distincts du cylindre : celles qui ont effectué 0, 1, 2... tours de cylindre. Vues en trois dimensions, ces droites sont les hélices de pas constant.

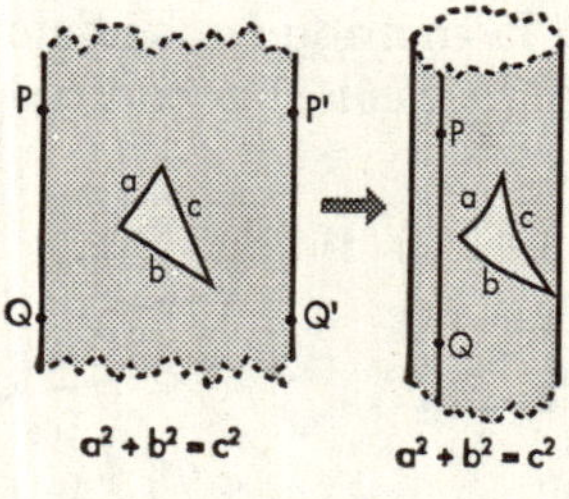

Figure 13.2. Construction du cylindre

Après avoir découpé dans le plan une bande de papier, on colle les bords opposés — ce qui revient à identifier les points P et P', Q et Q', etc. La surface résultante est un cylindre. Il nous semble posséder une certaine courbure. En réalité, le cylindre est plat : si l'on trace un triangle rectangle, le théorème de Pythagore reste parfaitement valide.

Poursuivons le jeu du couper-coller. Prenons un tube en caoutchouc extensible, de longueur finie, et collons bord à bord ses deux extrémités. Cela équi-

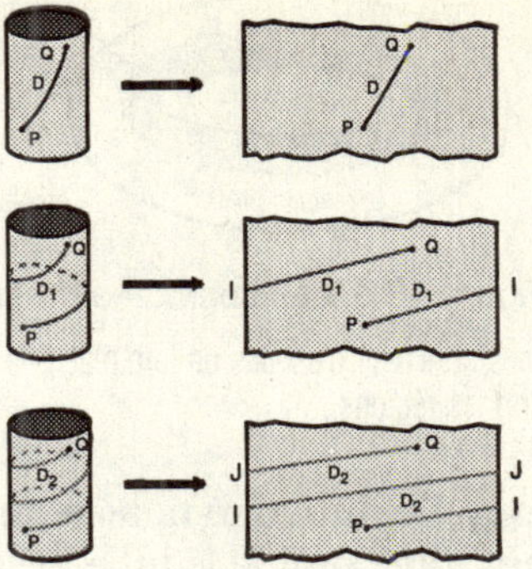

Figure 13.3. Les droites du cylindre

Les droites du cylindre sont les hélices de pas constant. Deux points quelconques P et Q sont reliés par une infinité d'hélices D faisant 0, 1, 2… tours du cylindre. Si on développe le cylindre dans le plan, toutes ces hélices se déroulent bien sous forme de droites.

vaut strictement à partir d'un rectangle et à coller deux à deux ses côtés opposés. Nous obtenons un tore, c'est-à-dire une surface ayant la forme d'un anneau ou d'une chambre à air.

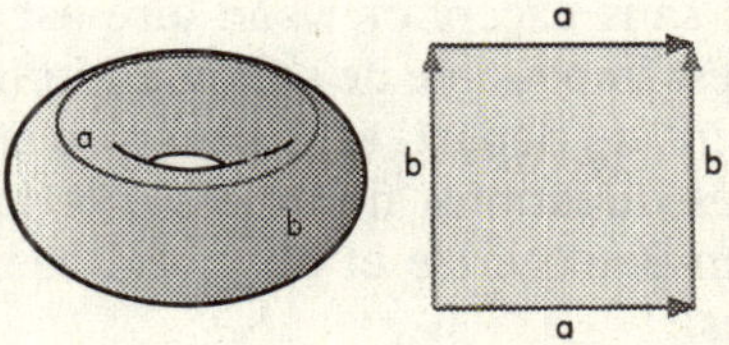

Figure 13.4. Construction du tore plat

Du point de vue topologique, un tore plat s'obtient en collant les côtés opposés d'un rectangle. Inversement, si on coupe le tore de gauche suivant les deux lignes a et b, on peut dérouler la figure résultante sous la forme du rectangle de droite.

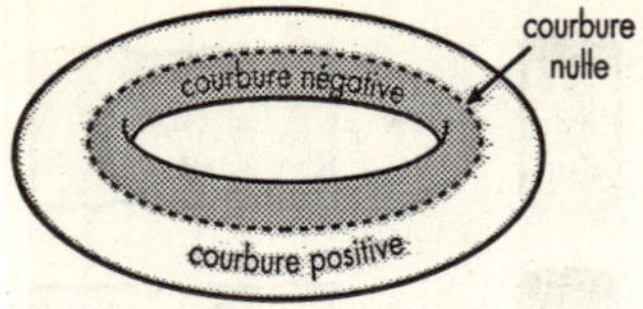

Figure 13.5. Les courbures du tore

La surface d'une chambre à air n'est pas un tore plat. Elle possède une courbure, variable selon les régions.

Là, une nouvelle difficulté nous attend. Une vraie chambre à air, tout comme le tube, peut se matérialiser dans l'espace usuel à trois dimensions ; elle a donc une courbure extrinsèque. Mais, contrairement au tube, la chambre à air a aussi une courbure intrinsèque non nulle, qui varie selon les régions : tantôt positive, tantôt négative (figure 13.5).

Pourtant, la surface torique obtenue par identification des côtés opposés d'un rectangle a une courbure intrinsèque *partout* nulle. Ce tore plat, surface dont les propriétés globales sont identiques à celles d'un anneau mais dont la courbure est partout nulle, ne peut être vu dans notre espace usuel à trois dimensions. On peut néanmoins décrire toutes ses propriétés sans exception ; son aire est finie en ce sens qu'il est impossible de s'éloigner infiniment loin de son point de départ, et il n'est pas isotrope, car deux de ses directions, nommées directions principales — un petit cercle et un grand cercle —, sont privilégiées.

Imaginons une créature évoluant sur un tore, voyageant tout droit le long d'une direction principale ; elle communique par des rayons lumineux avec son point de départ, de sorte qu'elle peut calculer la distance parcourue ; à un certain moment, cette distance atteint un maximum puis se met à diminuer ; après avoir fait un tour complet, la créature est revenue à son point de départ. Elle en conclura qu'elle vit dans un espace d'extension finie. Pourtant, en ayant mesuré autour d'elle la somme des angles d'un triangle, elle a toujours trouvé 180 degrés, si bien qu'elle déduira aussi qu'elle vit dans un plan euclidien. La métrique (géométrie locale) du tore plat reste donnée par le théorème de Pythagore, tout comme celle du plan et du cylindre.

Ainsi, par simple découpage et recollages d'un morceau de plan, nous avons défini deux surfaces de topologies différentes du plan, le cylindre et le tore, mais appartenant toutes à la même famille d'espaces à courbure nulle : les surfaces localement euclidiennes. Les mathématiciens ont trouvé un moyen élégant pour caractériser ces diverses topologies : le serrage de lacets. Un lacet est une courbe fermée tracée sur une surface. Sur le plan infini dont nous étions partis, nous pouvons dessiner en n'importe quel point n'importe quel lacet, si grand soit-il ; ce lacet pourrait toujours être resserré et réduit en un point sans rencontrer d'obstacles. Les topologistes qualifient une telle surface de « monoconnexe ». En revanche, le tube ou l'anneau n'ont pas cette propriété. Certes, il existe des lacets qui peuvent être resserrés complètement, comme dans le plan ; mais certains ne peuvent pas l'être : un cercle qui fait le tour du tube ou qui s'enroule autour de l'anneau, par exemple, ne peut pas être réduit de façon continue en un point. De telles surfaces, où des lacets ne peuvent être indéfiniment resserrés parce qu'ils font le tour d'un trou, ont une topologie dite « multiconnexe ». La multiconnexité apparaît dès lors que, dans un espace monoconnexe, on effectue des collages, c'est-à-dire des *identifications* de points.

Les propriétés de monoconnexité ou de multiconnexité sont fondamentales en topologie, et elles s'appliquent à n'importe quel type d'espace, quelles que soient sa courbure et sa dimensionnalité.

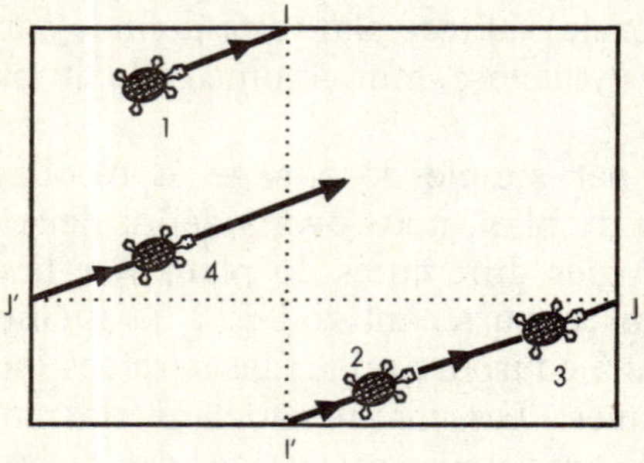

Figure 13.6. Promenade sur un tore

Comme dans ces jeux d'arcade où les personnages qui sortent par un côté rentrent par le côté opposé, la tortue traverse le côté supérieur du carré en *I*, réapparaît par le côté inférieur, au point équivalent *I'*, poursuit son chemin en ligne droite, atteint le côté droit en *J*, réapparaît en *J'*, et ainsi de suite. Le tore est donc équivalent à un rectangle dont les bords opposés sont identifiés deux à deux.

On visualise en général assez bien les espaces à deux dimensions parce qu'on peut[1] les plonger mentalement dans l'espace euclidien. Pour les espaces à trois dimensions, il faut faire appel à une représentation plus abstraite que je vais brièvement décrire en commençant, pour plus de simplicité, par un exemple bidimensionnel. Au XIXe siècle, les mathé-

1. La plupart du temps, mais pas toujours, comme on l'a vu avec le tore plat.

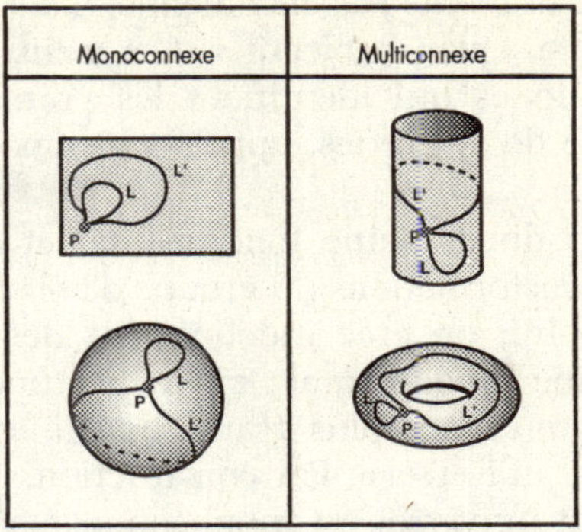

Figure 13.7. Lacets et connexité

Dans le plan ou sur une sphère, tous les lacets peuvent être indéfiniment resserrés sans obstacle. Ces espaces sont monoconnexes. Sur un cylindre ou sur un tore, certains lacets peuvent être resserrés, d'autres non. Ces espaces sont multiconnexes.

maticiens ont découvert qu'il est possible de représenter n'importe quelle surface par un polygone dont on identifie deux à deux certains côtés. Ainsi, nous avons vu qu'en collant deux bords opposés d'un carré on obtient un morceau de cylindre, et que si l'on réunit les deux extrémités de celui-ci on fabrique un tore.

Le carré (ou le rectangle) muni des deux identifications de ses bords opposés (le haut et le bas, la droite et la gauche) est nommé « domaine fondamental » ; il caractérise notamment un certain aspect de la topologie du tore. Mais cela ne suffit pas ; il faut aussi spécifier les transformations géométriques qui identifient les points. En effet, à partir d'un carré, on pourrait identifier les points diamétralement opposés par rapport au centre de symétrie du carré, et la surface obtenue n'aurait plus rien d'un tore ;

elle ne serait même pas euclidienne, mais sphérique, on l'appelle « plan projectif ». Les transformations mathématiques qui identifient les points forment un groupe de symétries, appelé « groupe d'holonomies ».

À partir du domaine fondamental et en faisant agir les transformations du groupe d'holonomies sur chaque point, on crée indéfiniment des répliques du domaine fondamental ; on réalise une sorte de pavage d'un espace plus grand, appelé « espace de revêtement universel ». Par construction, l'espace de revêtement universel est monoconnexe, c'est-à-dire que tout lacet peut être indéfiniment resserré. Le revêtement universel du tore est le plan euclidien infini E^2, ce qui traduit bien le fait que le tore plat est une surface localement euclidienne. Si on le découpe le long de son petit cercle et le long de son grand cercle, puis qu'on le déplie, il se transforme en un morceau de plan euclidien : un rectangle.

C'est dans leurs topologies monoconnexes que les espaces prennent leur forme la plus simple, la forme dépliée du revêtement universel ; ce dernier peut être plié de multiples façons, chaque pliage engendrant une forme multiconnexe.

Prenons deux tores et collons-les comme dans la figure 13.9. En ce qui concerne ses propriétés topologiques, ce « double tore » peut être représenté par un polygone à huit côtés, appelé octogone, ce qui peut se comprendre intuitivement par le fait que chacun des tores était représenté par un quadrilatère. Mais cette surface, on le voit, ne peut servir à paver le plan euclidien, pour un problème d'angle évident : si l'on veut construire un octogone sur chacun de ses côtés, les huit octogones se chevaucheront (figure 13.10). Il faut donc incurver les

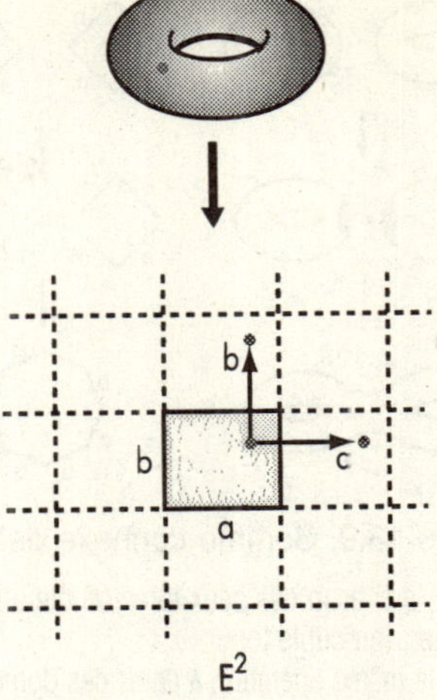

Figure 13.8. Revêtement universel

Le tore a pour domaine fondamental un rectangle et pour holonomies des translations de longueurs égales aux côtés du rectangle. En faisant agir les holonomies sur chaque point du domaine fondamental, et en répétant de proche en proche le processus, on engendre l'espace de revêtement universel — ici le plan euclidien E^2.

côtés et amincir les angles, autrement dit passer dans un espace hyperbolique : là seulement, on parvient à caser huit octogones autour de l'octogone central, et à partir de chacun des nouveaux octogones on peut en construire huit autres, *ad infinitum*. Par ce procédé on pave un espace infini : le plan hyperbolique de Lobatchevski.

Une représentation fascinante d'une mosaïque hyperbolique a été donnée par Henri Poincaré. Une certaine transformation de coordonnées permet de ramener l'infini à distance finie, de sorte que l'espace de Lobatchevski tout entier est contenu à l'intérieur

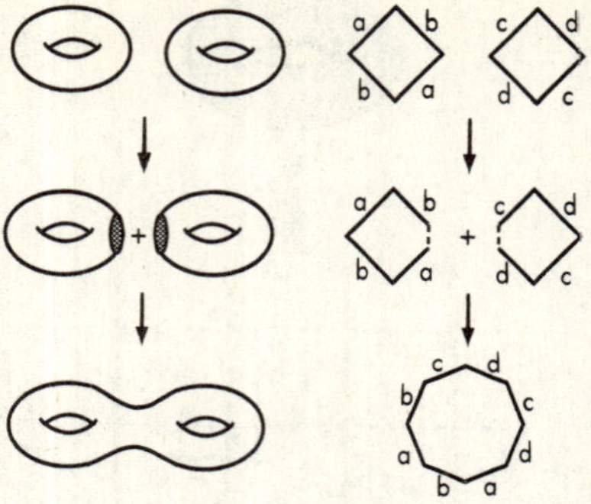

Figure 13.9. Somme connexe de tores

Colonne de gauche : à chacun des deux tores on ôte un disque et l'on colle les bords pour former un double tore.
Colonne de droite : la même opération à partir des domaines fondamentaux. Le double tore est bien représenté par un octogone dont les côtés ont été identifiés deux à deux et d'une certaine façon.

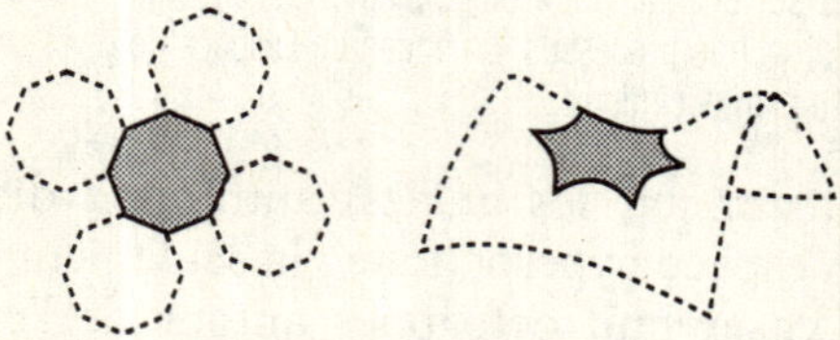

Figure 13.10. Pavage du plan hyperbolique par des octogones

Il est impossible de paver le plan euclidien par des octogones — ce qui implique que le double tore n'est pas une surface euclidienne. En revanche, le plan hyperbolique peut être pavé par des octogones découpés dans le creux d'une selle. Le plan hyperbolique est donc l'espace de revêtement universel du double tore. Les huit sommets de l'octogone doivent être tous identifiés en un point unique ; c'est la raison pour laquelle on doit utiliser un octogone négativement courbé avec des angles de 45 degrés ($8 \times 45 = 360$), au lieu d'un octogone plat dont les angles font 135 degrés.

d'un disque. Le célèbre graveur néerlandais Mauritz Cornélius Escher a réalisé une série d'estampes intitulées *Limite circulaire*, dans lesquelles il a utilisé cette représentation de Poincaré (voir illustration 8 et figure 13.11).

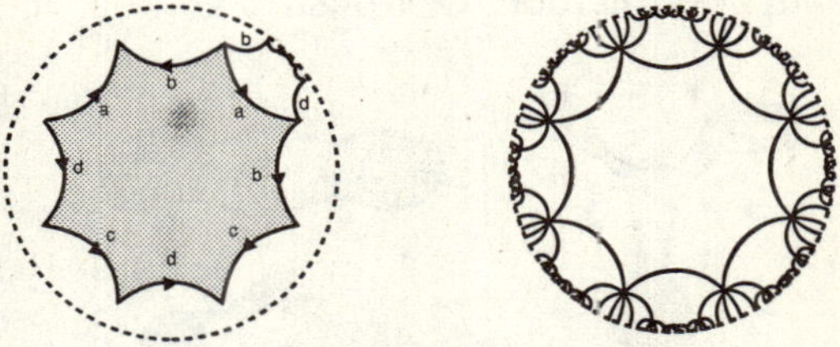

Figure 13.11. La représentation de Poincaré du plan hyperbolique

En faisant agir les holonomies sur chaque point de l'octogone fondamental, et en répétant de proche en proche le processus, on engendre un pavage du plan hyperbolique par des octogones réguliers et identiques. Poincaré a démontré que le plan hyperbolique, normalement infini, pouvait être entièrement représenté à l'intérieur d'un disque — dont la frontière représente l'infini. Le modèle de Poincaré distord les distances et les formes, ce qui explique pourquoi les octogones paraissent irréguliers et de plus en plus petits quand on s'approche du bord du disque. Toutes les lignes représentées sont des « droites » du plan hyperbolique, et coupent la frontière à angle droit.

Plus généralement, un tore à *n* trous est un collage de *n* tores. Il est topologiquement équivalent à une somme de *n* carrés dont les côtés opposés ont été identifiés, et cette somme est elle-même topologiquement équivalente à un polygone de 4*n* côtés judicieusement identifiés deux à deux. Plus il y a d'angles à ajuster, plus il faut les rendre pointus et donc agrandir la surface. Le *n*-tore ($n \geq 2$) est donc une surface de courbure négative. C'est chez le boulanger que l'on trouve le plus communément ce type de surfaces, sous forme de fougasses. Nous les appellerons donc des « fougasses hyperboliques ».

Les fougasses peuvent toutes être munies de métriques de courbure constante négative. Elles ont toutes la même géométrie locale, de type hyperbolique. Mais elles n'ont pas la même topologie, celle-ci dépendant du nombre de trous.

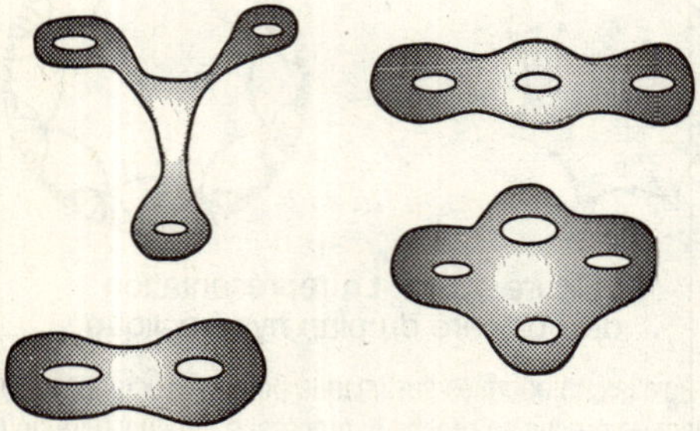

Figure 13.12. Les fougasses hyperboliques

Toutes les surfaces fermées ayant plus d'un trou sont des espaces de courbure négative, munis d'une géométrie hyperbolique.

14

Des formes fascinantes

Ce que nous avons appris est semblable à une poignée de terre ; ce qu'il nous reste à apprendre ressemble au monde entier.

AWAIYAR

Récapitulons : la forme d'un espace est entièrement spécifiée si l'on se donne un domaine fondamental, un groupe de symétries particulières, les holonomies, qui identifient deux à deux les bords du domaine, et un espace de revêtement universel formé du pavage des domaines fondamentaux. Classer les formes revient donc, en partie, à classer les symétries. **La symétrie, p. 376**

Appliquons cette recette pour répertorier l'ensemble des surfaces homogènes, c'est-à-dire les espaces à deux dimensions sans bord ni point anguleux[1]. En ce qui concerne la courbure, les surfaces homogènes sont de trois types : les surfaces sphériques (dites aussi elliptiques), de courbure positive (comme la surface d'un ballon de rugby), les surfaces euclidiennes, de courbure nulle (dont la géométrie plane est celle que nous avons tous apprise sur les bancs

1. Cela élimine par exemple les disques, qui ont un bord, et les cônes, qui ont un point anguleux.

de l'école), et les surfaces hyperboliques, de courbure négative (comme certaines parties d'une selle de cheval ou d'un cornet de trompette).

À l'intérieur de chacun de ces types, les mathématiciens ont classé toutes les topologies (ici réduites au sens de « formes ») possibles. Par définition, les espaces d'une même classe peuvent se déduire les uns des autres par déformation continue.

Classification des surfaces, p. 397

Il n'existe que deux formes de surfaces sphériques, toutes deux finies : la sphère, qui peut se décliner sous une quantité d'aspects métriques différents selon les étirements continus qu'on peut lui faire subir, et le plan projectif. La sphère est monoconnexe, le plan projectif ne l'est pas. Cette dernière surface est délicate à concevoir ; le plus simple est de passer par l'intermédiaire de son domaine fondamental — un disque —, dont les points diamétralement opposés sont identifiés.

Les surfaces euclidiennes revêtent cinq formes possibles : le plan, bien sûr, qui est le prototype monoconnexe, mais aussi le cylindre, le ruban de Möbius, le tore et la bouteille de Klein, tous multiconnexes. Les trois premières sont infinies, les deux autres finies. Ces surfaces, conceptuellement simples, ne sont pas toutes faciles à visualiser ; ainsi, la bouteille de Klein, bien que sans courbure, est refermée sur elle-même et n'a ni endroit ni envers ; on dit qu'elle n'est pas « orientable ».

Enfin, les surfaces hyperboliques, à courbure négative, ont un nombre infini de topologies. Une seule d'entre elles, équivalente au plan de Lobatchevski, est monoconnexe. Toutes les autres sont multiconnexes, caractérisées par leur nombre de trous.

Nous avons vu par exemple que la surface d'une fougasse est hyperbolique.

Une première conclusion que l'on peut tirer de cette classification est que, dans l'ensemble infini des surfaces homogènes, toutes sont hyperboliques, à sept exceptions près !

De telles constructions peuvent être généralisées aux espaces mathématiques à trois dimensions. La classification topologique des surfaces fut achevée à la fin du XIXe siècle, mais celle des espaces de dimensionnalité supérieure est beaucoup plus compliquée, même si l'on se restreint au cas particulier des espaces tridimensionnels à courbure constante — ceux préférentiellement utilisés en cosmologie. Tout au long du XXe siècle, néanmoins, les mathématiciens ont découvert des formes fascinantes, connues pratiquement d'eux seuls, qui peuvent être utilisées par le physicien pour la description de l'Univers réel.

Comme les surfaces, les espaces tridimensionnels à courbure constante peuvent d'abord être classés, selon le signe de leur courbure, en familles sphérique, euclidienne et hyperbolique. Il s'agit ensuite de recenser les formes topologiques à l'intérieur de chacune de ces familles. Pour définir et analyser leurs propriétés, les outils de base demeurent le domaine fondamental, le groupe d'holonomies et l'espace de revêtement universel.

Classification des espaces tridimensionnels, p. 408

À trois dimensions, le domaine fondamental n'est plus un polygone, mais un polyèdre. C'est une figure construite par l'assemblage de faces polygonales, dont les côtés communs forment les arêtes du polyèdre et dont les points communs forment les sommets. La plupart des espaces tridimensionnels sont ainsi représentables sous forme de polyèdres convexes dont on a identifié convenablement les faces deux à deux, ainsi que tous les sommets.

Les polyèdres, p. 390

Il existe dix-huit formes d'espaces euclidiens à trois dimensions. La plus simple est celle de l'espace usuel, noté E^3. Partant de cet espace infini, monoconnexe, il est possible, par des procédures analogues à celles utilisées pour les surfaces, de construire des cylindres, des tores tridimensionnels, voire des variantes plus compliquées. J'insiste sur le fait que, dans chacun de ces nouveaux espaces, toutes les propriétés géométriques énoncées par Euclide sont vérifiées, notamment le fait que deux parallèles ne se recoupent pas ou que le théorème de Pythagore s'applique.

De même qu'à deux dimensions nous avions obtenu le tore plat en collant les côtés opposés d'un rectangle, à trois dimensions nous formons un « hypertore » en identifiant les faces opposées d'un parallélépipède. En voyageant droit devant soi dans ce parallélépipède, dès qu'on sort par une face on rentre immédiatement par la face homologue. Le polyèdre fondamental de l'hypertore est donc un parallélépipède rectangle. Les transformations qui identifient chaque face à sa face homologue sont les holonomies caractéristiques de cette topologie : des translations de longueurs égales aux arêtes du parallélépipède.

Imaginons-nous plongés dans un tel espace et supposons en outre que nous sommes lumineux comme des vers luisants. La lumière que nous émettons par le dos traverse la face du parallélépipède qui se

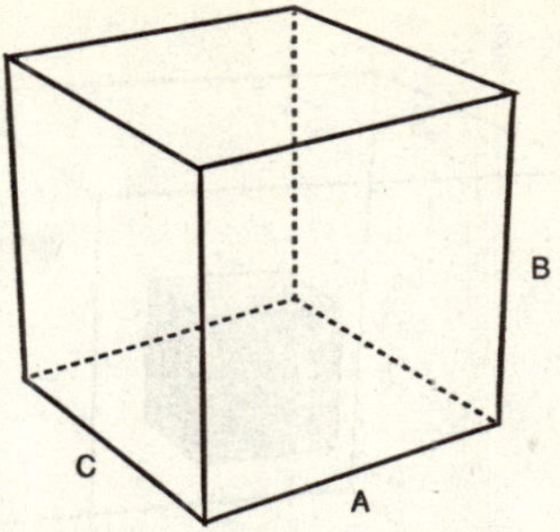

Figure 14.1. Du tore à l'hypertore

Si les longueurs des arêtes du parallélépipède fondamental sont A, B, C, le volume de l'hypertore obtenu en identifiant les faces opposées est fini, égal à A × B × C.

trouve derrière nous, et réapparaît par la face de devant qui lui est équivalente : en regardant devant nous, nous voyons donc notre dos. De même, en regardant à droite nous pouvons observer notre profil gauche, et nous pouvons voir le dessous de nos pieds en levant la tête. En fait, comme la lumière se propage dans toutes les directions, nous voyons une infinité d'images de notre corps sous tous ses angles, disposées selon un réseau de parallélépipèdes qui, s'étendant dans tous les sens, reconstitue un espace visuel infini (figure 14.2).

Parmi les dix-huit formes différentes d'espaces euclidiens à trois dimensions, huit sont de volume infini et dix de volume fini. Sur ces dix derniers, six sont orientables. Leur polyèdre fondamental peut avoir la forme d'un parallélépipède ou celle d'un prisme hexagonal. Dans les deux cas, leur répétition engendre un pavage de l'espace de revêtement universel E^3. **Classification des espaces tridimensionnels, p. 408**

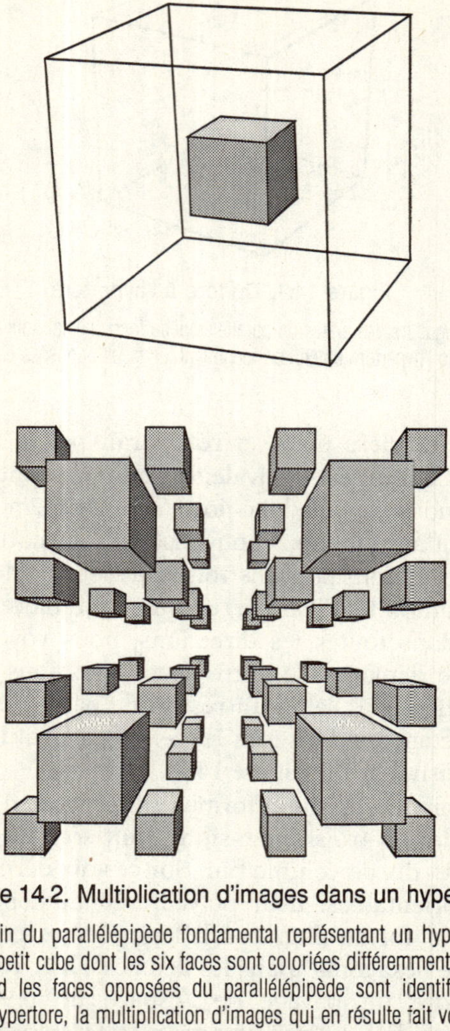

Figure 14.2. Multiplication d'images dans un hypertore

(a) Au sein du parallélépipède fondamental représentant un hypertore, on place un petit cube dont les six faces sont coloriées différemment.
(b) Quand les faces opposées du parallélépipède sont identifiées pour former l'hypertore, la multiplication d'images qui en résulte fait voir le petit cube en de multiples exemplaires, mais sous des orientations différentes.

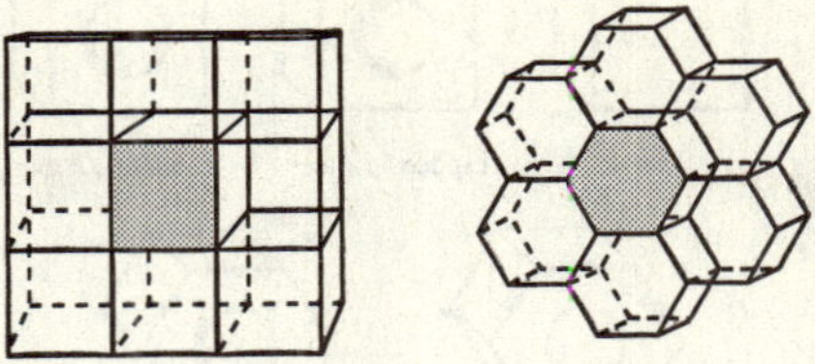

Figure 14.3. Deux pavages de l'espace euclidien

À trois dimensions, l'espace euclidien ordinaire peut être pavé régulièrement par des parallélépipèdes rectangles ou par des prismes hexagonaux.

La figure 14.4 précise la structure de ces six espaces, d'un intérêt cosmologique évident. En effet, si les théories et les observations cosmologiques indiquaient que la courbure de l'espace est nulle en moyenne, rien n'interdirait *a priori* que l'espace physique soit un hypertore ou l'une de ses variantes.

Toutefois, il n'y a aucune raison particulière pour que la courbure de l'espace soit *strictement* nulle. Le problème topologique se pose de la même manière avec les espaces non euclidiens avec courbure. Dans chacun des cas, le modèle d'espace habituellement considéré, monoconnexe, n'est pas le seul envisageable, il faut aussi prendre en compte ses variantes multiconnexes.

Celles-ci sont représentables par un polyèdre convexe plus ou moins compliqué, dont les faces sont associées par paires. Ainsi, nous venons de voir que l'hypertore « est » (au sens de l'équivalence topologique) un parallélépipède de l'espace euclidien dont les faces opposées sont homologues. Mais, de même que pour les surfaces à deux dimensions, l'espace euclidien ne suffit plus dès que le nombre

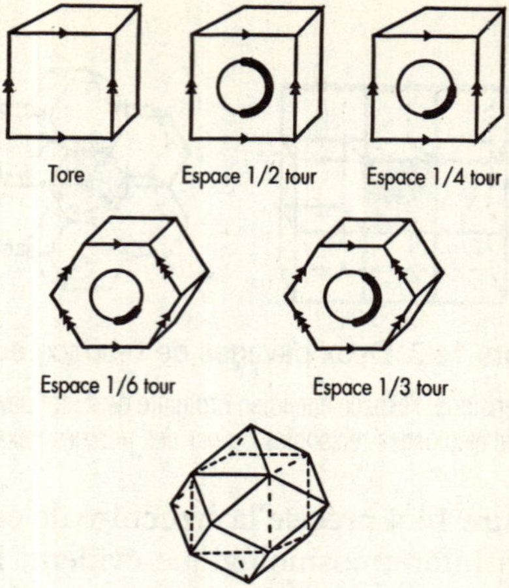

Figure 14.4. Six petits espaces euclidiens

En identifiant d'une certaine façon les faces opposées d'un parallélépipède ou d'un prisme hexagonal, on obtient six espaces euclidiens finis et orientables. Pour le plus simple d'entre eux, l'hypertore T^3, l'identification se fait par simples translations. Pour les autres, une paire de faces (ici les faces de devant et de derrière) est tournée de 1/2 tour, 1/4 de tour, 1/6 de tour ou 1/3 de tour, avant d'être collée. Le sixième espace, découvert par Hantzsche et Wendt en 1935, a une structure plus compliquée fondée sur un dodécaèdre rhombique.

de faces est supérieur à huit. Il faut construire le polyèdre dans l'espace hyperbolique ou dans l'espace sphérique, et le gonfler ou le dégonfler jusqu'à ce que tous les angles s'ajustent exactement autour d'un point unique (figure 14.5).

Leurs volumes peuvent être finis ou infinis. Il n'existe qu'une seule loi : *toutes les topologies sphériques (espaces à courbure positive) sont de volume fini.*

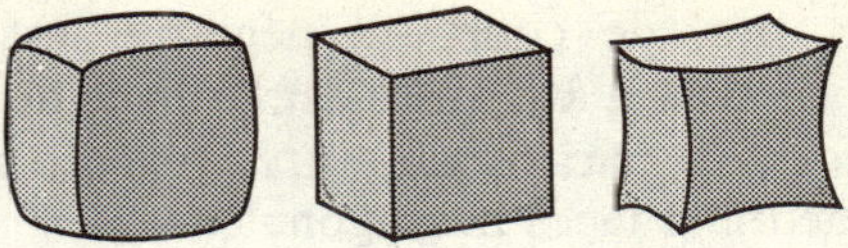

Figure 14.5. Polyèdres sphériques, euclidiens et hyperboliques

Dans un espace sphérique (a), les polyèdres ont des angles plus grands que dans l'espace euclidien (b), tandis que dans un espace hyperbolique (c) les polyèdres ont des angles plus petits.

Il existe une infinité d'espaces sphériques, mais ils sont tous dénombrés. Le prototype (et le plus volumineux d'entre eux, pour un rayon de courbure donné) est l'hypersphère. C'est le fameux espace fermé sans bord découvert par Riemann, utilisé ensuite par Einstein et Friedmann dans leurs modèles cosmologiques datés respectivement de 1917 et 1922. En revanche, Lemaître, dans son modèle de 1931 avec constante cosmologique — introduisant pour la première fois le concept qui conduira au big-bang —, préféra la topologie de l'espace projectif (qu'il appela « espace elliptique »), obtenue à partir de l'espace sphérique en identifiant toutes les paires de points antipodaux.

Mais les espaces les plus fascinants sont les espaces hyperboliques. Comme c'est déjà le cas pour les surfaces, ils sont infiniment plus nombreux que les autres. Les mathématiciens n'ont pas réussi à tous les répertorier, mais ils en connaissent une infinité d'exemples. L'un des plus intéressants est représentable par l'un des cinq polyèdres réguliers, l'icosaèdre, où l'on identifie d'une certaine façon toutes les faces triangulaires deux à deux ; l'espace intérieur, fini, de courbure négative, est appelé « espace de Best ». Un autre est l'espace de Seifert-Weber, formé à partir d'un autre polyèdre régulier, le dodécaèdre, à faces pentagonales.

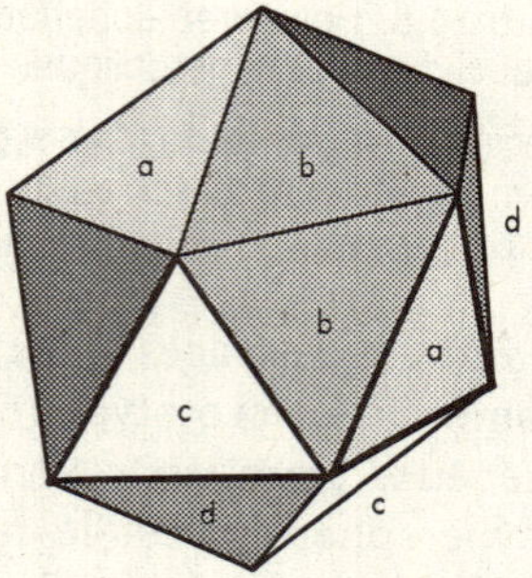

Figure 14.6. L'espace hyperbolique fermé de Best

Des espaces à trois dimensions finis et courbés négativement peuvent être construits en remplaçant le polygone à deux dimensions de la figure 13.10 par un polyèdre à trois dimensions. Le codage des faces montre comment celles-ci doivent être appariées. Si les coins du polyèdre sont assemblés correctement, l'espace défini par le polyèdre recollé doit représenter un espace hyperbolique et non pas un espace euclidien. Celui-ci, l'espace de Best, a pour polyèdre fondamental un icosaèdre.

Certains sont fermés (de volume fini), les autres sont ouverts (de volume infini). Seuls ceux de volume fini peuvent être classés — bien qu'ils soient loin d'être tous connus. Beaucoup de leurs propriétés restent mystérieuses. Par exemple, on ne sait pas déterminer avec certitude quel est le plus petit d'entre eux.

Nous verrons que le problème général du volume de l'espace est du plus grand intérêt pour les applications à la cosmologie. Un espace euclidien peut

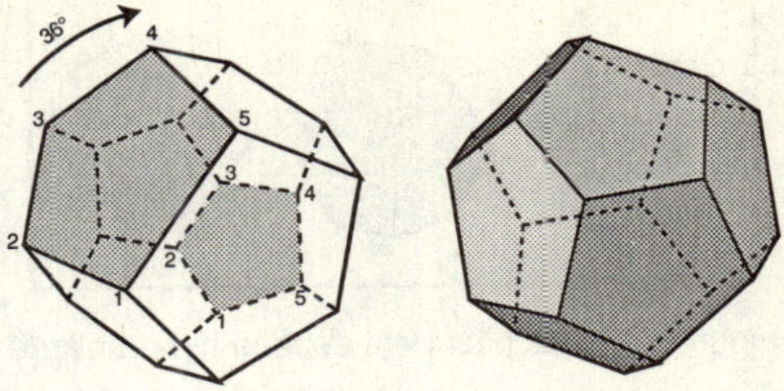

Figure 14.7. L'espace dodécaédrique sphérique de Poincaré

Si chaque face d'un dodécaèdre est collée à sa face opposée après avoir subi une rotation de 36° (un dixième de tour), l'espace résultant est l'espace sphérique de Poincaré, variante multiconnexe de l 'hypersphère, mais dont le volume est 120 fois plus petit. Le collage ne peut être réalisé que si l'on utilise un dodécaèdre courbé positivement, avec des angles légèrement gonflés à 120° (au lieu de 117° pour un dodécaèdre euclidien).

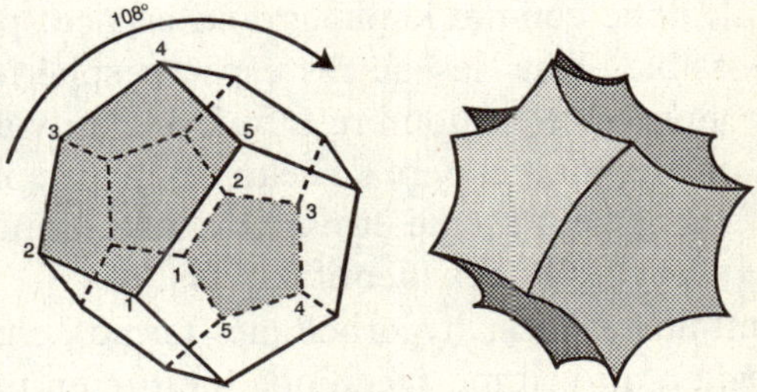

Figure 14.8. L'espace dodécaédrique hyperbolique de Seifert-Weber

Si chaque face d'un dodécaèdre (à gauche) est collée à sa face opposée après avoir subi une rotation de 108° (trois dixièmes de tour), l'espace résultant est l'espace hyperbolique de Seifert-Weber, variante multiconnexe de l 'hyperboloïde H^3, mais dont le volume est fini. Comme pour l'octogone de la figure 13.10, le collage ne peut être réalisé que si l'on utilise un dodécaèdre courbé négativement, avec des angles amincis à 72° (à droite).

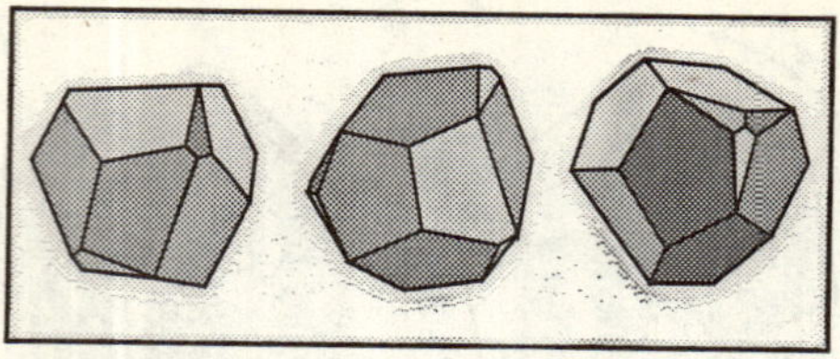

Figure 14.9. Le plus petit espace hyperbolique

Cet espace hyperbolique fermé, découvert par J. Weeks, a pour domaine fondamental un polyèdre irrégulier — dont 3 vues différentes sont montrées ici — à 26 sommets et 18 faces (12 pentagones et 6 quadrilatères), convenablement identifiés au moyen de transformations compliquées. De tous les espaces hyperboliques connus, c'est celui qui a le plus petit volume.

avoir n'importe quel volume, si petit ou si grand soit-il. Le volume d'un espace sphérique, lui, ne peut pas dépasser $2\pi^2R^3$, où R est le rayon de courbure. Cette borne supérieure n'est autre que le volume de l'hypersphère ordinaire, qui est monoconnexe et qui apparaît donc comme le plus grand espace sphérique possible. Tous les autres espaces sphériques, multiconnexes et en nombre infini, ont un volume égal à une fraction entière de celui de l'hypersphère. Leur volume peut même être rendu aussi petit que l'on veut par le jeu des identifications.

Quant aux espaces hyperboliques fermés, chaque topologie a un volume spécifique mesuré en unités du rayon de courbure R ; on sait qu'il ne peut pas être arbitrairement petit. Une limite théorique a été calculée en 1996, égale à $0{,}166\ R^3$, mais aucun espace n'a été construit ayant effectivement ce volume. Jusqu'ici, le plus petit espace hyperbolique connu (c'est-à-dire dont le polyèdre fondamental et le groupe d'holonomies ont pu être entièrement calculés) a été découvert par l'Américain Jeffrey Weeks en 1985. Son volume est égal à 0,94272 R^3.

Les mathématiciens travaillent activement sur ces questions, mais peu d'entre eux se doutent de l'immense intérêt que leurs recherches présentent pour la cosmologie. Weeks a toutefois mis à la disposition des spécialistes, sur le réseau Internet, un catalogue d'espaces hyperboliques fermés appelé SnapPea. Ce programme classe tous les espaces connus par volume croissant et donne leurs propriétés : structure du polyèdre fondamental, nature des transformations du groupe d'holonomies, longueurs topologiques caractéristiques, etc.

15

Topologie et relativité

La mémoire de l'espace éclaté garde un peu le décor du temps.

MAURICE COUQUIAUD

La relativité générale a passé avec succès un certain nombre d'épreuves expérimentales, mais, comme toute théorie physique, elle est incomplète. L'une de ses limites de validité est bien connue : elle ne prend pas en compte les propriétés microscopiques de la matière, décrites par la physique quantique. Einstein en avait bien conscience puisque, après la mise au point de sa théorie gravitationnelle en 1916, il passa le restant de ses jours à tenter d'unifier la gravitation avec les autres interactions physiques — en vain. Les tentatives actuelles d'unification, qu'il s'agisse de « supercordes », de « supergravité » ou de « cosmologie quantique », se heurtent d'ailleurs aux mêmes difficultés.

Ce qui est moins connu, c'est que la relativité générale est aussi incomplète à grande échelle : l'espace est-il fini ou infini, orienté ou non ? quelle est sa forme globale ? La gravitation ne décide pas seule de la forme de l'espace. Les exemples précédents ont bien montré que la courbure de l'espace ne permet pas nécessairement de conclure quant à son caractère fini ou infini. Les espaces finis sont même, dans la plupart des cas, des variétés topologiques admettant une géométrie hyperbolique. Ces questions cosmologiques essentielles relèvent de la topologie globale de l'Univers, devant laquelle la relativité générale est impuissante. La théorie d'Einstein ne permet, en effet, de traiter que les propriétés géométriques locales de l'Univers. Ses équations aux dérivées partielles ont pour solution un « tenseur de métrique », ou, de façon équivalente, l'élément de distance infinitésimale séparant deux événements de l'espace-temps. Cela ramène l'étude de l'Univers, de son contenu et de ses propriétés physiques à des problèmes de géométrie pseudo-riemannienne. À un élément de métrique donné correspondent plusieurs, voire une infinité de topologies, donc de modèles d'Univers possibles. Par exemple, l'hypertore et l'espace euclidien familier sont localement identiques, aussi la relativité générale les décrit-elle par les mêmes équations, bien que le premier soit fini et le second infini. Pareillement, les équations d'un Univers de courbure négative ne font aucune différence entre un espace fini ou infini.

Les modèles de big-bang ont des espaces de type sphérique, euclidien ou hyperbolique selon que leur courbure est positive, nulle ou négative. Leur topologie spatiale est usuellement supposée la même que celles des espaces prototypes : hypersphère, espace euclidien, hyperboloïde, le premier étant fini et les deux autres infinis. Mais il n'existe aucune raison particulière pour que l'espace ait une topologie monoconnexe. En tout cas, la relativité générale ne stipule rien à ce sujet ; ce n'est que l'application stricte du principe cosmologique, surajouté à la théorie, qui incite à généraliser les propriétés observées localement à la totalité de l'Univers. La fourmi au milieu du désert est persuadée que le monde entier est composé de grains de sable…

Les topologies multiconnexes enrichissent considérablement (et complexifient de même) le champ de la modélisation cosmologique. Grâce à elles, il devient possible de considérer des modèles d'Univers où l'espace est fini quelle que soit sa courbure, même si la densité de matière et la constante cosmologique sont faibles. Elles font aussi réapparaître, par le détour de mathématiques très sophistiquées, une idée chère à Platon et à Kepler : l'usage de polyèdres pour expliquer l'architecture secrète du monde !

Les polyèdres, p. 390

À ce stade, il est judicieux de rappeler que les modèles cosmologiques ne se réduisent pas à des espaces à trois dimensions, mais qu'ils sont des espaces-temps à quatre dimensions. Au problème de la topologie de l'espace s'ajoute donc celui de la topologie du temps. Que peut-on dire de la topologie de l'espace-temps Univers ? Un éventail infini de possibilités s'offre à la modélisation. Toutefois, des considérations sommaires sur les propriétés physiques de l'Univers permettent d'écarter rapidement un bon nombre de topologies inadmissibles. Voici pourquoi. Les modèles de big-bang sont homogènes, c'est-à-dire que leur partie spatiale a une courbure partout uniforme, et en expansion. Ces deux propriétés permettent de distinguer sans ambiguïté les tranches d'espace simultané et l'axe du temps cosmique. Nous pouvons donc écrire l'espace-temps comme le produit mathématique d'un espace riemannien à trois dimensions et de l'axe temporel.

Ce feuilletage simplifie considérablement les choses. Le temps est représenté par un espace à une dimension dont les points sont les instants : un seul nombre suffit à déterminer une date. Le temps possède une structure ordonnée : sur une droite, un point se situe nécessairement avant ou après un autre point. (Notons que cela ne serait pas possible si le temps avait plusieurs dimensions.) La topologie du temps est finalement très pauvre ; contrairement à celle de l'espace multidimensionnel, elle n'offre que deux variantes : la ligne et le cercle. Ces deux formes correspondent d'ailleurs à deux grandes conceptions philosophiques, le temps linéaire et le temps cyclique. Ce dernier a longtemps prévalu dans les mythes, tel celui de l'Éternel Retour[1], mais il est aujourd'hui délaissé par la physique car il viole le principe de causalité, selon lequel la cause doit précéder l'effet. En conséquence, toute identification de points le long de l'axe du temps est interdite. Dans le cadre des modèles cosmologiques en expansion-contraction, on pourrait, certes, penser à identifier le big-bang et le big-crunch, c'est-à-dire le début et la fin du temps ; mais l'opération est illicite, car ces points-là sont des singularités qui n'appartiennent même pas à l'Univers.

La question de la topologie cosmique se réduit donc principalement à celle de la partie spatiale de l'Univers. Pour chaque type de courbure possible, nous l'avons vu, existent des variantes des modèles de big-bang aux topologies multiconnexes. La plupart des formes d'espaces à trois dimensions mentionnées plus haut peuvent être appliquées à la description de l'espace physique.

1. Voir à ce sujet Mircea Eliade, *Le Mythe de l'Éternel Retour*, Paris, Gallimard, coll. « Folio Essais », 1989.

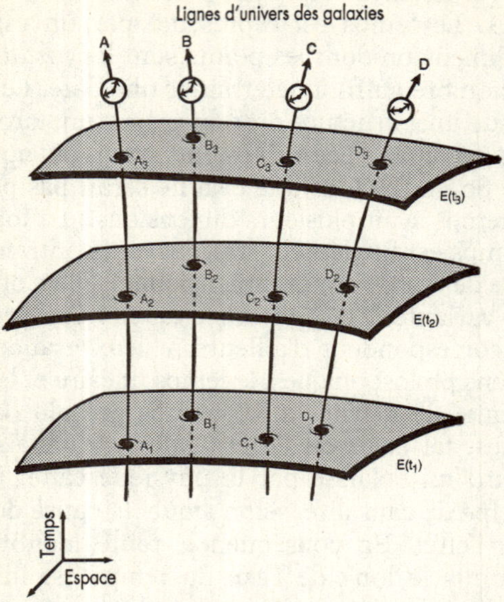

Figure 15.1. Feuilletage cosmique

Dans les modèles cosmologiques de Friedmann-Lemaître, l'espace-temps admet un feuilletage particulier permettant de distinguer sans ambiguïté les sections spatiales tridimensionnelles E(t) (qui ont une courbure constante) et les lignes de temps unidimensionnelles A, B, C… (qui permettent d'affecter une date universelle aux événements de l'histoire cosmique). S'il est licite d'identifier des points de l'espace E(t) afin de le rendre multiconnexe, on s'interdit d'identifier des points le long des lignes de temps, cela pour préserver le principe de causalité.

16

De petits univers biscornus

> *Hélas ! pour en extraire une goutte d'ivresse,*
> *Tu tordrais l'univers.*
>
> VICTOR HUGO

Accablé de définitions abstraites sur les polyèdres fondamentaux, les espaces de revêtement universel et les groupes d'holonomies, le lecteur féru de cosmologie s'est peut-être impatienté au cours des paragraphes précédents. Mais ses efforts vont maintenant prendre tout leur sens. En pénétrant dans le champ de la topologie cosmique, nous allons découvrir combien ces notions mathématiques jouent un rôle fondamental dans les différentes façons de décrire l'Univers tel que nous l'observons et l'Univers tel qu'il est réellement.

Nous vivons dans un monde d'apparences, au sens propre du terme. En effet, comment percevoir la forme de l'espace, sinon en observant les astres et en suivant les trajets de leurs rayons lumineux qui tissent la trame du tissu cosmique ? Dans un espace monoconnexe, il n'existe, entre un observateur et une source de lumière, qu'un seul trajet lumineux possible — une seule géodésique de l'espace-temps.

Au télescope, une galaxie est vue en un unique exemplaire dans une direction donnée et à une distance donnée. Il n'y a aucune ambiguïté. Mais qu'en est-il dans un espace multiconnexe ? Imaginons-nous à la surface d'un cylindre, où les lignes droites (les géodésiques) sont les hélices qui connectent l'observateur et la source lumineuse. Ces trajets hélicoïdaux sont en nombre infini, selon qu'ils accomplissent un, deux, trois, etc., tours du cylindre. Nous aurons donc une infinité de rayons lumineux émis par la source, tous partis en ligne droite, mais qui nous parviendront dans une infinité de directions, donnant l'illusion d'autant de sources différentes.

Il en va de même dans un espace à trois dimensions, et l'on conçoit bien l'extraordinaire illusion d'optique que peut engendrer un espace multiconnexe s'il possède une topologie compliquée repliant sa taille sur une échelle inférieure au rayon de l'horizon cosmologique — distance parcourue par la lumière depuis son émission voilà quatorze milliards d'années, qui est de l'ordre de cinquante milliards d'années-lumière[1].

La figure 16.1 montre que si l'espace réel possède une topologie multiconnexe, on aura toujours *l'illusion de vivre dans l'espace de revêtement universel*, c'est-à-dire dans la version dépliée de l'espace réel.

Les modèles d'Univers que j'appelle *chiffonnés* sont ceux dont la partie spatiale est multiconnexe et dont la taille est, au moins dans une direction donnée, inférieure à celle de l'univers observable.

1. Que le lecteur ne soit pas surpris par ces chiffres : « la lumière ne va pas plus vite que la lumière », mais, en raison de l'expansion rapide de l'espace, elle parcourt en x milliards d'années des distances *supérieures* à x milliards d'années-lumière. Voir plus loin, p. 157 et p. 451.

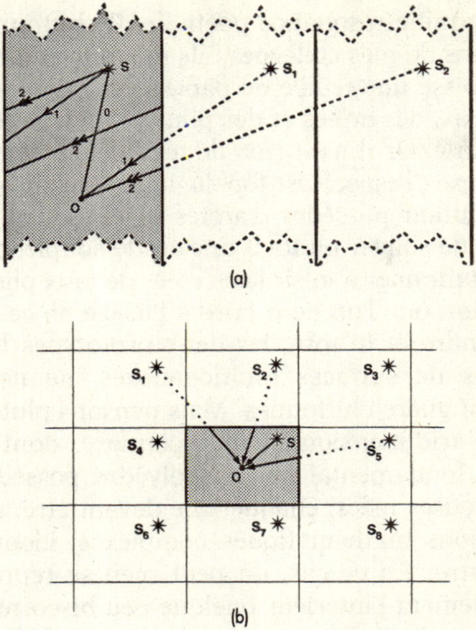

Figure 16.1. L'illusion du revêtement universel

a) Dans le cas du cylindre, l'espace réel est l'intérieur de la bande grise dont les bords sont identifiés. Les rayons lumineux émis par la source S parviennent à l'observateur O selon plusieurs trajets, correspondant au nombre de boucles qu'ils ont effectué autour du cylindre. L'observateur O a donc l'illusion de voir plusieurs sources distinctes S, S_1, S_2, etc., alignées au sein d'un espace fictif constitué par la juxtaposition de bandes indéfiniment répétées — l'espace de revêtement universel du cylindre.
b) Dans le cas du tore, l'espace réel est l'intérieur du rectangle gris dont les bords opposés sont identifiés. L'observateur O voit les rayons lumineux de la source S lui parvenir de plusieurs directions. Il a l'illusion de voir des sources distinctes S_1, S_2, S_3, etc., distribuées selon un canevas régulier qui couvre un plan infini.

Ce qualificatif m'a été suggéré par un mathématicien toulousain qui avait assisté à l'un de mes premiers séminaires sur le sujet, en 1994. S'il possède une certaine résonance poétique, il chiffonne quelques-uns de mes collègues : ils me font valoir que, si l'on froisse une feuille de papier, on crée des points anguleux, des arêtes et des pliures qui en altèrent la régularité. Or il n'est rien de tel dans l'univers multiconnexe : l'espace est topologiquement froissé sans pour autant posséder d'arêtes ni de coins. Je préconise de songer plutôt à une étoffe souple, que l'on peut chiffonner à loisir sans créer de faux plis. Autre objection que l'on peut faire à l'usage de ce terme : le cylindre et le tore, les deux prototypes les plus simples de surfaces multiconnexes, ne nous paraissent guère chiffonnés. Mais pensons plutôt à un espace tridimensionnel multiconnexe, dont le domaine fondamental est un polyèdre possédant de nombreuses faces, chaque face devant être, par des opérations mathématiques complexes, identifiée à une autre. En ce cas, on peut bien se représenter mentalement l'intérieur quelque peu biscornu de ce polyèdre ainsi plié comme un espace « chiffonné ».

Troisième expérience de pensée : sortons par une nuit claire et contemplons les étoiles. Choisissons-en quelques-unes : Altaïr dans l'Aigle, Deneb dans le Cygne, l'Épi de la Vierge et une dizaine d'autres moins brillantes. Imaginons maintenant que ces points lumineux sont *un seul et même point* de l'espace, vu dans des directions différentes. Recommençons la même opération mentale en sélectionnant une douzaine d'autres étoiles et en les ramenant à une seule entité, et ainsi de suite. Au total, nous aurions réduit le millier d'astres visibles à seulement une centaine de points distincts. Il faut bien, pour cela, que l'espace physique qui contient les étoiles soit, d'une certaine façon, « chiffonné ». Comme nous le verrons, il n'est pas question que l'espace cosmique soit chiffonné sur une aussi petite taille, au point que les étoiles visibles à l'œil nu, toutes situées à moins de mille années-lumière de nous, se montrent en plusieurs exemplaires. Mais si l'on remplace les étoiles par des galaxies lointaines, notre expérience de pensée se justifie pleinement.

Dans un espace chiffonné, les trajectoires des rayons lumineux émis par n'importe quelle source de lumière cosmique empruntent une quantité de chemins pour nous parvenir, chacun épousant les plis du chiffon. De chaque astre, un observateur perçoit donc une multitude d'*images fantômes*. Ainsi, quand nous voyons des milliards de galaxies remplissant un espace que nous pensons déplié et très vaste, il pourrait s'agir d'une illusion : ces milliards d'images de galaxies pourraient être engendrées par un plus petit nombre d'objets, présents dans un espace chiffonné de moindres dimensions. Ce dernier crée une *illusion de l'infini*.

C'est ici que la métaphore du palais des Glaces, développée au début de ce livre, prend tout son sens. Dieu convoque un astrophysicien et lui dit : « Je vais te faire entrer dans une pièce qui s'appelle l'espace, et tu vas essayer de trouver sa forme. » « D'accord », répond le savant. Mis en état d'impesanteur pour ne pas être au contact d'éventuelles parois, il pénètre dans une salle complètement obscure. « Je ne peux rien faire, sans lumière », dit-il. Dieu, qui s'est bien gardé de préciser que la pièce était tapissée de miroirs, allume quelques bougies suspendues çà et là. L'astronome voit apparaître des milliers de bougies réparties dans toutes les directions, certaines proches, d'autres très lointaines ; de plus, il constate que les trajets des rayons lumineux sont rectilignes. Il en conclut qu'il se trouve dans un espace euclidien infini. Il ne fait pas la différence entre les bougies authentiques et leurs images réfléchies par les parois. Autrement dit, il ne voit pas le domaine fondamental, c'est-à-dire la pièce parallélépipédique tapissée de miroirs, il en voit l'espace de revêtement universel.

Bien sûr, il n'est pas question de prétendre que l'espace cosmique, s'il est chiffonné, est fermé par des parois couvertes de miroirs ! Mais la façon dont sa topologie agit, à cause des identifications entre certains de ses points, crée un espace apparent différent de l'espace réel, en une illusion semblable à celle du palais des Glaces[1].

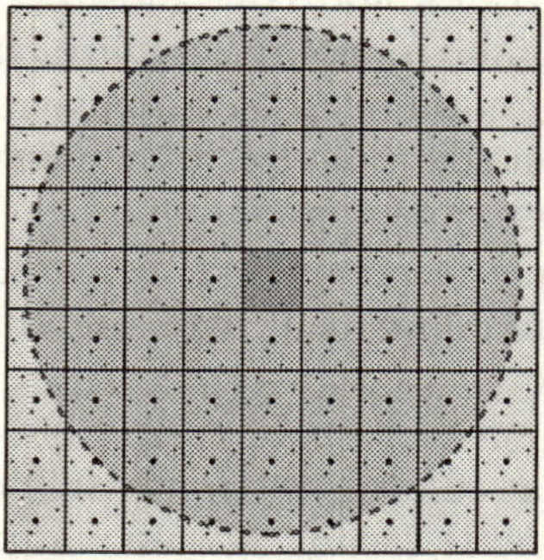

Figure 16.2. L'illusion de l'infini

En pratique, des horizons spatio-temporels bornent la vue de l'observateur, de sorte qu'il ne perçoit qu'une portion limitée de l'espace de revêtement universel. Dans cet espace torique (carré gris), l'univers observable est délimité par un horizon circulaire (en pointillés), ne contenant qu'un nombre fini de répliques de la cellule fondamentale.

1. Avec toutefois une notable différence sur l'orientation des images : dans un miroir, votre reflet vous fait face, tandis que dans un hypertore il vous tournerait le dos.

Attention toutefois ! La cosmologie traite de l'Univers considéré dans son ensemble, lequel se décrit non pas comme un espace seul, mais comme un espace-temps, modelé par la matière et l'énergie. Un « petit Univers chiffonné » est donc un modèle cosmologique appartenant à la famille de solutions des équations de la relativité générale découvertes par Friedmann et Lemaître, mais dont la partie spatiale est multiconnexe, de volume fini (bien que la courbure puisse être négative ou nulle), éventuellement plus petit que le volume de l'univers observé[1].

Pour construire des espaces multiconnexes, les mathématiques nous enseignent que l'on peut prendre comme point de départ l'un des trois types d'espaces à courbure constante « ordinaires » (monoconnexes) ; en identifiant certains points les uns aux autres, on change la forme de l'espace et on le rend multiconnexe.

L'exemple le plus simple est celui où notre espace, de courbure moyenne nulle, serait un hypertore cubique de taille inférieure à cinquante milliards d'années-lumière. Dans ce cas, les rayons lumineux auraient eu le temps de faire le tour de l'Univers. Cela impliquerait que chaque objet cosmique, chaque galaxie par exemple, devrait apparaître selon autant d'images fantômes, observables dans différentes régions du ciel. Plus généralement, on pourrait voir dans différentes régions du ciel la répétition d'un même ensemble de galaxies ; le ciel lointain des grandes structures telles qu'amas et superamas de

1. Cette restriction du volume fini peut être levée. Un espace chiffonné est clos dans une direction d'espace (comme le cylindre), mais pas nécessairement dans toutes. L'important pour mon propos est qu'il engendre des images fantômes. Or un tunnel infiniment long tapissé de miroirs ne démultiplierait-il pas tout autant les images à l'infini ?

galaxies semble, en effet, constitué par la juxtaposition de blocs à peu près semblables. Un modèle de petit Univers chiffonné fournirait donc une explication naturelle au fait que l'univers observé, bien qu'inhomogène à l'intérieur d'un bloc contenant amas et superamas de galaxies, semble homogène à plus grande échelle — tout simplement parce qu'on verrait se répéter le même bloc partout, par une sorte de jeu de miroirs !

Si l'espace est de courbure positive, il peut être chiffonné en ayant n'importe laquelle des topologies mentionnées plus haut : celle de l'espace projectif, ou encore celle, plus subtile, de l'espace de Poincaré dont le domaine fondamental est un dodécaèdre. Comme nous l'avons vu, plus grand est le nombre d'opérations d'identification entre les faces du polyèdre fondamental, plus petit est le volume de l'espace chiffonné correspondant.

Enfin, si l'espace est de courbure négative, là encore une infinité de possibilités s'offre à la modélisation cosmologique ; l'espace de Seifert-Weber, construit sur un dodécaèdre, l'espace de Best, construit sur un icosaèdre, ou encore l'espace de Weeks, dont le volume est le plus petit connu, peuvent parfaitement être incorporés dans un modèle d'Univers relativiste de type big-bang. Tous ces espaces sont de volume fini, mais il est loisible de construire des modèles d'espace chiffonné euclidien ou hyperbolique de volume infini (tous les espaces sphériques sont finis). Un cylindre euclidien à trois dimensions, ou encore un cornet hyperbolique, sont des espaces fermés dans certaines directions mais

Classification des espaces tridimensionnels, p. 408

infinis dans une autre. On imagine volontiers que de tels espaces sont fortement anisotropes, de sorte que leur application à la cosmologie est plus délicate que celle des espaces chiffonnés finis.

L'Univers chiffonné a exactement la même dynamique, le même comportement temporel, que l'Univers déplié. Il est en expansion perpétuelle ou en expansion-contraction selon sa courbure et la valeur de la constante cosmologique. Mais chaque source nous apparaît démultipliée dans l'espace-temps parce que son rayonnement nous parvient de directions différentes et d'époques différentes du passé (figure 16.3). Les objets qui nous semblent « lointains » le sont en fait *temporellement* et non spatialement, puisqu'ils sont les images de sources proches dont les rayons lumineux, en suivant une géodésique très enroulée ou en tournant plusieurs fois sur une même boucle, ont mis plus de temps à arriver jusqu'à nous. Le décalage spectral vers le rouge d'une galaxie — qui permet de conclure que l'Univers est actuellement en expansion et qui, dans la cosmologie standard, sert à évaluer les distances grâce à la loi de Hubble — mesure en fait un éloignement temporel. Il dépend exclusivement de la date d'émission du rayonnement qui nous parvient aujourd'hui. Un fantôme « lointain » dans un espace multiconnexe a donc le même décalage vers le rouge et nous apparaît à la même position qu'une source « réelle » qui occuperait sa place dans l'espace de revêtement universel.

La distinction entre « fantômes » et sources « proches » n'est pas absolue ; elle dépend de la position de l'observateur. Parmi toutes les images multiples reçues d'une source unique, on peut appeler image « originale » celle dont le décalage vers le rouge est le plus petit, c'est-à-dire celle qui est temporellement la plus proche de nous. Ce n'est qu'une affaire de convention : les autres images, qui peuvent être appelées « fantômes », sont tout aussi réelles ; mais l'avantage est que l'on peut ainsi tenter de déterminer la forme et la taille du polyèdre fondamental de l'Univers. Reconstruit observationnellement, c'est l'ensemble des images originales qui nous entourent et dont le volume s'étend jusqu'aux premiers fantômes détectés. La position que l'on occupe dans la représentation de la cellule de base est donc, par définition, centrale. De son point de vue, tout observateur est au centre de l'Univers, conformément à l'idée que celui-ci n'a pas de point privilégié.

Un espace qui serait multiconnexe et fini, mais

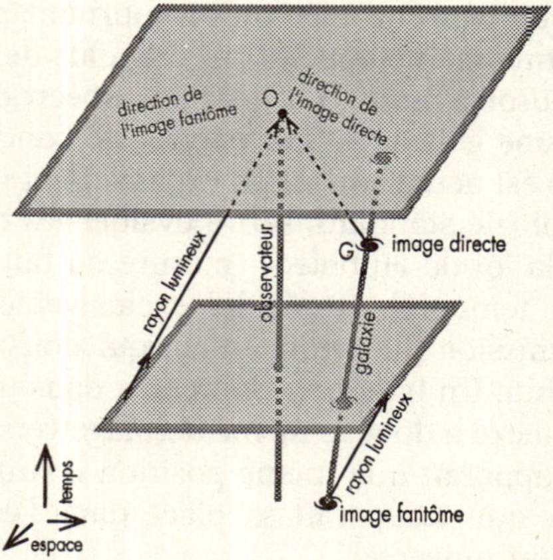

Figure 16.3. Les fantômes appartiennent au passé

Les rayons lumineux proviennent du passé. Dans cette représentation spatio-temporelle d'un univers torique en expansion, les rayons lumineux reçus au même instant par un observateur O proviennent de la même galaxie G, mais ils ont été émis à des époques différentes. L'image « originale » de G est la plus récente, les images fantômes sont nécessairement plus anciennes.

dont le volume dépasserait celui de l'horizon — frontière de l'univers observable —, ne se distinguerait pas à première vue du modèle monoconnexe associé, c'est-à-dire de son espace de revêtement universel. La détermination du volume de l'espace réel doit donc être le point de départ de toute exploration topologique : plus l'espace sera petit, plus sa topologie aura des chances d'être détectable. Au-delà de l'horizon, le modèle chiffonné reste une vue de l'esprit ; il reste indistinguable du modèle monoconnexe associé, et ne remet en cause aucun résultat cosmologique standard. En revanche, s'il est beaucoup plus petit, il est l'occasion d'enrichir considérablement nos informations. Un petit Univers chiffonné offrirait à l'observateur plusieurs images de son passé, d'autant plus nombreuses qu'il est plus petit, si bien que l'on aurait sous les yeux une sorte d'album photo historique des corps célestes qui naissent, vivent et meurent, y compris notre propre galaxie. On savait déjà que les astronomes étaient des historiens-géographes puisque, en observant loin dans l'espace, ils observent loin dans le passé de l'Univers. Dans les espaces monoconnexes, les objets vus dans un passé donné sont nécessairement distincts de ceux vus dans un passé plus récent ; dans un Univers chiffonné, ce peuvent être les *mêmes* objets vus aux différentes époques de leur vie, ce qui confère aux astronomes un avantage certain sur les historiens des sociétés.

17

Mirage topologique

L'univers (que d'autres appellent la Bibliothèque) se compose d'un nombre indéfini, et peut-être infini, de galeries hexagonales, avec au centre de vastes puits d'aération bordés par des balustrades très basses. De chacun des hexagones, on aperçoit les étages inférieurs et supérieurs, interminablement. La distribution des galeries est invariable. [...] Dans le couloir il y a une glace, qui double fidèlement les apparences. Les hommes en tirent conclusion que la Bibliothèque n'est pas infinie ; si elle l'était réellement, à quoi bon cette duplication illusoire ?

JORGE LUIS BORGES

Une galaxie lointaine envoie sa lumière dans toutes les directions. On peut la modéliser par une source lumineuse ponctuelle, projetant autour d'elle ses rayons de façon isotrope. Dans un espace monoconnexe, un seul des rayons émis nous parvient, celui qui emprunte le plus court chemin entre la galaxie et nous, et donne l'image unique que nous voyons.

Comme je l'ai déjà mentionné dans le chapitre « Mirages célestes », il peut exister des exceptions, en raison de la variation de courbure *locale* de l'espace due à la présence d'un corps massif placé sur la ligne de visée d'une galaxie à l'arrière-plan. Les rayons lumineux émis par cette dernière sont déviés par le corps intermédiaire faisant office de lentille, et leurs trajets démultipliés donnent naissance à un mirage gravitationnel, composé de plusieurs images de la même galaxie. De nombreuses illusions d'optique de ce type sont détectées, mais les images fantômes sont toujours très proches les unes des autres, regroupées dans une même direction, à l'arrière-plan de la lentille.

Hormis donc ces mirages gravitationnels, une seule image de chaque source lointaine nous parvient si l'espace est monoconnexe. En revanche, s'il est multiconnexe, les rayons lumineux empruntent une multitude de trajets possibles, chaque trajet engendrant une image différente de la source. Nous avons là un mirage topologique, où l'espace lui-même joue le rôle de lentille. Ce type de mirage étant *global* et non plus local, les images multiples n'ont aucune raison d'être regroupées dans la même direction d'espace et à la même époque temporelle. Au contraire, elles sont distribuées dans toutes les directions d'espace et dans toutes les tranches du passé.

Par exemple, dans un Univers hypertorique, un premier rayon nous parviendrait directement et un second semblerait issu d'une direction quasi opposée. En fait, toute image réelle formée par les rayons ayant suivi le chemin le plus court pour nous parvenir s'accompagne d'une multitude d'images fantômes, provenant de rayons qui ont effectué un certain nombre de tours de l'Univers, dans un sens ou dans l'autre. Dans l'idéal, le nombre potentiel d'images fantômes est infini. Dans la pratique, il est limité en premier lieu par la taille finie de l'univers observable, en second lieu par le fait que les images peuvent être très atténuées ou masquées, ou bien d'éclat trop faible pour être visibles. La puissance des télescopes est donc déterminante ; un amas de galaxies ne peut être vu à très grand décalage spectral. Nous nous heurtons aussi et surtout à une barrière temporelle : les images fantômes potentielles peuvent correspondre à une époque du passé si lointaine que l'objet en question n'était pas encore formé, et par conséquent n'avait pas encore émis de lumière ! N'oublions pas que, en cosmologie, lointain signifie ancien, et cela est encore plus vrai pour les images fantômes.

Moyennant ces diverses limitations, le nombre d'images visibles et leurs caractéristiques dépendent de la géométrie et des dimensions de l'espace chiffonné. Plus ce dernier est petit, plus les images sont nombreuses et rapprochées, faciles à voir. Inversement, plus l'espace est grand, moins sa topologie se manifeste. L'horizon cosmologique joue un rôle essentiel dans toute la cosmologie observationnelle. Il y a plusieurs types d'horizons en cosmologie : l'horizon des particules, l'horizon des événements et l'horizon des photons. Celui dont je parle ici est l'horizon des photons, lieu des points de l'espace tels que la vitesse apparente d'expansion atteint la vitesse de la lumière. Au-delà, aucun objet ne peut être observé puisque la lumière qu'il émet n'a pas eu le temps de nous rattraper depuis que l'Univers est en expansion, c'est-à-dire depuis environ quinze milliards d'années. L'horizon des photons est donc la frontière de l'espace observable, sphère dont le rayon est d'environ quinze milliards d'années-lumière[1]. Si la taille de l'espace réel est plus petite,

1. La valeur précise du rayon de l'horizon calculé à l'époque présente dépend fortement des paramètres cosmologiques : courbure et constante cosmologique, voir p. 157.

les rayons lumineux ont le temps de faire le tour de l'Univers avant de nous parvenir, et engendrent donc beaucoup d'images fantômes. Ces effets s'estompent lorsque la taille de l'espace réel approche celle de l'horizon.

Quelques chiffres concrets donnent une idée du gigantesque mirage cosmique créé par une topologie chiffonnée. Pour calculer le nombre potentiel d'images multiples associées à chaque source originale présente dans le domaine fondamental, il suffit de diviser le volume occupé par l'échantillon observé par le volume de l'espace réel. Prenons par exemple un espace euclidien, en expansion depuis quinze milliards d'années, mais dont la topologie est celle d'un hypertore cubique dont la taille est égale à cinq milliards d'années-lumière. Le volume de l'espace réel est donc celui de ce cube, soit 125 milliards d'années-lumière-cube. Imaginons que nous disposions de puissants télescopes capables de détecter tous les objets — galaxies, quasars, amas, etc. — jusqu'à un décalage spectral vers le rouge de 4 (à de telles distances, nos télescopes actuels décèlent surtout des quasars, qui sont les objets intrinsèquement les plus brillants). Le volume observable serait de 5 600 milliards d'années-lumière-cube. Il y aurait donc potentiellement 45 (c'est-à-dire 5 600 divisé par 125) sources fantômes pour *chaque* source originale.

Comme nous l'avons dit plus haut, la proportion entre fantômes et originaux augmente avec le volume de l'échantillon observé. Si nous disposions maintenant d'un télescope idéal ayant accès à tout le volume de l'univers observable, capable donc de remonter dans le passé jusqu'à un décalage spectral de 1 000, à une époque antérieure à la formation des étoiles, des galaxies et des amas de galaxies, alors nous serions théoriquement en mesure de recenser tous les objets cosmiques possibles, originaux et fantômes. La proportion grimperait à 270 sources fantômes potentielles pour chaque source originale. En effet, on peut caser 270 copies du cube fondamental dans le volume de l'univers observable, et chaque objet du cube fondamental a une image fantôme dans chaque copie.

Le cas des espaces hyperboliques chiffonnés est encore plus spectaculaire. Un Univers doté d'une densité égale au tiers de la densité critique mais ayant la topologie de l'espace de Weeks (figure 14.9) se répéterait 25 000 fois dans la sphère observable. Ce nombre impressionnant n'implique pas pour autant que les images fantômes seraient faciles à déceler. En pratique, les plus proches fantômes seraient situés à des décalages spectraux déjà considérables, comparables à ceux des plus lointains quasars aujourd'hui détectés.

Pour le cosmologiste soucieux d'observations concrètes et qui ne se satisfait pas de pures spéculations mathématiques, des questions essentielles se posent : la topologie de l'Univers est-elle détectable ? Si nous vivons dans un petit Univers chiffonné, comment faire la part entre l'illusion et la réalité ? Certaines des galaxies que nous voyons sont-elles des fantômes et pouvons-nous le prouver ? (Voir illustrations 9 et 10.)

18

La chasse aux fantômes

> *Comme des rayons issus d'une puissante source, la réalité de notre monde s'affaiblit et se perd à mesure qu'elle s'éloigne de nous. Ma main qui soulève un marteau tient le réel, mais mon regard, élevé jusqu'aux lieux les plus hauts de la nuit, n'atteint que des Idées, des Fantômes, un fuyant déferlement de songes qui va mourir au bord de ce qui n'est pas.*
>
> JEAN TARDIEU

Les hommes ont acquis la conviction que la Terre était ronde bien avant d'en avoir fait le tour. Nos fusées ne feront jamais le tour de l'espace, mais nous pouvons espérer capter des rayons lumineux qui ont voyagé à notre place. Émis dans un passé lointain, ils ont peut-être déjà eu le temps d'accomplir une ou plusieurs circumnavigations cosmiques. Tissant l'architecture secrète de l'espace, ils nous apportent des indices directs ou indirects sur sa topologie, et peuvent éventuellement nous convaincre qu'il est bien chiffonné. C'est le travail de prospection que quelques dizaines de chercheurs répartis à travers le monde s'efforcent désormais d'accomplir.

Deux grandes familles de tests observationnels ont été proposées, toutes deux fondées sur l'effet de mirage topologique. La première est tridimensionnelle, car elle s'applique aux sources lumineuses « localisées » comme les galaxies, les quasars et les amas de galaxies, réparties en profondeur dans l'espace et dans le temps ; la seconde est bidimensionnelle, car elle utilise le rayonnement fossile, cette source diffuse dans tout l'espace émise par le plasma chaud de l'Univers primitif à une époque unique du passé, et qui nous paraît donc située à la même distance.

Chacune de ces deux familles de tests peut elle-même se subdiviser en deux types : une première méthode tente de reconnaître individuellement des images multiples d'un même objet, mêmes galaxies, mêmes amas, etc., pour les sources localisées, mêmes régions du plasma émetteur pour le rayonnement diffus ; l'autre, plus puissante, renonce à la reconnaissance individuelle et s'attache exclusivement à mettre en évidence des corrélations statistiques entre les positions des sources de rayonnement. Pour ce qui est des sources localisées, la *cristallographie cosmique* repose sur l'analyse de certaines régularités dans la distribution tridimensionnelle des objets célestes ; pour ce qui est du fond diffus cosmologique, la méthode des *paires de cercles* est fondée sur la distribution angulaire des fluctuations de température du rayonnement fossile.

Analysons en détail les points forts et les points faibles, les déceptions et les espoirs attachés à chacune de ces méthodes. En premier lieu, examinons les tentatives de reconnaissance directe d'objets individuels. Nous nous heurtons immédiatement à une difficulté : toutes les images fantômes d'un même objet le présentent sous des aspects différents. La cause principale de cet état de fait est l'*évolution*. Plus les trajets lumineux sont longs, plus le temps de regard en arrière (temps mis par la lumière pour nous parvenir) est grand, et plus l'objet nous apparaît dans un état antérieur de son évolution. Si cette évolution est rapide, l'objet ne sera pas reconnaissable !

Certaines sources ont une durée de stabilité très courte, c'est-à-dire qu'elles conservent éphémèrement le même aspect, de telle sorte que le temps nécessaire à un rayon lumineux pour faire un tour d'Univers et revenir à nous une deuxième fois suffit à les rendre méconnaissables, à moins que la circonférence de l'Univers ne soit elle-même suffisamment petite. Les quasars, les galaxies à noyau actif, les radiosources, ainsi que toutes les configurations galactiques de morphologie remarquable, ont une activité stationnaire de moins d'un milliard d'années, soit le temps, pour un photon, de parcourir à peine plus d'un milliard d'années-lumière. Cette longueur est peu crédible pour faire office de circonférence de l'espace, car certaines contraintes observationnelles nous empêchent de supposer l'Univers aussi petit que cela. Ces sources changeantes peuvent être utilisées dans des investigations statistiques du type de celles que j'exposerai plus loin, mais sont inadaptées pour une chasse aux fantômes. Les galaxies individuelles peuvent conserver leur configuration plus longtemps, mais leur très grand nombre rend évidemment les analyses infiniment laborieuses.

Les objets les plus stables, donc les plus faciles à identifier, sont les amas de galaxies réguliers et les galaxies géantes peu actives. Les amas réguliers sont presque exclusivement constitués de galaxies elliptiques et sphériques, et contiennent une très large fraction de géantes. Ils sont eux-mêmes sphériques, si bien que l'angle sous lequel on les observe n'a pas d'importance. Il s'agit alors de repérer un certain nombre de caractéristiques individuelles capables de les différencier ou de les identifier : nombre total de galaxies, composition des populations stellaires en leur sein, rayon de l'amas, distribution de densité du centre à l'extérieur, émission X du gaz interne à l'amas, etc. La durée de stabilité d'un amas riche de galaxies est de l'ordre de cinq milliards d'années, durée suffisamment longue pour permettre aux photons de nous donner des images fantômes qui ne sont pas trop altérées par l'évolution.

Outre le fait que les images fantômes nous dévoilent un objet cosmique à plusieurs stades de son histoire, des effets supplémentaires compliquent la tâche du chasseur de fantômes. Plus le trajet lumineux est long, plus les dimensions d'une source nous sembleront petites, et plus faible son éclat, puisque ces deux grandeurs diminuent comme l'inverse du carré de la distance (rappelons que toutes les images fantômes occupent la *même* position spatiale, c'est-à-dire sont à la *même* distance de l'observateur, mais que leur éloignement temporel s'interprète comme un éloignement spatial dans l'espace apparent, c'est-à-dire l'espace de revêtement universel).

Enfin, chaque image fantôme nous dévoile l'original sous une orientation différente. Un jour, lors d'une conférence, alors que je présentais à des collégiens la diapositive d'une belle galaxie spirale vue de profil, un élève m'a demandé de lui montrer à quoi ressemblait cette galaxie vue de face. Dans l'espace monoconnexe, il est évidemment impossible d'apercevoir le même objet sous deux orientations différentes, à moins de se déplacer soi-même dans l'espace (et pour une galaxie il faudrait parcourir plusieurs millions d'années-lumière). Mais, dans un petit espace chiffonné, on peut rester tranquillement dans son fauteuil et admirer à loisir la même galaxie spirale sous toutes ses faces… à condition d'avoir repéré ses multiples images fantômes ! Notre propre galaxie, la Voie lactée, qui depuis la Terre est forcément vue de l'intérieur, pourrait être vue « de l'extérieur » s'il en existait des fantômes identifiables.

En conclusion, les images multiples d'un objet donné nous apparaissent dans des directions différentes, avec des éclats différents, sous des orientations différentes et à des époques différentes de son histoire. Donc, elles ne se ressemblent pas. C'est pourquoi il est difficile de savoir si l'Univers est chiffonné par identification directe : une grande partie de ce que nous prenons pour des galaxies originales pourrait bien n'être que des répliques fantômes d'un nombre limité de galaxies réelles, répliques qu'il serait impossible, en l'absence de marqueur précis, de reconnaître comme telles.

Des chercheurs tentent néanmoins le pari. Boudewijn Roukema et Alastair Edge ont émis l'hypothèse que la forte luminosité dans le domaine des rayons X émise par certains amas de galaxies pouvait constituer un marqueur. Il s'agit en fait de gaz interne à l'amas, dans lequel baignent les galaxies, qui est chauffé à plusieurs millions de degrés et émet ce rayonnement de haute énergie, détectable à très grande distance. Ces « amas X » sont, en outre, dynamiquement stables ; ils pourraient donc s'avérer plus efficaces que les autres sources de rayonnement localisées pour détecter directement la topologie. En 1997, Roukema et Edge ont suggéré que l'amas de Coma, l'amas RXJ 1347.5-1145 et l'amas CL 09104 + 4109, vus à des décalages spectraux différents mais qui présentent tous trois une forte luminosité X, pourraient être les images fantômes d'un seul et unique amas dans une topologie hypertorique non orientable (une sorte de bouteille de Klein tridimensionnelle). Leur hypothèse est difficile à réfuter, mais les chances pour qu'il s'agisse d'une pure coïncidence sont trop grandes pour qu'une telle détection effective de fantômes soit crédible.

19

Soleils de minuit

L'homme qui contemple le Ciel y admire souvent des soleils qui n'existent plus et qu'il y aperçoit quand même, grâce à ce rayon fantôme, dans l'Illusion de l'univers.

VILLIERS DE L'ISLE-ADAM

Si la recherche observationnelle d'effets topologiques directs n'est pas concluante, elle fixe néanmoins des bornes aux modèles d'univers chiffonné, et en particulier des contraintes de taille. Les données actuelles permettent notamment d'éliminer la possibilité d'un Univers très petit. En effet, malgré des tentatives de détection, on n'a jamais vu d'images fantômes du Soleil, ni de notre galaxie, ni même des amas de galaxies proches. En 1913, dans le cadre d'une controverse sur la réalité de l'espace courbe, Barrett Frankland fit remarquer que, dans un espace sphérique, chaque étoile montrerait ses faces avant et arrière dans deux directions opposées du ciel. Ainsi, on devrait voir deux Soleils : le Soleil ordinaire, c'est-à-dire l'image de l'astre tel qu'il était il y a 500 secondes (temps mis par la lumière pour parcourir les 150 millions de kilomètres qui nous séparent de lui), et l'anti-Soleil, situé à l'antipode de la sphère céleste et le montrant tel qu'il était longtemps auparavant (le temps pour la lumière d'accomplir une circonférence de l'Univers). Frankland en conclut qu'il ne devrait plus y avoir d'obscurité sur la Terre, puisque l'anti-Soleil brillerait pendant la nuit ! Par conséquent, selon lui, l'hypothèse était fausse, et Frankland rejeta l'existence d'un espace sphérique.

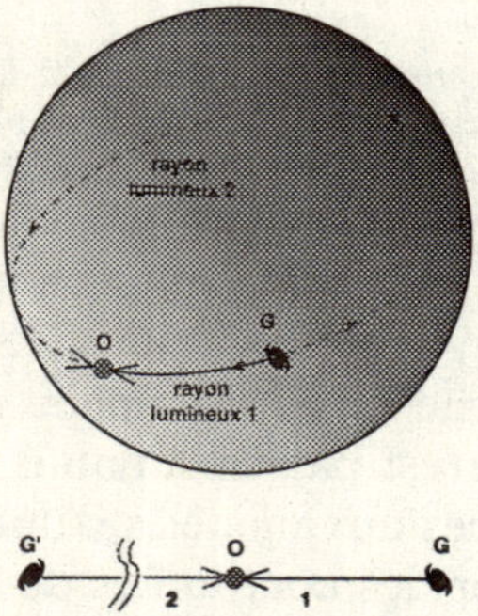

Figure 19.1. Circumnavigation de l'espace

Dans un espace hypersphérique, un observateur O verrait en principe les rayons lumineux émis par une galaxie G provenir de deux directions opposées. Mais si l'expansion de l'univers est assez rapide, le rayon lumineux 2 n'aura pas le temps de faire le tour de l'espace, de sorte que l'observateur ne verra pas d'image fantôme G'.

Il se trouve que dans un article prémonitoire de 1900, Karl Schwarzschild avait déjà discuté le problème, mais sans se résoudre à exclure la possibilité d'un espace sphérique ; selon lui, un anti-Soleil pouvait bien exister, mais il n'était pas visible car la lumière, en traversant l'espace, subissait une absorption suffisante pour effacer cette image secondaire.

Willem de Sitter reprit à son tour la question en 1916. Einstein venait de publier sa théorie de la relativité générale, qui impliquait une réelle courbure de l'espace physique — faisant ainsi passer le concept d'espace sphérique du rang de pure spéculation mathématique à celui d'hypothèse physiquement plausible. De Sitter fit simplement remarquer que, pour que l'anti-Soleil ne soit pas visible, il suffisait que le temps mis par la lumière pour faire le tour de l'Univers dépasse l'âge du Soleil. Le rayon de l'espace sphérique était alors supposé constant, puisque l'expansion de l'Univers n'avait pas encore été établie. Or cette découverte fournit un nouvel argument, car, dans un espace en expansion, le temps mis par la lumière pour accomplir une circumnavigation de l'espace est allongé. Imaginons une fourmi placée à la surface d'un ballon qui gonfle : quel que soit le temps dont elle dispose, elle ne parviendra jamais à faire un tour complet du ballon si sa circonférence augmente trop vite[1].

Le fait de ne pas détecter d'images fantômes situées aux antipodes d'un objet céleste n'exclut pas la possibilité d'un espace fini à topologie chiffonnée. Cela impose simplement des contraintes de taille minimale.

Appelons L la plus petite dimension de l'espace chiffonné. Par exemple, dans le cas d'un hypertore, L est le plus petit côté du parallélépipède fondamental. On s'attend à trouver au moins une image fantôme à un éloignement apparent de l'ordre de L.

1. La vraie raison est que la fourmi a une durée de vie trop courte... En effet, bien que cela puisse surprendre, on démontre mathématiquement qu'une fourmi immortelle bouclerait le tour du ballon en expansion en un temps fini, et cela quelle que soit la vitesse d'expansion de celui-ci !

Ainsi, dans un espace hypertorique, notre propre galaxie serait vue en plusieurs exemplaires, dans des directions perpendiculaires, à des distances apparentes de l'ordre de L. Or, comme l'ont montré les Russes Dimitri Sokoloff et Viktor Shvartsman, pionniers dans ce type d'investigations au cours des années 1970, aucune image de galaxie ressemblant à la nôtre n'est présente jusqu'à une distance de 25 millions d'années-lumière.

Cette borne inférieure à la taille d'un petit Univers chiffonné peut être reculée en utilisant d'autres objets remarquables — des amas de galaxies proches bien connus, tel celui de Coma. Ce dernier est l'amas de galaxies le mieux étudié de l'hémisphère Nord : on connaît sa luminosité totale, sa forme elliptique caractéristique, on sait qu'il contient en son centre deux galaxies géantes, dont l'une est entourée d'une dizaine de petites galaxies satellites, tandis que la plupart des autres amas, denses en leur milieu comme Coma, n'ont qu'une galaxie centrale dominante. On sait aussi qu'il peut être dynamiquement stable pendant plusieurs milliards d'années. Bref, Coma devrait être facilement reconnaissable sur de grandes distances spatiales et temporelles. Or on ne le retrouve nulle part dans la zone explorée autour de lui, à savoir une sphère dont le rayon atteint 400 millions d'années-lumière, comme l'a noté Richard Gott en 1980.

Ce genre d'examen peut être conduit non plus seulement sur des objets individuels, mais sur des catalogues d'objets, étudiés de façon statistique. En 1974, Sokolov et Shvartsman ont les premiers proposé des mesures fondées sur l'analyse de deux grands catalogues d'amas, celui d'Abell qui recense 2 712 amas riches, et celui de Zwicky qui contient 9 730 amas en tous genres. Tous ont un décalage vers le rouge inférieur à 0,2 et se trouvent donc à moins de 2,5 milliards d'années-lumière. À cette distance, les amas riches sont nécessairement « originaux » ; en effet, les amas plus proches qui sont observés sont aussi plus pauvres, et comme la tendance naturelle des amas est de s'enrichir au cours de l'évolution, les amas pauvres ne peuvent pas représenter les amas riches dans un état ultérieur.

Une autre observation de ce type a été faite par Gott autour de la région de Serpens-Virgo, qui contient plusieurs amas riches caractéristiques et bons sujets de détection : cette région se trouve à une distance d'environ 1,5 milliard d'années-lumière et n'est identifiable dans aucun voisinage proche.

La contrainte sur la taille de l'espace imposée par ces diverses observations est : L > 2,5 milliards d'années-lumière. Il reste encore beaucoup de marge jusqu'à la distance de l'horizon cosmologique. Le rayon de ce dernier dépend de la valeur des paramètres cosmologiques ; par exemple, dans un Univers euclidien (courbure spatiale nulle) sans constante cosmologique, il est de 18 milliards d'années-lumière, tandis que dans un Univers de même courbure mais avec une constante cosmologique de 0,7, il atteint 50 milliards d'années-lumière ! L'hypothèse d'un espace chiffonné plus petit que l'espace observé reste donc parfaitement viable.

20

Cristallographie cosmique

Il est des univers de scharl, de quartz, de serpentine,
Des cosmos de graphite et des feux de feldspath.

STRADA

Si la chasse aux fantômes semble une tâche presque impossible, le chiffonnage de l'Univers, inscrit dans la distribution des galaxies lointaines, pourrait mieux se révéler en termes statistiques. Pour prouver l'existence d'une topologie multiconnexe, il suffirait de déceler des motifs répétés dans l'arrangement des galaxies. Comme Karl Schwarzschild l'avait suggéré dès 1900 (figure 20.1), si l'on trouvait les galaxies réparties dans un canevas régulier, avec des images de la même galaxie se répétant aux points équivalents du canevas, on en conclurait que notre Univers est un hypertore. Des motifs similaires mais plus compliqués révéleraient de même des topologies plus subtiles. Quel type de motif chercher, sans faire d'hypothèse *a priori* sur la topologie de l'espace ?

Les modèles d'Univers chiffonné ont une propriété commune : la distance apparente entre deux images fantômes d'une même source appartient toujours à un ensemble défini de valeurs, reliées à la taille du

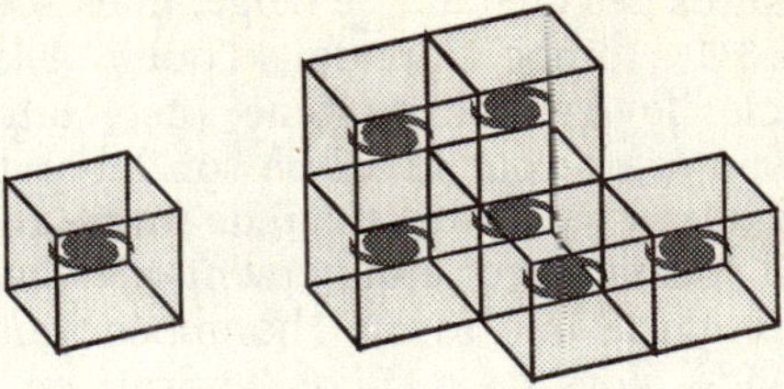

Figure 20.1. De multiples Voies lactées

En 1900, l'astronome Karl Schwarzschild avait déjà imaginé que notre galaxie, la Voie lactée, pouvait se répéter indéfiniment selon un canevas cubique régulier, donnant ainsi l'illusion d'un espace plus vaste que dans la réalité.

polyèdre fondamental. Les relations entre ces valeurs sont analogues à celles qui lient les atomes d'un cristal. Roland Lehoucq, Marc Lachièze-Rey (Centre d'études de Saclay) et moi-même avons proposé une analyse *cristallographique* de la répartition des objets cosmiques, destinée à démasquer d'éventuels indices de multiconnexité dans l'Univers.

Pourquoi cette référence à la cristallographie, une branche de la physique des solides ? Ce qui frappe immédiatement lorsqu'on examine un cristal, c'est l'existence de faces planes naturelles, faisant entre elles des angles précis, ainsi qu'une construction par juxtaposition de cellules accolées les unes aux autres. Par ailleurs, les cristaux sont au cœur de la plupart des phénomènes optiques qui trompent notre œil. Ainsi, les majestueux « faux soleils » (appelés parhélies), qui ont tant marqué l'imagination des peuples, sont dus à la réfraction de la lumière par des cristaux de glace hexagonaux en suspension dans l'atmosphère.

Dès 1610, Johannes Kepler découvre les formes

sexangulaires des cristaux de neige, mais son travail La symétrie, p. 376 tombe alors dans l'oubli. À la fin du XVIIIe siècle, le naturaliste René Just Haüy laisse choir par mégarde sur le sol de son laboratoire un morceau de calcite — un cristal de forme rhomboédrique. Il constate avec étonnement que chacun des morceaux garde une forme rhomboédrique. Haüy se demande alors ce qu'il obtiendrait en cassant indéfiniment de la calcite. Il conjecture qu'à un moment donné il aboutit à une « plus petite partie » ayant encore la forme de la calcite, sorte de cellule fondamentale rhomboédrique (qu'il appellera « molécule intégrante ») dont l'assemblage dans l'espace construirait la calcite. Il tente l'expérience et découvre effectivement le plus petit rhomboèdre en dessous duquel la calcite se décompose en d'autres corps. Généralisant ce principe à tous les cristaux, il cherche à déterminer pour chacun d'eux la cellule fondamentale. Il trouve six types de structures, caractérisées par leurs symétries spatiales. Il ne restait plus alors qu'à classifier les cristaux. La cristallographie était née.

La molécule intégrante ou cellule fondamentale du cristal n'est pas sans rappeler le domaine fondamental de l'espace multiconnexe. Le cristal cosmique est l'espace observé, constitué de la répétition du même domaine. Une première différence avec le cristal minéral est que le cristal cosmique est spatiotemporel : les tesselles — pièces de la mosaïque universelle — sont le même morceau d'espace vu à des âges différents, ce qui complique la tâche de l'astronome qui cherche à reconstruire par l'observation le polyèdre fondamental de l'Univers. Une seconde différence est que nous nous trouvons *à l'intérieur même* du cristal cosmique.

Il n'est donc pas étonnant que la cristallographie cosmique adapte certaines méthodes utilisées en physique des solides (diffraction des rayons X par des réseaux, etc.) pour déceler les « molécules intégrantes ». Nous avons commencé par simuler des univers en forme d'hypertore, de dimension L relativement petite, et donc de volume L^3 beaucoup plus petit que le volume de l'univers observable. Ces univers fictifs contiennent N sources réelles, par exemple des galaxies, mais semblent peuplés d'une multitude d'objets. Toutes les images fantômes qui se juxtaposent aux N images réelles ne sont pas reconnaissables comme telles et donnent l'impression d'un univers très grand peuplé uniquement d'astres originaux (figure 20.2). En effet, la répartition angulaire de ces sources dans le ciel ne montre rien de particulier et ressemble tout à fait à la répartition apparente des galaxies réellement observées.

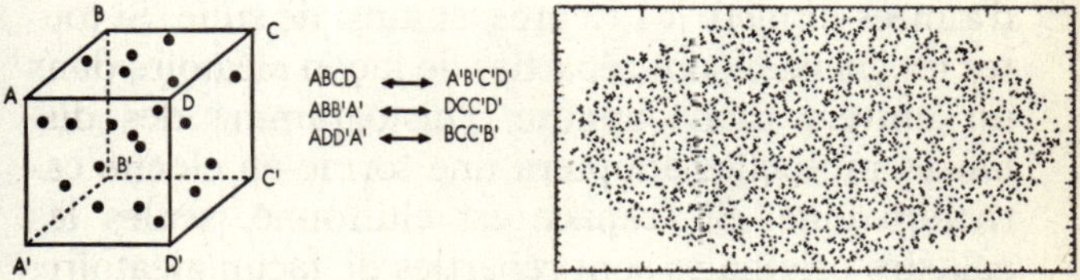

Figure 20.2. Une molécule intégrante cosmique

(a) L'espace est ici un hypertore, représenté par l'intérieur d'un cube de 5 milliards d'années-lumière de côté, dont les faces opposées sont identiques. 20 galaxies sont distribuées au hasard dans l'espace.
(b) Simulation numérique de l'apparence du ciel, tenant compte de l'effet de mirage topologique. Chaque galaxie réelle engendre une cinquantaine d'images fantômes réparties sur toute la voûte céleste. Parmi les centaines d'images visibles, il est impossible de reconnaître les images réelles des images fantômes.

Néanmoins, puisque dans nos univers simulés nous avons supposé l'espace multiconnexe, toutes les images fantômes d'une source donnée occupent des positions particulières dans le canevas universel ; leurs séparations mutuelles doivent appartenir à un ensemble de longueurs bien précises, liées aux dimensions de la cellule fondamentale. Au contraire, dans un univers monoconnexe empli de galaxies « originales » réparties aléatoirement, les séparations mutuelles entre tous les couples de galaxies sont elles-mêmes réparties aléatoirement. Une méthode permet de distinguer les deux cas : l'histogramme des séparations de paires.

Un histogramme est une courbe « en escalier » qui compte le nombre de paires séparées par une distance donnée. Prenons par exemple 10 000 objets, qu'il est possible d'apparier selon 50 millions de façons différentes. Sur ces 50 millions de paires, imaginons que 36 120 soient séparées par 100 millions d'années-lumière à 1 % près, 45 284 par 200 millions d'années-lumière à 1 % près, et ainsi de suite. Si toutes les galaxies sont réparties de façon aléatoire dans un univers monoconnexe, l'histogramme des distances mutuelles adoptera une forme en cloche caractéristique. Si l'espace est chiffonné, seules les galaxies originales sont réparties de façon aléatoire, toutes leurs images fantômes étant distribuées dans un canevas régulier. La maille du canevas se retrouvera donc un grand nombre de fois dans la séparation entre deux galaxies : chaque fois qu'il s'agira de deux images fantômes d'une même source. Ainsi, dans l'histogramme des séparations de paires, chaque longueur caractéristique de la maille accumulera un grand nombre de paires séparées par cette longueur. À partir d'un exemple simple à deux dimensions, la figure 20.3 permet de comprendre immédiatement pourquoi des « pics » apparaissent dans l'histogramme dès lors que l'espace est multiconnexe.

À trois dimensions et pour des modèles d'espace multiconnexes réalistes, nos simulations numériques ont montré l'importance de l'effet : dans l'histogramme simulé pour un univers torique apparaissent des pics caractéristiques, alors qu'ils sont absents pour l'univers monoconnexe. Quand on change de topologie, les pics demeurent, mais à des positions et avec des hauteurs relatives différentes (voir figure 20.4).

La *spectroscopie* des pics fournit une véritable signature de la topologie sous-jacente, à condition qu'elle porte sur des catalogues d'objets s'étendant à des distances apparentes supérieures à la taille de la maille. C'est ici que le bât blesse. Les catalogues d'objets cosmiques actuellement disponibles sont soit étendus en direction mais peu profonds, soit profonds mais très localisés dans une direction du ciel. Par exemple, le catalogue d'amas de galaxies le plus vaste sur lequel on dispose de trois coordonnées (deux pour la direction et une pour l'éloignement apparent, donné par le décalage vers le rouge) contient environ 1 000 objets ne s'étendant pas au-delà de 2 milliards d'années-lumière. L'application du test de l'histogramme à ce catalogue ne laisse apparaître aucun pic, ce qui confirme que la taille de l'Univers est supérieure à 2 milliards d'années-lumière, comme d'autres analyses l'avaient déjà montré (celles de Sokolov, Shvartsman et Gott).

Pourquoi se cantonner aux catalogues d'amas de galaxies ? D'autres populations d'objets, tels les quasars ou les sources responsables des mystérieux

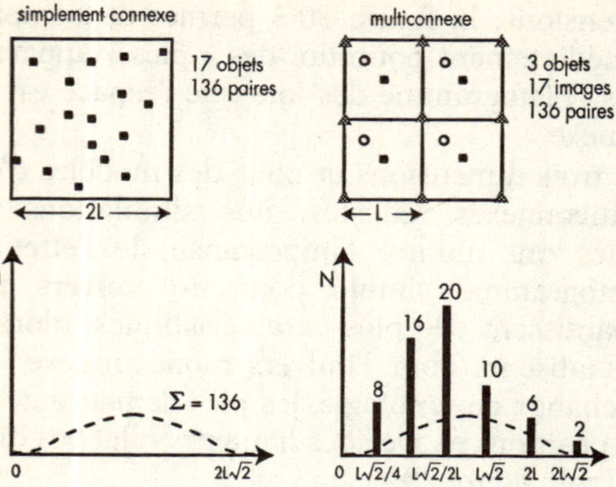

Figure 20.3. La méthode de l'histogramme

À gauche, un morceau d'espace monoconnexe de surface $4L^2$ contient 17 objets distincts. 136 paires possibles les séparent. Dessous, l'histogramme des séparations est une courbe en cloche s'étalant entre 0 (distance minimale) et $2L\sqrt{2}$ (distance maximale, égale à la diagonale du carré). L'intégrale est égale à 136.

À droite, le morceau d'espace de même surface $4L^2$ est en fait une mosaïque déformée par 4 répétitions d'un petit espace torique de taille L, contenant seulement 3 objets originaux (un carré, un point et un triangle alignés sur une demi-diagonale). La mosaïque contient 17 images topologiques séparées par 136 paires. Mais cette fois la répartition n'est plus arbitraire, comme le montre l'histogramme dessous : 8 paires sont séparées par une distance de $L\sqrt{2}/4$, 16 paires par $L\sqrt{2}/2$, 20 paires par L, etc. Ces accumulations de paires pour une même distance donnent donc lieu à des pics.

sursauts gamma, se comptent par centaines et sont situées à des distances cosmologiques. Malheureusement, les sursauteurs gamma occupent une vaste couverture de ciel mais leur éloignement n'est pas connu avec suffisamment de précision pour que l'on puisse leur appliquer le test de l'histogramme. Quant aux quasars, nous avons vu qu'ils ont un temps de vie si court — 100 millions d'années —

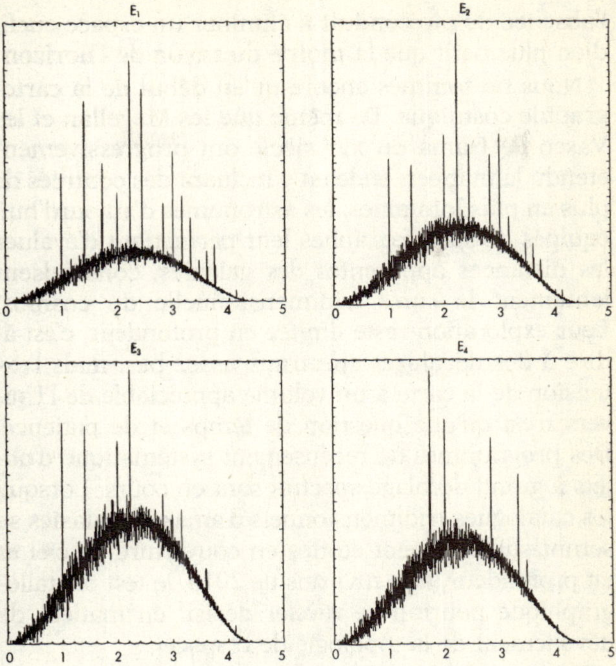

Figure 20.4. Histogramme des espaces toriques

Ces simulations numériques appliquent la méthode de l'histogramme des séparations de paires pour quatre espaces euclidiens chiffonnés (cf. figure 14.4). La présence de pics signale une topologie multiconnexe, leurs positions reflètent la taille du polyèdre fondamental, et leurs hauteurs relatives caractérisent le groupe d'holonomies.

que leurs rayons lumineux n'auraient pas le temps d'accomplir le tour de l'Univers et de faire en sorte que l'image fantôme d'un quasar soit aussi un quasar. Néanmoins, Jean-Philippe Uzan, Roland Lehoucq et moi-même avons appliqué la méthode cristallographique à un catalogue de 11 000 quasars :

l'absence de pic conduit à éliminer un espace euclidien plus petit que la moitié du rayon de l'horizon.

Nous ne sommes encore qu'au début de la cartographie cosmique. De même que les Magellan et les Vasco de Gama du XVIe siècle ont progressivement étendu la mappemonde en y incluant des contrées de plus en plus lointaines, les astronomes d'aujourd'hui, équipés de spectrographes leur permettant d'évaluer les distances apparentes des galaxies, construisent lentement la carte tridimensionnelle du cosmos. Leur exploration reste limitée en profondeur, c'est-à-dire à des décalages spectraux assez bas, mais l'extension de la carte à un volume appréciable de l'Univers n'est qu'une question de temps et de patience. Des programmes de recensement systématique d'objets à grand décalage spectral sont en cours. Lorsque les catalogues tridimensionnels d'amas de galaxies se seront suffisamment étoffés en couverture de ciel et en profondeur, aux environs de 2010, le test cristallographique pourrait se révéler décisif en matière de dévoilement de la topologie de l'espace.

En attendant, il faut chercher à améliorer nos techniques d'analyse cristallographique, d'autant que la méthode de l'histogramme ne s'applique pas à tous les types d'espaces multiconnexes. La figure 20.5 montre par exemple la différence entre la topologie d'un tore et celle d'un ruban de Möbius. Nous avons vu que les holonomies sont toujours des isométries, c'est-à-dire des transformations qui conservent les distances ; ainsi, deux points du domaine fondamental séparés par une certaine distance ont des images dans une réplique du domaine fondamental séparées par la même distance. Mais certaines holonomies ont une propriété supplémentaire : cette fois, c'est la distance entre un point donné et son image qui reste identique à celle qui sépare n'importe quel autre point et son image. Ces holonomies sont appelées « translations de Clifford », du nom d'un Une brève histoire de l'espace, p. 209 mathématicien anglais. On comprend dès lors qu'il y a deux contributions différentes dans la hauteur d'un pic de l'histogramme ; celle due aux holonomies ordinaires, qui pèsent peu car elles correspondent au nombre de copies du domaine fondamental dans l'horizon de l'observateur, et celles dues aux translations de Clifford, qui pèsent beaucoup, car elles correspondent au produit du nombre d'objets dans le domaine fondamental par le nombre de copies du domaine fondamental dans l'horizon de l'observateur. Ce n'est que lorsque existent des translations de Clifford que des pics bien marqués émergent de l'histogramme, et signalent clairement une topologie multiconnexe. La bonne nouvelle est que tous les espaces euclidiens et sphériques ont au moins une ou plusieurs holonomies qui sont aussi des translations de Clifford, ce qui signifie que la méhode de l'histogramme s'applique bien à ces espaces. La mauvaise nouvelle est qu'aucun espace hyperbolique (de courbure négative) n'a de translation de Clifford. Nous avons donc développé une nouvelle méthode, dite CCP (*Collecting Correlated Pairs*), destinée à extraire le signal topologique maximum dans n'importe quel type d'espace chiffonné.

L'intérêt inattendu de cette méthode est le suivant : l'extraction du signal nécessite la connaissance des valeurs des deux paramètres de courbure — la densité de matière et la constante cosmologique. Pour obtenir un signal topologique (s'il y en a un !) à partir d'un catalogue de données réelles, c'est-à-dire pour que la simulation puisse « voir »

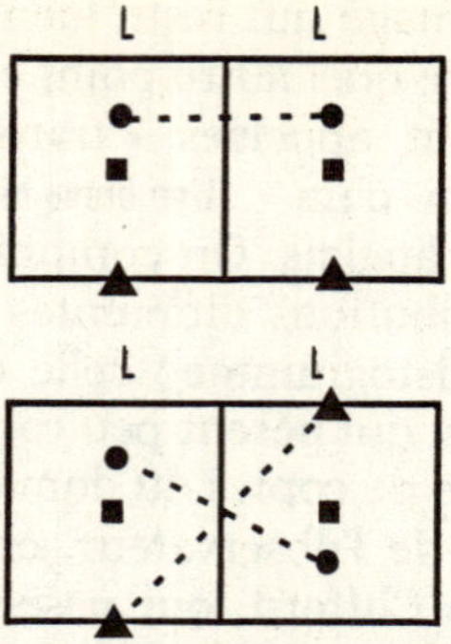

Figure 20.5. Translations de Clifford

En haut, la topologie du tore contenant trois sources notées ■,●,▲. Non seulement la distance entre les sources est conservée :

d[■,●] = d[*g*(■),*g*(●)],

mais aussi la distance entre les sources et leurs images

d[■,*g*(■)] = d[●,*g*(●)] = d[▲,*g*(▲)] = L

car la translation euclidienne *g* faisant office d'holonomie est une translation de Clifford.

En bas, la topologie du ruban de Möbius. La distance entre les sources est conservée :

d[■,●] = d[*g*(■),*g*(●)]

mais pas celle entre les sources et leurs images :

d[■,*g*(■)] = L ; d[●,*g*(●)] = $L\sqrt{5}/2$; d[▲,*g*(▲)] = $L\sqrt{2}$

En effet, l'une des holonomies du ruban de Möbius compose une translation euclidienne avec une réflexion, ce qui lui fait perdre la propriété d'être une translation de Clifford.

les pics éventuels, il faut choisir les bonnes valeurs de ces paramètres avec une précision de quelques pour-cent. Cette propriété découle d'un théorème mathématique dit « de rigidité », en vertu duquel la topologie d'un espace hyperbolique fixe de façon unique ses propriétés de courbure. Voilà un intéressant

Classification des espaces tridimensionnels, p. 408

retournement de situation épistémologique. Alors que pendant des

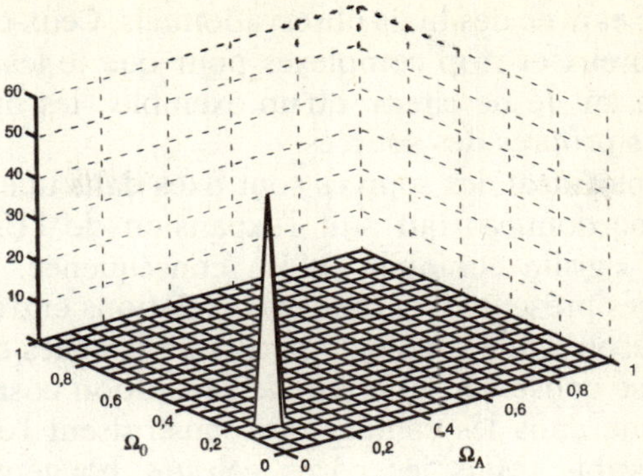

Figure 20.6. La méthode CCP

À partir d'un catalogue de galaxies, on collecte en un seul index toutes les paires de sources topologiquement corrélées. Si l'on obtient un pic semblable à celui de la figure, on a d'une part la preuve que l'espace est multiconnexe, on en déduit d'autre part les valeurs du paramètre de densité Ω_0 et de la constante cosmologique Ω_Λ.

décennies la cosmologie observationnelle s'est efforcée de déterminer directement les paramètres de courbure en négligeant les possibilités topologiques, il se pourrait qu'au XXIe siècle ce soit en premier lieu la détermination expérimentale de la topologie de l'Univers qui permette de fixer avec une grande précision la courbure et la constante cosmologique, ces paramètres traditionnels dont dépend le destin ultime du cosmos — expansion perpétuelle ou contraction ? (Voir illustration 11.)

Les méthodes statistiques qui analysent les positions spatiales apparentes des objets astrophysiques lointains (à grand décalage spectral) sont idéalisées et doivent être adaptées dans la pratique pour tenir compte du fait que nous voyons ces objets dans le passé et avec des biais observationnels. Ceux-ci sont nombreux et trop complexes pour que je les développe ici. Je ne citerai qu'un exemple : les mouvements propres des sources.

Dans l'idéal, les sources sont fixes dans une grille de coordonnées qui suit l'expansion de l'Univers (dite « grille comobile »). En conséquence, si les sources présentent certaines corrélations entre elles en raison d'une topologie particulière, celles-ci doivent se conserver au cours de l'évolution cosmique et donc dans les cellules qui construisent l'espace observable. Mais les corps célestes bougent ; les galaxies, par exemple, pour la plupart groupées en amas, sont dotées d'un mouvement propre de quelques centaines de kilomètres par seconde autour du centre de gravité de l'amas, qui se surajoute au mouvement apparent de fuite, et dans une direction qui n'a aucune raison de coïncider avec la direction radiale de fuite. À leur tour, les amas de galaxies peuvent être emportés par des mouvements locaux en direction du centre attractif d'un superamas. C'est ainsi que le superamas de galaxies auquel nous appartenons, Virgo, est en chute libre à une vitesse d'environ 600 km/s vers une immense concentration de matière correspondant à un superamas appelé « Grand Attracteur », récemment découvert.

La réalité est donc autre. Dans les diverses cellules de l'Univers cristallographique, les rapports de position entre les « atomes » changent légèrement : les images fantômes d'une galaxie sont décalées par rapport aux positions régulières attendues.

Reprenons la comparaison avec les bougies dans une pièce tapissée de miroirs. Supposons que, au lieu d'être fixes, ces chandelles soient portées par une lente procession d'anges invisibles. Tout autour, les miroirs réfléchissent non seulement les lueurs, mais aussi les mouvements dont elles sont animées. Aux yeux de l'astronome, il ne s'agit pas d'une procession mais de déplacements incohérents, puisqu'il voit en final le mouvement réel (sur les images les plus proches) et des images fantômes dont le sens de déplacement est modifié, parfois même inversé par les réflexions successives. Seule une observation attentive peut lui permettre de distinguer en avant-plan une procession se découpant sur un fond désordonné. Revenons à l'Univers réel : supposons qu'il ne mesure que 5 milliards d'années-lumière et que l'espace observé à plus grande distance apparente ne soit empli que de reflets fantômes. L'astronome devrait remarquer une discontinuité à partir de la limite de l'Univers réel. Autrement dit, les amas de galaxies qui s'éloignent régulièrement les uns des autres dans la partie réelle, devraient partir dans tous les sens dès qu'on observe les images fantômes.

Comme rien de tel n'est observé, on pourrait penser qu'il y a là une sérieuse objection à l'hypothèse d'un petit Univers chiffonné. En fait, cette objection tiendrait si l'Univers était statique et si les vitesses propres des objets cosmiques étaient très élevées. Mais l'espace est en expansion et ce phénomène se manifeste dans toutes les cellules d'un Univers cristallographique, à un taux proportionnel (selon la loi de Hubble) à la distance *apparente* des galaxies ; par conséquent, l'expansion dans les cellules lointaines paraît plus rapide que dans les cellules proches. Or la vitesse de fuite apparente des galaxies à une distance de 5 milliards d'années-lumière, 100 000 km/s, dépasse de très loin leurs vitesses particulières (par exemple leurs vitesses de déplacement au sein des amas, qui ne dépassent pas 1 000 km/s). Les mouvements particuliers des images fantômes seraient donc imperceptibles par rapport à leur mouvement de fuite apparent. C'est comme si l'observation des bougies mobiles s'effectuait dans une pièce en expansion rapide ; les miroirs des parois s'éloigneraient si vite qu'aucun des reflets fantômes ne paraîtrait se rapprocher.

Les mouvements propres des galaxies induisent malgré tout de subtiles corrections, dont il faut tenir compte dans l'application des méthodes de reconnaissance cristallographique d'objets fantômes.

Le lecteur aura compris que la recherche d'une signature topologique claire et précise est tout aussi difficile que la détermination expérimentale des paramètres de courbure (densité, constante cosmologique) et de la constante de Hubble. Pour ces derniers, il a fallu plus d'un demi-siècle d'efforts avant de pouvoir commencer à obtenir des résultats convergents. Combien de temps faudra-t-il pour fixer des fourchettes raisonnables aux paramètres topologiques ? Grâce à la croissance exponentielle des performances instrumentales, il se pourrait qu'une petite décennie suffise…

21

Des cercles dans le ciel

> *Depuis d'antiques millénaires, la lumière des étoiles avait cheminé vers nous et nous parvenait enfin des insondables profondeurs.*
>
> JEAN-PAUL RICHTER

Comme la topologie est une propriété globale de l'Univers, pour la tester il semble judicieux d'utiliser des sources de rayonnement qui occupent le plus grand volume d'espace possible, afin d'avoir le maximum de chances de détecter des fantômes. Or nous avons aujourd'hui accès à l'ensemble de l'Univers observable grâce au fond diffus cosmologique. Il s'agit du rayonnement fossile de l'Univers primitif, émis seulement 350 000 ans après ce qu'il est convenu d'appeler le big-bang. Si l'on rapporte cette durée aux 14 milliards d'années écoulées depuis, c'est comme si un centenaire visionnait la cassette vidéo de ses premiers vagissements. En sa prime jeunesse, l'Univers était apparemment rempli d'un plasma chaud et dense dans lequel les photons — particules de lumière — restaient piégés dans les champs électriques des particules chargées comme les électrons et les protons. Prisonniers de la matière, les photons ne pouvaient pas circuler. Après 350 000 ans d'expansion cosmique, la température a diminué, les électrons se sont brusquement combinés avec les protons en un processus appelé « recombinaison », les champs électriques se sont neutralisés. Les photons ont donc été libérés et ont pu commencer à voyager sans halte dans l'espace et dans le temps.

Le rayonnement fossile, p. 347

Comme l'Univers a continué à se dilater et à se refroidir pendant le voyage, la lumière s'est refroidie en même temps que lui. Le rayonnement fossile peut en effet être caractérisé par une température, car il est d'un type particulier appelé corps noir. Quand il a été émis, sa température était de 3 000 degrés ; elle est aujourd'hui tombée à 2,728K au-dessus du zéro absolu (c'est-à-dire – 270 degrés Celsius, 200 degrés de moins qu'un jour très froid en Antarctique). En termes de longueurs d'onde, la lumière originelle est passée du domaine visible au domaine des micro-ondes.

Le fond diffus cosmologique est remarquablement uniforme : sa température et son intensité sont les mêmes dans toutes les parties du ciel avec une précision meilleure qu'un dix-millième. En corollaire, la courbure de l'espace est aussi constante à un cent millième près. Quand Friedmann et Lemaître ont choisi de construire leurs modèles d'Univers avec une courbure spatiale constante, ils étaient guidés par le fait pragmatique que c'étaient les seules solutions calculables, mais aussi par la simplicité et l'élégance, à savoir le principe de Copernic. Apparemment, la nature a utilisé le même critère.

Depuis la découverte du rayonnement fossile, les cosmologistes ont réalisé que la température de ce rayonnement devrait dépendre de la direction dans laquelle on regarde. Et ce pour une bonne raison :

on observe des hétérogénéités dans notre Univers matériel, là où la densité est plus grande ou plus petite que la moyenne. Vous-même, lecteur, êtes une hétérogénéité de très petite échelle (selon les critères cosmologiques). Le système solaire, notre galaxie, notre groupe local de galaxies, notre superamas local Virgo sont d'autres exemples d'hétérogénéités de taille croissante. On s'attend à ce qu'elles aient toutes leur origine dans des hétérogénéités de l'Univers très primitif, avant même la recombinaison. En effet, si à cette époque l'Univers avait été une soupe parfaitement homogène, sans aucun grumeau, il le serait resté éternellement et nous ne serions pas là pour en parler !

Les hétérogénéités originelles étaient associées à des différences de température d'une région à l'autre du plasma primitif. Ces fluctuations doivent donc se voir de façon évidente dans le rayonnement fossile. En outre, même si les régions émettrices avaient toutes eu la même température initiale, la lumière fossile aurait traversé différentes galaxies et amas de galaxies intermédiaires, c'est-à-dire placés sur la ligne de visée entre nous et ces régions, et ces trajets auraient causé d'infimes différences dans la température du fond diffus cosmologique de point en point.

L'analyse détaillée de ces fluctuations — rendue possible depuis 1992 seulement, grâce aux observations du satellite COBE, et améliorée depuis à la suite d'intenses efforts observationnels — est donc une précieuse mine d'informations sur la géométrie et sur le contenu matériel de l'Univers. Mais la topologie de l'espace doit aussi être codée d'une certaine façon dans le rayonnement fossile. En effet, ce rayonnement micro-ondes qui nous parvient de toutes les directions du ciel peut être considéré comme l'image d'une région de l'Univers dont la dimension était de 10 millions d'années-lumière (la taille de l'horizon cosmologique à l'époque où ce rayonnement a été émis). Si l'espace multiconnexe avait une dimension *L* inférieure à cette valeur, le rayonnement fossile se présenterait aujourd'hui sous forme d'une mosaïque complexe, composée d'images juxtaposées de l'Univers primitif (voir illustration 13).

Plusieurs chercheurs ont tenté de montrer comment les données tirées du satellite COBE imposaient des contraintes de taille à un petit Univers chiffonné, par le simple fait qu'aucune mosaïque particulière ne se manifeste de façon évidente. En 1995, George Smoot (l'un des principaux instigateurs du programme COBE) et ses collaborateurs ont calculé les fluctuations de température qui seraient produites dans un Univers de topologie torique, et ont constaté que ces fluctuations étaient absentes des données expérimentales. Ils en ont conclu un peu rapidement que la cellule cubique fondamentale de l'espace ne pouvait guère être plus petite que l'horizon, ce qui aurait évidemment limité l'intérêt des modèles multiconnexes.

Toutefois, leur analyse n'a été réalisée que dans les topologies euclidiennes les plus simples (des hypertores, uniquement) et ne s'applique aucunement aux univers sphériques et hyperboliques. Même dans le cas euclidien, les hypothèses préalables qu'ils ont posées sur l'origine des fluctuations, l'absence de constante cosmologique et la façon particulière dont ils ont conduit l'analyse statistique limitent la portée de leur résultat. En tout état de cause, la seule contrainte expérimentale réellement crédible portant sur le rayon minimal de l'espace chiffonné, indépendante de toute hypothèse, ne dépassait pas un dixième du rayon de l'horizon. Toute liberté était laissée pour spéculer sur des modèles de petit Univers chiffonné, euclidiens, sphériques ou hyperboliques, et pour les passer à l'épreuve du rayonnement fossile observé avec une meilleure résolution.

Une approche intéressante, développée à partir de 1996 par David Spergel et Neil Cornish (université de Princeton), Glenn Starkman (Cleveland) et le mathématicien Jeffrey Weeks, consiste à déterminer la topologie de l'espace en cherchant des corrélations particulières dans les fluctuations de température du rayonnement fossile.

Les photons de ce rayonnement ont voyagé dans toutes les directions possibles de l'espace, et sont donc distribués uniformément. Portons notre attention sur les photons arrivant *ici* et *maintenant*. Ils ont commencé à voyager approximativement en même temps, à la recombinaison, lorsque le plasma opaque primitif s'est condensé en un gaz transparent. Comme la vitesse de la lumière dans le vide est constante, ils sont tous partis à peu près à la même distance spatiotemporelle de la Terre (qui, à l'époque, était encore dans les limbes). Ainsi, le lieu de départ des photons du rayonnement fossile forme une sphère appelée « surface de dernière diffusion », centrée sur l'observateur, en l'occurrence la Terre (illustration 12).

Considérons deux vues différentes de l'Univers : l'une prise depuis la Terre et l'autre depuis une galaxie lointaine. Tout astronome extraterrestre vivant dans cette galaxie lointaine verra une surface de dernière diffusion différente de la nôtre (figure 21.1). La carte du fond diffus cosmologique qu'il établira aura, certes, la température moyenne de 2,728 K (reflet de la température de l'Univers tout entier), mais le motif des fluctuations autour de cette moyenne sera différent, c'est-à-dire que les taches chaudes et les taches froides ne seront pas placées aux mêmes endroits que sur la carte établie depuis la Terre. Autrement dit, sa carte détaillée des fluctuations de température du rayonnement fossile sera différente de la nôtre.

Toutefois, si la galaxie n'est pas trop lointaine, les deux surfaces sphériques se coupent, selon un cercle. Ce n'est que sur le pourtour de ce cercle d'intersection que les deux observateurs verront coïncider les motifs des fluctuations : puisque les photons correspondants proviennent exactement du même endroit de l'espace-temps, l'astronome d'ici et celui de là-bas obtiendront un profil de températures identique (variations autour de la valeur moyenne, l'amplitude ne dépassant pas un cent millième). Hélas, à moins que nous puissions échanger des messages avec cet extraterrestre, cette concordance des mesures le long d'un modeste cercle commun ne nous est d'aucun intérêt.

Mais... si cette galaxie lointaine n'était pas autre chose qu'un fantôme de notre propre galaxie, au sein d'un espace chiffonné plus petit que le rayon de la surface de dernière diffusion ? En ce cas, ce qui est un cercle unique vu par deux observateurs différents équivaut à deux cercles vus depuis la Terre dans des directions différentes par un observateur unique. Notre surface de dernière diffusion se répète dans le canevas cristallin de l'Univers, et donc se recoupe elle-même plusieurs fois ! Les cercles d'auto-intersection doivent apparaître par paires, dans deux directions différentes du ciel. Les fluctuations de

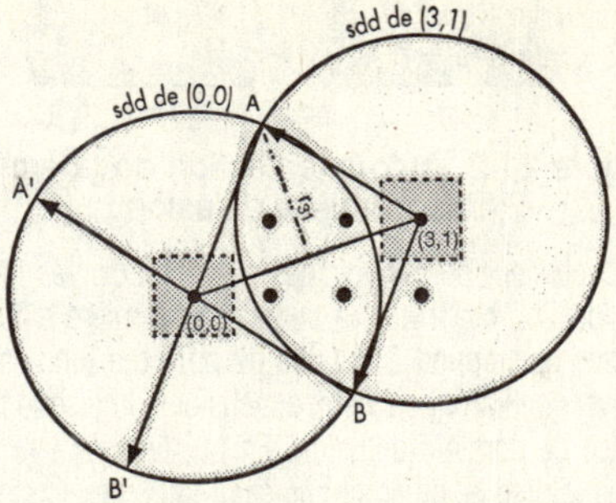

Figure 21.1. Principe de la méthode des cercles

La méthode des paires de cercles est illustrée ici dans un espace chiffonné à deux dimensions (un tore). Le polyèdre fondamental est un carré (en pointillés), tous les points noirs sont les copies d'un même observateur. Les deux grands cercles (qui sont normalement des sphères dans l'espace à trois dimensions) représentent les surfaces de dernière diffusion (sdd) centrées sur deux copies d'un même observateur. L'un est en position (0,0), sa copie est en position (3,1) dans l'espace de revêtement universel. L'intersection des cercles est constituée des deux points A et B (en trois dimensions, cette intersection est un cercle). Les observateurs (0,0) et (3,1) qui voient le couple de points (A,B) depuis deux directions « opposées » sont équivalents à un observateur unique en (0,0) qui voit deux couples identifiés (A,B) et (A', B') dans des directions différentes. En trois dimensions, les couples de points (A,B) et (A',B') forment une paire de cercles identifiés, dont le rayon r_{31} dépend de la taille du polyèdre fondamental et de la topologie.

température mesurées le long d'un cercle tracé sur la carte du rayonnement fossile seront identiques à celles vues le long du cercle homologue, dans une autre région de la carte.

Telle est la méthode des paires de cercles corrélés.

Le motif de paires circulaires homologues varie selon la topologie. Le diamètre angulaire de chaque paire de cercles est fixé par la distance entre les images. Les images qui sont distantes de nous de

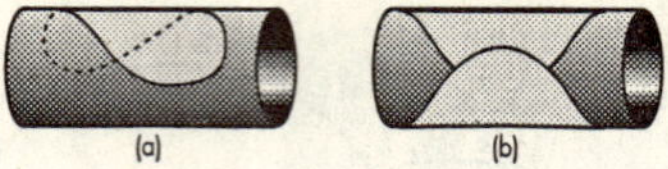

Figure 21.2. Auto-intersection de la surface de dernière diffusion

Pour qu'un observateur puisse voir des paires de cercles identifiés dans le rayonnement fossile, il faut que la surface de dernière diffusion soit suffisamment grande par rapport à la taille du polyèdre fondamental. Dans cet exemple d'univers cylindrique à deux dimensions, le disque de papier représente la surface de dernière diffusion. En (a), le périmètre du cylindre est plus grand que le disque, de sorte que celui-ci ne se recoupe pas : l'observateur ne verra aucune paire de cercles. En (b), le disque enveloppe complètement le cylindre et se chevauche : l'observateur verra la surface de dernière diffusion se recouper elle-même sous forme de paires de cercles.

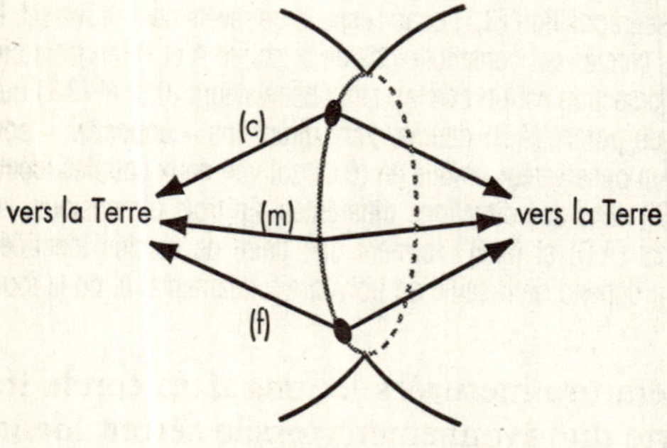

Figure 21.3. Cercles homologues

Si la surface de dernière diffusion enveloppe l'Univers, elle se recoupe elle-même. Le cercle d'intersection est visible depuis la Terre dans deux directions différentes, sous forme d'une paire de cercles homologues. La température varie légèrement le long du cercle d'intersection, tantôt plus froide, tantôt plus chaude. Les photons correspondants sont légèrement moins énergétiques (rayons f) ou plus énergétiques (rayons c) par rapport à leur énergie moyenne (rayons c).

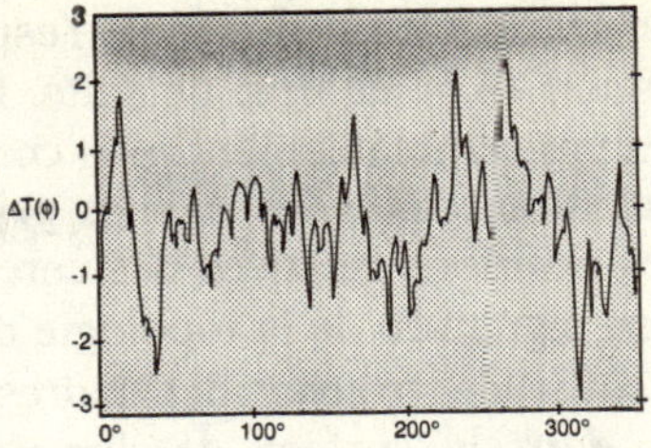

Figure 21.4. Courbe de température d'un cercle cosmique

Le long de n'importe quel cercle tracé sur la surface de dernière diffusion (représenté en abscisse par un angle variant entre 0° et 360°), la température (en ordonnée) varie de quelques millionièmes de degré autour d'une valeur moyenne. Si cette température moyenne est la même pour tous les cercles (c'est la température du corps noir cosmologique), la courbe de température varie de façon spécifique le long de chaque cercle. Si deux cercles ayant la même courbe de températures sont vus dans des directions différentes du ciel, ils forment nécessairement une paire de cercles homologues au sein d'un espace chiffonné.

plus de deux fois le rayon de la surface de dernière diffusion ne produiront pas de paires de cercles (illustration 15.a).

Si la surface de dernière diffusion est juste assez grande pour s'auto-chevaucher, elle ne coupera que ses plus proches images fantômes (illustration 15.b). Si elle est un peu plus grande, elle en interceptera davantage (illustration 15.c). En fait, pour peu qu'elle soit suffisamment grande, on pourrait observer des centaines, voire des milliers de paires de cercles homologues.

De plus, le motif formé par les cercles dans le ciel révèle la topologie de l'Univers. Par exemple, si l'on observe des cercles comme ceux des illustrations 15.b et 15.c, on peut en conclure que l'Univers est un hypertore ; si les cercles ressemblent à ceux de l'illustration 16, l'Univers doit être l'espace icosaédral de la figure 14.6 ; et ainsi de suite. En pratique, le motif sera vraisemblablement plus compliqué que sur les illustrations, mais les mêmes principes s'appliquent : les positions relatives des cercles homologues sont une signature de la topologie de l'Univers.

Ainsi, il suffit de trouver des paires de cercles homologues dans la surface de dernière diffusion pour avoir la preuve que l'Univers est fini et chiffonné ! Pour l'instant, malheureusement, la carte du fond diffus cosmologique, construite à partir des données fournies par COBE en 1992, n'est pas assez précise pour tester cette méthode des paires circulaires. Sa résolution angulaire est de 10 degrés, c'est-à-dire que les données sont incapables de décrire la variation de la température entre deux points angulairement plus proches que vingt fois le diamètre apparent de la Lune. D'autre part, 30 % de ce que l'on voit correspond à du bruit instrumental et non à du signal cosmologique. Les mesures obtenues au printemps 2000 par des instruments embarqués sur des ballons (expériences Boomerang et Maxima) ont une résolution angulaire bien meilleure, et ont justement permis de resserrer la fourchette de valeurs possibles pour les paramètres de courbure. Mais elles ne couvrent qu'une très petite portion de la sphère céleste et ne peuvent donc pas être utilisées pour tester la topologie globale de l'espace. Pour espérer trouver des paires de cercles homologues, il faudra balayer attentivement les cartes du rayonnement micro-ondes qui seront fournies au cours de cette décennie par les satellites MAP[1] et Planck (illustration 14).

1. Voir la postface de la présente édition pour les résultats de MAP délivrés en 2003, p. 435.

Si les données futures des satellites MAP et Planck révèlent vraiment des cercles homologues, comment pourrons-nous être certains que les résultats sont corrects ? Il pourrait y avoir un défaut dans le câblage du satellite, les programmes informatiques utilisés pour analyser les données pourraient contenir de sérieux bogues... Par chance, les informations récoltées seront très redondantes. Les premiers grands cercles suffiront à déterminer complètement la topologie de l'espace et à prédire la position et l'orientation de toutes les autres paires ! La raison en est que, en termes géométriques, les lieux des plus proches images de notre galaxie définissent la structure du « cristal cosmique » tout entier.

Comment convertir la liste des paires de cercles homologues en une description explicite de la topologie de l'Univers ? Le mathématicien américain Jeffrey Weeks a trouvé la réponse.

Les paires de cercles donnent directement l'emplacement des paires de faces homologues du domaine fondamental. Rappelons, en effet, que la topologie est définie par la donnée du polyèdre fondamental et du groupe de transformations qui identifient les faces. Supposons donc que nous sommes dans un petit espace chiffonné. Imaginons un ballon sphérique immense dont le centre reste fixé sur notre galaxie et dont le rayon croît sans discontinuer. Le ballon finit par embrasser l'espace tout entier et se recoupe lui-même. Laissons-le gonfler malgré tout, et voyons-le se presser contre lui-même exactement comme des ballons réels le feraient, formant des intersections de plus en plus planes. Quand il aura entièrement rempli l'Univers, il aura pris la forme d'un polyèdre. Les faces de ce polyèdre seront identifiées par paires pour donner l'espace réel.

C'est ainsi que l'on peut reconstruire le domaine fondamental à partir de la liste des paires de cercles homologues. Chaque face du domaine fondamental se trouve exactement à mi-chemin entre son centre (notre galaxie) et une image fantôme de son centre. Nous avons vu que chaque cercle dans le ciel se trouve aussi exactement à mi-chemin entre le centre de la surface de dernière diffusion (notre galaxie) et n'importe quelle autre image fantôme de ce centre. Ainsi, les plans des cercles coïncident avec les faces du polyèdre fondamental ! Une fois obtenu le polyèdre fondamental, les dispositions relatives des paires de cercles homologues permettront de trouver les holonomies qui les identifient.

Comme avec la cristallographie cosmique, la méthode des paires de cercles est susceptible de conduire à un intéressant retournement de situation dans l'histoire de la cosmologie : une fois déterminée, la topologie aide ensuite à fixer la courbure et les autres paramètres cosmologiques. En effet, le « théorème de rigidité » implique qu'une topologie donnée a un certain volume, mesuré en unités du rayon de courbure ; si donc nous connaissons la topologie et la taille angulaire des cercles homologues, nous obtenons une détermination du rayon de la surface de dernière diffusion en unités du rayon de courbure. Voilà qui fournit une mesure indépendante du paramètre de densité, une mesure qui ne repose sur aucune hypothèse relative à la nature des fluctuations primordiales.

Après avoir déterminé la topologie de l'Univers, nous pouvons procéder à l'envers et reconstruire la température des photons du rayonnement fossile avec ses fluctuations de température intégrées et comparées à celles de l'Univers observé localement. Nous devrions alors être capables de déterminer directement quelle tache du fond diffus cosmologique s'est effondrée pour devenir notre propre superamas Virgo, ou d'autres structures familières comme la Grande Muraille. Dans un espace non chiffonné, les cosmologistes ont l'habitude de penser qu'en observant l'Univers lointain ils mesurent la préhistoire des autres régions de l'Univers. Si l'Univers est chiffonné, nous regarderons aussi notre *propre* origine.

L'étude du rayonnement fossile dans les espaces hyperboliques et sphériques est beaucoup plus riche, mais beaucoup plus difficile à traiter, que dans les topologies euclidiennes. Alors qu'on distingue seulement dix topologies à géométrie « plate » et de volume fini (dont six seulement sont orientables), il existe une infinité d'espaces de courbure positive ou négative, et les mathématiciens en ont déjà donné des milliers d'exemples qui sont assez petits pour tenir entièrement à l'intérieur de la surface de dernière diffusion.

Beaucoup d'espaces hyperboliques compacts peuvent être étudiés mathématiquement grâce à un génial programme d'ordinateur nommé SnapPea, développé par Jeffrey Weeks. Ce mathématicien original s'est retiré assez vite du milieu académique afin de poursuivre ses recherches hautement abstraites à domicile, entouré de sa famille. Pour boucler ses fins de mois, il se livre à une activité plus concrète, mais toutefois ludique et qui l'éloigne assez peu de ses sujets de prédilection : il invente des logiciels de jeu fonctionnant dans des espaces multiconnexes. Si vous avez un jour l'occasion de jouer au morpion, aux échecs ou aux mots croisés sur un ruban de Möbius ou un tore, c'est à Jeffrey Weeks que vous devrez vos maux de tête ! Le programme SnapPea est disponible en libre accès sur Internet[1]. Que signifie ce nom étrange ? De l'aveu même de son auteur, celui-ci était en panne d'inspiration pour baptiser son programme ; il s'est alors tourné vers sa femme en lui demandant si elle avait une idée. Comme elle était en train d'écosser des petits pois, elle lui répondit simplement : « Tu n'as qu'à l'appeler Snap Pea ! »

1. À l'adresse geometrygames.org. Mais attention, ce programme n'est compréhensible que par les spécialistes !

22

L'infini, l'inflation et le chiffon

> *Ce que j'écris en ce moment dans un cachot, je l'ai écrit et je l'écrirai pendant l'éternité, sur une table, avec une plume, sous des habits, dans des circonstances toutes semblables. Ainsi de chacun.*
>
> LOUIS AUGUSTE BLANQUI

Une hypothèse scientifique n'aboutit pas sans le support et le butoir d'une réalité objective. Nous avons vu que le modèle d'un Univers chiffonné est compatible avec les données, sans plus. À ce jour, aucune preuve observationnelle ne s'est révélée décisive. Existe-t-il des arguments d'une autre nature pouvant conforter cette hypothèse, ou au contraire la rendre moins vraisemblable ? Selon Épicure, toute conception du monde a son origine dans l'« étonnement philosophique ». Nous allons donc peser le pour et le contre en usant d'une argumentation essentiellement philosophique.

Avec une topologie multiconnexe, la forme de l'espace n'apparaît plus qu'en partie liée à la question de la gravité. Le fait que la quantité de matière ne détermine que la courbure de l'espace-temps, et non pas sa forme ou sa qualité, nous fait retrouver la distinction classique en philosophie entre quantité et forme, chère à Leibniz.

La diversité des modèles multiconnexes est beaucoup plus grande que celle des modèles monoconnexes. Cette richesse théorique n'est pas la garantie d'une meilleure vraisemblance pour la description du monde physique, mais les topologies multiconnexes ont l'avantage d'offrir des modèles d'Univers spatialement finis quelle que soit leur courbure. Or, si la physique n'interdit pas d'envisager des notions impliquant l'infini, par commodité, elle ne leur accorde pas d'existence réelle ; elle considère que les seules entités effectivement données et les seuls processus effectivement exécutables sont finis. Les physiciens cherchent donc généralement à éliminer les infinis qui découlent de leurs théories[1].

Pour ce qui est de la cosmologie, admettons par exemple l'hypothèse communément acceptée, à savoir que la topologie de l'Univers est monoconnexe et que l'espace est hyperbolique ou, à la limite, « plat ». L'Univers physique, en ce cas identique à son espace de revêtement universel, est donc infini. Dans ces conditions, la fraction de l'Univers qui est observable est nulle, puisque l'univers observable est de volume fini, et tout nombre fini divisé par l'infini donne zéro ! L'hypothèse cosmologique standard implique aussi que la masse de l'Univers est infinie : par le principe d'homogénéité, la densité de matière doit être constante dans l'espace et, si infime soit-elle dans chaque centimètre cube, intégrée sur un volume infini, elle conduit à une masse universelle infinie.

Ces deux conséquences sont assez embarrassantes, et ce à de multiples points de vue. Sur le plan

1. Voir Jean-Pierre Luminet et Marc Lachièze-Rey, *La Physique et l'infini*, Paris, Flammarion, coll. « Dominos », 1994.

épistémologique tout d'abord, un sérieux problème de crédibilité se poserait pour la cosmologie en tant que discipline scientifique : comment justifier l'extrapolation d'une fraction infinitésimale, voire nulle, de l'Univers — celui que nous observons — à la description de l'Univers physique tout entier ? Cela n'aurait guère de sens d'appliquer les paramètres de courbure de l'Univers à des domaines infiniment grands par rapport aux régions sur lesquelles ils sont effectivement mesurés !

En second lieu, sur le plan physique, tous les objets que nous connaissons, particules, photons, arbres, créatures, planètes, galaxies, etc., ont des masses finies. Si l'Univers est un objet physique, pourquoi aurait-il une masse infinie ?

Sur le plan philosophique, l'infini cosmique pose un paradoxe dont l'origine remonte à la doctrine atomiste il y a vingt-cinq siècles : la pluralité des mondes et des êtres. C'est un agitateur politique, Louis Auguste Blanqui, qui l'a formulé de la manière la plus frappante. Ayant passé plus de trente ans enfermé en diverses prisons, c'est au cours de l'une de ses incarcérations qu'il rédigea, en 1871, un opuscule intitulé *L'Éternité par les astres : hypothèse astronomique*. Il y fait part des méditations philosophiques que lui inspire l'hypothèse de l'infinité de l'Univers. Il commence par affirmer la limitation des combinaisons différenciées de la matière. Il n'y a qu'une centaine de corps simples, les atomes, à partir desquels tout système matériel est constitué. Malgré le chiffre incalculable de leurs combinaisons, le résultat est nécessairement fini, comme celui des éléments eux-mêmes. Dès lors, « pour remplir l'étendue », la nature doit répéter à l'infini chacune de ses combinaisons originales. Blanqui en tire les conséquences logiques les plus implacables :

« Les corps célestes sont ainsi classés par originaux et par copies. Les originaux, c'est l'ensemble des globes qui forment chacun un type spécial. Les copies, ce sont les répétitions, exemplaires ou épreuves de ce type. Le nombre des types originaux est borné, celui des copies ou répétitions, infini. Chaque type a derrière lui une armée de sosies dont le nombre est sans limites. [...] Il s'ensuit que chaque terre, contenant une de ces collectivités humaines particulières, résultat de modifications incessantes, doit se répéter des milliards de fois, pour faire face aux nécessités de l'infini. De là des milliards de terres, absolument sosies, personnel et matériel, où pas un fétu ne varie, soit en temps, soit en lieu, ni d'un millième de seconde, ni d'un fil d'araignée. [...] Ainsi, par la grâce de sa planète, chaque homme possède dans l'étendue un nombre sans fin de doublures qui vivent sa vie, absolument telle qu'il la vit lui-même. Il est infini et éternel dans la personne d'autres lui-même, non seulement de son âge actuel, mais de tous ses âges. Il a simultanément, par milliards, à chaque seconde présente, des sosies qui naissent, d'autres qui meurent, d'autres dont l'âge s'échelonne, de seconde en seconde, depuis sa naissance jusqu'à sa mort. »

Blanqui invoque donc l'infini de l'espace et l'éternité du temps impliqués par la cosmologie newtonienne pour soutenir que l'éternité joue imperturbablement, dans l'infini, les mêmes représentations. Ces rééditions monotones de milliers de terres semblables et le caractère vain de toute prétendue nouveauté paraissent d'autant plus étranges qu'elles sont formulées par un homme qui voulait changer l'histoire !

Que vaut cette argumentation un siècle plus tard, à la lueur de la cosmologie relativiste, de la génétique et de la théorie de l'évolution ? Il est vrai que si l'espace est infini et homogène, il existe un nombre infini d'étoiles et de galaxies dans l'Univers. Par ailleurs, toujours dans le cadre relativiste, les modèles d'Univers à espace infini sont nécessairement en expansion perpétuelle ; ils évoluent donc dans une perspective temporelle infinie. Quant aux éléments simples constitutifs de la matière, les particules élémentaires (quarks, leptons, etc.) ont remplacé les atomes, mais le nombre de leurs espèces distinctes est encore plus réduit que celui des atomes. Si l'on pense à la génétique, le schéma d'organisation de la vie sur terre est gouverné par les molécules d'ADN, qui ont une taille maximale finie, et pour lesquelles il existe un nombre fini, quoique très grand, de configurations possibles. Toutes les conditions invoquées par Blanqui semblent donc réunies pour aboutir aux mêmes conclusions. Les planètes étant en nombre infini dans l'espace et dans le temps, on doit s'attendre à ce que, sur l'une d'elles au moins, il existe un être à la structure génétique strictement identique à celle de l'auteur de ce livre, autrement dit un autre Jean-Pierre Luminet, avec tous ses neurones exactement dans le même état, c'est-à-dire avec tous mes souvenirs, toutes mes pensées, tous mes gestes du moment. Un sort semblable guette les lecteurs de ce livre…

On peut d'une part y voir un paradoxe philosophiquement inacceptable : que penser des notions d'identité, de liberté, etc. ? On peut d'autre part rester sceptique devant le raisonnement. Rétorquer, *primo*, que ce n'est pas parce qu'une collection d'objets est infinie qu'elle contient *tous* les objets. Souligner, *secundo*, que l'hypothèse de la duplication des êtres serait peut-être acceptable dans un Univers éternel et *stationnaire*, où les propriétés physiques moyennes n'évoluent pas au cours du temps, mais que la théorie stationnaire est rejetée : l'Univers évolue fortement, comme l'atteste l'observation du rayonnement fossile. Les conditions physiques du big-bang sont radicalement différentes de celles qui règnent aujourd'hui, lesquelles sont radicalement différentes de celles qui régneront dans mille milliards d'années... Les configurations des systèmes physiques ne sont donc pas équiprobables dans le temps. Sur le plan génétique, la théorie de l'évolution semble aussi stopper net tout recours aux considérations probabilistes : tous les événements ne sont pas équiprobables parce qu'ils ont une histoire.

Oui mais... L'infinité spatiale et l'hypothèse d'homogénéité suffisent à l'argumentation de Blanqui : à chaque instant donné de l'histoire cosmique, les configurations qui se répètent au sein de l'espace infini ont eu les mêmes antécédents historiques, chacune doit donc s'être constituée un nombre incommensurable de fois dans diverses régions de l'espace. On peut encore objecter que ce qui compte c'est l'intérieur de l'Univers observable, délimité par une sphère de quelques dizaines de milliards d'années-lumière de rayon centrée sur nous, et que cette sphère est si « petite » et le nombre de configurations conduisant à la constitution d'un individu si grand qu'aucun doublon n'est possible.

Il n'empêche... La façon la plus simple de régler la question est de supposer que le volume de l'espace est... fini ! Or seules les cosmologies relativistes multiconnexes offrent des modèles finis quelle que soit la courbure de l'espace. Avec les images fantômes inhérentes aux modèles d'Univers chiffonné, on retrouve, certes, les terres sosies de Blanqui, mais à une différence fondamentale près : ces sosies sont une seule et même Terre, vue à des instants différents de son histoire, et sont en nombre fini car l'histoire passée est bornée par le big-bang. Il n'y a plus aucun paradoxe philosophique.

Deux objections à l'encontre d'un espace multiconnexe peuvent être formulées — elles me sont d'ailleurs faites systématiquement à chacune de mes conférences ! La première est de nature physique, à savoir une possible incompatibilité avec le modèle de l'inflation. La seconde est de nature philosophique, liée à l'application stricte du principe de simplicité. Examinons à tour de rôle ces objections.

La première invoque la théorie de l'inflation, qui garde la faveur de nombreux cosmologistes pour expliquer la formation des grandes structures. Celle-ci implique que l'espace, une fraction de seconde après sa naissance, aurait gonflé de façon démesurée pendant une très courte période. Même si l'espace était courbé au tout début de son histoire, ce gonflement excessif l'aurait inévitablement rendu euclidien. Certes, il n'y a aucune incompatibilité de principe entre les modèles d'inflation et l'hypothèse d'un Univers chiffonné : l'espace peut tout à la fois être « plat » et chiffonné puisque, nous l'avons vu, il existe dix-sept formes d'espaces euclidiens multiconnexes ! En revanche, l'inflation compromet définitivement l'observation d'un éventuel Univers chiffonné : si le processus de dilatation frénétique a réellement eu lieu, il n'a pas changé la topologie de l'Univers, mais il a énormément dilaté le volume de l'Univers observable. Donc, même si l'espace était chiffonné, il le serait à une échelle beaucoup trop grande pour qu'on puisse le détecter.

Le credo du physicien est qu'il faut préférer les théories qui font des prédictions extrêmement solides à celles qui ne pourront jamais être exclues. En effet, si les prédictions ne sont pas vérifiées par l'expérience, nous avons le moyen de démontrer que la théorie est fausse. Certains estiment que la théorie d'un Univers chiffonné fait partie de celles qui ne pourront jamais être totalement exclues, car elle ne ferait pas de prédictions précises. Ils citent au contraire la théorie de l'inflation, qui impose que l'espace soit plat, comme modèle exemplaire d'une théorie réfutable. Cette argumentation est spécieuse pour deux raisons. La première, c'est que si le chiffonnage de l'espace a lieu à une échelle inférieure à celle de l'horizon, la théorie est parfaitement testable par les méthodes de la cristallographie cosmique ou celle des paires de cercles corrélés dans le rayonnement fossile ; la plupart des recherches actuelles en topologie cosmique portent précisément sur les perfectionnements des tests observationnels. La seconde raison est que la théorie de l'inflation fait une prédiction *tellement* précise qu'elle ne pourra *jamais* être testée. On ne pourra en effet jamais dire que l'espace est exactement plat, puisque pour cela il faudrait des résultats d'une précision infinie, ce qui est impossible...

L'Univers est-il plat ?, p. 367

Passons à la seconde objection. Le principe de simplicité stipule que, dans un ensemble de modèles expliquant des faits, la préférence sera donnée à celui qui fait appel au nombre minimal d'hypothèses. Or les paramètres topologiques (nature du polyèdre fondamental, composition du groupe d'holonomies) introduisent des facteurs supplémentaires dans les modèles cosmologiques standard. À première vue, il est donc sage d'opter pour la topologie monoconnexe, d'autant que les modèles correspondants sont plus faciles à traiter. Mais supposer par là que les théories les plus maniables ont plus de chances d'être vraies que les autres, c'est faire une hypothèse métaphysique sur la simplicité de la Nature, sans préciser de manière objective ce que peut être un degré de simplicité.

En effet, l'application du principe de simplicité est délicate dans la mesure où tout phénomène encore ignoré peut être source de paramètres « naturels » supplémentaires. La notion de simplicité est donc relative à un état des connaissances à un moment donné. Faut-il par exemple préférer les modèles d'Univers sans constante cosmologique à ceux qui en ont une ? Introduite par Einstein pour une raison qui s'est peu après révélée erronée (forcer les modèles d'Univers relativistes à rester statiques), cette constante cosmologique a ensuite paru superflue, au point que les solutions qui en faisaient l'économie ont focalisé l'attention quasi exclusive des chercheurs pendant des décennies. Mais, à la suite de développements récents, théoriques et observationnels, la situation s'est brusquement inversée. Aujourd'hui, la constante cosmologique apparaît comme une nécessité fondamentale de la théorie quantique et semble confirmée par les données observationnelles. Nécessité et **La répulsion cosmique, p. 307** opportunisme font loi : s'il faut une constante cosmologique pour rendre nos modèles d'Univers cohérents, n'est-il pas plus « simple » de supposer qu'elle existe ? Voilà un exemple où l'application stricte du principe de simplicité s'est avérée infructueuse, et a même entravé le développement de la discipline.

De la même façon, si les paramètres topologiques devaient être exigés par une théorie physique plus profonde que la relativité générale, l'argument de simplicité en faveur d'une topologie monoconnexe perdrait toute valeur.

Il se trouve justement que de nouvelles approches de l'espace-temps suggèrent que le caractère fini du volume spatial pourrait être une condition indispensable pour bâtir des modèles d'Univers cohérents. La cosmologie quantique, tentative de description de la dynamique de l'Univers à l'échelle quantique, est l'une de ces approches. Proposée dans les années 1960 par John Wheeler et Bryce de Witt, elle ne peut être mise en œuvre que dans des situations extrêmement simplifiées, explorées notamment par Jim Hartle, Stephen Hawking, Andrei Linde et Alexandre
Mousse, cordes et fils, p. 61
Vilenkin. Dans le scénario du « multivers » (voir chapitre 8), où des univers-bulles multiples jaillissent spontanément des fluctuations du vide quantique, un calcul de probabilité d'apparition d'univers ayant telle ou telle caractéristique est possible, moyennant des hypothèses simplificatrices. Ces calculs favorisent les espaces de plus petit volume. Or un espace euclidien ou hyperbolique n'a un volume fini que si sa topologie est multiconnexe.

Dans cette nouvelle interprétation, l'argument de simplicité se retourne donc en faveur de l'hypothèse d'un Univers chiffonné ! En effet, les solutions multiconnexes deviennent « naturelles », au sens où elles découlent logiquement du modèle, à la différence d'une hypothèse surajoutée. Le caractère naturel d'un modèle n'est-il pas le meilleur gage de simplicité ?

On a longtemps cru que l'espace naturel était l'espace tridimensionnel euclidien monoconnexe ; la relativité générale nous a appris que l'espace-temps est naturellement courbé par la gravité. La cosmologie quantique pourrait bien nous révéler que l'espace doit être « naturellement » chiffonné et de petit volume !

Une réserve doit toutefois être faite à ce raisonnement : il ne vaut que ce que valent les modèles de cosmologie quantique sur lesquels il est fondé. Force est de reconnaître que nous ne disposons pas encore de théorie capable de calculer de façon fiable les probabilités pour que l'Univers possède telle ou telle configuration[1].

1. La même réserve doit être apportée à l'encontre des discours cosmologiques prétendant que la probabilité d'apparition de la vie dans l'Univers est nulle par rapport à l'ensemble de toutes les conditions initiales possibles au moment du big-bang. Une vision finaliste est souvent le ressort inavoué de tels raisonnements ; en effet, proclame-t-on, puisque la vie existe bel et bien dans l'Univers (au moins ici, sur Terre), tout en étant parfaitement improbable sur le plan physique, c'est qu'elle a nécessairement été programmée par une Volonté supérieure, qui a ajusté de façon précise les conditions initiales de l'Univers de façon à permettre l'éclosion de l'espèce humaine. Cette interprétation métaphysique de la cosmologie relativiste s'appelle principe anthropique fort. Un excellent ouvrage critique sur la question est celui de Jacques Demaret et Dominique Lambert, *Le Principe anthropique*, Paris, Armand Colin, 1994.

23

Maya

Non, je ne peux pas croire que les astres soient si loin : des milliards d'années-lumière, cela ne veut rien dire. Un de ces jours on découvrira qu'ils sont beaucoup plus proches, et tout ce qui nous paraissait infini, immense, deviendra petit et proche.

NINA BERBEROVA

Il ne se passe guère de conférences de cosmologie grand public sans que, à l'issue des questions de mise, un auditeur finisse par demander : « Et Dieu dans tout ça ? » En général, le public attend du scientifique une réponse, ou à tout le moins est curieux de savoir si le conférencier est croyant ou non. Le plus souvent, le conférencier se défile et cite la boutade que le marquis Pierre Simon de Laplace avait lancée à Napoléon : « Sire, je n'ai pas eu besoin de cette hypothèse. »

Il ne s'agit pas là d'une déclaration athée, mais de la simple reconnaissance que ce type de question échappe au champ de la science. La cosmologie « se contente » de reconstituer les événements présents et passés de l'histoire cosmique à partir d'observations, d'expériences de laboratoire et de modèles théoriques censés représenter au mieux l'Univers.

Dans le cadre des modèles de big-bang, elle essaie de s'approcher au plus près des conditions qui ont pu présider à l'« apparition » de l'espace, du temps et de la matière lors d'un événement extrapolé dans le passé, le big-bang. La nature mathématique du big-bang — celle d'une singularité où la courbure de l'espace-temps est infinie — implique en fait que le big-bang n'appartient pas à la variété géométrique espace-temps. Le big-bang n'est donc *même pas* un événement. Il n'a pas « pris place » et n'a pas « eu lieu ». Par là même, il échappe nécessairement au champ de nos théories !

Il ne faudrait pas pour autant voir dans ce mystérieux et inaccessible big-bang une métaphore de la création ou de la « pensée de Dieu [1] ». La physique ne sert pas à révéler les attributs et intentions du créateur, mais elle fournit un moyen de comprendre et contrôler la nature, en vue de dominer l'environnement selon nos souhaits.

Il y a cependant une authentique question cosmologique : celle de savoir si l'Univers ou la matière ont une origine temporelle ; mais ce problème est souvent transformé de façon fallacieuse en un pseudo-problème de création. Ce glissement repose sur l'idée que la création fait nécessairement intervenir un agent extérieur, une cause externe au monde physique. Le modèle de big-bang et l'hypothèse d'un début de l'Univers il y a un temps fini dans le passé suggèrent, à première vue, l'opération d'un créateur. C'est sur cette confusion que reposent à la fois les réactions des adversaires du modèle de big-

1. Le célèbre cosmologiste britannique Stephen Hawking a déclaré que le jour où les hommes auront mis au point une « théorie de tout », ils connaîtront la pensée de Dieu.

bang, les dérives métaphysiques de ses partisans et les tentatives de récupération par les théologiens.

Historiquement, la controverse sur le big-bang a très vite débordé le strict cadre scientifique et a dévié sur ses supposés aspects philosophiques et religieux. Alexandre Friedmann, qui fut le premier à formuler en termes relativistes les concepts d'Univers en expansion et de singularité cosmique, ne put s'empêcher d'y voir des conséquences métaphysiques, parlant notamment de création du monde à partir de rien. Dans sa bibliographie générale, on note l'existence d'un manuscrit perdu, justement intitulé *Création* (*Mirozdanie*). Nul ne sait quel pouvait en être le contenu, mais il est probable que Friedmann, fervent croyant, y ait développé un point de vue théologique. *A contrario*, Georges Lemaître, le deuxième inventeur du big-bang, tenait à une distinction radicale entre science et religion, précisant qu'on ne pourrait jamais réduire l'Être suprême au rang d'une hypothèse scientifique. Lemaître était pourtant homme de foi, puisque abbé, ce qui lui valut d'être injustement soupçonné par Einstein de ne pas être objectif sur la question. Vers 1950, en Angleterre, les cosmologistes Edward Milne et Edmund Whittaker tirèrent des conséquences théologiques hasardeuses de la cosmologie relativiste. Le 22 novembre 1951, le pape Pie XII utilisa la théorie du big-bang pour soutenir devant l'Académie pontificale l'affirmation d'un créateur : « Il semble en vérité que la science d'aujourd'hui, remontant d'un trait des millions de siècles, ait réussi à se faire le témoin de ce *Fiat Lux* initial [...]. Vers cette époque, le cosmos est sorti de la main du Créateur. » Farouche adversaire d'un tel amalgame, Lemaître maintint que sa théorie restait entièrement en dehors de toute question métaphysique ou religieuse (Congrès Solvay de Bruxelles, 1958). Comme on peut le deviner, la connotation chrétienne du big-bang eut une influence désastreuse en Union soviétique. Sous l'ère stalinienne, la doctrine officielle fut que l'Univers était infini dans l'espace et le temps, et la cosmologie du big-bang fut montrée du doigt comme reflet d'un idéalisme bourgeois réactionnaire. Les savants russes répugnèrent donc à s'engager dans des études de cosmologie.

Aujourd'hui encore, le vocabulaire utilisé par certains ténors de la cosmologie internationale est suffisamment flou pour prêter aux amalgames. Du coup, quelqu'un d'aussi influent sur la culture scientifique que John Maddox, puisqu'il a longtemps dirigé la revue *Nature*, a pu dire que la cosmologie du big-bang était philosophiquement inacceptable parce qu'elle justifiait les vues des créationnistes.

Comment de telles erreurs d'interprétation peuvent-elles se perpétuer ? La majorité de la littérature scientifique et philosophique sur la cosmologie souffre de la confusion entre deux questions tout à fait différentes. La première : l'Univers physique a-t-il une origine temporelle et, si oui, que peut nous dire la cosmologie physique ? La deuxième : quelle fut la cause extérieure au big-bang au commencement du temps, et que peut nous en dire la science ?

La première question est scientifique (même si les réponses ne le sont pas), la seconde non. La question de la création est distincte de celle de l'origine. Ce n'est pas parce que l'origine est scientifiquement inaccessible qu'elle équivaut à une création divine. L'inaccessibilité de l'origine traduit simplement le fait que, de même qu'il existe un horizon à notre connaissance observationnelle, il existe un horizon à notre connaissance théorique. En 1830, le comte Pierre Daru fit preuve d'une singulière perspicacité, alors que sous l'influence de Laplace, son confrère à l'Académie, on avait acquis la certitude que la science newtonienne était capable de dévoiler le passé, le présent et le futur de l'Univers. Daru entrevit avec un siècle d'avance les limites fondamentales de la science, et les quatre vers ci-dessous devraient être médités par bien des physiciens d'aujourd'hui, persuadés qu'ils sont proches de résoudre l'énigme universelle :

L'homme ne peut atteindre à la cause première :
Le temps, la pesanteur, l'espace, la matière,
Que l'esprit croit comprendre, et ne peut définir,
Cacheront leur essence aux âges à venir[1].

Il peut être tentant de mêler recherche scientifique et quête spirituelle, physique et tao, cosmologie et bouddhisme, etc. Pour ceux qui s'adonnent à ce mélange de genres dans des ouvrages grand public, le succès est quasi assuré, car « ce que les hommes veulent en fait, ce n'est pas la connaissance, c'est la certitude » (Bertrand Russell). Le propos de mon livre n'est pas de délivrer des certitudes de nature métaphysique, mais de poser une question de physique : que peut-on dire sur la forme du cosmos ?

Le cosmos est synonyme d'ordre et de beauté. Au-delà de ce simple constat étymologique, j'ignore totalement si l'Univers est réellement beau et harmonieux, et je ne me suis forgé aucune conviction à ce sujet. N'est-ce pas simplement l'esprit humain qui

1. Pierre Daru, *L'Astronomie*, chant I, 1830. Voir aussi J.-P. Luminet, *Les Poètes et l'univers*, Paris, Le Cherche-Midi éditeur, 1996.

veut voir de la beauté et de la symétrie là où il n'y en a peut-être pas ? N'est-ce pas notre cerveau, forgé par l'évolution cosmique, qui ne sélectionne de l'Univers que ce qu'il est apte à sélectionner, à savoir uniquement les régularités ? Au XVIIe siècle, le philosophe Francis Bacon écrivait : « L'entendement humain incline naturellement à supposer l'existence de plus d'ordre et de régularité dans le monde qu'il n'en trouve. Et quoiqu'il y ait dans la nature beaucoup de choses singulières et sans symétrie, il leur trouve des parallèles et des relations qui n'existent pas. »

Il ne me déplairait certes pas que les observations futures nous apprennent, par exemple, que la structure de l'espace est celle d'un dodécaèdre plus petit que le volume de l'univers observable (c'est le modèle de l'espace sphérique de Poincaré)[1].

Des formes fascinantes, p. 113

Pour ma part, j'exerce le métier de chercheur parce que le savoir est un jeu et un plaisir qui intensifient la vie. Un de mes plaisirs consiste justement à méditer sur le noyau de nuit qui rend l'Univers impénétrable. Je suis hanté par les limites : trous noirs, incertitude quantique, singularités, mirages cosmiques. La physique moderne nous apprend qu'il existe un brouillage reflétant la nature physique même du monde, indépendamment du filtre de nos sens. Dans le domaine subatomique, décrit par la physique quantique, le principe d'incertitude illustre ce type de brouillage. Un objet quantique, par

1. Note pour la présente édition : ces lignes ont été écrites en 2000, avant les observations de WMAP de 2003 et l'article que nous avons fait paraître dans *Nature* où, précisément, nous proposons l'espace dodécaédrique de Poincaré comme le meilleur modèle d'espace susceptible de représenter les données sur le spectre de puissance du rayonnement fossile ; voir postface, p. 435.

exemple un électron, n'a de réalité que si l'on effectue une mesure sur lui, et, de plus, la mesure elle-même modifie ses propriétés. Il existe donc une limite intrinsèque à la connaissance du monde quantique : le réel est voilé par la nature même du monde[1].

Au plan macroscopique, les astrophysiciens ont découvert un brouillage à l'échelle de l'Univers lui-même, avec les mirages gravitationnels. Les rayons lumineux émis par les astres très lointains rencontrent sur leur trajet jusqu'à nous des masses intermédiaires. Celles-ci, en courbant l'espace dans leur voisinage, perturbent les trajets lumineux et engendrent des illusions d'optique qui déforment, amplifient, démultiplient les images des sources d'arrière-plan.

Avec les modèles d'univers chiffonnés, le brouillage cosmique est peut-être global, et non plus seulement localisé dans certaines directions d'observation. La forme de l'espace peut être assez subtile pour démultiplier presque à l'infini les trajets de la lumière entre une source lointaine et nous-mêmes, de sorte que nous serions plongés dans un Univers d'apparence extrêmement différente de ce qu'il est en réalité. Chaque galaxie réelle aurait des dizaines d'images fantômes réparties dans toutes les directions et toutes les profondeurs, mais qu'il serait difficile de reconnaître en tant que telles. L'Univers nous paraîtrait vaste, déplié, contenant des milliards de galaxies, tandis qu'il serait en réalité plus petit, chiffonné, contenant beaucoup moins d'objets authentiques. Où serait l'illusion, où serait la réalité ?

1. Voir Bernard d'Espagnat, *Le Réel voilé. Analyse des concepts quantiques*, Paris, Fayard, 1994.

Pour conclure, le mot *maya* me vient à l'esprit. Ce terme sanskrit désigne, dans la pensée hindoue, l'apparence illusoire qui non seulement déguise la vérité, mais provoque aussi l'erreur. Trente ans après mes premières contemplations provençales du ciel nocturne, lorsque je lève encore la tête vers le firmament étoilé, je n'y vois plus la même chose. Vingt années d'interrogations sur la forme de l'espace ont changé mon regard. On ne peut voir dans le ciel que ce qu'on est préparé à voir.

II
LES PLIS DE L'UNIVERS

24

Une brève histoire de l'espace

> *Ce qui se tait au-delà de tout, est-ce donc simplement ce que je nomme Espace ?...*
> *Espace ! Une idée ! Un mot ! Un souffle !*
>
> JEAN TARDIEU

Il n'y a pas d'espace ni de temps donnés *a priori* ; à chaque moment de l'histoire humaine, à chaque degré de perfectionnement de nos théories physiques sur l'Univers, correspond une conception de ces catégories fondamentales de la pensée que sont l'espace, le temps, la matière. À chaque nouvelle conception, notre image mentale de l'Univers doit s'adapter et nous devons accepter que le « sens commun » soit pris en défaut. Par exemple, si l'espace est limité par une frontière, qu'y a-t-il au-delà ? Rien ? Il est difficile de concevoir que, en voyageant suffisamment loin dans une direction donnée, on puisse atteindre un point au-delà duquel plus rien n'existe, pas même l'espace. Il est tout aussi troublant de penser à un Univers infiniment grand. Que serait le sens de toute chose mesurable, c'est-à-dire finie, au regard de l'infini ?

Ce type de questionnement est formulé dès le VIe siècle avant notre ère, dans la Grèce antique, où il fait rapidement l'objet de controverses. Les premières écoles de savants et de philosophes, dites « présocratiques » (quoique étalées sur deux siècles et fort différentes entre elles), tentent chacune à leur façon d'expliquer rationnellement le « monde », c'est-à-dire l'ensemble formé par la Terre et les astres conçu comme un système organisé. Pour Anaximandre, de l'école de Milet, le monde où se déroulent les phénomènes accessibles à nos investigations est nécessairement fini. Il est toutefois plongé dans un milieu qui l'englobe, l'*apeiron*, correspondant à ce que nous considérons aujourd'hui comme l'espace. Ce terme signifie à la fois infini (illimité et éternel) et indéfini (indéterminé). Pour son contemporain Thalès, le milieu universel est constitué d'eau et le monde est une bulle hémisphérique flottant au sein de cette masse liquide infinie.

On retrouve cette conception intuitive d'un monde matériel fini baignant dans un espace-réceptacle infini chez d'autres penseurs : Héraclite, Empédocle, les stoïciens notamment, qui ajoutent l'idée d'un monde en pulsation, passant par des phases de déflagrations et d'explosions périodiques.

L'atomisme, fondé au ve siècle par Leucippe et Démocrite, prône une tout autre version de l'infini cosmique. Il soutient que l'Univers est construit à partir de deux éléments primordiaux : les atomes et le vide. Indivisibles et insécables (*atomos* signifie « qui ne peut être divisé »), les atomes existent de toute éternité, ne différant que par leur taille et leur forme. Ils sont en nombre infini. Tous les corps résultent de la coalescence d'atomes en mouvement ; le nombre de combinaisons étant infini, il en découle que les corps célestes sont eux-mêmes en nombre infini : c'est la thèse de la pluralité des mondes. La formation des mondes se produit dans un réceptacle sans bornes : le vide (*kenon*). Cet « espace » n'a d'autre propriété que d'être infini, de sorte que la matière n'influe pas sur lui : il est absolu, donné *a priori*.

La philosophie atomiste est fermement critiquée par Socrate, Platon et Aristote. De plus, en affirmant que l'Univers n'est pas gouverné par les dieux, mais par de la matière élémentaire et du vide, elle entre inévitablement en conflit avec les autorités religieuses. Au IVe siècle avant notre ère, Anaxagore de Clazomènes est le premier savant de l'histoire à être accusé d'impiété ; mais défendu par des amis puissants, il est acquitté et peut s'enfuir loin de l'hostilité d'Athènes. Grâce à ses deux plus illustres porte-parole, Épicure (341-270 av. J.-C.) — qui fonde la première école admettant des femmes pour étudiantes — et Lucrèce (Ier siècle av. J.-C.) — auteur d'un magnifique poème cosmologique, *De la nature des choses* —, l'atomisme n'en demeure pas moins florissant jusqu'à l'avènement du christianisme. Il est toutefois occulté au cours des premiers siècles de l'ère chrétienne, et ne fera plus partie du courant principal de la science jusqu'au XVIIe siècle.

Platon (428-347 av. J.-C.) considère un Univers fini, clos par une sphère ultime contenant les étoiles. Pour parler de l'« espace » (le terme français vient du latin *spatium*), la terminologie grecque utilisait des appellations différentes : *khaos, kosmos, apeiron, kenon, pan* (« tout »), *ouranos* (« ciel »), etc. Dans *Le Timée*, un terme spécifique est introduit, *khora*, qui désigne l'étendue ou espace en tant que réceptacle de la matière, et défini par elle. Platon jouera un rôle essentiel dans l'évolution de la pensée astronomique en insistant sur le fait que les savants ne doivent pas se contenter de la contemplation des astres mais devront utiliser les mathématiques et la géométrie pour découvrir la vraie nature des corps célestes et expliquer leurs mouvements. Toute l'astronomie grecque, depuis Aristote et Eudoxe jusqu'à Ptolémée (qui couronnera ces conceptions cinq siècles plus tard), fleurira autour de ce précepte d'une astronomie géométrisée.

Aristote (384-322 av. J.-C.) s'oppose à Platon en ne développant pas à proprement parler une théorie de l'espace, mais une théorie du lieu (*topos*), distinct de l'étendue et indépendant de la matière. Le lieu, c'est la limite qui enveloppe les choses. L'Univers n'est pas *un* lieu, mais *le* lieu, somme totale de tous les lieux occupés par les corps. S'opposant aussi aux atomistes, Aristote considère que le nombre de corps est nécessairement fini. Au niveau cosmologique, sa conception se rapproche de celle de Platon : une Terre fixe au centre d'un monde fini, circonscrit par la sphère qui contient tous les corps de l'Univers. Mais cette sphère extérieure n'est « nulle part », puisque au-delà il n'y a rien, ni vide ni étendue.

Il existe ainsi, dans l'Antiquité grecque, trois grandes écoles de pensée cosmologique. L'une, qui rassemble les milésiens, les stoïciens, etc., fait la distinction entre le monde physique (l'Univers matériel) et l'espace : l'Univers est considéré comme un îlot de matière fini plongé *dans* un espace extracosmique infini et sans propriété, qui l'englobe et le contient. Les deux autres, atomiste et aristotélicienne, considèrent que l'existence même de l'espace découle de l'existence des corps ; le monde physique et l'espace coïncident ; ils sont infinis pour les atomistes, finis pour les aristotéliciens. Aujourd'hui encore, la plupart des gens ont en tête l'une ou l'autre de ces conceptions.

Les défenseurs d'un Univers fini butent cependant sur une difficulté logique : si ce qui est au-delà du monde fait toujours partie du monde, le monde ne peut être borné sans qu'il y ait contradiction. Ce paradoxe du bord ne sera résolu qu'à la fin du XIXe siècle.

Le paradoxe du bord, p. 227

De même que l'atomisme jugé trop matérialiste, la doctrine aristotélicienne, qui implique un temps éternel et un Univers non créé, est rejetée par les premiers théologiens du christianisme. Jusqu'au XIe siècle, les modèles cosmologiques de l'Occident reviennent aux conceptions archaïques des milésiens, à savoir un cosmos fini baignant dans le vide, à la distinction près que le cosmos revêt la forme d'un tabernacle, ou celle d'un cœur.

La cosmologie d'Aristote, perfectionnée par l'astronomie de Ptolémée, réintroduite grâce aux traductions et aux commentaires arabes, est aménagée pour satisfaire aux exigences des théologiens. Notamment, ce qui se situe au-delà de la dernière sphère matérielle du monde acquiert le statut d'espace, sinon physique, du moins éthéré ou spirituel. Baptisé « Empyrée », il est considéré comme le lieu de résidence de Dieu, des anges et des saints. Le cosmos médiéval est non seulement fini, mais très petit : la distance de la Terre à la sphère des étoiles fixes est estimée à 20 000 rayons terrestres, de sorte que le paradis, à sa frontière, est raisonnablement accessible aux âmes des défunts. Le chrétien trouve naturellement sa place au centre de cette construction.

Ce modèle d'Univers s'impose jusqu'au XVIIe siècle, sans empêcher toutefois la résurgence d'idées atomistes. Après la redécouverte du manuscrit de Lucrèce, le cardinal allemand Nicolas de Cuse (1401-1464) plaide en faveur de l'infinité de l'Univers, de la pluralité des mondes habités et du mouvement de la Terre. Mais son argumentation reste principalement métaphysique : l'Univers est infini parce qu'il est l'œuvre de Dieu, lequel ne saurait être limité dans ses œuvres.

Lorsque le chanoine polonais Nicolas Copernic (1473-1543) propose son système héliocentrique, dans lequel le Soleil est au centre géométrique du monde tandis que la Terre tourne autour de lui et sur elle-même, il conserve l'idée d'un cosmos clos, délimité par la sphère des fixes. Même si celle-ci est deux mille fois plus éloignée que dans le modèle ptoléméen, l'Univers n'en reste pas moins borné.

Il faut attendre encore plusieurs décennies pour que les premières failles lézardent l'édifice aristotélicien. En 1572, une étoile nouvelle est observée par le Danois Tycho Brahé (1546-1601), qui démontre qu'elle est située dans la sphère des étoiles fixes, c'est-à-dire dans la région céleste jusqu'alors présumée immuable. En 1576, l'Anglais Thomas Digges (1545-1595), copernicien convaincu, soutient que les étoiles ne sont pas distribuées sur une couche mince, à la surface de la huitième et dernière sphère du monde, mais s'étendent indéfiniment vers le haut. Digges ne propose toutefois pas de conception physique de l'espace infini : pour lui, le ciel et ses étoiles restent l'Empyrée, demeure de Dieu, et à ce titre ils n'appartiennent pas vraiment à notre monde.

La rupture épistémologique[1] est déclenchée par deux philosophes italiens. En 1587, Francesco

1. Alexandre Koyré, *Du monde clos à l'univers infini* (1957), Paris, Gallimard, 1973.

Patrizi (1529-1597) fait paraître *De l'espace physique et mathématique*[1], où il émet l'idée révolutionnaire que le véritable objet de la géométrie est l'espace en tant que tel, et non les figures, comme on le considérait depuis Euclide. Patrizi inaugure un nouveau concept d'espace physique infini, obéissant à des lois mathématiques — donc accessible à l'entendement. C'est surtout à son contemporain Giordano Bruno (1548-1600) qu'est attribuée la vraie paternité de la cosmologie infinitiste. Le livre premier de son *De immenso* est entièrement consacré à une définition logique de l'espace infini. Bruno argumente sur des bases physiques et non plus exclusivement théologiques. Sa pensée cosmologique s'inspire de l'atomisme de Lucrèce, des raisonnements de Nicolas de Cuse et de la thèse de Copernic. De ce dernier, Bruno retient l'héliocentrisme et l'agencement du système solaire, mais il rejette le finitisme cosmologique. Précurseur de Kepler et de Newton, il réfute également le culte de la sphéricité et du mouvement circulaire uniforme pour décrire les mouvements célestes. Ses écrits, hardis et originaux, sont incompris de ses contemporains, notamment de Galilée. Ils sont surtout fermement combattus par l'Église. En effet, la véritable subversion philosophique de cette fin du XVIe siècle ne réside pas tant dans l'affirmation héliocentrique de Copernic que dans celle de la multiplicité infinie des mondes. Campé au premier rang de la bataille anti-aristotélicienne, Bruno, porté par sa passion de l'infini, refuse d'abjurer et meurt brûlé publiquement en place de Rome.

1. *De spacio physico et mathematico*, présenté et traduit par Hélène Védrine, Paris, Vrin, 1996.

Johannes Kepler (1571-1630), autre grand artisan de la révolution astronomique, tente en premier lieu de construire un modèle d'Univers fondé sur l'usage de figures géométriques particulières : les polyèdres réguliers.

Les polyèdres, p. 390

Il échoue dans cette tentative, l'agencement calculé des orbites planétaires ne correspondant pas aux nouvelles données expérimentales rassemblées par Tycho Brahé. Découvrant alors la nature elliptique des trajectoires planétaires, Kepler renverse le dogme aristotélicien du mouvement circulaire et uniforme comme explication ultime des mouvements célestes. Il refuse cependant de suivre Bruno dans son argumentation sur l'infinité de l'Univers. Il considère cette notion comme purement métaphysique et, puisque non fondée sur l'expérience, dénuée de signification scientifique : « En vérité, un corps infini ne peut être compris par la pensée. En effet, les concepts de l'esprit au sujet de l'infini se réfèrent ou bien à la signification du mot "infini", ou bien à quelque chose qui excède toute mesure numérique, visuelle ou tactile concevable ; c'est-à-dire à quelque chose qui n'est pas infini en acte, vu qu'une mesure infinie n'est pas concevable[1]. » Kepler appuie son argumentation en énonçant pour la première fois un paradoxe astronomique faisant apparemment obstacle au concept d'espace infini, et qui fera beaucoup gloser : le « paradoxe de la nuit noire ». Tout comme le paradoxe du bord, ce problème ne sera résolu de façon satisfaisante qu'au milieu du XIXe siècle, mais par de tout autres arguments.

Le paradoxe de la nuit noire, p. 231

1. *De stella nova*, 1606.

À partir de 1609, les observations télescopiques de Galilée (1564-1642) fournissent les premiers indices directs sur l'universalité des lois de la nature. Mais sur la question de l'infini spatial, Galilée, tout comme Kepler, adopte l'attitude prudente du physicien : « Ne savez-vous pas qu'il est encore non décidé (et je crois que cela le restera toujours pour la science humaine) si l'Univers est fini ou infini[1] ? »

La voie est définitivement ouverte à de nouvelles cosmologies, construites sur la base d'un espace infini. Jusqu'alors, la notion d'espace était conçue dans l'ordre cosmologique et physique de la nature, et non pas comme la « toile de fond » des figures et des constructions géométriques d'Euclide. En d'autres termes, l'espace physique n'était pas mathématisé. Il le devient grâce à René Descartes (1596-1650), qui a l'idée de spécifier chaque point par un ensemble de trois nombres réels : ses coordonnées. L'introduction d'un système de coordonnées universel qui quadrille entièrement l'espace et permet de mesurer les distances traduit bien que, pour Descartes, l'unification et l'uniformisation de l'Univers dans son contenu physique et dans ses lois géométriques ne font aucun doute. L'espace est une substance au même titre que les corps matériels, un éther infini agité de tourbillons sans nombre, au centre desquels se tiennent les étoiles et leurs systèmes planétaires.

Cette nouvelle conception du cosmos bouleverse la pensée philosophique et la conduit loin de l'enthousiasme initial des atomistes et de Bruno : « L'espace absolu qui inspirait les hexamètres de Lucrèce,

1. *Lettre à Ingoli*, cité *in* F. Monnoyeur (dir.), *Infini des philosophes, infini des astronomes*, Paris, Belin, 1995, p. 47.

l'espace absolu qui avait été une libération pour Bruno, fut un labyrinthe et un abîme pour Pascal[1]. » Les savants, eux, ne se laisseront pas arrêter par ces états d'âme et s'achemineront irrésistiblement vers l'Univers infini.

La tendance à la géométrisation radicale de l'espace et à son infinitisation, amorcée par Descartes, est consommée par l'Anglais Isaac Newton (1642-1727). Celui-ci postule un espace absolu, englobant non seulement l'espace de fond des mathématiques et l'espace physique de l'astronomie, mais aussi celui de la métaphysique, car l'espace est l'« organe sensible de Dieu ». L'espace physique, enfin identifié à l'espace géométrique, est nécessairement euclidien (le seul connu à l'époque), sans courbure, amorphe et infini dans toutes les directions. Au sein de ce cadre figé, Newton explique la mécanique céleste en termes de loi d'attraction universelle, désormais considérée comme responsable de la gravitation et de la structure à grande échelle de l'Univers. Avec Newton, la cosmologie s'enracine pour plus de deux siècles dans le cadre d'un espace euclidien infini et d'un temps éternel.

Dans la cosmologie newtonienne, tous les problèmes ne sont pas résolus, loin s'en faut. Sur la question de la distribution des étoiles dans l'espace, par exemple, Newton croit que celles-ci doivent occuper un volume fini, car, argumente-t-il, si elles occupaient un espace infini, elles seraient en nombre infini, la force de gravitation serait infinie et l'Univers serait instable. Newton suppose en outre que les étoiles sont uniformément réparties au sein d'une

1. Jorge Luis Borges, *Enquêtes*, Paris, Gallimard, 1992.

masse finie — par exemple la galaxie. Mais un problème d'instabilité demeure : puisque chaque corps céleste est attiré par chaque autre, au moindre mouvement, à la moindre perturbation mécanique, tous les corps de l'Univers tomberaient vers un centre unique, et l'Univers s'effondrerait. L'Univers de Newton n'est donc viable que s'il n'admet pas de mouvement à grande échelle : son espace est rigide et son temps figé.

Gottfried Wilhelm von Leibniz (1646-1716) s'insurge précisément contre une telle conception. S'il estime lui aussi que l'espace est infini, il est en profond désaccord avec Newton sur plusieurs points. Pour lui, l'espace n'a aucun caractère absolu : c'est un système de relations idéales entre les corps, qui n'a donc pas d'existence indépendante de ces derniers. D'autre part, Leibniz pense que les étoiles sont uniformément distribuées dans l'espace infini, car, si tel n'était pas le cas, il existerait une sphère englobant toutes les étoiles ; l'Univers physique serait alors borné par cette sphère et il aurait un centre, ce qui, du point de vue copernicien (en vertu duquel il ne doit exister aucune position privilégiée dans l'Univers), est parfaitement inadmissible.

Newton et Leibniz ont tous deux tenté de prouver la justesse de leur point de vue en raisonnant par l'absurde : si, en admettant une certaine proposition, les conclusions qu'on en tire sont absurdes, c'est la proposition inverse qui est vraie. Le philosophe allemand Emmanuel Kant (1724-1804), à son tour, cherche à asseoir par la logique ses vues sur l'espace. Il est partisan (contre Leibniz) de l'espace absolu, non substantiel, et soutient que l'intuition de l'espace garantit la validité de la géométrie euclidienne. Il croit aussi mettre fin à tout jamais au débat sur le caractère fini ou infini de l'espace, en prouvant qu'il est impossible de construire sans contradiction logique aussi bien un Univers fini qu'un univers infini. Et d'en conclure que la question n'a aucun sens et qu'il est vain d'en discuter !

L'argumentation kantienne est fausse, car elle repose sur des propositions relevant du prétendu « bon sens », par exemple : le caractère fini implique des limites, l'infini implique l'absence de limites, etc. Mais le bon sens, quoi qu'il fasse, ne peut manquer de se laisser surprendre à l'occasion. Il n'est, après tout, qu'un argument d'autorité partagé par le plus grand nombre. Or, « en science, l'autorité d'un millier ne vaut pas l'humble raisonnement d'un seul individu[1] ».

Cet humble raisonnement sur la nature de l'espace est tenu au milieu du XIXe siècle par une poignée de géomètres hardis : Gauss, Bolyai, Lobatchevski et Riemann découvrent les géométries non euclidiennes, qui viennent infirmer le bon sens kantien.

Les géométries non euclidiennes, p. 239

Ils démontrent que ce qui garantit la validité de la géométrie euclidienne, ce n'est nullement le bon sens, mais le cinquième postulat d'Euclide : à partir d'un point, on peut mener une et une seule droite parallèle à une droite donnée ne passant pas par ce point. Que se passerait-il si l'on modifiait ce postulat ? Aboutirait-on à des incohérences si l'on supposait par exemple qu'on peut faire passer par ce point une infinité de parallèles (espace de Lobatchevski), ou bien aucune (espace de Riemann) ? Absolument pas : les géométries bâties sur ces postulats sont tout aussi cohérentes que la géométrie euclidienne. Du point de vue purement logique, celle-

1. Galilée, *L'Essayeur* (1632), traduction C. Chauviré, Paris, Les Belles-Lettres, 1970.

ci perd donc sa place privilégiée et devient un système très particulier parmi d'autres. Bernhard Riemann, en 1854, prouve notamment qu'un espace qui n'a pas de limite n'est pas forcément infini. Sa démonstration est analogue aux arguments qui permettent de montrer que la surface de la Terre est courbe et finie, bien que sans limites. Il donne l'exemple tridimensionnel de l'hypersphère.

Classification des espaces tridimensionnels, p. 408

Riemann ne se contente pas de raisonner sur des espaces abstraits, il veut appliquer ses découvertes à la cosmologie. Il est le premier à proposer un modèle d'Univers fini mais sans frontière, décrit géométriquement par une hypersphère. Le paradoxe du bord est enfin résolu.

En 1870, le mathématicien anglais William Clifford (1845-1879) rédige un article[1] dans lequel il décrit la possibilité d'une variation de la courbure de l'espace d'un point à l'autre, qui serait responsable de la gravité et du mouvement de la matière ; il suggère que de petites régions de l'espace sont en fait de nature analogue à des petites collines à la surface de la Terre, qui est en moyenne plate ; c'est-à-dire que les lois de la géométrie euclidienne n'y sont pas valides. Clifford échoue cependant dans sa tentative de modélisation géométrique de la gravitation, car il n'envisage pas les possibles variations temporelles de la courbure.

L'astrophysicien allemand Karl Schwarzschild[2] (1873-1916) publie dès 1900 un article de cosmo-

1. Clifford rassembla ses idées dans *Common Sense of the Exact Sciences*, publié à titre posthume en 1885. Réédité par K. Pearson, Ayer Co. Pub., 1972.

2. Qui s'illustrera en 1916 en découvrant, dans les tranchées du front russe, la première solution exacte des équations de la relativité représentant l'espace-temps autour d'un trou noir.

logie passé inaperçu mais qui, avec le recul, paraît prémonitoire. Cet esprit original fait partie des rares astronomes de son temps qui connaissent suffisamment de mathématiques avancées pour comprendre les subtilités des géométries non euclidiennes. Aussi se pose-t-il naturellement la question de savoir si l'espace réel ne peut pas être courbe. Il cherche en fait, à partir des observations, à trouver une limite inférieure au rayon de courbure de l'espace (quand cette limite tend vers l'infini, l'espace devient euclidien). À cette époque, la nature extragalactique des nébuleuses spirales n'est pas démontrée, et le modèle couramment admis sur l'arrangement général des astres est que le nombre de tous les astres visibles ne dépasse pas 40 millions, qu'ils sont tous confinés dans un volume d'espace de seulement quelques milliers d'unités astronomiques de rayon (l'unité astronomique est la distance Terre-Soleil, soit 150 millions de kilomètres) et qu'à l'extérieur il y a le vide d'un espace newtonien infini. Ainsi, notre galaxie, la Voie lactée, est considérée comme un îlot de matière unique perdu dans un océan de vide illimité. Schwarzschild se demande si cette île ne pourrait pas occuper l'espace tout entier, à condition que ce dernier soit fini, petit et sans frontière, ainsi que la géométrie riemannienne en offre la possibilité. Estimant la séparation moyenne des étoiles autour du Soleil et faisant l'hypothèse que l'Univers contient cent millions d'étoiles, il trouve que le rayon de l'espace occupé par la matière est au moins d'un million d'unités astronomiques. Cela lui permet de fixer une borne inférieure au rayon de courbure de l'espace. Il en conclut : « On peut, sans aucune contradiction avec l'expérience, supposer que l'Univers est contenu dans un espace hyperbolique avec un rayon de courbure plus grand que 4 millions d'unités astronomiques, ou dans un espace elliptique fini avec un rayon de courbure plus grand que 100 millions d'unités astronomiques[1]. »

Dans une note de fin d'article, Schwarzschild pousse plus loin ses réflexions en suggérant que la topologie de l'espace peut être compliquée et engendrer des images fantômes de la Voie lactée.

Topos et cosmos, p. 419

La cosmologie se développe rapidement après la mise au point de la relativité générale par Albert Einstein, en 1915. Dans cette théorie, l'Univers ne se réduit pas à un espace et à un temps absolus et séparés ; il est constitué de l'union de l'espace et du temps au sein d'une géométrie à quatre dimensions courbée par la présence de matière.

C'est en effet la courbure de l'espace-temps tout entier qui permet de modéliser correctement la gravité, et pas seulement la courbure de l'espace ainsi que l'avait espéré Clifford. Le caractère non euclidien de l'Univers apparaît dès lors non plus comme une étrangeté, mais au contraire comme une nécessité physique pour rendre compte des phénomènes gravitationnels. La courbure est reliée à la densité de matière. En 1917, Einstein calcule le premier modèle d'Univers relativiste. Comme Riemann, il veut un Univers clos (c'est-à-dire de volume et de circonférence parfaitement finis et mesurables) et sans frontière ; aussi choisit-il l'hypersphère pour modéliser la partie spatiale de l'Univers.

Le modèle d'Einstein fait par ailleurs l'hypothèse

1. Karl Schwarzschild, *Vierteljahrschrift d. Astronom. Gesellschaft* (1900), vol. 35, p. 337, c'est moi qui traduis.

d'un Univers statique, le rayon de l'hypersphère restant invariable au cours du temps. En vérité, les solutions cosmologiques de la relativité permettent tout à fait d'envisager un espace qui se dilate ou se contracte au cours du temps : c'est ce que démontre le théoricien russe Alexandre Friedmann, entre 1922 et 1924. Dans le même temps, la mise en service du grand télescope du Mont Wilson, aux États-Unis, permet de changer radicalement le paysage cosmique. En 1924, les observations d'Edwin Hubble prouvent que la nébuleuse NGC 6822 se situe loin en dehors de notre galaxie. Très rapidement, Hubble et ses collaborateurs montrent que c'est le cas de toutes les nébuleuses spirales, dont notre célèbre voisine, la nébuleuse d'Andromède . ce sont autant de galaxies comme la nôtre, et l'Univers est constitué de l'ensemble de ces galaxies. Les « Univers-îles » déjà envisagés par Thomas Wright, Kant et Johann Heinrich Lambert sont légitimés par l'expérience, et l'Univers physique paraît soudain immensément agrandi, passant de quelques milliers à plusieurs dizaines de millions d'années-lumière au minimum. Outre cet élargissement spatial, la deuxième découverte capitale concerne l'évolution temporelle de l'Univers. Dès 1925, les indices s'accumulent tendant à laisser croire que les galaxies s'éloignent systématiquement de la nôtre, avec des vitesses proportionnelles à leur distance. Ce résultat expérimental reste totalement incompréhensible jusqu'à ce que la communauté scientifique admette, au début des années 1930, la solution proposée en 1927 par le physicien belge Georges Lemaître : l'espace entier se dilate au cours du temps ; il est en expansion, et cette expansion entraîne l'ensemble des galaxies.

L'expansion et l'infini, p. 261

La question de la finitude ou de l'infinitude de l'espace est parfaitement bien posée dans le cadre des solutions de Friedmann et Lemaître. Ces modèles cosmologiques supposent négligeables les irrégularités de la distribution de matière, de sorte que l'Univers a partout les mêmes propriétés géométriques. Ces propriétés sont de deux sortes seulement : la courbure, constante dans l'espace mais dont il reste à préciser le signe, et la topologie.

En ce qui concerne la courbure, trois familles d'espaces sont considérées : l'espace euclidien (à courbure nulle), l'espace sphérique (à courbure positive) et l'espace lobatchevskien (dit aussi hyperbolique, à courbure négative). L'espace sphérique est, dans tous les cas de figure, de volume fini. C'est la raison essentielle pour laquelle les pionniers de la cosmologie relativiste, Einstein, de Sitter, Friedmann et Lemaître, le choisissent de prime abord.

La relativité générale indique comment mesurer indirectement la courbure de l'espace. Sa valeur dépend de la densité moyenne de matière et d'énergie qu'il contient. Si la densité réelle dépasse un seuil critique, la courbure est positive et l'espace est fini. Depuis soixante ans, la cosmologie observationnelle s'efforce de déterminer la courbure de l'espace en recensant toutes les formes de matière et d'énergie qui y contribuent.

La matière de l'ombre, p. 323

Mais pour les géométries des deux autres familles, euclidienne et hyperbolique, le caractère fini ou infini de l'espace ne dépend plus de la courbure et de la densité d'énergie : il dépend de la topologie. Il n'existe actuellement aucune théorie physique générale permettant de prédire la topologie globale de l'Univers à partir de ses caractéristiques locales.

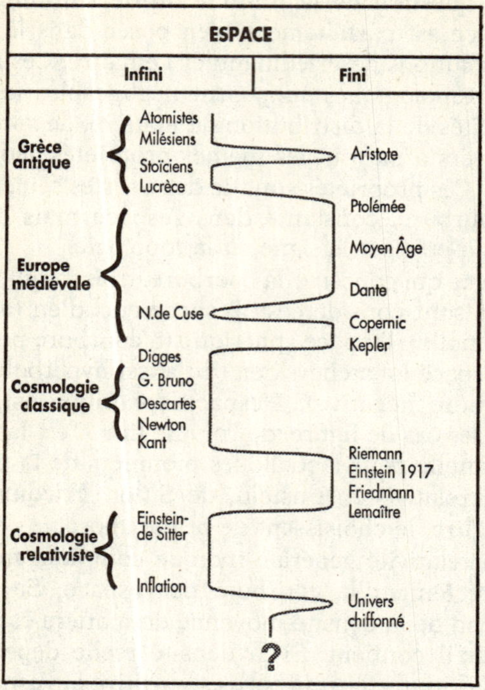

Figure 24.1. Fini ou infini ?

La valse hésitante des conceptions sur l'extension de l'espace au cours des âges s'achève, naturellement, sur une pirouette.

25

Le paradoxe du bord

Le Monde n'a pas de dehors, n'a pas d'au-delà, puisqu'il contient et embrasse toute chose.

GUILLAUME D'AUVERGNE

Si l'Univers est fini, il semble indispensable de lui conférer un centre et une frontière. Le centre ne pose guère de difficulté conceptuelle : il suffit d'y placer la Terre, comme dans les systèmes géocentriques de l'Antiquité (les apparences vont dans ce sens), ou le Soleil, comme le fait Copernic dans son système héliocentrique. La notion de « bord » de l'Univers est en revanche plus problématique.

Au ve siècle av. J.-C., le pythagoricien Archytas de Tarente énonce un paradoxe visant à démontrer l'absurdité de l'idée d'un bord matériel de l'Univers. Son argument connaîtra une fortune considérable dans tous les débats sur l'espace : si je suis à l'extrémité du ciel, puis-je allonger la main ou tendre un bâton ? Il est absurde de penser que je ne le peux pas ; et si je le peux, ce qui se trouve au-delà est soit un corps, soit l'espace. Je peux donc aller au-delà de cela encore, et ainsi de suite. Et s'il y a toujours un nouvel espace vers lequel il m'est possible de tendre la main, cela implique clairement une extension sans limites... Il y a donc paradoxe : si l'Univers est fini, il a un bord, mais ce bord peut être indéfiniment dépassé.

Les atomistes, tel Lucrèce qui donne l'image d'une lance jetée depuis le bord de l'Univers, et, par la suite, tous les partisans d'un Univers infini tels Nicolas de Cuse et Giordano Bruno, reprennent le raisonnement.

Il est clair que, si l'on conçoit l'Univers comme un espace enclos par une enveloppe, par exemple la surface de la sphère des étoiles fixes telle qu'elle est imaginée par Platon et Aristote, le paradoxe est insoluble. Mais, au cours des siècles, les défenseurs de l'Univers fini tenteront de trouver des explications satisfaisantes. L'une d'elles, issue de la doctrine aristotélicienne revue par le Moyen Âge chrétien, propose un bord graduel : le monde physique, domaine des éléments corruptibles, se change progressivement en monde spirituel, de nature incorruptible. Cette solution résout le paradoxe de deux façons : soit la lance, constituée d'éléments terrestres, retombe vers son lieu naturel qu'est la Terre ; soit elle passe effectivement la frontière, mais se transmute en élément éthéré... Une autre explication moins alambiquée, prônée par les stoïciens, est le bord mobile : le monde matériel est fini, mais il est entouré d'un vide infini. Projeter la lance au-delà du bord agrandit simplement le cosmos, en en repoussant la frontière.

Il faut attendre le développement des géométries non euclidiennes, au XIXe siècle, pour résoudre logiquement le paradoxe. Ces géométries permettent de concevoir des espaces tridimensionnels finis mais sans bord, tout comme, à deux dimensions, la surface d'une sphère.

Les géométries non euclidiennes, p. 239

Au XXᵉ siècle, les recherches sur la topologie globale des espaces, que ces derniers soient euclidiens ou non, aboutissent également à des solutions de volume fini mais sans frontière. Appliquées à la cosmologie, toutes ces nouvelles géométries permettent de considérer un Univers fini sans contradiction aucune.

Ces notions ne sont toutefois guère intuitives. Encore aujourd'hui, dans l'esprit de beaucoup de gens, c'est plutôt la conception stoïcienne qui prévaut. Tous ceux qui, à propos des modèles de big-bang proposés par la cosmologie moderne, se demandent dans quoi l'Univers se dilate, ont cette image mentale d'un cosmos-bulle à bord mobile, gonflant dans un espace vide et infini. Or cette image doit être abandonnée. Les modèles cosmologiques relativistes identifient l'Univers à l'espace — précisément, à une entité physique et géométrique plus générale, l'espace-temps-matière. Donc, l'Univers, qu'il soit fini ou infini, ne peut gonfler dans quoi que ce soit, car il n'y a pas d'espace en dehors de lui-même.

Ainsi, de la même façon que le concept de centre cosmique a été éliminé par le principe cosmologique, la notion de bord de l'Univers est éliminée par le « principe du contenu » : *l'Univers physique contient tout ce qui est physique et rien d'autre.* Cet énoncé semble trivial, mais il est plus profond qu'il n'y paraît. Il dit en particulier que l'Univers n'est pas un objet physique comme les autres. Tout objet a un bord — même si celui-ci n'est pas net, comme dans le cas du Soleil ou d'une galaxie. Or, l'Univers n'a pas de bord. L'espace et le temps ne sont pas des réceptacles vides dans lesquels le monde matériel peut être placé, à la façon d'un objet. Ils font partie intégrante de l'Univers. Pour reprendre l'heureuse expression de Nicolas de Cuse : « La fabrique du monde a son centre partout et sa circonférence nulle part[1]. »

1. *Traité de la docte ignorance,* 1440. La formule est généralement attribuée à Pascal, qui l'a reprise dans ses *Pensées*.

26

Le paradoxe de la nuit noire

Soudain, un soir, on vit la nuit noire et superbe,
À l'heure où sous le grand suaire tout se tait.

VICTOR HUGO

À première vue, il n'y a pas lieu de s'étonner que la nuit soit noire. Le Soleil couché ne délivre plus de lumière, seules restent les étoiles pour éclairer faiblement la nuit. Supposons cependant que l'espace soit infini, et uniformément rempli d'astres (étoiles, galaxies). En quelque direction que nous regardions, nous devrions trouver un astre plus ou moins éloigné sur notre ligne de visée. L'addition de leurs luminosités devrait rendre le ciel nocturne aussi brillant qu'en plein midi, et même davantage : le fond du ciel ressemblerait à une voûte radieuse continûment tapissée d'étoiles, à la façon d'un gigantesque soleil. Pourquoi n'en est-il pas ainsi ? S'il existe d'autres étoiles de même nature que la nôtre, comment se fait-il qu'à elles toutes elles ne dépassent pas notre Soleil en éclat ? C'est le paradoxe de la nuit noire. Pour bien le saisir, assimilons l'Univers à une forêt et les étoiles à des troncs d'arbres identiques, largement espacés. Les troncs les plus proches paraissent les plus gros, les troncs plus lointains sont plus petits ; mais il est clair que, si la forêt est suffisamment grande, les troncs se chevauchent pour former un fond continu, semblant nous entourer d'un mur circulaire.

Le problème est formulé pour la première fois par Kepler, en 1610[1]. La même année, *Le Messager Céleste* publié par Galilée a fait état des premières observations télescopiques, et révélé bien plus d'étoiles qu'on ne pouvait imaginer. Le paradoxe de la nuit noire fait apparemment obstacle au concept d'espace homogène et infini. Comme Kepler ne partage pas la conception de Giordano Bruno, selon laquelle le Soleil est un monde comme les autres, au milieu des étoiles dispersées à l'infini, il répond au paradoxe en optant pour un modèle d'Univers fini, borné par un mur ou une voûte. En ce cas, les étoiles sont en trop petit nombre pour couvrir le ciel entier, et il n'y a plus aucune raison pour que le fond du ciel soit brillant.

Bien que cette explication se heurte au paradoxe du bord, Kepler y voit la seule issue possible pour expliquer la noirceur nocturne. Au cours du XVIIIe siècle cependant, la conception newtonienne d'un espace infini s'impose au détriment du cosmos clos défendu par Kepler et ses prédécesseurs. C'est dans ce nouveau cadre que le raisonnement sur la nuit noire est repris en 1721 par le célèbre astronome anglais Edmund Halley : « Si le nombre d'Étoiles Fixes était plus que fini, l'union de leurs Disques apparents formerait une surface lumineuse », puis par Jean-Philippe Loys de Chésaux, en 1743, lequel calcule que le ciel, de jour comme

Le paradoxe du bord, p. 227

1. Johannes Kepler, *Conversation avec le Messager Céleste de Galilée*, 1610.

de nuit, devrait être 90 000 fois plus brillant que le Soleil !

Au début du XIXe siècle, dans la ville de Brême, en Allemagne, un médecin et astronome amateur passe ses nuits à scruter le ciel à l'aide d'une lunette installée sur son toit. Heinrich Olbers découvre l'astéroïde Pallas et quelques comètes. En 1823, il se penche à nouveau sur la transparence de l'espace cosmique : « S'il y a réellement des soleils dans tout l'espace infini, [...] leur ensemble est infini et alors, le ciel tout entier devrait être aussi brillant que le soleil. Car toute ligne que j'imagine tirée à partir de nos yeux rencontrera nécessairement une étoile fixe quelconque et par conséquent tout point du ciel devrait nous envoyer de la lumière stellaire, donc de la lumière solaire[1]. » Cette fois, la remarque fait mouche, au point que le paradoxe de la nuit noire sera parfois rebaptisé « paradoxe d'Olbers ».

Comment y répondre dans le cadre de la cosmologie newtonienne ? Des solutions diverses sont proposées. Tout d'abord, les autres étoiles sont-elles vraiment analogues au Soleil ? La réponse est oui. Bien que tailles, masses, luminosités et couleurs varient, chaque étoile reste en moyenne comparable à notre astre personnel. En particulier, leur brillance de surface est à peu près identique. La solution du paradoxe ne peut venir de là.

Une autre hypothèse avancée suppose l'Univers rempli de matière diffuse, qui absorbe une grande partie de la luminosité stellaire. Nous savons aujourd'hui que l'espace entre les galaxies est rempli de gaz et de poussières très ténus. Mais nous savons

1. Heinrich Olbers, « La transparence de l'espace cosmique », traduction J. Merleau-Ponty, in *La Science de l'Univers à l'âge du positivisme*, Paris, Vrin, 1983, p. 321.

aussi que ces particules ne peuvent absorber du rayonnement sans le réémettre d'une manière ou d'une autre. Le paradoxe de la nuit noire ne peut être résolu ainsi.

Une troisième solution est proposée : ne se pourrait-il pas que l'arrangement des étoiles dans l'Univers soit très particulier ? Newton lui-même imaginait une galaxie unique perdue dans un océan de vide. En ce cas, le nombre d'étoiles serait fini et le paradoxe résolu. Il est toutefois difficile d'accepter un statut aussi privilégié pour la galaxie. Comme le fait remarquer Carl Charlier à la fin du XIXe siècle, certaines répartitions hiérarchiques[1] des étoiles dans l'Univers, bien que s'étendant à l'infini, réviseraient à la baisse le calcul d'addition des luminosités. Mais la résolution du paradoxe exigerait un arrangement invraisemblable des corps célestes. Aujourd'hui, les télescopes ont effectivement dévoilé une sorte d'organisation hiérarchique de la matière visible dans l'Univers, sous forme d'étoiles, galaxies, amas et superamas, mais qui ne correspond nullement à celle proposée par Charlier.

En 1848, une solution radicalement nouvelle est trouvée par l'écrivain américain Edgar Poe[2]. Dans son poème en prose *Eurêka*, il explique que le noir de la nuit repose sur la *finitude du temps passé* : « La seule manière de rendre compte des vides que trouvent nos télescopes dans d'innombrables directions est de supposer cet arrière-plan invisible placé à une distance si prodigieuse qu'aucun rayon n'ait jamais

1. Charlier anticipe en réalité ce qu'en langage moderne on nomme les fractales.

2. Edgar Allan Poe, *Eurêka*, traduction Charles Baudelaire, in *Contes, essais, poèmes*, Paris, Laffont, coll. « Bouquins », 1989.

pu parvenir jusqu'à nous. » L'auteur des *Histoires extraordinaires* sait en effet qu'observer loin dans l'espace équivaut à observer le passé. Supposons alors que les étoiles n'existent pas depuis plus de, disons, un milliard d'années. La lumière se propage à la vitesse finie de 300 000 km/s. Elle ne peut parcourir en un milliard d'années qu'une distance d'un milliard d'années-lumière. Si une étoile est plus éloignée que cela, sa lumière n'a tout simplement pas eu le temps de nous parvenir. Nous ne pouvons recevoir la lumière des astres que si celle-ci a eu le temps de nous atteindre, c'est-à-dire si les astres qui l'ont émise sont suffisamment proches. Ainsi, même si l'espace est infini et la répartition des étoiles illimitée, le ciel n'est pas uniformément brillant parce que les étoiles (*a fortiori* l'Univers tout entier) n'existent que depuis un temps fini. Le paradoxe est résolu.

En comprenant comment l'obscurité nocturne est riche d'enseignement sur la finitude temporelle du monde, Poe anticipe de plusieurs décennies sur la cosmologie scientifique moderne. Mais, comme les savants ne s'inspirent jamais des poètes pour élaborer leurs théories, l'explication de Poe restera longtemps ignorée !

La cosmologie relativiste, avec ses modèles de big-bang, diffère profondément de celle des siècles précédents. Elle propose au moins trois réponses possibles au paradoxe, chacune d'elles suffisant à lever l'équivoque : la finitude de l'espace, déjà envisagée par Kepler, la finitude du temps, suggérée par Poe, et le décalage vers le rouge cosmologique.

Sur la finitude de l'espace, la cosmologie relativiste admet des modèles d'Univers aussi bien infini que fini. La différence par rapport au raisonnement de Kepler vient de ce que les espaces finis envisagés en relativité ont soit une géométrie non euclidienne, soit une topologie multiconnexe, ce qui leur permet d'échapper au paradoxe du bord.

Le paradoxe du bord, p. 227

Sur la finitude du temps passé, tout porte à croire que l'Univers n'existe, dans un état comparable à celui d'aujourd'hui, que depuis un temps limité, appelé improprement âge de l'Univers, et qui avoisine 14 milliards d'années. Cela implique immédiatement qu'aucune étoile n'était encore apparue il y a 14 milliards d'années.

Il se trouve donc une frontière spatiale au-delà de laquelle nous ne recevons pas de lumière. Ce n'est pas une barrière physique ; il n'y a rien dans l'espace qui la marque.

Nous sommes comme le marin en pleine mer, qui ne peut rien voir au-delà de l'horizon. Voilà pourquoi cette limite fictive à nos observations est nommée « horizon cosmologique », et pourquoi cet horizon obscurcit la nuit.

La cosmologie relativiste fournit une troisième explication possible, qui repose sur le fait que l'Univers est en expansion. Cette dilatation de l'espace modifie les lois de propagation de la lumière dans l'Univers ; l'effet se traduit par un décalage en fréquence, le décalage vers le rouge des galaxies, et une atténuation de son énergie.

Galaxies en fuite, p. 265

Nous recevons bien le rayonnement d'une étoile lointaine analogue au Soleil, située par exemple dans une galaxie éloignée. Cette étoile émet de la lumière visible, mais nous ne recevons d'elle que du rayonnement, disons infrarouge : les longueurs d'onde de l'optique ont été décalées vers ce domaine de moindre énergie. Chaque photon émis par l'étoile nous parvient à un rythme plus lent, et avec une énergie diminuée. Au total, nous recevons de l'étoile une puissance lumineuse moins intense et moins visible. Tous calculs faits, il n'y a plus rien d'étonnant à ce que le fond du ciel ne soit pas brillant.

La cosmologie relativiste résout donc le paradoxe de la nuit noire sans aucune contradiction, en mêlant de façon certaine les explications 2 et 3, et peut-être la 1. Ce faisant, elle permet de comprendre comment une constatation apparemment banale, le noir de la nuit, débouche sur les enseignements les plus profonds quant à la structure spatiale et temporelle de l'Univers.

À vrai dire, les modèles de big-bang ont modifié de fond en comble la problématique du noir de la nuit, à cause d'un effet que ni Kepler, ni Olbers et leurs successeurs ne pouvaient soupçonner : il apparaît que le fond du ciel est brillant, même de nuit. Certes, il ne l'est pas autant que la surface du Soleil, ni aux mêmes longueurs d'onde. Mais, selon les modèles de big-bang, l'Univers entier était tellement chaud il y a environ 14 milliards d'années que chacun de ses points était aussi lumineux que la surface du Soleil. Chaque direction partant de notre œil aboutit à un point de l'Univers passé. Et, par le même raisonnement que celui d'Olbers, même en l'absence de *toute* étoile, nous devrions être entourés par cet énorme « objet » brillant qu'est l'Univers primitif.

Il n'y a pas de nouveau paradoxe. Nous recevons bien ce rayonnement, mais il est décalé vers les grandes longueurs d'onde et il est atténué. Il y a 14 milliards d'années, l'Univers était bien un immense objet brillant émettant dans toutes les directions un rayonnement à des longueurs d'onde visibles. Mais ce rayonnement a subi le même décalage vers le rouge que celui des galaxies. Comme il est très ancien, le décalage est très intense : d'un facteur supérieur à 1 000, il a transformé la lumière en micro-ondes. Ce rayonnement électromagnétique fossile, vestige d'une époque primitive, a été détecté pour la première fois en 1964. Il est aujourd'hui abondamment observé sous le nom de « rayonnement de fond cosmologique ».

Le rayonnement fossile, p. 347

À CONSULTER

HARRISON Edward, *Le Noir de la nuit*, Paris, Seuil, coll. « Points Sciences », 1998.

27

Les géométries non euclidiennes

Ainsi formerons-nous un jour peut-être les nouvelles Figures, qui nous permettront de nous confier à la Parole pour parcourir l'Espace courbe, l'Espace non euclidien.

FRANCIS PONGE

Dans le livre I des *Éléments*[1], Euclide pose les cinq demandes qui, selon lui, définissent la géométrie plane. Ces postulats vont devenir la clef de voûte de toute la géométrie, un système de vérités absolues dont la validité paraît irréfutable. L'une des raisons de cette foi est que ces postulats semblent évidents : le premier d'entre eux stipule qu'entre deux points passe une droite, le deuxième que tout segment de droite peut être prolongé indéfiniment dans les deux directions, le troisième que, étant donné un point et un intervalle, il est toujours possible de tracer un cercle ayant le point pour centre et l'intervalle pour rayon, le quatrième que tous les angles droits sont égaux entre eux. Le cinquième postulat est toutefois moins évident : étant donné une droite et un point n'appartenant pas à cette droite, il existe une droite et une seule passant par ce point qui est parallèle à

1. Euclide, *Éléments*, traduction B. Vitrac, Paris, PUF, 1990.

la première[1]. Ce « postulat des parallèles » étant plus compliqué que les autres, les mathématiciens postérieurs à Euclide vont tenter, pendant des siècles, de le prouver à partir des quatre précédents. En vain. Au XIXe siècle se produit l'un des grands coups de théâtre de l'histoire des mathématiques (et aussi de la pensée humaine, comme il s'avérera par la suite) : deux nouvelles géométries qui ne satisfont pas au cinquième postulat, mais qui sont parfaitement cohérentes, sont découvertes. Dans l'une de ces géométries, dite sphérique, aucune parallèle répondant aux conditions ne peut être tracée. C'est le cas de la surface de la sphère ; les droites sont les grands cercles dont le plan passe par le centre de la sphère, et puisque tous les grands cercles se coupent en deux points diamétralement opposés (à la manière des méridiens terrestres qui se coupent aux pôles), aucune « droite » ne peut être parallèle à une autre[2]. Dans l'autre géométrie, dite hyperbolique, par un point donné passent une infinité de parallèles à une autre droite.

Euclide avait donc fait preuve d'une profondeur de vue peu commune. Non seulement le cinquième postulat est indispensable, puisqu'il ne peut pas être dérivé des autres, mais c'est celui qui caractérise de façon unique la géométrie plane. S'il est enfreint, la géométrie change fondamentalement de nature : non euclidienne, elle permet de modéliser un espace doté d'une *courbure*.

1. La formulation originale de ce postulat est différente de cette version plus populaire, due au mathématicien écossais John Playfair (1748-1819), qui démontra qu'elle était équivalente à celle d'Euclide.

2. Remarquons que la sphère ne satisfait pas non plus au premier ni au deuxième postulat : par deux points situés aux antipodes l'un de l'autre passent une infinité de droites, et toute droite est de longueur finie (sa circonférence).

1

2

1 L'Univers newtonien
Cette vue de l'espace cosmique newtonien permet de visualiser la structure de l'espace euclidien infini, tissée par des rayons lumineux aux trajectoires rectilignes. Planètes, étoiles et galaxies se meuvent selon des orbites incurvées par une force d'attraction universelle.

2 L'Univers relativiste
La relativité générale offre une nouvelle vision de l'Univers en termes d'espace-temps souple, tissé par la lumière, courbé par la matière. La mécanique céleste selon Einstein s'apparente à une partie de tennis qui se joue non pas sur un sol dur comme chez Newton, mais sur un trampoline : le jeu est beaucoup plus compliqué parce que les joueurs et, dans une moindre mesure, la balle, déforment le terrain par leurs mouvements et leurs déplacements. Avec la relativité générale, l'espace acquiert un modèle plus varié que la morne plaine euclidienne.

3 

3 La croix d'Einstein
Ce mirage gravitationnel a été photographié par le télescope spatial Hubble. Un quasar, situé à huit milliards d'années-lumière, est observé en quatre exemplaires à travers une galaxie lentille (au centre) vingt fois plus proche.

4 Arcs gravitationnels
Les mirages gravitationnels les plus spectaculaires induisent la formation d'arcs lumineux. Ces arcs sont les images très déformées de galaxies lointaines, situées à l'arrière-plan de l'amas de galaxies Abell 2218 (en jaune sur le cliché). L'effet gravitationnel de l'amas courbe les rayons lumineux et déforme les images, jusqu'à leur donner cette forme d'arcs caractéristiques.

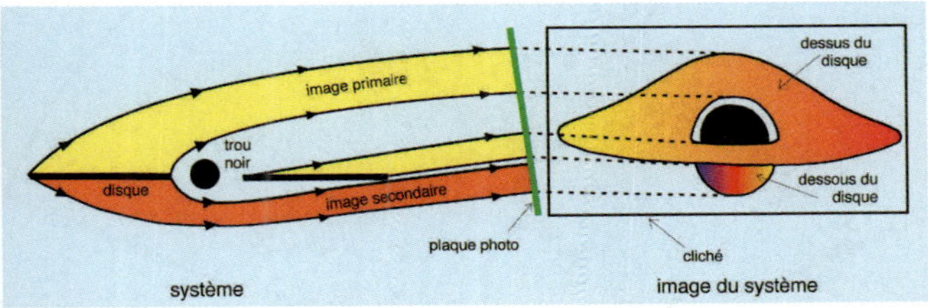

5 a

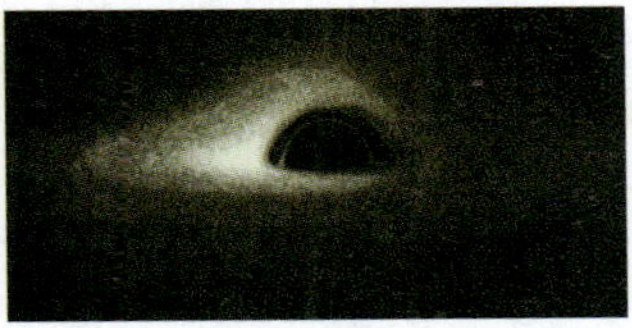

5 b

5 Le trou noir photographié

a. Un trou noir entouré d'un mince disque de gaz est vu de très loin, dans une direction faiblement inclinée par rapport au plan du disque. La relativité générale permet de calculer la déviation des rayons lumineux due à la forte courbure de l'espace-temps au voisinage du trou noir; elle permet de voir tout le dessus du disque et une partie du dessous.

b. En tenant compte également des propriétés physiques du disque gazeux: rotation (qui donne la dissymétrie droite gauche du flux lumineux), température, émissivité, cette simulation de l'apparence photographique d'un trou noir entouré d'un disque de gaz lumineux, a été réalisée sur ordinateur à l'observatoire de Meudon, en 1979.

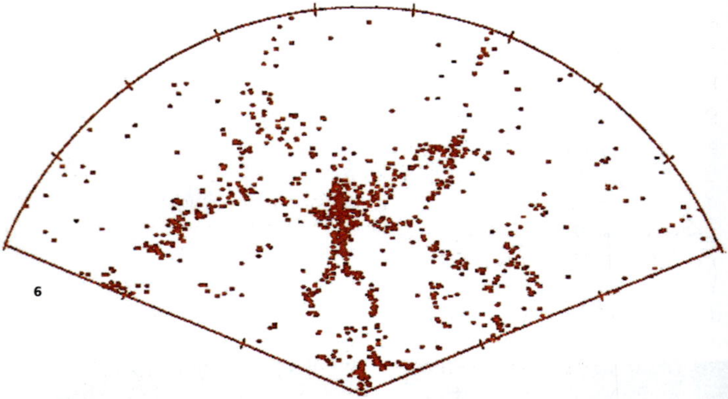

6

7

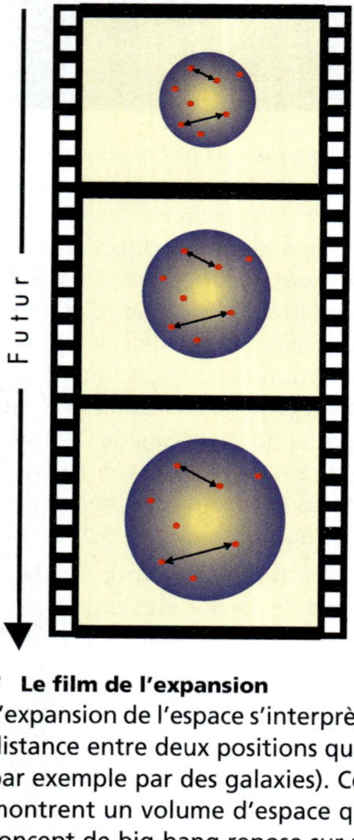

6 La Grande Muraille cosmique
Les galaxies se regroupent en amas, et les amas de galaxies se rassemblent en structures plus vastes, les superamas. La tranche d'espace représentée ici comprend plus de mille galaxies, groupées en filaments organisés autour de bulles vides. Une structure étrange, en forme de silhouette humaine vue de face, bras et jambes écartés, se détache à 300 millions d'années-lumière de la Terre. Les bras de la silhouette se déploient sur plus de 500 millions d'années-lumière, mais ne mesurent pas plus de 15 millions d'années-lumière d'épaisseur – d'où leur nom de « Grande Muraille ».

7 Le film de l'expansion
L'expansion de l'espace s'interprète comme une augmentation de la distance entre deux positions quelconques dans l'espace (occupées par exemple par des galaxies). Ces trois instantanés de l'expansion montrent un volume d'espace qui se dilate au cours du temps. Le concept de big-bang repose sur un tel film passé à l'envers : en reculant dans le temps, les distances mutuelles entre tous les points de l'espace tendent vers zéro.

8 Limite circulaire
Dans cette xylogravure de 1959 intitulée « Limite circulaire III », Escher a utilisé la représentation de Poincaré pour paver le plan hyperbolique à l'aide de poissons.

9 Cristal cosmique hyperbolique
Un univers chiffonné a une topologie remarquable qui permet d'identifier l'espace physique à un polyèdre, dont l'image démultipliée constitue le monde des apparences. Représenter la structure de l'espace apparent revient à représenter sa structure « cristalline », dont chaque maille est une reproduction du polyèdre fondamental. Ici est illustrée la structure apparente qu'offrirait l'espace hyperbolique fermé de Seifert-Weber (voir figure 14.8). Vu de l'intérieur, on aurait l'impression de vivre dans un espace cellulaire, pavé à l'infini par des dodécaèdres déformés par des illusions d'optique.

8

9

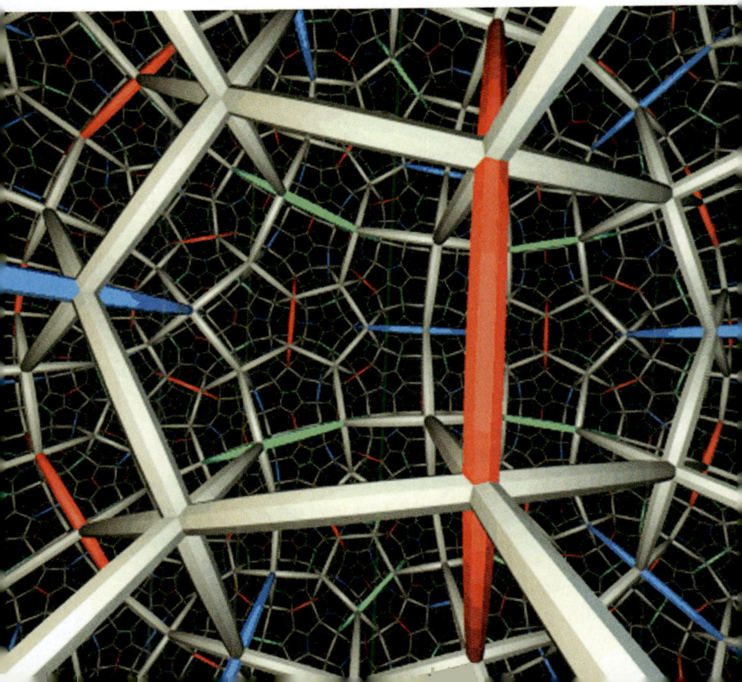

10

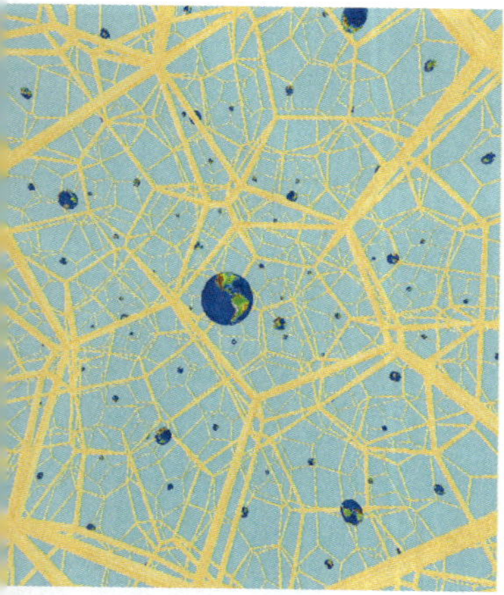

10 Le ciel profond vu par le télescope spatial
Les puissants télescopes d'aujourd'hui captent les images de millions de galaxies, de formes et de couleurs diverses, et vues à des âges différents. Dans ce type de cliché, rien ne permet de dire si toutes les galaxies sont « originales », ou si les galaxies les plus anciennes sont des images fantômes de galaxies plus récentes. L'hypothèse d'un univers multiconnexe tel que celui de l'illustration 9 ne peut donc être écartée.

11 Fantômes dans l'espace de Weeks
Cette simulation numérique calcule les images fantômes de la Terre les plus proches, qui seraient vues dans l'espace hyperbolique fermé de Weeks, dont le polyèdre fondamental est représenté sur la figure 14.9.

12 La surface de dernière diffusion
Le rayonnement fossile emplit l'espace-temps, mais les photons dont nous pouvons mesurer l'énergie sont ceux qui arrivent ici et maintenant. Ils ont commencé leur voyage au même instant de l'histoire cosmique, il y a environ 15 milliards d'années, et à la même distance de nous : sur la surface de dernière diffusion, qui marque la transition entre un univers opaque et un univers transparent.

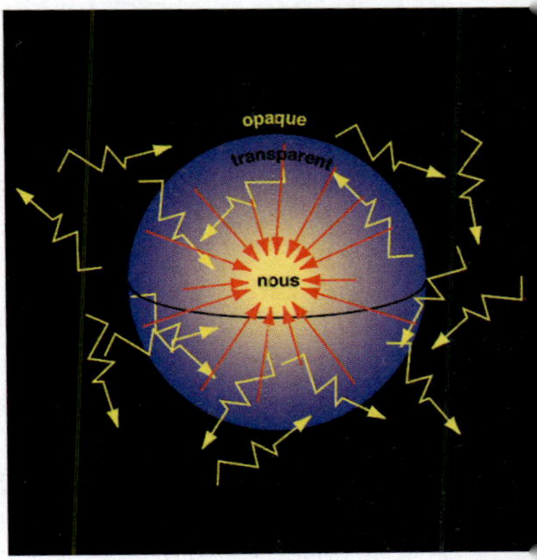

12

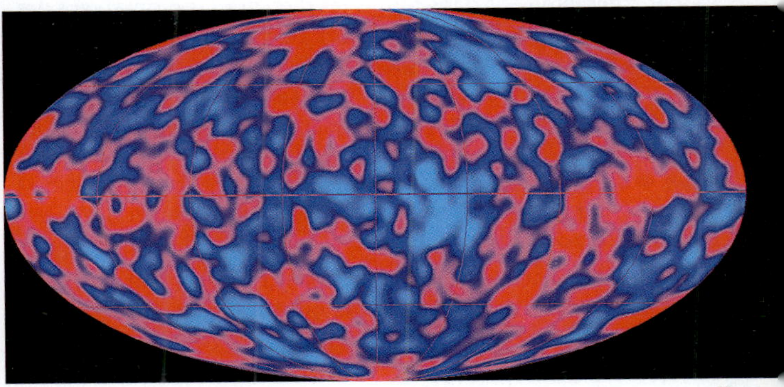
13

13 Les fluctuations du rayonnement fossile
Émis à une température de 3 000 degrés, le rayonnement de fond cosmologique nous parvient à une température mille fois plus basse, dans la gamme des micro-ondes. Cette carte micro-ondes du ciel, prise en 1992 par le satellite astronomique COBE, représente l'état de l'Univers il y a quinze milliards d'années, à l'époque où il n'était qu'un plasma homogène, à l'exception de minuscules variations de température, codées ici par des couleurs. L'écart maximal entre les points les plus chauds (rouge foncé) et les points les plus froids (bleu clair) ne dépasse pas un cent millième de degré.

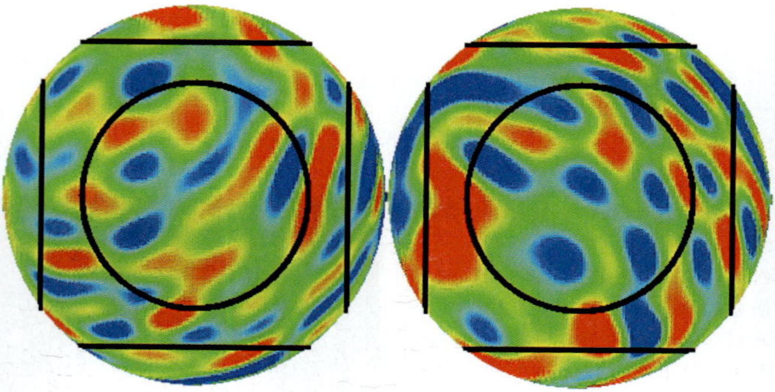

14 Identification de cercles par leur courbe de températures
Les satellites MAP et Planck fourniront les données du fond micro-ondes sous forme d'une carte de températures très précises du fond de ciel – représentées ici sous forme d'un hémisphère occidental et d'un hémisphère oriental. Les régions les plus chaudes sont en rouge, les plus froides en bleu (l'écart maximum entre ces deux extrêmes ne dépasse pas 0,000 01 degré !). Si l'espace est un hypertore, et si la surface de dernière diffusion est assez grande pour l'envelopper complètement dans toutes les directions, on observera des paires de cercles homologues (en noir). Les cercles homologues sont caractérisés par des températures égales aux points correspondants. Suivez avec votre index gauche le cercle central de l'hémisphère occidental en tournant dans le sens des aiguilles d'une montre et en commençant à la position 12 h. Simultanément, suivez avec votre index droit le cercle central de l'hémisphère oriental, en tournant dans le sens inverse. Vous passerez par les mêmes températures aux points correspondants.

La recherche de cercles homologues dans l'Univers réel sera compliquée par diverses sources de bruit, qui ont été omises dans cette simple illustration.

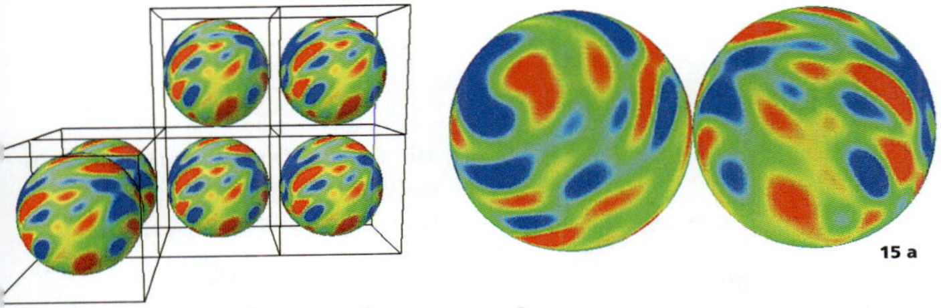
15 a

15 a. Un univers hypertorique « grand »
L'espace est un hypertore, mais son polyèdre fondamental est plus grand que la surface de dernière diffusion (canevas de gauche). La surface de dernière diffusion ne se recoupant pas, aucune paire de cercles n'apparaît dans les cartes du rayonnement fossile (présentées à droite sous forme de deux hémisphères).

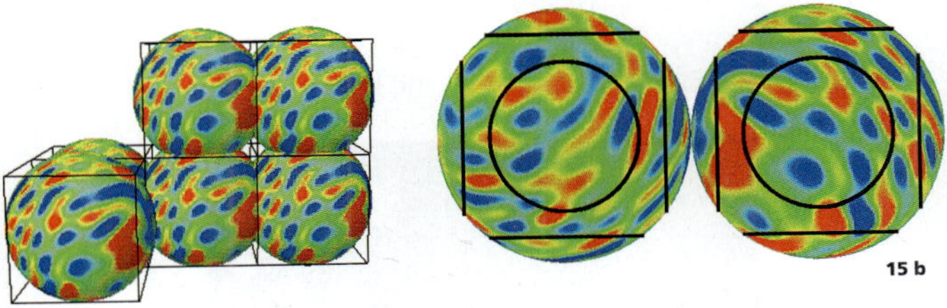
15 b

15 b. Un univers hypertorique « moyennement petit »
L'espace est un hypertore, mais son polyèdre fondamental est légèrement plus petit que la surface de dernière diffusion (canevas de gauche). Celle-ci est juste assez grande pour faire le tour de l'espace dans chaque direction et se recouper elle-même : on observera trois paires de cercles homologues (en noir dans les cartes de droite). Chaque cercle correspond à celui qui lui est directement opposé.

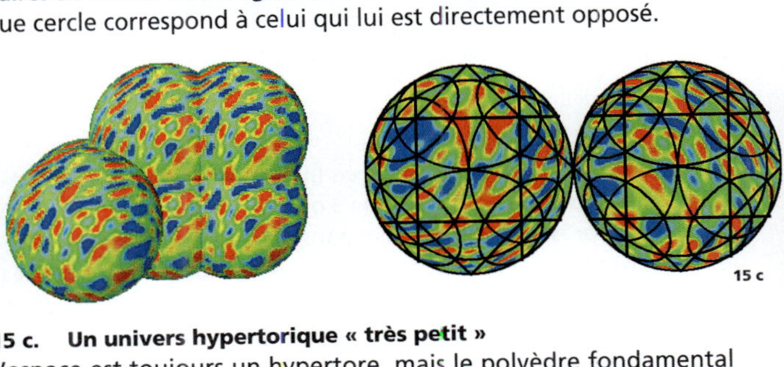
15 c

15 c. Un univers hypertorique « très petit »
L'espace est toujours un hypertore, mais le polyèdre fondamental est beaucoup plus petit que la surface de dernière diffusion (canevas de gauche). Celle-ci se chevauche de nombreuses fois, et l'on observera un grand nombre de paires de cercles homologues (en noir dans les cartes de droite).

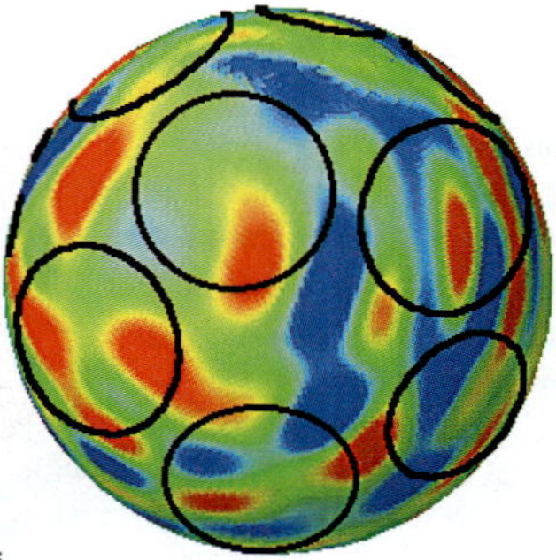

16

16 Cercles homologues dans un univers icosaédral
Si les cercles homologues forment un motif icosaédral, l'Univers doit être lui-même représenté par un espace icosaédral comme celui de la figure 14.7 (espace de Best). Pour une topologie plus compliquée, les motifs circulaires seront plus compliqués aussi. Dans tous les cas, la disposition relative des paires de cercles révèlera la topologie de l'Univers.

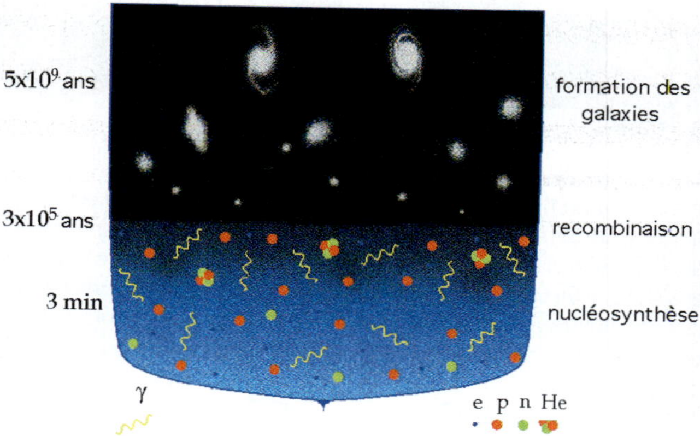

17

17 Recombinaison et transparence
À partir de protons (p) et de neutrons (n), les premiers noyaux d'hélium (He) se sont formés au bout de 3 minutes, à la nucléosynthèse. Ce n'est qu'après 300 000 ans d'expansion que les électrons chargés négativement (e) se sont combinés aux noyaux pour former les atomes électriquement neutres (recombinaison). L'Univers est alors devenu transparent, et le rayonnement cosmologique (y) a commencé à se propager.

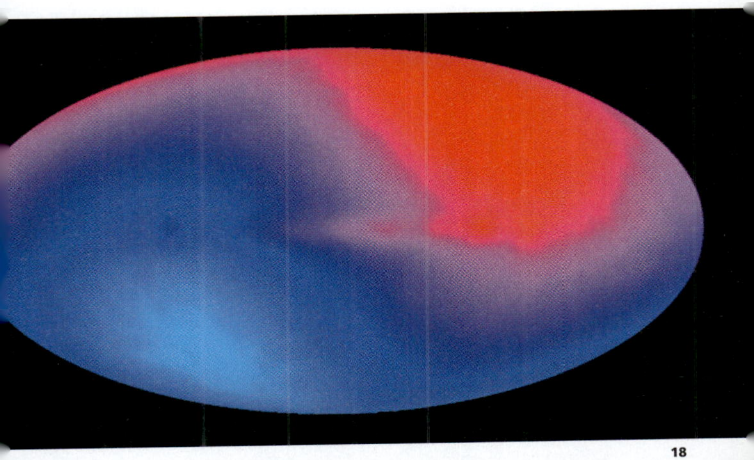

18

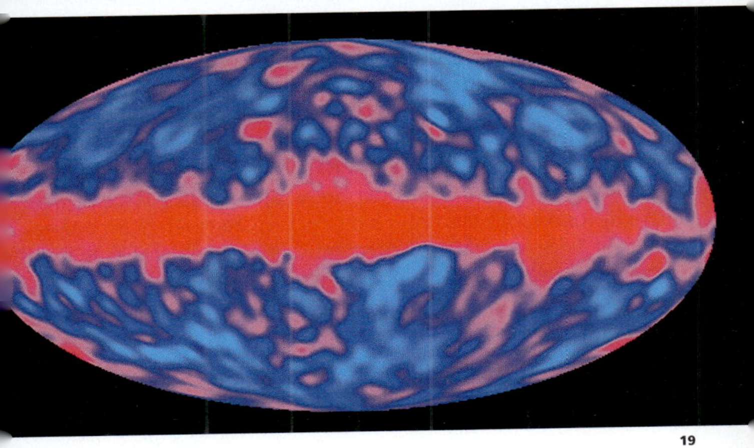

19

18 Anisotropie dipolaire
Cette carte du rayonnement fossile en fausses couleurs montre la variation de température dipolaire due au décalage Doppler. L'hémisphère rouge présente un excès maximal de température de 3 milliKelvin ; le point le plus chaud donne la direction et la vitesse du mouvement de la Terre par rapport au rayonnement fossile.

19 Émission micro-onde de la Voie lactée
Quand l'anisotropie dipolaire est soustraite, les fluctuations résiduelles du rayonnement fossile sont brouillées par le signal micro-ondes émis par le disque de notre galaxie (en rouge).

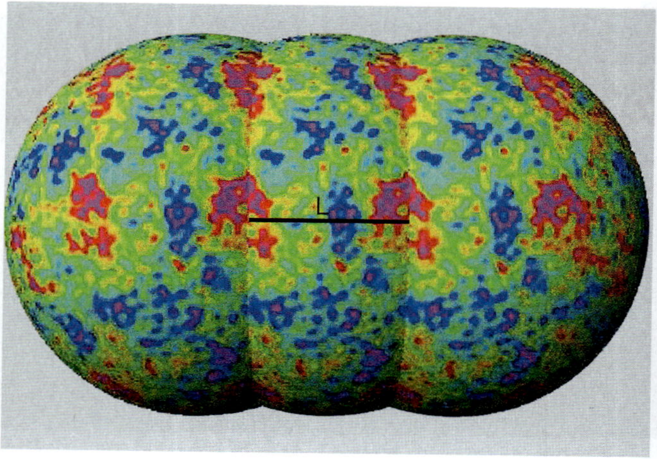

20

20 Carte simulée du rayonnement fossile dans un petit hypertore
Cette carte du rayonnement fossile a été calculée par Alain Riazuelo pour un espace plat multiconnexe, précisément un hypertore cubique dont la taille L est 3,17 fois inférieure au diamètre de l'horizon cosmologique. En conséquence, la surface de dernière diffusion s'auto-intersecte selon des paires de cercles homologues, déduits l'un de l'autre par translation. Ici, deux copies de la surface de dernière diffusion sont montrées dans l'espace de revêtement universel, pour faire apparaître clairement une paire de cercles le long desquels les valeurs de la température sont les mêmes.

21 Carte simulée du rayonnement fossile dans un petit espace lenticulaire
Quand l'espace a une courbure non nulle, la signature d'une topologie multiconnexe peut se manifester sous une forme inattendue. Par exemple lorsque l'espace est sphérique, la surface de dernière diffusion peut se répéter elle-même après rotation de l'un de ses hémisphères, ainsi que le montrent les 5 figures ci-contre. Ces cartes du rayonnement fossile sont calculées pour un espace sphérique multiconnexe de type lenticulaire L(12,1), dont le volume est 12 fois plus petit que celui de l'hypersphère usuelle, et $\Omega_0 = 1{,}3$. Là encore, deux copies de la surface de dernière diffusion sont montrées dans l'espace de revêtement universel, pour faire apparaître les cinq paires de cercles prédites par ce modèle. De (a) à (e), les cercles homologues sont respectivement séparés de $2\pi n R_c/12$, où R_c est le rayon de courbure, et corrélés moyennant une rotation d'angle $2\pi n/12$ ($n = 1, \ldots, 5$).

21 a

b

c

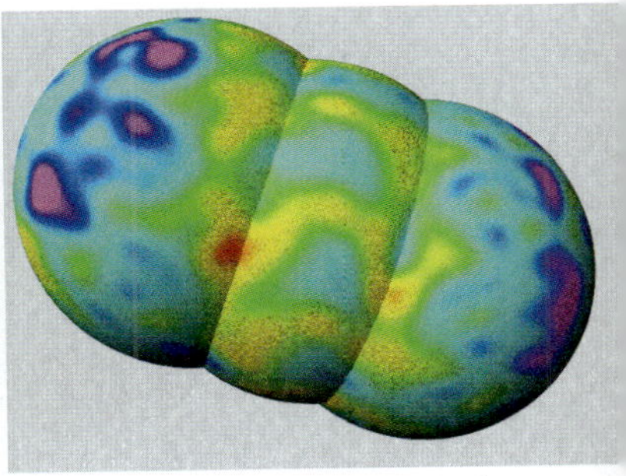

d

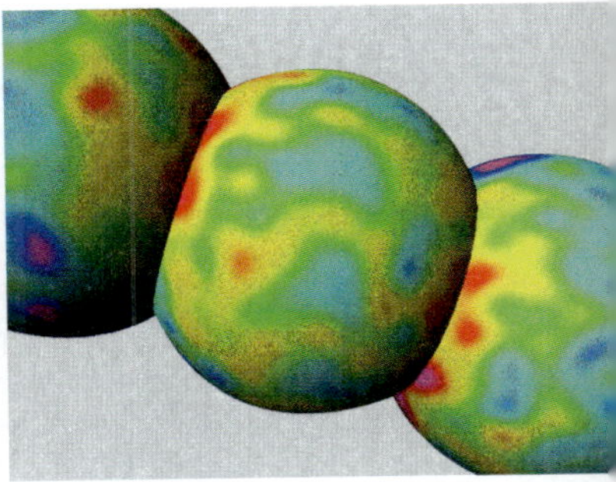

e

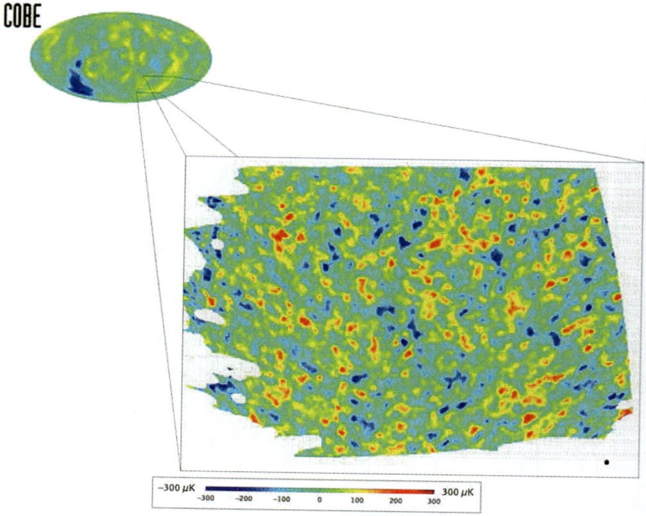

22 Carte des fluctuations mesurées par Boomerang
Par rapport à la carte des fluctuations mesurée par le satellite COBE en 1992 (illustration 13), celle obtenue par l'expérience Boomerang en 1999 a une résolution 70 fois meilleure mais une couverture de ciel 25 fois plus étroite. Les taches chaudes et froides observées dans le rayonnement fossile sont codées par des couleurs. Ce sont les germes des grandes structures que nous voyons aujourd'hui dans l'Univers : galaxies, amas de galaxies, superamas, correspondant aux anisotropies primordiales amplifiées par la gravité.

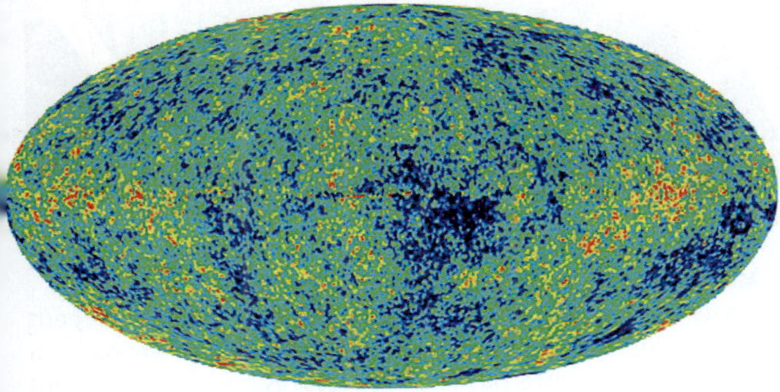

23 Carte WMAP des fluctuations de température du rayonnement fossile

La totalité du ciel est représentée ici dans le domaine des micro-ondes, et dévoile la lueur résiduelle que le jeune univers a émis après 380 000 ans d'expansion. Les minuscules fluctuations de température sont codées par des couleurs. Elles correspondent aux infimes grumeaux de densité qui, en se condensant, ont engendré plus tard les premières galaxies. L'âge de l'univers, sa géométrie, sa composition et son destin sont inscrits dans la distribution statistique des grumeaux.

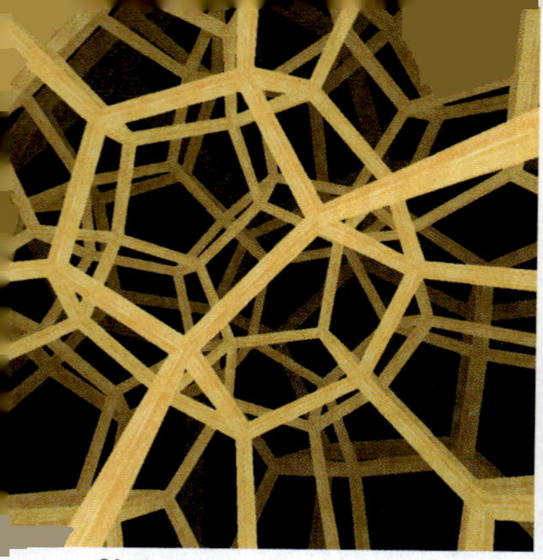

24

25

24 Mirage sphérique dodécaédrique 1
Cet espace est fini, mais sans bords ni limites, de sorte que l'on peut y voyager indéfiniment. Du coup, on a l'impression de vivre dans un espace 120 fois plus vaste, pavé de dodécaèdres qui se démultiplient comme dans un palais des glaces. Le retour des rayons lumineux qui traversent les parois produit des mirages optiques : un même objet a plusieurs images.

25 Mirage sphérique dodécaédrique 2
Les murs de l'espace dodécaèdrique n'en sont pas vraiment. Il vaudrait mieux parler de « porte-fenêtres magiques » : qu'un vaisseau spatial – ou plus vraisemblablement un rayon lumineux – tente de sortir par une face, il rentrera immédiatement dans le dodécaèdre par la face opposée, mais en ayant tourné de 36°. Autrement dit, dans cet espace fini, un rayon de lumière voyagerait indéfiniment, puisque chaque rayon lumineux sortant d'une face reviendrait par la face opposée tout en ayant effectué un dixième de tour. Conséquence : il faut que ce rayon lumineux fasse dix entrées-sorties pour se retrouver semblable à lui-même, ce qui explique cette image montrant une partie du mirage topologique créé lorsqu'on regarde perpendiculairement à une face pentagonale du dodécaèdre : dix pentagones empilés chacun décalés de 36°. Comme le dodécaèdre a douze faces, le mirage global donne l'illusion de 120 dodécaèdres pavant une hypersphère !

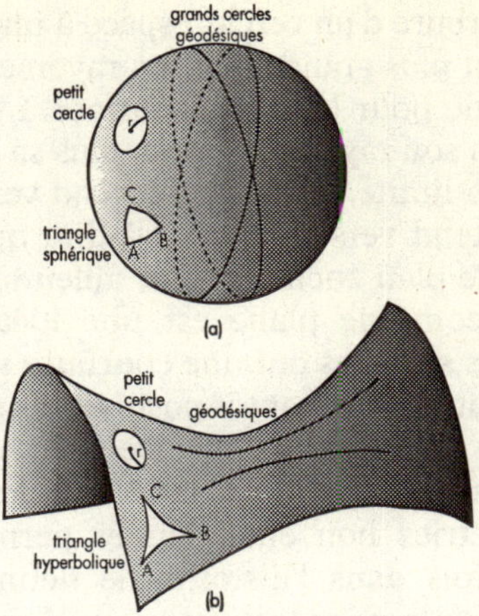

Figure 27.1. Deux surfaces non euclidiennes

(a) La géométrie sphérique
La sphère est un espace fini à deux dimensions, de courbure uniforme (la même en chaque point) et positive. Les géodésiques — l'équivalent des droites du plan — sont les grands cercles, tous centrés sur l'origine et de même rayon que la sphère. Il n'existe donc pas de géodésiques parallèles. La géométrie de la sphère n'est pas euclidienne : la somme des angles d'un triangle sphérique ABC est supérieure à celle des angles d'un triangle plan (180°), le rapport de la circonférence d'un petit cercle à son rayon est inférieur à 2 π.
(b) La géométrie hyperbolique
L'hyperboloïde, dont une portion « en selle de cheval » est représentée, est un espace infini à deux dimensions, de courbure uniforme mais négative (en chaque point, les deux rayons de courbure sont centrés de part et d'autre de la surface). Il existe une infinité de géodésiques parallèles entre elles. La géométrie de l'hyperboloïde n'est pas euclidienne : la somme des angles d'un triangle sphérique ABC est inférieure à 180°, le rapport de la circonférence d'un cercle à son rayon est supérieur à 2 π.

Bien sûr, la géométrie euclidienne tridimensionnelle permettait déjà de parler de courbure à propos d'objets de dimension moindre. Il est évident que la courbure d'un cercle, espace à une dimension, est d'autant plus grande que son rayon est petit. Il en va de même pour la sphère, surface à deux dimensions : plus son rayon est grand, plus sa courbure est faible ; à la limite, si son rayon tend vers l'infini, sa courbure tend vers zéro, c'est-à-dire que la sphère tend vers le plan euclidien. Par ailleurs, dans la nature, la géométrie plane est une idéalisation. La plupart des surfaces ont une courbure variable d'un point à l'autre, étant tantôt positive, tantôt négative : un terrain vallonné, la surface d'un vêtement, la surface du corps humain, etc. Mais la découverte des géométries non euclidiennes permet, pour la première fois dans l'histoire, de définir de façon cohérente un espace *tridimensionnel courbé*, et par conséquent de l'utiliser pour modéliser l'espace physique dans lequel nous vivons.

Le postulat des parallèles admet deux formulations équivalentes. L'une porte sur la somme des angles d'un triangle, l'autre sur le rapport entre la circonférence d'un cercle et son rayon. Si le postulat est satisfait, il équivaut strictement à énoncer que la somme des angles d'un triangle est égale à 180 degrés et que le rapport de la circonférence d'un cercle à son rayon est égal à 2π — c'est la géométrie euclidienne, de courbure nulle. Si aucune parallèle ne peut être tracée, la somme des angles d'un triangle est supérieure à 180 degrés et le rapport de la circonférence au rayon est inférieur à 2π : on est dans une géométrie sphérique, de courbure positive. Si une infinité de parallèles peuvent être tracées, la somme des angles d'un triangle est inférieure à 180 degrés, le rapport de la circonférence au rayon est supérieur à 2π, et l'on est dans une géométrie hyperbolique, de courbure négative.

Les artisans des géométries non euclidiennes sont quatre géniales figures des mathématiques nommées Lobatchevski, Bolyai, Gauss et Riemann.

Nikolaï Lobatchevski (1793-1846) enseigne à l'université de Kazan, en Russie, lorsqu'il publie ses résultats sur une « géométrie imaginaire » (qui sera plus tard qualifiée d'hyperbolique), en 1829. On lit souvent que les géométries non euclidiennes ont été conçues au titre de pure spéculation mathématique, sans aucune référence à l'Univers physique. C'est tout à fait inexact. Lobatchevski déclare par exemple qu'il n'y a aucune branche des mathématiques, si abstraite soit-elle, qui ne puisse être un jour appliquée aux phénomènes du monde naturel. Il utilise les meilleures données astronomiques de son temps pour calculer la somme des angles d'un triangle cosmique dont trois étoiles forment les sommets. Certes, il ne trouve aucun écart à 180 degrés, mais il reste convaincu que la géométrie euclidienne n'a rien de « naturel ». Il ne vivra pas assez longtemps pour voir triompher ses idées : renvoyé de sa position académique en 1846, il meurt la même année.

Sans avoir connaissance des travaux de Lobatchevski, le Hongrois János Bolyai (1802-1860) développe la géométrie hyperbolique dans un texte de vingt-quatre pages intitulé *La Science absolue de l'espace*, en appendice à un essai plus vaste écrit par son père, lui-même mathématicien. Ce violoniste accompli, fleurettiste et danseur dans l'armée impériale d'Autriche, parlant couramment neuf langues dont le chinois et le tibétain, laissera vingt mille pages de manuscrits mathématiques non publiés. « J'ai créé un univers étrange à partir de rien », écrit-il. À quoi son père répond : « Pour l'amour de Dieu, renonces-y s'il te plaît. Ne le crains pas moins que les passions sensuelles parce que lui aussi te prend tout ton temps et te prive de la santé, de la paix de l'esprit et de la joie de vivre[1]. »

Karl Friedrich Gauss (1777-1855) apprend seul à lire et à compter à l'âge de trois ans. D'abord célèbre pour ses calculs et ses prédictions astronomiques, il devient professeur à l'université de Göttingen, où il s'affirme comme le plus grand mathématicien de son temps. Il saura aussi user de son intelligence à des fins pratiques : dans la salle de lecture de Göttingen, il étudie soigneusement les nouvelles financières ; grâce à de judicieuses spéculations boursières, il amassera une fortune personnelle considérable, qu'il gérera de main de maître jusqu'à sa mort.

Gauss a fait les mêmes découvertes que Lobatchevski et Bolyai, plusieurs années avant eux ; il a rédigé quelques notes et en a fait part à des amis dans ses lettres, mais il n'a pas osé les publier officiellement. Pour lui, en effet, la géométrie non euclidienne ne peut avoir d'existence réelle.

Triangles cosmiques

Gauss est le premier à tester la courbure de l'espace physique en mesurant la somme des angles d'un grand triangle. Au cours des années 1820, il fait un relevé précis du triangle formé par les pics montagneux de Brocken, Hohehagen et Inserberg, dans le sud de l'Allemagne. Le côté le plus long mesure 100 km. Gauss trouve la somme de 179° 59' 59,32" et en conclut que, aux erreurs d'observation près, l'espace au voisinage de la Terre est euclidien.

Une version moderne de la méthode de Gauss pour mesurer directement la courbure de l'espace consisterait à lancer six fusées dans le plan de l'équateur, chacune s'éloignant de la Terre de façon radiale, tout en restant parfaitement équidistantes entre elles (figure 27.2).

1. Cité dans Philip J. Davis et Reuben Hersch, *L'Univers mathématique* (1982), Paris, Gauthier-Villars, 1991, p. 210.

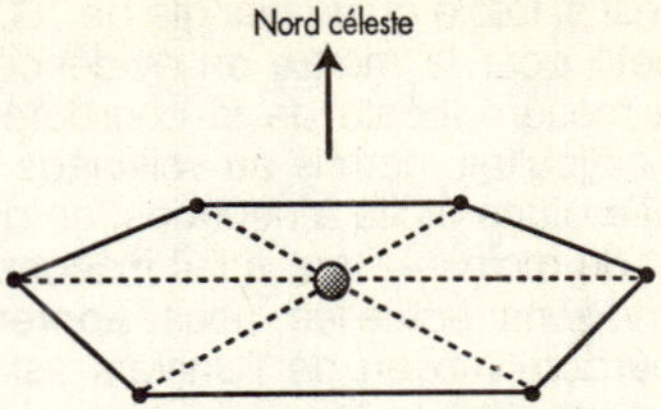

Figure 27.2. La méthode des triangles

En mesurant les distances entre six fusées lancées dans le plan de l'équateur terrestre, et en les comparant à leur éloignement par rapport à la Terre, il serait possible de déterminer la courbure de l'espace au voisinage de notre planète.

On aurait donc une série de triangles équilatéraux. Si l'espace est plat, la distance entre chaque couple de fusées augmenterait en restant égale à leur distance à la Terre — qui augmenterait aussi. Si l'espace est sphérique, la distance entre les fusées croîtrait plus lentement que leur distance à la Terre, tandis que dans le cas hyperbolique leur distance mutuelle croîtrait plus vite que leur éloignement. Cette méthode combine la mesure de la somme des angles d'un triangle et celle de la circonférence d'un cercle. En effet, les fusées resteraient sur un cercle, de sorte que leurs distances mutuelles traduiraient l'augmentation de la circonférence du cercle. De plus, l'angle formé par les droites qui joindraient chaque couple de fusées adjacentes serait plus grand ou plus petit que 60 degrés (valeur pour l'espace plat), selon que la courbure de l'espace serait positive ou négative.

Il serait sans doute vain de tenter cette expérience ; en effet, l'écart à la géométrie euclidienne dépend de la taille du triangle utilisé par rapport au rayon de courbure de l'espace. Plus le triangle est grand, plus l'écart — si écart il doit y avoir — est important. Il est évident qu'une bactérie vivant à la surface d'un grand ballon n'en perçoit pas la courbure et a l'impression d'être dans un plan. Au XXe siècle, la relativité générale nous a appris que, en raison de la petitesse du champ gravitationnel engendré par la Terre ou par le Soleil, la courbure de l'espace environnant est si faible qu'un triangle de 100 km est beaucoup trop petit pour la mettre en évidence. Toute autre méthode de mesure locale de la courbure se heurterait aux mêmes difficultés, hormis au voisinage d'un trou noir ou à la surface d'une étoile à neutrons, ce qui nous est — pour l'instant du moins — tout à fait inaccessible.

Les observations actuelles nous apprennent que le rayon de courbure moyen de l'Univers est au moins de 10 milliards d'années-lumière. Faut-il envoyer des fusées voyager à la vitesse de la lumière pendant plusieurs milliards d'années afin de former des triangles suffisamment grands pour espérer révéler directement la courbure de l'Univers ? Heureusement, non ! Des mesures de ce type peuvent êtres effectuées, non pas avec des fusées, mais avec des objets naturels déjà placés à la bonne distance et équidistants entre eux : les taches chaudes du rayonnement fossile. Cette méthode a récemment été utilisée (expériences Boomerang, Maxima, WMAP) pour fixer des limites sur la courbure de l'espace cosmique.

L'Univers est-il plat ?, p. 367

Étrangement, Gauss, Lobatchevski et Bolyai ne pensent pas à tirer au clair les conséquences de l'hypothèse inverse, dans laquelle la somme des angles d'un triangle est supérieure à 180 degrés. On savait pourtant depuis l'Antiquité que, sur une sphère, la somme des angles d'un triangle constitué de trois arcs de grand cercle (l'équivalent des droites) est toujours supérieure à 180 degrés. Cette trigonométrie sphérique avait fait l'objet d'innombrables traités, d'abord utiles à l'astronomie de position, puis à la géographie et à la navigation. La voûte céleste offre en effet une concavité sphérique, et si l'on veut tracer en pensée une ligne droite entre deux étoiles, il faut utiliser un arc de grand cercle céleste centré sur la Terre. De la même façon, si l'on désire se rendre d'un point de la surface terrestre à un autre très éloigné, seuls sont autorisés les chemins situés sur la surface convexe : pas question de creuser un tunnel direct à l'intérieur de la planète. Le plus court chemin autorisé est donc un arc de grand cercle, un fait bien connu des navigateurs.

On pouvait donc constater que la trigonométrie sphérique, à deux dimensions, conduisait à une géométrie cohérente, bien que non euclidienne. Pourquoi cette résistance pour passer à la dimension supérieure ? Sans doute parce que cela implique un espace physique fini mais sans frontière, ceinturé par des droites. Or, jusque-là, la géométrie n'était pas la science de l'espace, mais la science des figures dans l'espace. Étendue homogène, indéfinie, pourvue de trois dimensions, l'espace physique constituait une réalité neutre qui n'appelait aucune spéculation. Cette vision avait été consacrée au XVIIIe siècle par la philosophie de Kant, lorsqu'il avait fait de l'espace euclidien une catégorie de la raison.

Une brève histoire de l'espace, p. 209

Il faut attendre Bernhard Riemann (1826-1866) pour que soit acceptée la validité de la géométrie sphérique dans l'espace à trois dimensions. En 1854, le jeune mathématicien donne à l'université de Göttingen sa dissertation inaugurale intitulée : *Sur les hypothèses qui servent de fondement à la géométrie*. L'histoire de cette conférence est une anecdote étonnante qui montre comment les sciences, tout comme l'histoire universelle, progressent parfois de façon inattendue au gré de petits hasards et de circonstances fortuites.

Âgé de vingt-sept ans, Riemann souhaite enseigner à Göttingen ; pour démontrer ses capacités, chaque candidat doit présenter une dissertation orale devant l'aréopage de l'université. Les règles veulent que le candidat propose, quelque temps à l'avance, trois sujets, parmi lesquels les professeurs choisissent celui qu'ils jugent le plus prometteur. Traditionnellement, il se trouve que les professeurs sélectionnent toujours l'un des deux premiers sujets de la liste. Riemann a donc soigneusement préparé ses deux premiers sujets et négligé quelque peu le dernier, lequel porte justement sur les fondements de la géométrie. Mais il a compté sans la présence dans le jury du grand Gauss qui, bien que septuagénaire, reste la figure dominante de la faculté. Naturellement, Gauss estime que le troisième sujet est le plus intéressant. Paniqué à la perspective de cette conférence, dont toute sa carrière dépend, Riemann se lance éperdument dans la préparation de son cours et en tombe malade, au point qu'il rate la date de présentation et ne recouvre la santé qu'en avril. Il prépare alors son cours pendant sept semaines, le temps que Gauss demande un ajournement pour raisons médicales. Riemann délivre enfin sa dissertation orale le 10 juin 1854.

C'est dans ce cours qu'il expose la possibilité d'une géométrie où l'espace est fini sans avoir de frontière : « La propriété de l'espace d'être illimité possède une plus grande certitude empirique qu'aucune autre donnée externe de l'expérience. Mais l'infinité de l'espace n'en est en aucune manière la conséquence ; au contraire, si l'on suppose les corps indépendants du lieu, et qu'ainsi l'on attribue à l'espace une mesure de courbure constante, l'espace serait nécessairement fini, dès que cette mesure de courbure aurait une valeur positive, si petite qu'elle fût. En prolongeant selon les lignes de plus courte distance, les directions initiales situées dans un élément superficiel, on obtiendrait une surface illimitée de courbure constante, c'est-à-dire une surface qui, dans une variété plane de trois dimensions, prendrait la forme d'une surface sphérique, et qui serait par conséquent finie[1]. »

Riemann propose aussi d'étendre la géométrie à des espaces ayant un nombre de dimensions arbitraire. Pour cela, la géométrie doit être conçue comme l'étude des variétés possibles. Au sens le plus général, une variété n'est rien de plus qu'une collection d'objets d'un ensemble. La géométrie devient alors l'étude des règles et des conditions placées sur les objets de l'ensemble afin de déterminer les distances entre les éléments.

Par exemple, dans un espace bidimensionnel, chaque point est défini de façon unique par une paire ordonnée de nombres réels (x_1, x_2) : ses coordonnées. Dans l'espace tridimensionnel, chaque point est défini par un triplet de nombres (x_1, x_2, x_3). Dans un espace abstrait à n dimensions, chaque point a une adresse unique donnée par un n-uplet $(x_1, x_2, x_3, \ldots, x_n)$, ensemble ordonné de n nombres réels. Les règles pour déterminer les distances entre les éléments de l'ensemble sont résumées dans la *métrique*, sorte de théorème de Pythagore généralisé dont les coefficients définissent la courbure de l'espace.

Riemann est non seulement l'auteur du cours le plus profond de l'histoire de la géométrie, mais en 1858 il accomplit un exploit du même ordre, avec un article de huit pages tout aussi novateur, sur la théorie des nombres. Peut-être aurait-il réussi un troisième exploit s'il n'était mort de la tuberculose, à l'âge de trente-neuf ans.

1. Bernhard Riemann, *Œuvres mathématiques* (1898), Paris, Jacques Gabay, 1990, p. 295.

La dissertation inaugurale de Riemann n'est publiée qu'un an après sa mort, en 1867. Une année s'écoule encore et l'Italien Eugenio Beltrami (1835-1900) couronne l'édifice de la géométrie non euclidienne : son modèle de « pseudosphère », décrivant un espace hyperbolique de courbure négative constante au moyen d'une équation analogue à celle de l'hypersphère, met en évidence la nature commune des hypothèses de Bolyai-Lobatchevski et de Riemann. La voie est définitivement ouverte à Clifford, Einstein, Weyl et d'autres, pour modéliser certains phénomènes naturels comme la gravitation en termes de géométrie non euclidienne.

À CONSULTER

ROSENFELD B. A., *A History of non Euclidean Geometry*. Springer-Verlag, 1988.

28

Cosmos et logos

Est un cosmos celui qui contient la diversité et qui est la Nature.

WALT WHITMAN

Le discours sur le *cosmos* a considérablement changé d'objet au cours du temps. Homère emploie le mot pour décrire la parure des femmes, les ornements du guerrier, la tournure d'un poème, le bel aspect physique, moral ou social[1]. La notion de cosmos appliquée à l'organisation de l'Univers apparaît chez Pythagore et les présocratiques, vers le VIe siècle av. J.-C., pour désigner l'ordre et la beauté du monde. Selon eux la réalité n'est pas le chaos que décrivait deux siècles plus tôt Hésiode dans sa *Théogonie* ; elle est, au contraire, belle et bien arrangée. Le cosmos est ainsi opposé au chaos, l'ordre d'en haut contraste avec le désordre d'ici-bas. Dans son poème *De la nature*, Héraclite affirme : « Parmi les choses répandues au hasard, le plus beau : le cosmos. » Dans *Le Timée*, Platon fait du cosmos l'image d'un modèle intelligible, et

1. Ce dernier sens se retrouve dans le terme latin mundus, et l'adjectif mondain, qui en dérive, conserve cette image de belles manières.

dans son *Traité du ciel*, Aristote désigne par *cosmos* l'ordre du ciel.

Les philosophes de l'Antiquité sont donc les premiers à spéculer sur l'organisation générale de l'Univers, la nature de l'espace, du temps, de la matière autrement dit, à appliquer le *logos* — raison humaine incarnée par le langage — au *cosmos*. Bref, les premiers à faire de la cosmologie. Il faudra pourtant deux millénaires pour qu'un tel discours sur l'Univers porte enfin ce nom.

Le terme anglais *cosmology* n'est mentionné pour la première fois qu'en 1656, dans le dictionnaire *Glossographic* de Thomas Blount, où il est défini comme le discours sur le monde, ce qui correspond exactement à son étymologie. Il est repris, en latin, dans l'ouvrage de Christian Wolff, *Cosmologia generalis* (1731) : « La cosmologie générale est la science du monde ou de l'univers en général, dans la mesure où il est un être composé et modifiable. »

Wolff s'efforce d'aborder les questions sur la nature physique du monde en se dégageant le plus possible du mythe et de la religion. Malgré tout, une constante dans toute l'histoire ultérieure de la cosmologie est le reproche qui lui sera intenté de faire s'interpénétrer les énoncés physiques et les réflexions philosophiques ou religieuses. Ainsi, le terme français est utilisé pour la première fois par Pierre de Maupertuis (*Essai de cosmologie*, 1750), mais l'auteur affirme, après avoir constaté que les philosophes ont toujours voulu expliquer le système du monde, qu'il nous est impossible d'atteindre à une solution complète de ce problème. Lorsque le mot est consacré l'année suivante dans l'Encyclopédie, Jean Le Rond d'Alembert, auteur de l'article, note que le sujet n'est guère digne d'intérêt, car il se réduit à la question de savoir si on peut trouver Dieu dans la nature. Selon Kant (*Critique de la raison pure*, 1755), « aucune observation ne saurait confirmer la thèse de la cosmologie rationnelle, dont l'objet dépasse toute expérience possible ». Au XIXe siècle, Auguste Comte dira encore que seule est possible l'étude du système solaire, à la différence de celle de l'Univers, qui nous échappera toujours.

Il est facile de comprendre les réticences des positivistes envers la discipline. Si l'astronomie est là pour parler des astres et de leur organisation, de quoi peut bien parler la cosmologie ? De ce qui se cache derrière cette organisation ? On tombe alors sur l'idée d'Être suprême et sur les questions religieuses. De notre place à nous, humains, dans cette organisation ? Si l'on n'est pas une nouvelle fois dans la religion, on est à tout le moins dans la philosophie. Même chose pour les questions du type : l'Univers est-il né et, si oui, quand et comment ?

En bref, si l'on s'intéresse à l'Univers et qu'on ne dispose pas d'un télescope, que peut-on en dire ? À côté des discours théologiques et philosophiques, une troisième catégorie s'est risquée à aborder le sujet : la littérature. Mais pour cette dernière il s'agit plutôt d'utiliser l'image du cosmos établie à l'époque pour élaborer des récits mystiques, des rêveries fantastiques ou des discours utopiques. Les voyages cosmiques[1] imaginés par Cicéron (*Le Songe de Scipion*), Hildegarde de Bingen (*Scivias*), Dante (*La Divine Comédie*) ou Cyrano de Bergerac (*L'Autre Monde*) étaient accomplis par des êtres exceptionnels, capables de raconter leur expérience de l'inexpérimentable ; car parler de l'Univers comme d'un

1. Voir Jean-Pierre Luminet, *Les Poètes et l'Univers*, *op. cit.*

tout, c'est savoir se placer comme extérieur à lui. Or, depuis la chute du système du monde clos d'Aristote, c'est devenu impensable. L'Univers se confond désormais avec l'espace infini de Newton. Sa partie observable n'en finit pas de grandir, de s'approfondir, mais ses plus lointains abîmes semblent à jamais inaccessibles à l'expérience humaine. Les considérations sur son organisation générale ne peuvent être étayées par aucune observation proprement cosmologique. Les modèles restent nécessairement plaqués sur des présupposés métaphysiques. C'est notamment le cas avec la cosmologie newtonienne et ses adaptations par Wright, Lambert et autres cosmologistes des XVIIIe et XIXe siècles[1].

La situation change du tout au tout au XXe siècle, avec l'avènement de la relativité générale. L'Univers prend un sens nouveau : ce n'est plus un cadre contenant des objets, c'est l'ensemble cadre-objets. Pour la première fois, il devient licite de tenir un discours rationnel sur le tout. La cosmologie relativiste contredit notamment l'argumentation de Kant et Comte : il est possible de parvenir expérimentalement à déterminer les paramètres cosmologiques fondamentaux, voire à prouver le caractère fini de l'espace[2].

Il ne faut pas croire pour autant que l'interpénétration entre physique et philosophie ait cessé avec la cosmologie relativiste. La cosmologie n'est jamais innocente. Quel que soit le degré de sophistication du formalisme mathématique sur lequel elle se fonde, elle suppose une philosophie de la nature, où il est possible d'attribuer au monde une forme, une structure, un ordre. Le mot *Univers*, synonyme

1. Voir, par exemple, le chapitre *Heptaméron, in* Marc Lachièze-Rey et Jean-Pierre Luminet, *Figures du ciel*, Paris, Seuil, 1998.
2. À condition que soit vérifiée l'hypothèse d'homogénéité.

de *cosmos* mais tiré du latin, contient les notions d'unité et de diversité. L'Univers, c'est l'unité du divers. Il y a unité du divers s'il existe des lois naturelles universelles. Ces lois sont censées agir en tout point de l'espace et à tout moment du temps, être donc indifférentes à l'espace-temps. Elles rassemblent ce que l'espace et le temps tendent à disperser. Pour beaucoup de physiciens en quête d'unité, la cosmologie a pour propos d'expliquer la foisonnante multiplicité visible dans l'univers matériel — depuis les particules élémentaires jusqu'aux superamas de galaxies — par une unité sous-jacente, c'est-à-dire par un certain ordre caché, une certaine harmonie.

Einstein, l'inventeur de la théorie de la relativité générale qui sert aujourd'hui de principale base scientifique à toute étude cosmologique, n'a pas échappé aux présupposés métaphysiques. Parmi les nombreuses solutions possibles de ses équations, il a choisi en 1917 celle, très particulière, décrivant un univers fini et statique, et ce pour des raisons esthétiques. Ce choix lui a d'ailleurs valu de passer à côté de la dernière « couche » conférant à la cosmologie relativiste son statut de science expérimentale : la découverte, avec l'expansion cosmique, que le « tout » évolue, que l'Univers a une histoire — une vraie, pas une simple création suivie de rien. Et cette histoire, inscrite dans chaque galaxie, chaque rayonnement, chaque élément, peut être rationnellement décryptée.

Un autre exemple de présupposé qui sous-tend aujourd'hui tous les modèles d'univers relativistes est le « principe cosmologique », selon lequel il n'existe aucune position privilégiée dans l'espace ; or, il n'est pas strictement démontrable, car nous n'observons jamais une tranche d'espace simultané : toute observation nous plonge dans le passé de l'Univers.

La tâche du cosmologiste moderne consiste à élaborer une description cohérente de l'univers observable. Il n'est pas évident que cela soit possible. Au milieu des années 1970, le physicien suédois Hannes Alfvén s'est livré à une critique épistémologique farouche de la cosmologie. Est-elle toujours un mythe ou s'est-elle enfin constituée en science ? Mais comment construire une science sur un objet unique ? Comment étudier un objet dont, par définition, on ne peut pas s'extraire pour le regarder de loin[1] ? L'autorité indéniable de ce prix Nobel de physique en ébranla plus d'un quant à la validité de la démarche du cosmologiste.

Il est vrai que nombre d'assertions cosmologiques assenées par des chantres de la discipline prêtent le flanc à l'éreintement épistémologique. Par exemple, on lit souvent, même dans les revues les plus sérieuses et sous la plume de professionnels chevronnés, que le big-bang est la violente explosion ayant donné naissance à l'Univers. Or, non seulement une telle définition crée une confusion entre le début de l'Univers (lequel échappe à tout langage) et le début de l'intelligibilité de l'Univers, mais chacun des termes est impropre.

Plus contestables encore, sinon dangereux, sont les commentaires auxquels a donné lieu la découverte des fluctuations du rayonnement cosmologique grâce au satellite COBE en 1993 : « Si vous êtes

1. Les neurosciences se sont heurtées un moment au même type d'argument : d'aucuns prétendaient qu'un cerveau humain ne pourrait jamais accéder à la connaissance objective du cerveau humain. Mais le cerveau humain, justement, a plus d'un tour dans son sac…

croyant, c'est comme si vous voyiez la face de Dieu », « On a trouvé le saint Graal de la physique », « C'est la plus grande découverte de tous les temps ». Il ne s'agit pas là d'exclamations d'illuminés ayant cru reconnaître les traits de Jésus dans la carte de COBE, mais bel et bien de déclarations faites par d'éminents cosmologistes. De telles collusions entre cosmologie et croyance, entre science et spectacle, ne sont pas de nature à clarifier les idées du public. Elles montrent combien il est difficile pour certains de se débarrasser du fatras philosophico-mystique qui enrobe les discours sur le « tout », et semblent justifier, malgré deux siècles de « progrès », la critique de D'Alembert. Pour ma part je vois dans ces excès, chez les uns le signe d'une grande naïveté, chez les autres, qui ne sont point dupes, une rouerie médiatique !

29

Questions cosmiques

Pourquoi ? D'où l'univers ? Où va-t-il ?
JULES LAFORGUE

La cosmologie moderne recouvre trois grands domaines :

• la cosmologie *géométrique*, qui spécule sur les propriétés locales et globales de l'espace-temps, de sa forme et de ses frontières, incluant les singularités et les horizons ;

• la cosmologie *physique*, qui traite des processus matériels qui se déroulent dans l'univers à tel ou tel stade de son évolution ;

• la cosmologie *observationnelle*, qui recherche les faits bruts : décalages spectraux des galaxies, rayonnement de fond cosmologique, mirages gravitationnels, distribution des quasars, des amas de galaxies et des grandes structures.

Comme la cosmologie observationnelle est le fait d'un observateur localisé dans une petite région de l'Univers, qui n'a accès qu'à une information très partielle sur l'espace-temps dans son entièreté, l'observateur est confronté à deux problèmes essentiels : l'univers observable possède-t-il des propriétés qui reflètent celles de l'Univers en général, ou bien ces propriétés ne résultent-elles que de la position particulière de l'observateur ?

La nature infinie de l'espace, ou son caractère exactement euclidien, relève exclusivement de la cosmologie géométrique, car aucune mesure portant sur l'univers observable ne pourra permettre d'y répondre. La nature finie de l'espace, question assurément géométrique, pourrait en revanche être élucidée expérimentalement. Quant à la cosmologie physique, certaines propriétés non directement observables peuvent jouer un rôle important, et laisser des traces mesurables. Par exemple, les défauts topologiques qui ont pu se former dans l'Univers primitif, tels que cordes cosmiques, murs ou textures, peuvent laisser des empreintes spécifiques dans les fluctuations de température du rayonnement de fond cosmologique. De même, la nature fermée de l'espace (que ce soit par la courbure ou par la topologie) sur une échelle actuellement *plus grande* que l'horizon peut malgré tout avoir eu des effets dans le passé lointain de l'univers, et se répercuter aujourd'hui dans la distribution à grande échelle des galaxies ou d'autres caractéristiques observables de l'univers.

L'Univers est-il plat ?, p. 367

Historiquement, la cosmologie géométrique a occupé d'emblée le devant de la scène. Il y a au moins deux raisons à cela ; la première est qu'avant l'utilisation de la lunette astronomique par Galilée, et avant l'élaboration d'une théorie mathématique de la gravitation par Newton, l'observation et le raisonnement physique étaient absents de la question cosmologique. Celle-ci reposait presque exclusivement sur des présupposés philosophiques, tel celui de l'harmonie géométrique, ou religieux.

Cosmos et logos, p. 251

La deuxième raison tient à la signification même

de la géométrie : étymologiquement, *géométrie* signifie « mesure de la Terre », c'est-à-dire, par extension, « mesure du monde, mesure de l'univers ». Or la mesure a toujours eu la prééminence dans la pratique scientifique. La cosmologie, science de l'objet Univers, passe d'abord par sa mesure. Et comme l'Univers est non seulement de l'étendue mais aussi de la durée, il s'agit de savoir mesurer non seulement l'espace mais aussi le temps.

De plus, dès que l'on parle de mesure, on en vient inévitablement à parler des frontières de l'objet à mesurer, et à aborder ainsi les questions cosmologiques essentielles, qui défient l'imagination humaine :

- Qu'est-ce que l'espace ?
- Qu'est-ce que le temps ?
- Qu'est-ce que le vide ?
- Le temps a-t-il commencé ?
- L'Univers a-t-il une fin ?
- L'espace est-il infini ?
- Le big-bang a-t-il réellement eu lieu ?
- Y a-t-il eu quelque chose avant le big-bang ?
- De quoi est constituée la matière de l'Univers ?
- Quand et comment se sont formées les étoiles et les galaxies ?
- L'espace a-t-il des dimensions supplémentaires cachées ?
- Existe-t-il d'autres univers ?

Etc.

On ne peut apporter aucune réponse ferme à ces questions, mais on peut au moins éliminer beaucoup de modèles et de théories, et donner les réponses plausibles fournies par la cosmologie relativiste. Armées de leurs vertus et de leurs faiblesses, ces solutions (dont font partie les modèles de big-bang) restent des idéalisations de l'Univers réel.

30

L'expansion et l'infini

L'espace à soi pareil
qu'il s'accroisse ou se nie
STÉPHANE MALLARMÉ

L'Univers est en expansion. Qu'est-ce que cela signifie vraiment ? La plupart des gens imaginent une grande explosion originelle, comme le terme « big-bang » le suggère, et la métaphore est constamment reprise dans les propos de vulgarisation. Certains conférenciers ont même tendance à mimer le geste de dilatation avec les mains, comme s'ils emprisonnaient un morceau d'espace ou un ballon immatériel en train de gonfler. Le public se figure de la matière éjectée à une vitesse prodigieuse à partir d'un centre, et se dit qu'il valait mieux ne pas être là au moment de l'explosion pour ne pas être criblé de particules… Rien de tout cela n'est exact. Au big-bang, aucun point de l'Univers ne participe à une explosion. Simplement, si l'on considère un point quelconque, on constate que les points voisins se mettent à s'éloigner de lui. Est-ce à dire que ces points sont animés d'un mouvement, d'une vitesse ? Non. Ils sont absolument fixes, et pourtant ils s'écartent.

Pour dissiper ce paradoxe, il est nécessaire de préciser ce que l'on entend exactement par « point fixe ». La position d'un point est repérée par des coordonnées : un nombre sur une ligne (le kilométrage d'une autoroute), deux nombres sur une surface (latitude et longitude), trois dans l'espace en général (longueur, largeur, hauteur). Un point est dit fixe si ses coordonnées ne changent pas au cours du temps. Dans n'importe quel espace, courbe ou pas, la distance entre deux points est une formule appelée métrique, qui dépend des coordonnées et qui généralise le théorème de Pythagore. En principe, donc, la distance entre deux points fixes ne varie pas. Dans l'espace en expansion, en revanche, cette distance augmente alors que les points ne bougent pas d'un millimètre, c'est-à-dire qu'ils conservent rigoureusement les mêmes coordonnées. Ces coordonnées fixes sont dites comobiles. Dans la cosmologie relativiste, les galaxies restent situées à des positions comobiles dans l'espace. Elles peuvent danser de légères arabesques autour de ces positions, sous l'influence de champs gravitationnels locaux, mais le mouvement qui les éloigne l'une de l'autre réside dans l'expansion littérale de l'espace qui les sépare. C'est une forme de déplacement dont aucun être humain n'a fait l'expérience. Il n'est donc pas surprenant que notre intuition soit rebelle à ses implications, et cherche d'autres interprétations moins radicales. Ainsi, lorsque Friedmann en 1922 et Lemaître en 1927 ont découvert que l'expansion de l'Univers était rendue possible par les lois de la relativité générale, et prétendu que ce modèle devait décrire la réalité physique, ils ont rencontré de nombreux détracteurs — au premier rang desquels... Einstein lui-même !

Si l'espace est en expansion, il semblerait à première vue qu'il doive être fini : soit parce qu'on visualise une sorte de gros ballon qui gonfle dans un espace extérieur ; soit parce qu'on part du principe qu'une chose en expansion doit forcément augmenter de taille et que, si cette chose a une taille, elle est nécessairement finie. On en déduit aussi, à tort, qu'au big-bang l'Univers dans son ensemble a nécessairement été contracté en un point de volume nul.

Or, les systèmes infinis peuvent parfaitement être en expansion ou en contraction. Comment quelque chose qui occupe un espace infini peut-il se dilater, et à partir de quoi ? C'est l'une des questions que l'on me pose le plus fréquemment. Pour tenter de l'expliquer, commençons par un exemple très simple, celui d'un univers infini à une dimension : mathématiquement, ce serait une droite, sur laquelle chaque galaxie serait représentée par un nombre.

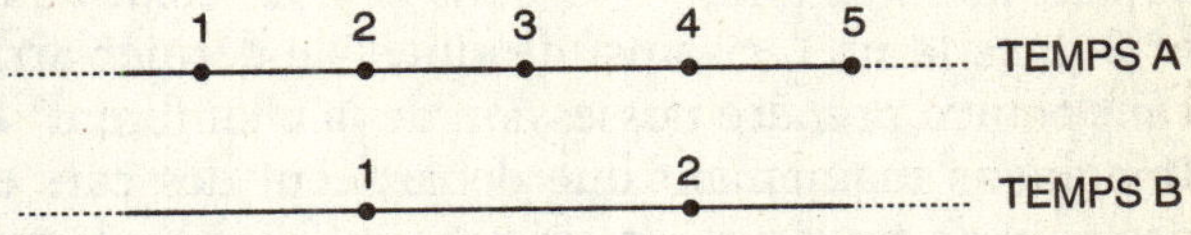

À un certain instant (au temps A), les galaxies sont séparées par des intervalles égaux, ce qui signifie que leur distribution est homogène. Si l'Univers est en expansion, à l'instant suivant (au temps B) la galaxie initialement notée 1 occupe la position qu'avait la galaxie notée 2, tandis que la galaxie 2 se trouve maintenant là où était initialement la galaxie 4, et ainsi de suite. On a bien affaire à une expansion uniforme au sein d'un espace infini contenant un nombre infini de galaxies. Si on remonte le temps pour décrire le big-bang, toutes les galaxies se rapprochent les unes des autres, et lorsqu'elles se touchent toutes, l'espace est toujours représenté par une ligne droite de longueur infinie !

En généralisant à trois dimensions, on peut de la même façon concevoir que, si l'espace est infini, le big-bang, c'est-à-dire le début de l'expansion, a commencé en chaque point d'un espace *préalablement* infini, si compressé fût-il. Si on découpe l'espace infini en cubes, alors chacun de ces cubes vaudra dans l'avenir un cube plus grand, ou dans le passé un cube plus petit ; mais aucun cube n'est le centre de l'espace infini.

Comment un espace infini peut-il se dilater ou se contracter et occuper toujours le même volume ? Le mathématicien allemand David Hilbert en a donné une analogie simple. Il imagine un hôtel pourvu d'un nombre infini de chambres, toutes étant occupées. Arrive un nouveau client. Où l'installer ? Qu'à cela ne tienne ! Le réceptionniste n'a qu'à transférer l'occupant de la chambre n° 1 dans la n° 2, celui de la n° 2 dans la n° 3, et ainsi de suite. Le dernier arrivant pourra prendre possession de la chambre n° 1. Imaginons maintenant que débarquent des cars et des cars de touristes, en nombre infini. Là encore, le réceptionniste peut parfaitement satisfaire tout le monde : il déplace l'occupant de la chambre n° 1 dans la n° 2, celui de la n° 2 dans la n° 4, celui de la n° 3 dans la n° 6, et ainsi de suite. De cette façon, une chambre sur deux se trouve libérée (chacune de celles ayant un numéro impair) !

Tout comme l'hôtel de Hilbert, un espace infini peut recevoir une quantité supplémentaire d'espace sans que celui-ci soit plus « serré ».

31

Galaxies en fuite

> *La galaxie en fuite à la fraieson est une truite arc-en-ciel qui remonte le cours du temps vers de plus basses eaux, vers des retraits obscurs de la durée.*
>
> CHARLES DOBZYNSKI

Depuis l'époque de Newton, on sait que la lumière blanche, en passant à travers un prisme, se décompose en un spectre de toutes les couleurs. Le violet et le bleu correspondent aux plus courtes longueurs d'onde ou, ce qui revient au même, aux plus grandes fréquences ; le rouge correspond aux plus grandes longueurs d'onde et aux faibles fréquences. En 1814, l'opticien allemand Joseph Fraunhofer découvre que le spectre de la lumière des étoiles est strié de fines raies sombres, tandis que celui de la lumière d'une bougie l'est de raies brillantes. Ces phénomènes restent énigmatiques jusqu'en 1859. Le chimiste Robert Bunsen et le physicien Gustav Kirchhoff analysent alors la lumière créée par la combustion de différents corps chimiques (brûlés avec le désormais célèbre bec Bunsen) et s'aperçoivent que chacun d'eux émet une lumière dont le spectre est spécifique.

Parallèlement, Christian Doppler découvre en 1842 que le fait de déplacer une source sonore produit des décalages de fréquence dans les ondes acoustiques, un phénomène expérimenté par quiconque écoute l'avertisseur sonore d'une ambulance qui passe. Le physicien français Armand Fizeau constate le même phénomène avec les ondes lumineuses : selon qu'une source de lumière s'approche ou s'éloigne, les fréquences reçues sont augmentées ou diminuées par rapport aux fréquences émises. Le décalage est d'autant plus grand que la vitesse de déplacement est grande. Si la source s'approche, la fréquence augmente, la lumière devient plus « bleue » ; si elle s'éloigne, la fréquence diminue et les longueurs d'onde s'étirent, elles deviennent plus « rouges », par référence au spectre de la lumière visible. Comme ce décalage affecte de la même quantité l'ensemble du spectre, il est aisément repérable dans les raies sombres ou brillantes qui sont décalées en bloc, soit vers le bleu soit vers le rouge, et il fournit un moyen inestimable de mesurer les vitesses de rapprochement ou d'éloignement des sources lumineuses.

Peu après cette découverte, les astronomes entament un ambitieux programme de spectroscopie en vue de mesurer les vitesses des planètes et des étoiles en utilisant leurs décalages spectraux.

La formule de cet effet Doppler-Fizeau est très simple :

$$v = cz$$

où v est la vitesse de la source, c la vitesse de la lumière (300 000 km/s) et z le décalage relatif en longueur d'onde, c'est-à-dire la différence entre la longueur d'onde reçue et la longueur d'onde émise, divisée par la longueur d'onde émise[1].

Les vitesses propres des corps célestes, qu'il s'agisse de planètes, d'étoiles, de galaxies, ne dépassent pas quelques centaines de kilomètres par seconde, ce qui est peu par rapport à la vitesse de la lumière. L'effet Doppler-Fizeau est donc faible, et nécessite un spectroscope précis pour être mesuré. Mais imaginons un instant un univers où la vitesse de la lumière ne serait que de 1 000 km/s ; le ciel étoilé offrirait à l'œil un spectacle extraordinaire : les étoiles changeraient de couleur, celles qui fuient se transformant en rubis, celles qui s'approchent en améthystes !

Dans la deuxième décennie du XXe siècle, des astronomes américains comme Vesto Slipher et Edwin Hubble appliquent le programme de mesure systématique des vitesses aux galaxies spirales — qui présentent des décalages spectraux semblables à ceux des étoiles. Tant que les vitesses déduites de la formule Doppler-Fizeau ne dépassent pas quelques centaines de kilomètres par seconde, personne ne remet en question le fait que les décalages spectraux des galaxies indiquent la vitesse de leur mouvement par rapport à la Terre, tout comme pour les étoiles.

Mais au cours des années 1920 sont découvertes des galaxies spirales dont les décalages spectraux, orientés systématiquement vers le rouge, dépassent 0,1, ce qui implique des vitesses de fuite de plus de 30 000 km/s ! Dans une lettre adressée à de Sitter en 1931, Hubble fait part de sa préoccupation : « Nous

1. Pour les amateurs de formules : $z = (\lambda_0 - \lambda_e)/ \lambda_e$, où λ_0 est la longueur d'onde reçue et λ_e la longueur d'onde émise. On voit immédiatement que si la source s'éloigne, z est positif, tandis que si elle se rapproche, z est négatif.

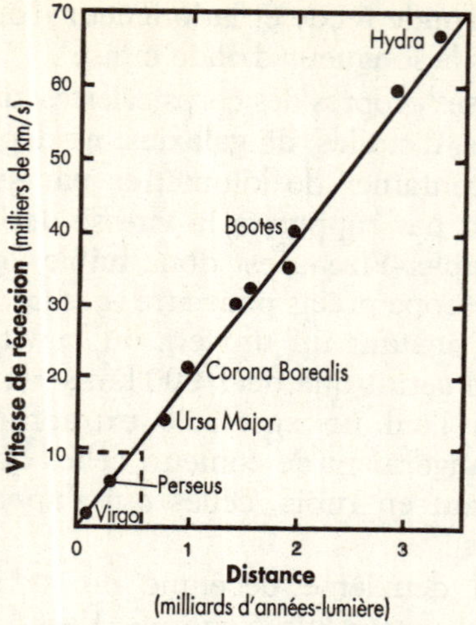

Figure 31.1. La relation distance-vitesse de fuite

Au cours des années 1920, les mesures de décalages spectraux cosmologiques n'ont porté que sur les galaxies relativement proches, appartenant aux amas de Virgo et de Perseus. Les mesures ultérieures se sont étendues à des amas de galaxies beaucoup plus lointains, comme Bootes et Hydra. La relation de proportionnalité reste vérifiée jusqu'à 3 milliards d'années-lumière. Au-delà, la courbure de l'espace infléchit la droite vers le bas ou vers le haut.

utilisons le terme de *vitesse apparente* de façon à insister sur le caractère empirique de la corrélation. Mais nous sentons bien que l'interprétation doit être laissée aux personnes telles que vous-même et quelques rares autres qui sont compétentes pour discuter de ce sujet avec autorité. » De fait, c'est Georges Lemaître qui, en 1927, est le premier à comprendre que les mouvements des galaxies ne correspondent pas à des vitesses physiques : c'est l'espace qui se dilate, entraînant les galaxies avec lui en un mouvement de fuite apparent.

Le taux d'expansion, p. 274

Si la perspective théorique s'en trouve radicalement changée, il reste malgré tout tentant d'interpréter ces décalages vers le rouge par un effet Doppler-Fizeau. Les termes de « vitesse de récession » ou de « vitesse de fuite » sont rapidement adoptés par les astronomes et par les vulgarisateurs. Ces vitesses semblent une conséquence tout à fait naturelle du mouvement d'expansion de la matière depuis le big-bang. On imagine un feu d'artifice initial projetant les galaxies aux quatre coins de l'Univers comme les débris d'une explosion ; perchés sur l'une des braises refroidies, nous serions en train de contempler les autres braises s'éloignant de nous à grande vitesse. Or cette image est erronée et conduit à une interprétation physique complètement fausse du décalage vers le rouge cosmologique. De fait, à mesure que les astronomes explorent l'Univers de plus en plus profondément, il s'avère que les galaxies qu'ils détectent sont affectées de décalages vers le rouge toujours plus grands. Hubble s'inquiétait en 1930 de décalages vers le rouge de 0,1, mais que dire aujourd'hui du quasar découvert au début de l'an 2000 avec $z = 5{,}82$? Les techniques progressent, et les records tombent mois après mois. Les données les plus récentes du télescope spatial Hubble et du VLT (Very Large Telescope) européen au Chili font état de galaxies dont le décalage spectral est 10. Cela signifie qu'elles sont observées telles qu'elles étaient voilà 13,2 milliards d'années, alors que l'Univers n'était âgé que de 500 millions d'années !

Si l'on en croit la formule de l'effet Doppler-Fizeau, ces galaxies doivent fuir à des vitesses cinq ou dix fois supérieures à celle de la lumière, ce qui est bien sûr absurde. Selon la théorie de la relativité, aucun objet ne peut voyager plus vite que la lumière.

Même dans un modèle d'Univers newtonien, où la vitesse ne serait bornée par aucune limite, n'importe quelle galaxie *observée* a obligatoirement une vitesse de fuite inférieure à celle de la lumière : dans le cas contraire, ses rayons lumineux n'auraient pas le temps de nous parvenir, puisque la distance à parcourir augmenterait plus vite que leur vitesse !

La formule de l'effet Doppler-Fizeau est donc fausse pour rendre compte du décalage vers le rouge cosmologique. Nombre d'enseignants de physique et d'astronomes croient bien faire en recourant à la formule dite de l'« effet Doppler-Fizeau relativiste », qui corrige la première de façon que les galaxies à grand décalage spectral gardent des vitesses inférieures à celle de la lumière[1]. Leur idée est que, à grande vitesse, la relativité restreinte se substitue à la mécanique newtonienne si l'on veut interpréter correctement le monde. En effet, en utilisant la formule relativiste, un quasar à $z = 4$ n'a plus qu'une vitesse de fuite égale à 92 % de la vitesse de la lumière, et tout semble rentrer dans l'ordre. Ils ne font toutefois que remplacer une explication inexacte par une autre. Calculer de cette façon la vitesse du quasar présuppose que la relativité restreinte s'applique à l'échelle cosmologique ; or, il s'agit d'une théorie de l'espace-temps plat, sans gravitation, tandis qu'en cosmologie la courbure de l'espace-temps joue un rôle primordial[2].

Assimiler les décalages vers le rouge cosmologique à un effet Doppler-Fizeau, relativiste ou pas,

1. Toujours pour les amateurs de formules : $1 + z = (1 + v/c)/\sqrt{1 - v^2/c^2}$

2. Même si l'espace a une courbure nulle, l'Univers en tant qu'espace-temps a une courbure non nulle dès lors qu'il est en expansion.

conduit à une malencontreuse incompréhension de la cosmologie du big-bang, et fait passer à côté de l'une de ses plus mystérieuses beautés.

La cosmologie du big-bang est fondée sur la théorie de la relativité générale, qui transcende à la fois la mécanique de Newton et la relativité restreinte, et introduit des concepts qui n'ont pas d'équivalent dans ces théories plus anciennes. Ces concepts ne sont pas aisément accessibles au commun des mortels, car notre intuition a été forgée par l'évolution naturelle dans un monde à faible vitesse et à faible gravité.

Tout comme la constance de la vitesse de la lumière conduit à des énoncés surprenants mais vrais, tel le paradoxe des jumeaux, la courbure de l'espace-temps possède son propre zoo de phénomènes. L'un d'entre eux entraîne le ralentissement des horloges dans un champ gravitationnel. Ce « décalage vers le rouge gravitationnel » se produit lorsque la longueur d'onde de la lumière émise depuis la surface d'un corps massif est décalée vers de plus grandes longueurs d'onde durant son trajet vers l'observateur. Ce décalage n'a rien à voir avec un quelconque effet Doppler-Fizeau, puisque l'observateur n'est pas en mouvement relatif par rapport au corps émetteur du signal.

Le décalage vers le rouge cosmologique est précisément un autre phénomène spécifique à la relativité générale, qui n'a aucune contrepartie ni en physique newtonienne ni en relativité restreinte. Selon l'interprétation donnée initialement par Lemaître, ce ne sont pas les galaxies qui se déplacent dans l'espace à la façon de projectiles, c'est le tissu spatial qui se dilate. Le décalage vers le rouge cosmologique résulte du fait que le rayon de courbure de l'Univers était plus petit dans le passé, lorsque l'Univers était plus jeune. Ce rayon de courbure se mesure par un « facteur d'échelle » a, qui augmente au cours du temps. C'est, par exemple, le rayon de la sphère délimitant l'univers observable. Puisque l'espace se dilate, a augmente au cours du temps ; les ondes lumineuses venant du passé ont été étirées en chemin, entre le moment où elles ont été émises par une galaxie lointaine et le moment où nous les détectons. La formule correcte du décalage vers le rouge cosmologique devient :

$$1 + z = a_0/a_e$$

où a_0 est le rayon de courbure de l'Univers aujourd'hui et a_e le rayon de courbure de l'Univers à l'époque où la lumière de la galaxie a été émise.

Dès lors, il n'y a plus aucune contradiction. En explorant le passé de plus en plus lointain de l'Univers, la cosmologie du big-bang prédit un rayon de courbure a_e tendant vers zéro, c'est-à-dire des décalages vers le rouge tendant vers l'infini.

Si les valeurs maximales observées aujourd'hui pour les galaxies avoisinent $z = 10$, la cosmologie moderne a découvert une source lumineuse beaucoup plus ancienne, dont le décalage vers le rouge atteint 1 100 : c'est le rayonnement de fond cosmologique. Cela implique qu'il a été émis à une époque où le rayon d'échelle était 1 100 fois plus petit qu'aujourd'hui[1].

Le rayonnement fossile, p. 347

1. Pour en déduire une échelle de temps correspondante dans l'histoire de l'Univers, comme on le fait souvent dans la vulgarisation scientifique, il faut passer par un modèle particulier dont

La frontière de l'univers observable, l'horizon cosmologique, correspond nécessairement à la limite où le décalage vers le rouge est infini. Cela n'empêche pas que, dans certains modèles d'Univers, l'espace puisse être immense et abriter des galaxies situées à des centaines de milliards d'années-lumière de nous. Mais nous ne pouvons en recevoir aucun rayonnement : en termes de vitesse d'expansion, ces régions lointaines se dilatent à une vitesse supérieure à celle de la lumière[1].

---

les paramètres de courbure, c'est-à-dire la densité et la constante cosmologique, sont fixés. Pour des valeurs plausibles de ces paramètres, cette époque d'émission s'est produite entre 300 000 et 1 million d'années après le big-bang.

1. En relativité générale, l'espace peut se dilater plus vite que la lumière, parce que l'espace ne représente ni matière ni énergie.

32

Le taux d'expansion

Là où les mondes semblent à pas lents,
Comme un immense troupeau en bon accord,
Paître tout doucement la fleur de l'éther.

GIOVANNI PASCOLI

En 1927, Georges Lemaître publie dans les *Annales de la Société scientifique de Bruxelles* un article révolutionnaire intitulé « Un univers homogène de masse constante et de rayon croissant, rendant compte de la vitesse radiale des nébuleuses extragalactiques ». Comme le titre l'indique, Lemaître démontre qu'un modèle cosmologique relativiste de volume fini, dans lequel l'Univers est en expansion perpétuelle, explique naturellement les observations des décalages vers le rouge des galaxies, jusqu'alors incomprises. L'article contient notamment un paragraphe établissant que quarante-deux galaxies proches, dont les décalages spectraux ont été mesurés, s'éloignent à des vitesses proportionnelles à leur distance. Lemaître donne la valeur numérique du facteur de proportionnalité : 575 km/s par mégaparsec, ce qui signifie que deux galaxies séparées de 1 mégaparsec (3 000 années-lumière) s'éloignent l'une de l'autre à une vitesse apparente de 575 km/s, et que deux galaxies séparées de 10 mégaparsecs s'éloignent à une vitesse dix fois plus grande.

Cette unité de mesure, le kilomètre par seconde par mégaparsec, montre bien que la vitesse de fuite dépend de l'échelle. En 1377, dans son *Livre du ciel et du monde*, le savant Nicole Oresme avait noté que, au réveil, on ne se rendrait compte de rien si le monde et les créatures vivantes avaient grandi dans la même proportion pendant la nuit. Dans la théorie de Lemaître, au contraire, la séparation entre deux points de l'espace augmente d'autant plus vite que cette séparation est grande, ce qui la rend perceptible.

L'article de Lemaître, publié en français, passe inaperçu jusqu'en 1931, où il est enfin lu par Arthur Eddington. Ce dernier en publie une traduction anglaise. Mystérieusement, cette version omet le paragraphe dans lequel Lemaître établit sa loi de proportionnalité. Entre-temps, en 1929, le grand astronome américain Edwin Hubble a publié ses résultats expérimentaux obtenus avec ses collaborateurs et a énoncé une loi générale selon laquelle la vitesse de fuite d'une galaxie est proportionnelle à sa distance. Cette loi, identique à celle de Lemaître, avec le même facteur de proportionnalité, portera désormais le nom de « loi de Hubble ». Elle forme la base expérimentale de la théorie de l'expansion de l'Univers, dont les modèles de big-bang sont le fruit.

Par une curieuse ironie de l'histoire, Lemaître sera victime d'une double injustice. Non seulement la loi d'expansion ne porte pas son nom alors qu'il a été le premier à la découvrir, mais ce n'est généralement pas lui qui est crédité de l'invention de la théorie du big-bang : c'est Hubble, une fois de plus, alors que ce dernier a toujours désavoué cette interprétation de ses mesures !

En outre, Hubble croyait que le facteur de proportionnalité entre vitesses de fuite et distances était constant au cours du temps. Aussi a-t-il été baptisé « constante de Hubble ». Or le développement des modèles cosmologiques issus de la relativité générale, initié par Friedmann et Lemaître, a montré que cette « constante » n'en est pas une : elle dépend du temps, si bien qu'il est plus juste de l'appeler « taux d'expansion ». Certes, plus une galaxie est lointaine, plus sa vitesse apparente de fuite est grande, mais la relation entre les deux est un peu plus compliquée qu'une simple loi de proportionnalité. Elle dépend de la courbure de l'espace. La mesure des écarts par rapport à la stricte loi de proportionnalité est justement l'un des moyens expérimentaux qui permettraient d'évaluer cette courbure. Le taux d'expansion est donc une quantité cruciale dans tous les modèles cosmologiques en vigueur, et d'énormes efforts ont été accomplis en vue de déterminer sa valeur exacte.

Que doit-on faire pour cela ? Selon la loi de Hubble-Lemaître, il faut mesurer à la fois les décalages vers le rouge des galaxies (en utilisant les raies spectrales) et, de façon indépendante, les distances de ces galaxies. La première tâche est réalisée avec une grande précision ; la seconde, en revanche, reste un problème fondamental.

La construction d'une échelle de distances extragalactiques fiable a constitué un immense défi pour les astronomes depuis les années 1920. Pendant longtemps, deux camps se sont affrontés, l'un arguant en faveur d'une valeur basse du taux d'expansion, l'autre en faveur d'une

Distances astronomiques, p. 286

valeur haute, la différence allant du simple au double !

En réalité, chacun des camps évaluait les distances de façon différente. Aujourd'hui, la situation s'est considérablement améliorée grâce à une meilleure compréhension des astres étudiés et à de nouvelles techniques d'observation. Les mesures récentes convergent vers un accord sur une valeur de 65 km/s par mégaparsec (dix fois inférieure à celle initialement estimée par Lemaître et Hubble[1]), avec une précision de seulement quelques pour-cent.

Une question souvent posée par le public à propos de l'expansion de l'Univers est la distance à partir de laquelle elle agit effectivement. Le système solaire, par exemple, s'agrandit-il sous l'effet de l'expansion cosmique ? La réponse est non. Le taux d'expansion est imperceptible sur de si petites distances. Et la galaxie tout entière ? Non plus. Comme n'importe quelle autre galaxie individuelle, elle est bien trop liée par sa propre gravité pour que ses étoiles soient dispersées par l'expansion. Et les galaxies proches ? Toujours pas ! Unies au sein de groupes ou d'amas, les galaxies sont soumises à des vitesses d'agitation propre dirigées en tous sens. De fait, les raies spectrales de la galaxie d'Andromède, située à 2 millions d'années-lumière, sont décalées vers le bleu et non pas vers le rouge, indiquant une vitesse de rapprochement de 300 km/s. Ce n'est pas un effet de contraction du tissu spatial entre elle et nous, mais simplement un mouvement de chute libre, dû à la gravité ! Quelques autres galaxies présentent un décalage vers le bleu ; mais elles appartiennent

1. Le fait qu'elle ait été divisée par 10 en l'espace de soixante-dix ans ne reflète pas sa dépendance réelle en fonction du temps cosmique, mais les énormes erreurs de mesure humaines !

toutes à notre petit Groupe local, comprenant une vingtaine de membres agités de vitesses propres autour du centre de gravité du groupe.

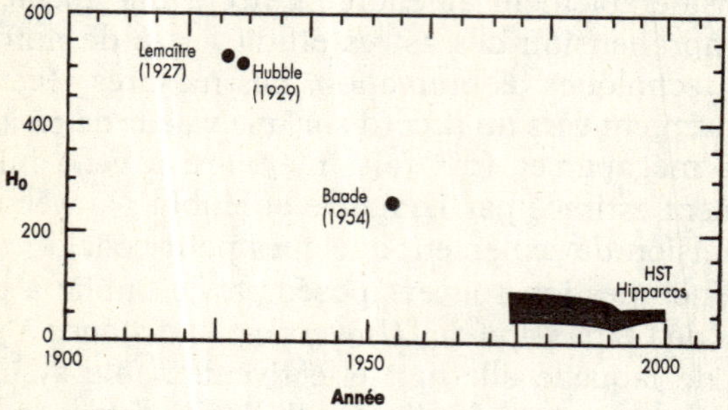

Figure 32.1. Incertitudes sur le taux d'expansion.

Ce tableau historique montre les diverses valeurs du taux d'expansion adoptées par les astronomes, depuis les travaux pionniers de Lemaître et Hubble jusqu'aux données les plus récentes obtenues par des télescopes en orbite. En soixante-dix ans d'observations, la valeur a été divisée par dix !

En fait, l'échelle de distance à partir de laquelle agit l'expansion se lit directement dans la valeur du taux d'expansion : 65 km/s pour 3 millions d'années-lumière, ou 650 km/s pour 30 millions d'années-lumière, etc. Tant que les vitesses d'agitation dépassent ces valeurs, elles effacent la tendance à l'expansion. Dans tous les amas, les galaxies ont des vitesses d'agitation de quelques centaines de kilomètres par seconde autour du centre de gravité de l'amas. Les amas eux-mêmes peuvent participer à des courants de matière à grande échelle, sous l'influence gravitationnelle de gigantesques structures comme les superamas et les attracteurs. Là encore, leurs vitesses propres sont de plusieurs centaines de kilomètres par seconde. L'expansion de l'espace ne l'emporte donc de façon certaine sur l'agitation locale qu'à partir d'une distance d'environ 100 millions d'années-lumière, c'est-à-dire pour une vitesse de fuite dépassant 2 km/s. 100 millions d'années-lumière est la taille approximative de notre Superamas local. Ce n'est qu'à partir de cette limite que s'ouvre réellement le royaume de la cosmologie relativiste.

33

L'âge de l'Univers

Bientôt même son grand âge se recroquevillera jusqu'à rapetisser des trois quarts.

ALFRED JARRY

Sous certaines hypothèses simplificatrices, la valeur du taux d'expansion donne une indication sur l'âge de l'Univers. Il est facile de comprendre pourquoi un taux d'expansion élevé correspond à un âge d'Univers théorique plus court : une plus grande vitesse d'expansion signifie que celle-ci a commencé il y a moins longtemps.

Cet âge théorique de l'Univers déduit de l'expansion, c'est-à-dire le temps mis par l'Univers pour se dilater jusqu'à son état présent, en supposant le taux d'expansion constant au cours du temps, est appelé « temps de Hubble ». Pour un univers dont la densité de matière est exactement égale à la densité critique (modèle euclidien d'Einstein-de Sitter), le temps de Hubble est donné par la simple formule $2/(3H_0)$. Si le taux d'expansion est aussi grand que 100 km/s par mégaparsec, le temps de Hubble n'est que de 6 milliards d'années. Si le taux d'expansion tombe à 50 km/s par mégaparsec, le temps de Hubble atteint 12 milliards d'années.

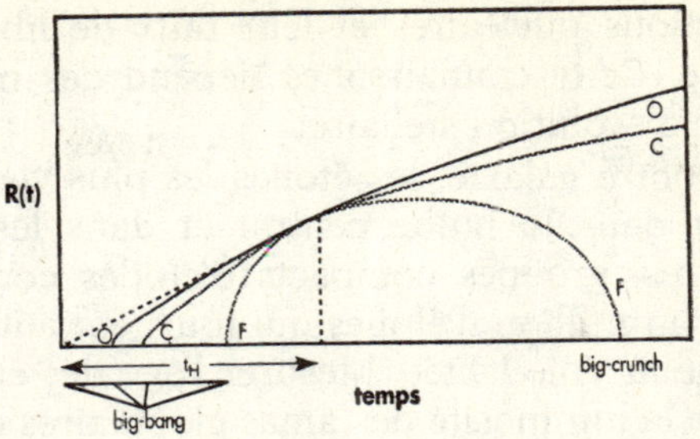

Figure 33.1. Temps de Hubble

Si on connaît le taux d'expansion actuel, noté H, il n'est pas difficile d'extrapoler le passé cosmique et de déterminer l'âge de l'univers, c'est-à-dire le temps écoulé depuis que l'expansion a commencé. Ce temps est nécessairement inférieur au temps de Hubble $t_H = 1/H$, obtenu en traçant la tangente à la courbe R(t) à l'instant présent (en pointillé). Pour un univers de densité critique (C), l'âge est égal à 2/3 t_H ; pour un univers fermé (F), il est inférieur à 2/3 t_H, et pour un univers ouvert (O) il est compris entre 2/3 t_H et t_H.

Le temps de Hubble doit maintenant être comparé à l'âge « expérimental » de l'Univers, c'est-à-dire à l'âge des plus vieux objets que nous connaissions — étoiles et éléments chimiques. Il est clair que ces objets ne peuvent être plus âgés que l'Univers lui-même (par définition). Il s'agit donc d'un test crucial pour les modèles de big-bang.

Déterminer directement l'âge d'une étoile équivaut à calculer la distance parcourue par une automobile à partir de la quantité d'essence restant dans le réservoir : si l'on connaît la capacité de ce réservoir, qui était plein au départ, ainsi que la consommation de la voiture, il est aisé d'en déduire le kilométrage. S'agissant d'une étoile, la capacité du réservoir correspond à la masse ; la quantité de carburant restant est indiquée par la couleur et la luminosité de l'astre. Reste à connaître la consommation, c'est-à-dire les réactions nucléaires et leur taux de libération d'énergie. Cette connaissance dépend des modèles détaillés d'évolution stellaire.

Dans notre galaxie, les étoiles les plus vieilles se trouvent dans le bulbe central et dans les amas globulaires, groupes compacts d'étoiles contenant environ un million d'étoiles qui tournent autour du centre de la Voie lactée. Mesurer l'âge des étoiles à partir de la luminosité des amas globulaires est une tâche délicate, car une petite erreur sur cette luminosité change l'âge de plus de 20 %. Les résultats ont donc une certaine flexibilité. Les données obtenues par le satellite européen Hipparcos indiquent une fourchette comprise entre 9 et 14 milliards d'années. Il faut ajouter environ un milliard d'années pour obtenir l'âge de l'Univers, puisque c'est le temps minimum qu'il a fallu pour que les premières étoiles puissent se former après le big-bang.

L'Univers contient aussi des éléments radioactifs, qui se désintègrent sur des durées connues car mesurées en laboratoire. Par exemple, l'uranium 238 est un isotope radioactif dont la demi-vie est de 6,5 milliards d'années et qui se transforme en plomb 206. En clair : prenons 1 kilogramme d'uranium 238 et attendons 6,5 milliards d'années ; au bout de ce temps, la masse d'uranium 238 aura diminué de moitié (les autres 500 g seront du plomb 206); après encore 6,5 milliards d'années, il ne restera plus que 250 g d'uranium 238, et ainsi de suite. La datation des roches terrestres, lunaires et météoritiques se fait par ce type de méthode. On pense savoir quelle était la quantité de matériau radioactif au moment où les roches ont été formées, dans le système solaire naissant, si bien qu'il suffit de mesurer la quantité présente pour calculer le temps écoulé. Les résultats donnent 4,566 milliards d'années pour la naissance du Soleil et des planètes, et 3,9 milliards pour la formation de la croûte terrestre[1].

Dans les étoiles lointaines, d'autres éléments radioactifs font office de chronomètre à longue durée, par exemple le thorium 232 (observé grâce à la spectroscopie), dont la demi-vie est de 14 milliards d'années. La méthode donne un résultat cohérent avec celle de l'évolution stellaire : l'âge de l'Univers est compris entre 10 et 15 milliards d'années.

En comparant avec le temps de Hubble déduit du modèle de big-bang le plus simple (Einstein-de Sitter), on voit immédiatement que, si le taux d'expansion est trop élevé, il y a incompatibilité avec l'âge expérimental. C'est la raison pour laquelle le débat sur la valeur du taux d'expansion a été si âpre, à l'époque encore très récente où deux camps s'affrontaient, l'un autour d'une valeur haute (100) parfaitement incompatible avec l'âge des étoiles, l'autre autour d'une valeur basse (50) marginalement compatible. Selon les dernières estimations faites à partir de l'étude de supernovae, les deux camps se sont réconciliés autour d'une valeur très proche de 65 km/s par mégaparsec, qui donne un temps de Hubble de 9,4 milliards d'années seulement.

Ce sont surtout les opposants épidermiques au modèle de big-bang, ainsi que la presse de vulgarisation scientifique en quête de scoops, qui ont exploité cette apparente incompatibilité entre les âges théorique et expérimental. Les premiers ont eu beau jeu de proclamer la « mort du big-bang »,

1. Tout le monde a entendu parler du carbone 14, qui permet de dater, sur des durées plus courtes, les vestiges d'êtres organisés.

relayés aussitôt par une presse mal informée, jugeant plus vendeur de faire un gros titre sur la mort d'une théorie populaire (bien qu'incomprise), plutôt que de parler d'hypothèses simplificatrices et d'incertitudes expérimentales.

Or, dans cette confrontation, les deux autres paramètres cosmologiques dont dépend l'âge théorique de l'Univers étaient purement et simplement oubliés. En premier lieu, le temps de Hubble dépend non seulement du taux d'expansion, mais aussi de la densité de matière. Si l'on suppose que l'Univers est hyperbolique, avec une densité de matière cinq fois plus petite que la densité critique, le temps de Hubble est allongé de 2 milliards d'années, et il n'y a pas d'incompatibilité avec l'âge des étoiles.

Mais surtout, l'âge théorique de l'Univers, déduit des modèles généraux de big-bang (solutions de Friedmann-Lemaître), dépend de la constante cosmologique. En effet, le raisonnement de la figure 33.1 n'est correct que si l'expansion est continuellement ralentie par la gravitation, autrement dit si l'Univers est en décélération. Beaucoup d'astronomes ont longtemps cru que c'était le cas. Mais la situation a changé du tout au tout au cours de ces dernières années, avec de nouvelles données expérimentales penchant pour une accélération de l'expansion, autrement dit pour l'existence d'une constante cosmologique non nulle.

La répulsion cosmique, p. 307

Pour une densité de matière donnée et un taux d'expansion donné, l'âge de l'Univers est toujours plus grand avec une constante cosmologique positive. À vrai dire, le temps de Hubble n'est même plus pertinent pour parler de l'âge de l'Univers. Ce dernier peut être aussi grand que l'on veut si la constante cosmologique est judicieusement choisie. Celle-ci résout donc aisément tout problème d'âge. La seule chose que signifie la prétendue incompatibilité des âges expérimental et théorique de l'Univers, c'est que le modèle ultrasimplifié d'Einstein-de Sitter, avec sa densité critique et sa constante cosmologique nulle, doit être définitivement éliminé. Mais les modèles généraux de big-bang ne se réduisent pas à ce cas extrêmement particulier ; avec une densité de matière sous-critique ou une constante cosmologique positive, ils passent sans problème ce test de confrontation des âges.

Il n'y a d'ailleurs rien de nouveau sous le soleil : une telle situation s'était déjà produite aux tout débuts de la cosmologie relativiste. La valeur de la constante de Hubble H_0, déterminée expérimentalement par Lemaître en 1927 et Hubble en 1929, était, nous l'avons vu, dix fois plus grande que celle mesurée aujourd'hui. L'erreur, due à une mauvaise estimation de la distance des Céphéides, a joué un rôle retardateur dans l'acceptation du concept de big-bang. En effet, en **Distances astronomiques, p. 286** adoptant cette valeur élevée du taux d'expansion, l'âge de l'Univers, calculé dans le cas d'une constante cosmologique nulle, était inférieur au milliard d'années ; à l'époque on ne savait pas mesurer l'âge des étoiles, mais on commençait à avoir une idée de l'âge de la Terre, grâce à la radioactivité naturelle, récemment découverte. C'est l'une des raisons pour lesquelles Lemaître, toujours soucieux de faire accorder les données théoriques avec celles de l'expérience, ne voulut jamais abandonner l'idée de constante cosmologique, au contraire d'Einstein et de la grande majorité des cosmologistes.

34

Distances astronomiques

Mesure la sincérité et la piété dans ton cœur
et tu sauras les distances dans le ciel.

RABBI AKIBA
(mort martyr en 132)

Déterminer la distance des galaxies lointaines requiert une échelle d'arpenteur que l'on déplie de proche en proche, chaque barreau de l'échelle influant sur les barreaux supérieurs. La moindre erreur sur le premier induit d'énormes incertitudes sur le haut de l'échelle.

Le premier barreau correspond à la distance des étoiles proches, qui s'obtient par une technique de triangulation appelée parallaxe. Tendons un doigt devant nos yeux et regardons-le alternativement avec l'œil gauche et l'œil droit : il semble se déplacer sur l'arrière-plan. L'écart angulaire, ou parallaxe, est fonction de l'écartement des yeux et de la distance du doigt. De la même façon, les étoiles les plus proches sont vues dans des directions différentes lorsqu'elles sont observées à six mois d'intervalle, de part et d'autre de l'orbite terrestre[1]. La parallaxe

1. C'est-à-dire avec des yeux séparés de 300 millions de kilomètres...

sur une étoile située à une année-lumière est la même que celle qui serait perçue par nos yeux regardant alternativement une bougie à 3 km. Elle est, en ce cas, de trois secondes d'arc[1].

La première étoile dont la parallaxe ait été mesurée est 61 Cygni. En 1838, Friedrich Bessel trouva la valeur de 0,3", soit une distance de 10 années-lumière.

La méthode de la parallaxe ne fonctionne que pour les étoiles plus proches que 3 000 années-lumière ; au-delà, les instruments les plus sophistiqués, qu'ils soient au sol ou embarqués sur satellite, n'ont pas la résolution suffisante pour mesurer des écarts angulaires aussi infimes qu'un millième de seconde d'arc[2]. Cela est vrai du moins dans le domaine optique. On espère un jour, par des observations radio interférométriques utilisant pour base la Terre et un satellite artificiel en orbite autour du Soleil, mesurer des parallaxes trigonométriques jusqu'à la distance de 300 millions d'années-lumière. Avec un premier barreau d'échelle aussi élevé, l'arpentage cosmologique ne posera plus de problèmes.

Mais nous n'en sommes pas là et, en attendant, il faut utiliser d'autres méthodes, fondées sur la brillance des astres. L'une des propriétés caractéristiques de la propagation de la lumière dans l'espace est que l'éclat apparent d'une source lumineuse varie en raison inverse du carré de sa distance (figure 34.1). Il en découle que la distance d'un objet peut être

1. Le cercle est divisé en 360 degrés, chaque degré en 60 minutes et chaque minute en 60 secondes d'arc. Une seconde d'arc représente donc la 1 296 000e partie de la circonférence d'un cercle.

2. Le projet Gaia de l'Agence spatiale européenne prévoit d'accéder à des parallaxes de 10 microsecondes d'arc, l'équivalent de l'épaisseur d'un cheveu vu à 1 000 km !

déterminée en comparant sa luminosité apparente à sa luminosité intrinsèque.

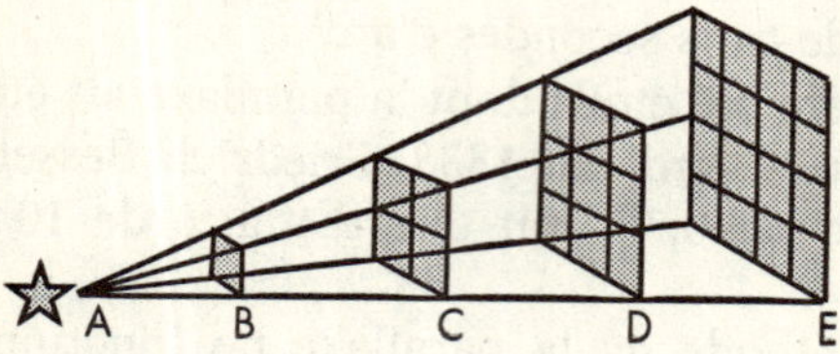

Figure 34.1. Mesure de la distance par la luminosité

À la distance B du centre lumineux A, un certain nombre de particules lumineuses (photons) occupent la surface B. À une distance double, c'est-à-dire en C, les photons se trouveront d'autant plus éparpillés qu'ils occuperont quatre surfaces semblables ; à une distance triple, D, ils seront d'autant plus séparés les uns des autres qu'ils occuperont neuf surfaces semblables, et ainsi de suite.

La luminosité apparente est celle que nous mesurons directement. La difficulté se ramène donc à estimer la luminosité intrinsèque d'un astre. Comment connaître l'éclat propre d'une ampoule électrique, sachant qu'une ampoule A, quatre fois plus puissante qu'une ampoule B, aurait exactement le même éclat apparent si elle était située deux fois plus loin ? La solution consiste à utiliser des ampoules standard. Si vous avez acheté des ampoules au supermarché, vous saurez certainement faire la différence entre l'ampoule de 100 watts que vous observez de loin et celle de 25 watts placée deux fois plus près. Les galaxies ne s'achètent pas au supermarché, mais les astronomes ont sorti de leurs cartons des chandelles standard nommées Céphéides, supernovae de type Ia et galaxies géantes.

Une Céphéide est une étoile variable d'un type particulier (dont le premier exemplaire fut découvert dans la constellation de Céphée). La variabilité de son éclat est due à une pulsation régulière qui dilate et contracte alternativement l'étoile. À partir de sa période de variation, facilement mesurable, les astronomes sont capables d'estimer sa luminosité propre. Les Céphéides fournissent donc un indicateur de distance, à condition que la relation période-distance puisse être calibrée par une Céphéide suffisamment proche pour que son éloignement ait été évalué géométriquement. Grâce à ce calibrage, il est ensuite possible d'estimer la distance de Céphéides observées dans des galaxies extérieures, si lointaines que la méthode de la parallaxe ne pourrait plus être mise en œuvre. C'est par cette technique qu'Edwin Hubble, en 1925, démontra pour la première fois la nature extragalactique de la nébuleuse d'Andromède[1]. Aujourd'hui, grâce au télescope spatial, il est possible de voir des Céphéides jusque dans des galaxies distantes de 15 millions d'années-lumière.

Une supernova de type Ia (en abrégé SN Ia) est l'explosion d'une étoile appelée « naine blanche », qui se produit lorsque l'étoile dépasse la masse critique de 1,4 masse solaire, par accrétion dans un système double. Les naines blanches ayant toutes la même masse, leurs explosions dégagent toutes la même énergie et la même luminosité intrinsèque. La mesure de leur luminosité apparente fournit donc leur distance. Là encore, on peut calibrer la relation entre la distance et la luminosité apparente d'une SN Ia dans une galaxie proche, en évaluant la

1. Avec une erreur de calibrage qui lui fit penser que la galaxie d'Andromède était deux fois plus proche qu'elle ne l'est en réalité, erreur qui s'est répercutée sur la valeur du taux d'expansion qu'il proposa.

distance de cette galaxie grâce au deuxième barreau de l'échelle, à savoir une Céphéide. Ce calibrage accompli, les supernovae peuvent être observées beaucoup plus loin que les Céphéides, car leur luminosité intrinsèque est beaucoup plus grande. Notre échelle d'arpenteur permet donc de sonder plus profondément le monde des galaxies.

Les galaxies les plus brillantes de chaque amas riche (ce sont en général des elliptiques supergéantes) sont supposées avoir la même luminosité intrinsèque. 90 % d'entre elles ont des éclats qui varient de moins d'un facteur 2. En principe, elles peuvent donc aussi faire office d'indicateur de distance, et ce pour des régions encore plus lointaines. Mais plus on s'éloigne dans l'espace, plus on plonge profondément dans le passé ; or, chaque galaxie a une histoire : en dix milliards d'années, l'évolution stellaire en son sein, ainsi que les collisions possibles avec d'autres galaxies, ont le temps de modifier ses caractéristiques. La méthode des galaxies géantes est donc au moins autant entachée d'erreurs expérimentales que celle des Céphéides et des SN Ia, ce qui montre bien la difficulté de déterminer directement les très grandes distances en astronomie.

35

Les mathématiques cosmiques

Et sur leurs tabliers sont inscrites les formules,
en écriture abstraite, en hautes maths.

FRANCIS PONGE

Lorsque, en 1927, Albert Einstein prit connaissance du modèle d'univers en expansion que le jeune Georges Lemaître venait de publier, il déclara : « Vos mathématiques sont superbes, mais votre physique abominable. » Outre la répugnance d'Einstein à envisager une cosmologie non statique — d'où son injuste appréciation de la physique de Lemaître —, cette réaction traduit le fait que le père de la relativité générale, l'un des plus grands physiciens de tous les temps, n'était pas un mathématicien de premier ordre : il se laissait plus impressionner par le savoir-faire mathématique de ses collègues que par leurs raisonnements physiques !

En 1912, son camarade d'études Marcel Grossmann, devenu professeur de mathématiques à Zurich, lui avait expliqué que, s'il voulait incorporer la gravitation dans la théorie de la relativité restreinte, il devait introduire un nouveau cadre mathématique, en l'occurrence la géométrie différentielle en espace courbe. Les outils permettant de traiter les espaces courbes étaient encore d'invention récente. Construits par Bernhard Riemann, ils avaient été développés par Elwin Christoffel, Gregorio Ricci, Tullio Levi-Civita et quelques autres sous le nom de « calcul tensoriel ». Einstein n'ayant aucune expérience dans ce domaine, c'est Grossmann qui rédigea la partie mathématique de la relativité générale.

La théorie vit le jour en 1915. Mais pendant de nombreuses années elle fut ignorée — voire repoussée avec horreur — par beaucoup de physiciens en raison de ses mathématiques rebutantes. La cosmologie, domaine d'application particulier de la relativité générale, autorise néanmoins une simplification considérable des équations d'Einstein et, par là même, du formalisme mathématique sous-jacent. Examinons ici la nature, ou plutôt l'esprit, des « mathématiques cosmiques ».

Comme les ouvrages de vulgarisation scientifique ont généralement pour consigne d'évacuer toute formule, le grand public a tendance à considérer que la physique, et principalement l'astrophysique, se contente de raconter des « histoires », de proposer des images et autres analogies. Ce nettoyage lui confère une certaine parenté avec les mythes, ce que ne manquent pas de souligner ceux qui dénient à la cosmologie le statut de véritable science.

Cosmos et logos, p. 251

Or, au-delà des poétiques envolées sur le big-bang, le tissu élastique de l'espace-temps et l'énergie du vide, le véritable propos — et la folle ambition — de la cosmologie relativiste est de faire tenir la structure et le destin de l'Univers dans une poignée d'équations. Je crois que la majorité des lecteurs peut être sensible à la beauté de la concision, celle du fameux $E = mc^2$, mais aussi celle des équations de la relativité générale. Je vais donc les donner ici (sous forme simplifiée), pas tant pour qu'elles soient comprises que pour qu'elles soient *vues*. Je pense aussi à tous les lycéens qui passent leur temps à plancher sur la résolution d'équations en se demandant souvent à quoi cela servira plus tard.

En relativité générale, les effets de la gravitation ne s'interprètent pas comme une force engendrée par les corps massifs, mais se résorbent dans la structure géométrique même de l'Univers. Cette identification entre gravitation et géométrie impose un cadre mathématique nouveau : celui d'un espace-temps à quatre dimensions, pourvu d'une métrique non euclidienne.

La métrique est une façon de mesurer la distance infinitésimale entre deux points voisins. De proche en proche, elle permet d'évaluer l'intervalle entre deux points quelconques de l'espace-temps, c'est-à-dire entre deux « événements », repérés chacun par trois coordonnées de position (x, y, z) et une coordonnée d'instant t. En cosmologie, des événements typiques sont l'émission d'une particule de lumière par une galaxie et sa réception sur Terre.

La métrique généralise le théorème de Pythagore qui, dans la géométrie euclidienne plane, spécifie que le carré de la distance entre deux points voisins est égal à la somme des carrés des distances projetées sur des axes de coordonnées orthogonaux : $dl^2 = dx^2 + dy^2$. Dans un espace-temps non euclidien, l'expression pythagoricienne se transforme en une somme plus compliquée mettant en jeu tous les produits deux à deux des coordonnées, c'est-à-dire des termes en x^2, y^2, z^2, t^2, xy, xz, xt, yz, yt, zt, chacun de ces dix produits étant affecté d'un coefficient qui dépend lui-même de la position et de l'instant. Ces coefficients g_{xx}, g_{yy}, g_{xy}, g_{yz}, etc., appelés *potentiels de métrique*, deviennent les variables essentielles de la nouvelle théorie de la gravitation, car ils définissent entièrement les propriétés de courbure de l'espace-temps. On vérifie aisément qu'ils sont au nombre de dix.

$$\begin{pmatrix} g_{xx} & g_{xy} & g_{xz} & g_{xt} \\ g_{yx} & g_{yy} & g_{yz} & g_{yt} \\ g_{zx} & g_{zy} & g_{zz} & g_{zt} \\ g_{tx} & g_{ty} & g_{tz} & g_{tt} \end{pmatrix}$$

Figure 35.1. Le tenseur de métrique

Dans un espace-temps à quatre dimensions, le tenseur de métrique possède 16 composantes qui peuvent être rangées sous forme d'un tableau de 4 lignes et 4 colonnes appelé matrice. Comme cette matrice est symétrique (c'est-à-dire $g_{xy} = g_{yx}$, etc.), il n'y a en réalité que 10 coefficients de métrique indépendants.

Les équations d'Einstein explicitent le couplage entre la géométrie de l'espace-temps et son contenu matériel. Elles généralisent l'équation de Poisson qui, dans la théorie newtonienne classique, relie le potentiel gravitationnel (donné par une seule quantité, dite scalaire) à la densité de matière (également scalaire). En relativité générale, la gravitation est décrite non plus par un seul potentiel mais par les dix potentiels de métrique.

De façon très schématique, les équations d'Einstein se réduisent à l'égalité :

$$\boldsymbol{G} = \boldsymbol{T}$$

c'est-à-dire : géométrie = matière.

Les symboles ***G*** et ***T*** sont écrits en caractères gras pour signifier qu'il ne s'agit pas de simples nombres, mais d'objets mathématiques appelés « tenseurs », sortes de tableaux à seize composantes (matrices de quatre lignes et quatre colonnes semblables aux cases d'un petit damier) contenant toute l'information sur la géométrie et sur la distribution de matière.

Le membre de gauche, ***G***, se construit à partir d'un autre tenseur ***R*** dit « de Ricci », qui contient toutes les informations sur la courbure ; son expression a été trouvée par Einstein et Grossmann, après de nombreux essais infructueux, grâce à un raisonnement physique. Dans la première version des équations du champ gravitationnel, donnée par Einstein en 1915, on avait :

$$\boldsymbol{G} = \boldsymbol{R} - 1/2gR$$

où ***g*** est le tenseur de métrique rassemblant en tableau les potentiels de métrique, et ***R*** est la courbure scalaire de l'espace-temps.

Dans la deuxième version donnée en 1917, Einstein introduisit la constante cosmologique λ, de sorte que :

$$\boldsymbol{G} = \boldsymbol{R} - 1/2gR + \lambda g.$$

Le membre de droite, représenté par le tenseur ***T*** dit « d'énergie-impulsion », contient toute l'information sur la distribution et le mouvement des différentes formes d'énergie dans l'Univers, matière et rayonnements. Une excellente approximation de l'état actuel de l'Univers est un gaz de pression nulle dont les molécules, sans interaction mutuelle, sont les galaxies. Pour décrire simplement l'Univers primordial chaud, on peut aussi ajouter une densité d'énergie et une pression, sous forme de rayonnement. Dans les deux cas, l'état de la matière est celui d'un « fluide parfait » décrit par deux nombres qui dépendent en principe du temps, la densité $\rho(t)$ et la pression $p(t)$. Notons que le terme supplémentaire $\lambda \boldsymbol{g}$ peut tout autant être considéré comme faisant partie du membre de gauche $\boldsymbol{G}$ — auquel cas il s'interprète comme une composante de la géométrie, que comme faisant partie du membre de droite $\boldsymbol{T}$ — auquel cas il s'interprète comme une contribution à l'énergie (c'est plutôt la tendance actuelle).

La répulsion cosmique, p. 307

Les équations d'Einstein sont impossibles à résoudre dans toute leur généralité. Pour en trouver des solutions exactes, il faut simplifier le membre de gauche, en supposant des symétries d'espace-temps particulières, et simplifier le membre de droite, en réduisant le contenu matériel de l'Univers à sa plus simple expression : selon la région de l'Univers que l'on veut décrire, on peut supposer le vide, une masse isolée, un champ électromagnétique pur, un fluide de galaxies, etc.

Avec ce souci de symétrie et de simplicité, on voit resurgir une idée platonicienne, mais ici pour de moins nobles raisons, puisqu'il s'agit simplement de parvenir à résoudre une équation ! C'est exactement ce que l'on fait pour construire un modèle cosmologique qui soit solution de la relativité générale. Il est heureux que, dans le cas de la cosmologie, les simplifications se justifient en grande partie[1]. En effet, qu'observe-t-on sur la répartition réelle de matière dans l'Univers à grande échelle ? Tout d'abord une remarquable symétrie autour de nous, l'isotropie : les propriétés physiques de l'Univers ne dépendent pas de la direction dans laquelle on observe. Une deuxième symétrie fondamentale est postulée plutôt qu'observée : il s'agit de l'homogénéité spatiale, selon laquelle les propriétés physiques sont les mêmes quel que soit le point de l'espace considéré à un moment donné. Ces deux postulats réunis, homogénéité et isotropie, forment le principe cosmologique, qui parachève l'idée de Copernic tendant à en finir avec l'anthropocentrisme.

Mathématiquement, le principe cosmologique se traduit par le fait que l'espace est à courbure constante dans l'espace. La métrique prend alors une forme simple, mettant en exergue un facteur d'échelle universel $a(t)$ qui, à chaque instant, a la même valeur dans l'espace, et tel que la distance entre deux points quelconques varie au cours du temps proportionnellement à a. Ce facteur d'échelle est parfois appelé « rayon d'univers », mais le terme est abusif, car il ne prend ce sens que dans le cas des espaces de taille finie.

Puisque la courbure est constante dans l'espace, seuls trois cas sont à considérer, selon le signe qu'elle peut prendre. Ainsi, la courbure est donnée par l'expression $k/a^2(t)$, k pouvant prendre les valeurs +1, 0 et –1 : si la courbure est positive ($k = +1$),

1. Contrairement à la théorie de la cosmologie quantique, fondée sur des équations dites de Wheeler-de Witt tout aussi non résolvables que les équations d'Einstein, mais où les solutions obtenues au prix de grossières simplifications, comme celles qui ont été proposées par Stephen Hawking ou Andrei Linde, sont difficilement justifiables.

l'espace est sphérique et nécessairement fini (comme l'hypersphère) ; si elle est nulle ($k = 0$), l'espace est euclidien ; si elle est négative ($k = -1$), l'espace est hyperbolique. Les espaces euclidiens et hyperboliques peuvent être de volume fini ou infini ; la question relève de la topologie, non pas des équations relativistes.

La résolution des équations d'Einstein tenant compte des simplifications précédentes et de la constante cosmologique fournit tout un ensemble de modèles cosmologiques dits de Friedmann-Lemaître[1]. Un modèle de Friedmann-Lemaître est caractérisé par sa courbure, par sa dynamique temporelle et par sa topologie. Seules les deux premières sont calculables par les équations de la relativité. La dynamique est donnée par la façon dont le facteur d'échelle $a(t)$ et la densité $\rho(t)$ varient au cours du temps. Quand a augmente, l'Univers est en expansion et les distances entre galaxies lointaines augmentent au cours du temps. Dans le cas contraire, les distances diminuent au sein d'un Univers en contraction. Certains modèles peuvent parfaitement présenter successivement des phases d'expansion et de contraction au cours de leur évolution. La plupart des solutions de Friedmann-Lemaître ont un début singulier, c'est-à-dire un temps t du passé où le facteur d'échelle $a(t)$ s'annule : ce sont les fameux modèles de big-bang. Le facteur d'échelle peut aussi s'annuler dans le futur, auquel cas l'Univers finit dans un « big-crunch ».

1. Auxquels les Anglo-Saxons ajoutent les noms de H. Robertson et A. Walker, car ces chercheurs ont clarifié la structure mathématique de la cosmologie relativiste, au début des années 1930.

La figure 35.2 récapitule sous forme graphique toutes les évolutions temporelles possibles du facteur d'échelle $a(t)$, en fonction des deux paramètres cosmologiques fondamentaux qui sont le signe de la courbure et la valeur de la constante cosmologique. Au cours des quatre-vingts ans d'histoire de la cosmologie relativiste, la faveur des chercheurs s'est portée tour à tour sur l'une ou l'autre case de ce tableau. Les prétendues remises en cause du big-bang qu'on lit régulièrement dans la presse de vulgarisation ne font que rapporter les glissements de consensus qui ont cours chez les professionnels autour des valeurs admises des paramètres cosmologiques ; elles ne sortent que rarement du cadre général des solutions homogènes de Friedmann-Lemaître, et ce pour une raison simple : si l'on s'en écarte, il est pratiquement impossible de trouver des solutions exactes des équations d'Einstein !

La plupart des modèles cosmologiques relativistes homogènes, proposés depuis 1917, correspondent à une case de ce tableau. Recensons-les par ordre chronologique.

1917 — Modèle statique d'Einstein (case LE, trait pointillé)

Courbure : +1

Matière : ρ = constante, p = 0

Constante cosmologique : λ_E

Dynamique : non

C'est un cas très particulier des solutions de Friedmann-Lemaître, car la constante cosmologique est ajustée très précisément à une valeur λ_E de façon à imposer la constance du facteur d'échelle a et de la densité de matière ρ au cours du temps. L'univers d'Einstein est de la matière sans mouvement.

1922 — Modèle fermé de Friedmann (case FF)

Courbure : +1

Matière : ρ(t) variable, p = 0

Constante cosmologique : 0

Dynamique : expansion-contraction

Friedmann a aussi traité sur le plan mathématique les solutions à constante cosmologique non nulle, mais il a fait remarquer que celle-ci était superflue puisque, sans elle, on obtenait un modèle mathématiquement cohérent ayant un début et une fin dans le temps.

1924 — Modèle ouvert de Friedmann (case FO)

Courbure : –1

Matière : ρ(t) variable, p = 0

Constante cosmologique : 0

Dynamique : expansion perpétuelle

Friedmann a aussi traité les équations avec constante cosmologique ; son but était de prouver que la cosmologie relativiste admettait des espaces de courbure négative.

1927 — Modèle de Lemaître-Eddington (case LE)

Courbure : +1

Matière : ρ(t), p (t) variables

Constante cosmologique : λ_E

Dynamique : expansion perpétuelle accélérée

La constante cosmologique est ajustée de façon que *a(t)* croisse sans cesse à partir de l'hypersphère statique d'Einstein à $t = -\infty$. Il n'y a donc ni big-bang ni problème d'âge de l'Univers.

1931 — Modèle d'univers hésitant de Lemaître (case L)

Courbure : +1

Matière : $\rho(t)$, p (t) variables

Constante cosmologique : $\lambda > \lambda_E$

Dynamique : expansion perpétuelle, initialement décélérée, puis accélérée

À partir d'une origine singulière appelée atome primitif, l'Univers traverse une phase d'« hésitation » au cours de laquelle il côtoie l'état statique d'Einstein avant de repartir en expansion continûment accélérée. Ce modèle résout le problème de l'âge de l'Univers et du temps nécessaire pour former les galaxies.

1932 — Modèle euclidien d'Einstein-de Sitter (case ES)

Courbure : 0

Matière : $\rho(t)$ variable, p = 0

Constante cosmologique : 0

Dynamique : expansion perpétuelle, décélérée

Cette solution ultra-simplifiée a servi de modèle standard pendant soixante ans, au point d'occulter les recherches sur les autres modèles. Conforté dans les années 1980 par le modèle d'inflation, il est aujourd'hui abandonné, notamment parce qu'il donne un âge de l'Univers trop court.

Vers 1990 — Modèle à densité sous-critique (case FO)

Courbure : –1

Matière : $\rho(t)$ et p (t) variables

Constante cosmologique : 0

Dynamique : expansion perpétuelle décélérée

Les mesures de la densité de matière sombre à partir de la dynamique des amas suggèrent une densité largement inférieure à la densité critique, favorisant ainsi un modèle hyperbolique.

2000 — Modèle « provisoirement standard » (case MS)

Courbure : voisine de 0
Matière : $\rho(t)$ et p (t) variables
Constante cosmologique : oui (« énergie noire »)
Dynamique : expansion perpétuelle accélérée

Retour à un modèle proche de celui de Lemaître, imposé par les dernières données expérimentales, mais avec une dynamique dominée par l'énergie du vide, interprétation moderne de la constante cosmologique. La fourchette d'incertitude embrasse les trois cas de courbure possible –1, 0 et +1, mais beaucoup de théoriciens, restant attachés au modèle de l'inflation, ajustent la constante cosmologique de façon à obtenir un univers exactement euclidien.

Variantes des modèles homogènes de Friedmann-Lemaître

Tout en continuant à supposer l'homogénéité et l'isotropie de l'Univers, il est loisible de faire des hypothèses « exotiques » sur la nature et la distribution de matière et d'énergie, qui n'est plus celle d'un fluide parfait. Les trois solutions ci-dessous ont suscité beaucoup d'attention en leur temps, mais sont (provisoirement ?) abandonnées.

1917 — Modèle statique de De Sitter

Courbure : +1
Matière : $\rho = 0$, $p = 0$
Constante cosmologique : oui
Dynamique : non

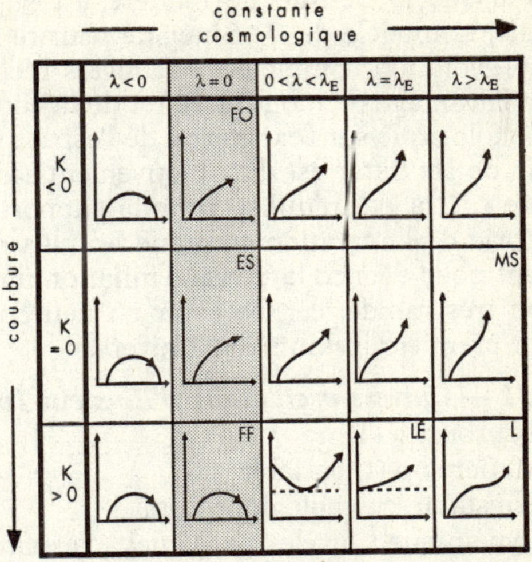

Figure 35.2. Représentation graphique des univers de Friedmann-Lemaître

La dynamique des modèles cosmologiques de Friedmann-Lemaître, c'est-à-dire la variation du facteur d'échelle spatiale en fonction du temps cosmique, est déterminée par le signe (k) de la courbure des sections spatiales et par la valeur de la constante cosmologique λ. Deux valeurs particulières de cette dernière sont $\lambda = 0$ et $\lambda = \lambda_E$, où λ_E est la valeur proposée en 1917 par Einstein afin d'assurer le caractère statique de son univers hypersphérique. Puisqu'une constante cosmologique positive équivaut à une action répulsive à grande distance, tous les modèles à grande constante cosmologique ($\lambda > \lambda_E$) sont « ouverts » dans le temps, c'est-à-dire en expansion perpétuelle, quelle que soit leur courbure. À l'inverse, une constante négative $\lambda < 0$ (peu vraisemblable sur le plan physique) contribuerait à augmenter la gravité effective, de sorte que les modèles d'univers correspondants finiraient tous par s'effondrer sur eux-mêmes.

Dans certains cas ($k > 0$ et $0 < \lambda \leq \lambda_E$), la singularité initiale peut même disparaître ; toutes les solutions de Friedmann-Lemaître ne sont donc pas des modèles à big-bang.

Puisque la densité de matière est supposée nulle, le modèle de De Sitter ne peut représenter l'évolution complète de l'Univers réel. Mais il a l'avantage de montrer l'effet de la constante cosmologique sur l'expansion de l'espace. L'univers de De Sitter est du « mouvement sans matière ». Il a été réutilisé comme support de la théorie de la création continue, et plus récemment pour décrire la phase d'inflation à expansion très rapide, censée avoir eu lieu dans les tout premiers instants de l'Univers.

1931 — Univers oscillatoire d'Einstein-Tolman

Courbure : +1

Matière : ρ (t) variable

Constante cosmologique : oui

Dynamique : cycle perpétuel d'expansions-contractions

Normalement, le modèle fermé de Friedmann commence dans un big-bang et s'achève dans un big-crunch, mais Friedmann avait suggéré la possibilité d'une solution cycloïdale où l'Univers fermé se dilate et se contracte successivement un grand nombre de fois. Si l'on accepte certaines équations d'état exotiques de la matière, on obtient effectivement une solution où le rayon de l'espace oscille entre une valeur minimale (état de compression maximale) et une valeur maximale (état de compression minimale). Selon Richard Tolman, les singularités devaient être remplacées par des univers très petits et très denses, du genre de l'atome primitif. Eddington répondit qu'il trouvait plutôt stupide de répéter indéfiniment la même chose. Lemaître baptisa ce modèle « univers-phénix » et démontra que les singularités étaient inévitables, à moins que l'on n'introduise dans la relativité générale des corrections quantiques dont l'effet était d'« émousser la pointe ». L'univers-phénix trouva encore des avocats aussi prestigieux que George Gamow et John Wheeler. Les formes philosophiquement motivées de l'univers-phénix remontent très loin. Dans la cosmologie brahmanique, le *kalpa* (jour de Brahma) était une période cosmique équivalant à environ 4 milliards d'années, se terminant par une destruction totale et une période de non-création (nuit de Brahma), avant de renaître en une succession infinie de cycles. Des spéculations analogues étaient courantes dans l'Antiquité, la « grande année » symbolisant la vaste période après laquelle l'histoire du monde devait se répéter.

1948 — Modèle de l'état stationnaire

Courbure : 0
Matière : ρ constant + champ d'énergie exotique
Dynamique : expansion

En 1948, Thomas Gold et Hermann Bondi voulurent appliquer le « principe cosmologique parfait », selon lequel les propriétés physiques de l'Univers sont non seulement constantes dans l'espace (homogénéité spatiale), mais aussi constantes dans le temps (état stationnaire). Mais pour compenser l'expansion, qui a tendance à diminuer la densité, il fallait imaginer une création continue de matière. Selon leurs calculs, il suffisait qu'un atome d'hydrogène par litre d'espace soit créé spontanément chaque milliard d'années pour assurer l'état stationnaire.

Fred Hoyle montra que cela pouvait se réaliser dans le cadre du modèle de De Sitter, à condition d'introduire dans le tenseur impulsion-énergie un « champ de création ». Conçu comme un réservoir d'énergie potentielle négative qui se manifeste lorsque des par-

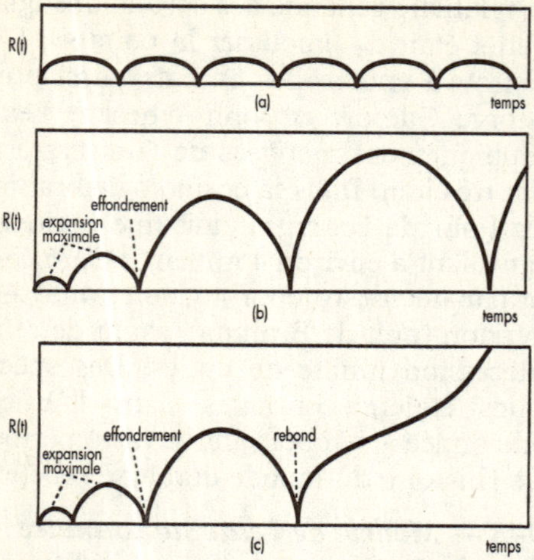

Figure 35.3. Trois modèles d'Univers-phénix

(a) L'Univers périodique imaginé par Friedmann répète indéfiniment le même cycle d'expansion-contraction.
(b) Dans le modèle étudié par Lemaître, la durée et le rayon maximal de chaque cycle augmentent au cours du temps.
(c) Dans ce modèle, la création d'entropie d'un cycle à l'autre est telle qu'au bout d'un petit nombre de cycles d'expansion-contraction l'Univers connaît un ultime rebond (notre big-bang) et entre en expansion perpétuelle accélérée, dans laquelle nous nous trouvons actuellement.

ticules sont créées, ce champ agirait tout au long d'une histoire cosmique perpétuelle et inchangeante.

Sérieux compétiteur des modèles de big-bang dans les années 1950 (le nom de « big-bang » fut donné par dérision à la théorie rivale de Lemaître par Fred Hoyle lui-même), ce modèle se heurta à la découverte du rayonnement fossile.

L'idée d'un champ de création a été reprise, sous une autre forme, dans les modèles d'inflation ; il n'agit alors que durant une époque très brève et primitive de l'histoire cosmique.

36

La répulsion cosmique

Rien ne peut être créé à partir de rien.

LUCRÈCE

Depuis 1927, théorie et observations montrent que l'Univers se dilate progressivement. La plupart des astronomes ont considéré que l'expansion de l'Univers, gouvernée par la force attractive de gravité, devait évoluer en ralentissant, c'est-à-dire que le taux d'expansion devait diminuer au cours du temps.

Le taux d'expansion, p. 274

Des recherches récentes viennent contredire cette thèse simplificatrice, qui ne correspondait d'ailleurs qu'à des cas très particuliers des solutions cosmologiques de la relativité générale.

Le premier chapitre de cette histoire commence par une bévue commise en 1917 par Albert Einstein qui, bien naturellement, souhaite utiliser sa toute nouvelle théorie de la relativité générale pour décrire la structure de l'Univers dans son ensemble. La conception cosmologique qui prévaut alors est que l'Univers doit être statique, c'est-à-dire invariable dans le temps. Einstein s'attend à ce que la relativité générale appuie cette opinion. Mais, à sa grande surprise, ce n'est pas le cas. Le modèle d'univers qu'il élabore, empli uniformément de matière et dont la géométrie est celle d'une hypersphère, n'a pas un rayon de courbure constant : la force inexorable de la gravité, agissant sur chaque corps céleste, a tendance à le déstabiliser.

Pour Einstein, le seul remède à ce dilemme consiste à ajouter un terme *ad hoc* mais mathématiquement cohérent dans ses équations d'origine. Cet ajout correspond à une sorte d'« antigravité », qui agit comme une force de répulsion ne se faisant sentir qu'à l'échelle cosmique. Grâce à cette astuce mathématique, le modèle d'Einstein reste aussi permanent et invariable que l'Univers apparent. Einstein représente ce terme par la lettre grecque λ et le nomme « constante cosmologique ». Il s'agit bien d'une constante, puisqu'elle doit garder exactement la même valeur dans l'espace et dans le temps. Formellement, elle peut prendre *a priori* n'importe quelle valeur, mais celle qui est sélectionnée par Einstein aboutit à un Univers statique.

La même année 1917, Willem de Sitter bâtit un autre modèle d'univers relativiste statique, très différent de celui d'Einstein. Il suppose en effet que la densité de matière reste nulle au cours du temps ; en contrepartie, il doit faire intervenir une constante cosmologique positive : en l'absence de matière, donc de gravité, seule une constante cosmologique peut déterminer la courbure de l'espace[1]. Le rôle de la constante cosmologique s'éclaire d'un jour nouveau : dans le modèle de De Sitter, les trajectoires suivies par les « galaxies » (de masse nulle, puisque la matière est supposée absente) se séparent rapidement les unes des autres au cours du temps,

1. Si la constante cosmologique et la densité de matière sont toutes deux nulles, l'Univers se réduit à l'espace-temps plat et statique de Minkowski, utilisé uniquement en relativité restreinte.

comme s'il y avait une dilatation générale de l'espace. Cela signifie que, en l'absence de matière, la constante cosmologique a une influence certaine sur la structure de l'espace. Aux yeux d'Einstein, la solution de De Sitter se réduit toutefois à une simple curiosité mathématique, dans la mesure où l'Univers réel a bien une masse.

Un premier coup de théâtre se produit en 1922, lorsque le mathématicien russe Alexandre Friedmann étudie des modèles cosmologiques sans préjuger du caractère statique de l'Univers. Il découvre alors des solutions de la relativité générale où le rayon de courbure de l'espace varie au cours du temps, qu'il y ait une constante cosmologique ou pas. Les solutions statiques précédemment trouvées par Einstein et de Sitter n'apparaissent plus que comme des cas très particuliers de solutions plus générales, qui sont dynamiques.

Peu d'années après, les observations d'Edwin Hubble indiquent que les galaxies ont effectivement tendance à se séparer irrésistiblement au cours du temps. De façon concomitante, le théoricien britannique Arthur Eddington réexamine le modèle d'Einstein et découvre que, tel un stylo posé sur sa pointe, il est instable : à la moindre perturbation, il entre en expansion ou en contraction.

Tous ces faits nouveaux concourent à faire admettre que le modèle d'Einstein n'est pas un bon modèle d'Univers et à remettre en cause la constante cosmologique : non seulement elle ne remplit pas vraiment sa fonction, qui était de stabiliser le rayon d'Univers, mais il semble, de toute façon, que ce rayon soit variable. Dans ces conditions, à quoi bon garder ce terme superflu ? Einstein est le premier à faire son autocritique ; après quelques réticences[1], il finit par admettre la pertinence physique des solutions de Friedmann et déclare que, en introduisant la constante cosmologique, il a commis la plus grosse bévue de sa vie... Dans le nouveau modèle relativiste qu'il propose en 1932 avec son collègue de Sitter, un modèle de densité uniforme, euclidien et en expansion perpétuelle, le terme a disparu !

À première vue, le débat sur la constante cosmologique paraît clos. Pourtant, un homme n'est pas d'accord. Il s'appelle Georges Lemaître. Il a commencé ses recherches cosmologiques en 1925 et il a compris le rôle dynamique joué par la constante cosmologique dans le modèle de De Sitter. En 1927, il retrouve les solutions dynamiques découvertes par Friedmann et fait pour la première fois le lien entre l'expansion de l'espace et la fuite apparente des galaxies.

Une brève histoire de l'espace, p. 209

Pour Lemaître, la constante cosmologique reste un ingrédient essentiel de la cosmologie relativiste. Un premier point lui permettant d'appuyer son argumentation provient des « mathématiques cosmiques » : en 1922, Élie Cartan a démontré que la forme la plus générale des équations de la relativité devait nécessairement comprendre une constante

Les mathématiques cosmiques, p. 291

cosmologique. Mais cela n'a pas suffi à convaincre Einstein. « L'autorité prestigieuse d'Einstein a naturellement trouvé plus d'un écho. Mais supprimer des équations le terme cosmologique, est-ce vraiment une solution à la difficulté ? N'est-ce pas suivre plutôt la politique de

1. Pour les détails de l'histoire, voir Jean-Pierre Luminet, *L'Invention du big-bang*, Paris, Seuil, coll. « Points Sciences », 2004.

l'autruche ? » écrit Lemaître, désolé de l'attitude du père de la relativité qui a renié « l'une de [ses] plus grandes contributions à la Science ».

Et Lemaître insiste : « Je suis conduit à me rallier à une solution de l'équation de Friedmann où le rayon de l'espace part de zéro avec une vitesse infinie, ralentit et passe par l'équilibre instable [...] avant de reprendre l'expansion à un rythme accéléré. C'est cette période de ralentissement qui me paraît avoir joué un rôle des plus importants dans la formation des galaxies et des étoiles. Elle est évidemment essentiellement liée à la constante cosmologique[1]. »

Les échanges verbaux et épistolaires entre Einstein et Lemaître, consacrés à la constante cosmologique, ne manquent pas de sel. Lors d'une de leurs rencontres à Pasadena, en Californie, les journalistes qui rapportent leurs entretiens parlent d'un *little lamb*, un « petit agneau », qui accompagne partout les deux physiciens dans leurs promenades[2]. Plus sérieusement, Lemaître considère la constante cosmologique comme une nécessité à la fois logique et observationnelle. Il développe une argumentation prémonitoire, en trois points :

• La constante cosmologique est nécessaire pour obtenir une échelle de temps d'évolution qui éloigne définitivement de la limite imposée par la durée des âges géologiques. Les modèles de big-bang sans constante cosmologique prédisent en effet que l'âge théorique de l'Univers, calculé à partir de son taux

1. Texte publié plus tardivement, dans *L'Étrangeté de l'univers*, *Revue générale belge*, juin 1960, p. 1-14.

2. Le jeu de mots avec *lambda* fait référence à une comptine bien connue dans les écoles maternelles américaines, mais complètement ignorée de Lemaître, de sorte que ce dernier ne comprendra pas la plaisanterie !

d'expansion, est plus court que celui des étoiles, ce qui est impossible. Le terme λ aide à supprimer cette contradiction : un Univers avec constante cosmologique est plus vieux qu'un Univers sans constante cosmologique ; il démarre plus lentement, et il lui faut plus de temps pour atteindre le taux d'expansion mesuré aujourd'hui.

L'âge de l'Univers, p. 280

• L'instabilité de l'équilibre entre l'attraction gravitationnelle et la répulsion cosmique est la seule façon de comprendre l'évolution à l'échelle des étoiles et des galaxies, durant un laps de temps correspondant à environ un milliard d'années. Cet argument pose le problème essentiel, toujours non résolu en l'an 2004, de l'échelle de temps nécessaire à la formation des galaxies[1].

• L'énergie n'est définie qu'à une constante additive près, car la relativité générale ne fournit pas de méthode d'ajustement lors d'un changement arbitraire du niveau zéro de l'énergie. Selon Lemaître, la constante cosmologique permet de faire cet ajustement. Il entrevoit ainsi le lien entre la constante cosmologique et la mécanique quantique : « La constante cosmologique est certes superflue pour expliquer la gravitation, mais la gravitation n'est pas toute la physique. D'un point de vue purement géométrique, le rayon de l'espace de Riemann était aussi une constante de trop ; c'était une indication que la géométrie ne devait pas se suffire à elle-même, mais devait se fondre dans une synthèse plus vaste, précisément dans la théorie géométrique de la gravitation. La constante cosmologique qui apparaît

1. D'autant plus que les observations de WMAP en 2003 suggèrent une époque de formation des premières galaxies encore plus précoce, de l'ordre de 200 millions d'années !

dans cette dernière théorie n'est-elle pas une indication d'un élargissement ultérieur de la théorie, [en] une théorie qui parviendrait à unir et synthétiser le point de vue de la théorie de la relativité et celui de la mécanique quantique où figure aussi une constante caractéristique : la constante de Planck, qui n'est peut-être pas sans rapport avec la constante cosmologique. »

Aux yeux de Lemaître, la constante cosmologique est donc parée de toutes les vertus. Il ne parviendra pourtant jamais à convaincre Einstein, ni le reste de la communauté des cosmologistes. Il est vrai qu'aucune observation astronomique directe ne vient asseoir l'existence de ce terme mystérieux, et que le désaveu du père de la relativité pèse de tout son poids. La constante cosmologique sera quasi abandonnée de tous les astronomes pendant un demi-siècle, entre 1940 et 1990.

Dans l'intervalle, des physiciens théoriciens explorent l'idée avancée par Lemaître dans son troisième argument : le lien avec la mécanique quantique. Avec le développement de la théorie des champs quantiques, ils commencent à réaliser que la notion d'espace vide présente des subtilités plus grandes que ce qu'ils pensaient. L'espace n'est pas un réceptacle passif empli de matière et de rayonnement, c'est une entité physique et dynamique qui a une « chair ». Cette chair, c'est l'énergie du vide. Des physiciens comme Paul Dirac et Richard Feynman font l'hypothèse que ce que nous appelons espace vide est, en fait, empli de « particules virtuelles », ne se manifestant en tant que réalité matérielle que de façon éphémère. Prenez un mètre cube d'espace, enlevez toute matière et tout rayonnement. Que reste-t-il ? La plupart d'entre nous répondraient : rien. Au contraire, disent ces physiciens, de l'énergie est encore là, et elle confère au vide une sorte de tension latente. En d'autres termes, le vide n'est pas le néant ; il est potentiellement bourré d'énergie. Cette énergie du vide est non seulement impliquée par la mécanique quantique, mais elle est démontrée expérimentalement dans l'effet Casimir[1].

Appliquant ce concept à la cosmologie, le Russe Yacov Zeldovich démontre en 1962 que le terme λ équivaut à un champ d'énergie latent dans l'espace vide. La constante cosmologique est en quelque sorte la dynamite du vide !

Les astronomes continuent à ignorer ces développements théoriques jusqu'au milieu des années 1990. Mais, comme dans une série à rebondissements, la constante cosmologique fait un soudain retour en force. Les astronomes en redécouvrent subitement les vertus, jadis prônées par Lemaître. Ce n'est pas qu'ils aient enfin lu les articles prophétiques du physicien belge. C'est, plus prosaïquement, parce que de nouvelles données observationnelles font état d'une accélération de l'expansion cosmique. En mesurant avec une précision encore inégalée les restes de quatorze supernovae situées à des distances variant entre 7 et 10 milliards d'années-lumière, les astronomes découvrent que ces étoiles moribondes sont 10 à 15 % plus éloignées qu'elles ne devraient l'être. Les calculs, effectués grâce aux

1. En 1948, Hendrik Casimir avait prédit que deux plaques conductrices parallèles et proches l'une de l'autre devraient s'attirer. Il fallut attendre 1958 pour en voir la première vérification expérimentale, et 1997 pour une vérification rigoureuse. L'explication généralement avancée est que la seule présence des plaques extrait de l'énergie du vide quantique, sous forme d'électrons qui induisent un champ électrique attractif.

données recueillies par le télescope spatial Hubble puis par des télescopes placés à Hawaï, en Australie et au Chili, sont publiés en 1998. Ils interpellent plus d'un scientifique et vont être débattus dans de nombreux colloques[1].

La découverte donne lieu aux habituels effets d'annonce dans la presse de vulgarisation : « Notre modèle de l'Univers remis en question », « Toutes les bases établies par la cosmologie pourraient être bouleversées », peut-on lire dans les journaux. Le *World Economic Forum* de Davos, qui rassemble chaque année les dirigeants politiques et économiques de la planète, a même organisé en janvier 2000 une session entièrement consacrée au sujet ! Invité au débat, je tente de tempérer quelque peu la fièvre médiatique, en expliquant que l'accélération de l'expansion cosmique ne nécessite aucune remise en question des modèles de big-bang et n'est une surprise que pour ceux qui en ignorent les subtilités. Il n'est pas évident, devant une assistance aux trois quarts anglo-saxonne pour qui l'histoire de la cosmologie moderne se réduit au seul nom de Hubble, d'expliquer que Lemaître, en langue française et avec quarante ans d'avance, a déjà donné tous les tenants et aboutissants de la constante cosmologique !

Les indications expérimentales d'une valeur non nulle pour la constante cosmologique proviennent non seulement des supernovae de type Ia, mais aussi de mesures indépendantes sur les fluctuations

1. Note pour la présente édition : Depuis 2001, les observations de supernovae de type Ia ont été poursuivies et complétées sur des échantillons statistiquement significatifs. L'accélération de l'expansion cosmique est confirmée, et l'on peut même dater l'époque où le taux d'expansion a cessé de diminuer pour se mettre à augmenter sous l'effet de l'énergie noire : le « point d'inflexion » se serait produit voilà 1,5 milliard d'années.

du rayonnement de fond cosmologique. Quelle en est la valeur ?

La constante cosmologique joue le rôle d'une densité d'énergie. Sa valeur peut donc s'exprimer dans les mêmes unités que la densité de matière, par exemple en grammes par centimètre cube, ou, mieux encore, par un facteur Ω_λ, très commode pour apprécier d'un coup d'œil la contribution de la constante cosmologique à la densité totale de l'Univers, Ω_{tot}. Les deux méthodes (supernovae et rayonnement de fond) suggèrent que Ω_m (*m* pour matière) est proche de 0,3 tandis que l'Univers est euclidien. Ce dernier cas correspond à $\Omega_{tot} = 1$. Pour arriver à un Univers plat, il faut donc ajouter une contribution $\Omega_\lambda = 0,7$. On voit ainsi que la mesure de λ reste indirecte. D'autres explications qu'une constante cosmologique sont d'ailleurs possibles pour rendre compte de cette « énergie noire ».

Dans la situation présente, il semblerait que tout le monde puisse se mettre d'accord sur l'existence d'une constante cosmologique, fruit d'un impératif logique tout autant que d'une nécessité observationnelle. Mais la valeur déduite de l'astronomie est-elle compatible avec celle calculée par les physiciens théoriciens ? C'est là que les choses se compliquent terriblement et font du sujet l'un des enjeux les plus importants de la cosmologie actuelle. Voyons pourquoi.

Les physiciens qui réfléchissent sur le concept d'énergie du vide ont en vue un projet plus grandiose : l'unification des interactions fondamentales. Dans ce dessein, ils sont obligés d'ajouter des termes dans leurs équations, qui représentent des champs naturels entièrement nouveaux. Le concept de champ a été inventé au XIXe siècle par les mathématiciens

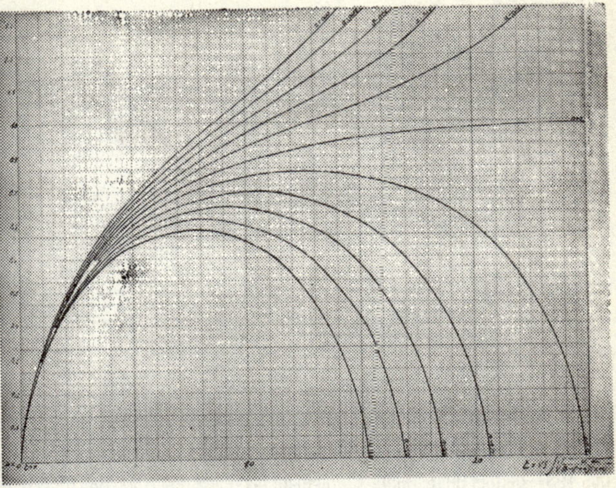

Figure 36.1. Graphiques de Lemaître

Cet extraordinaire diagramme, tracé par Lemaître en 1927 mais jamais publié, retrace les évolutions temporelles du rayon de l'univers en fonction de la constante cosmologique, pour un espace de courbure positive. Tous les modèles commencent par une singularité en (x = 0, t = 0). Pour une constante cosmologique suffisamment grande, l'univers devient ouvert. Les données les plus récentes sont compatibles avec une solution de Lemaître à expansion accélérée (courbes du haut).

pour exprimer comment une quantité donnée peut varier d'un point à l'autre de l'espace. Les physiciens ont aussitôt adopté cette idée pour décrire quantitativement comment des forces, comme la gravité et le magnétisme, changent en fonction de l'éloignement par rapport à une source.

Les champs mis en jeu dans les théories d'unification sont très différents de ceux que nous connaissons déjà. Par exemple le champ de Higgs, si activement recherché, a été introduit par Sheldon

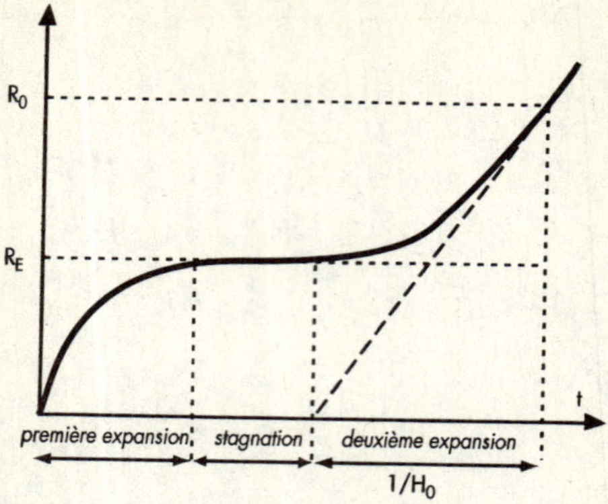

Figure 36.2. L'Univers hésitant de Lemaître

Un modèle d'univers à expansion accélérée, tel celui calculé par Lemaître dès 1931, permet de résoudre simplement les questions d'âge de l'univers et de formation des galaxies.

Glashow, Abdus Salam et Steven Weinberg dans leur théorie électrofaible, qui unifie les interactions électromagnétique et nucléaire faible. Compte tenu du succès expérimental rencontré par cette théorie (les particules médiatrices de l'interaction électrofaible, appelées bosons intermédiaires, ont effectivement été détectées au CERN), on s'attend à ce que le champ de Higgs ne soit pas une simple lubie de théoricien, mais soit prochainement mis en évidence grâce à des expériences de physique à très haute énergie[1].

1. Le collisionneur électron-positron (LEP) du CERN a récemment pu pousser ses expériences à des énergies plus élevées que prévu, et à l'automne 2000 des effets dus au champ de Higgs auraient été détectés à une masse de 114 GeV, équivalant à une température de 1,32 10^{15} K. Le futur Large Hadron Collider (LHC) du CERN, en fonctionnement vers 2005, aura les ressources nécessaires pour confirmer ces indices.

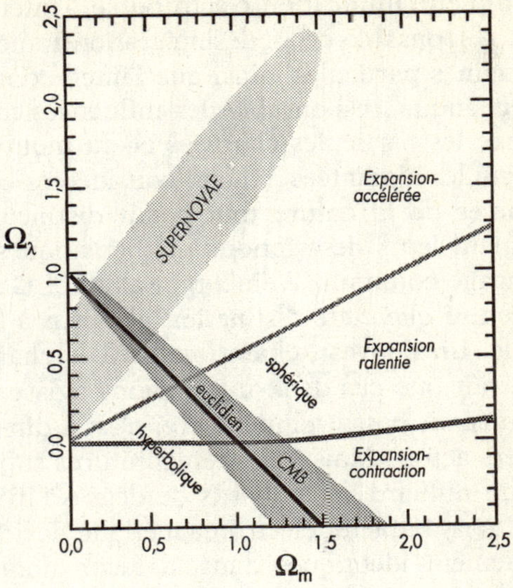

Figure 36.3. Le carré cosmique

Le carré cosmique présente les deux paramètres cosmologiques qui déterminent la courbure et la dynamique de l'univers : Ω_m est la contribution de la matière à la densité moyenne de l'Univers, Ω_λ est la contribution de la constante cosmologique. Ω_m est nécessairement positive, mais Ω_λ peut être négative. La ligne noire (marquée « euclidien ») correspond à un espace de courbure nulle, et sépare les espaces sphériques (courbure positive) et les espaces hyperboliques (courbure négative). La ligne presque horizontale sépare les univers ouverts (en expansion perpétuelle) et les univers fermés (en expansion-contraction). La ligne grise oblique sépare les univers dont le taux d'expansion accélère et ceux dont le taux d'expansion ralentit. Les zones grisées délimitent les contraintes observationnelles actuellement posées par les observations des supernovae (en clair) et du rayonnement fossile (en foncé). Les deux zones se coupent selon une région correspondant clairement à un univers en expansion perpétuelle accélérée, avec $0{,}1 < \Omega_m < 0{,}4$ et $0{,}4 < \Omega_\lambda < 0{,}9$, sans donner toutefois de réponse sur la courbure.

Avant cette unification électrofaible, l'interaction faible, responsable de la désintégration radioactive de certaines particules, ainsi que l'interaction électromagnétique, responsable des influences mutuelles entre les particules chargées et du mouvement des aiguilles aimantées, étaient considérées comme des forces de la nature tout à fait distinctes. En combinant leurs descriptions mathématiques dans un langage commun, Weinberg, Salam et Glashow ont montré que cette distinction n'était pas fondamentale. Un nouveau champ naturel, le champ de Higgs, fait que ces deux interactions agissent différemment à basse température, c'est-à-dire dans l'Univers actuel. Mais à des températures supérieures à un milliard de milliards de degrés (10^{18}), les interactions faible et électromagnétique deviennent virtuellement identiques dans la façon dont elles affectent la matière.

Il y a un prix à payer pour l'introduction de nouveaux champs quantiques : ils confèrent à l'état de vide une énorme énergie latente, qui se comporte exactement comme la constante λ des modèles cosmologiques. Voilà la constante cosmologique brillamment ressuscitée ! Il n'y a plus qu'à calculer la valeur de λ dans le cadre de ces théories d'unification. C'est là le hic. Plusieurs modèles sont possibles, mais la valeur prédite dans la plupart des cas est 10^{122} fois supérieure aux limites prescrites par l'observation astronomique[1] !

1. La constante cosmologique est assimilable à l'inverse du carré d'une longueur. Pour les physiciens de l'infiniment petit, cette longueur s'interprète comme l'échelle de distance à laquelle les effets gravitationnels dus à l'énergie du vide deviennent manifestes sur la géométrie de l'espace-temps. Ils estiment que cette échelle est la longueur de Planck, soit 10^{-33} centimètre. Pour les

Cet écart est si faramineux que notre esprit a des difficultés à le saisir. Mais on conçoit qu'il soit déplaisant, aux yeux des physiciens théoriciens, que leurs meilleurs modèles d'unification, censés faire des prédictions correctes dans le domaine des particules élémentaires, conduisent à des conséquences cosmologiques aussi aberrantes.

Les astronomes ont sans doute raison, et c'est aux physiciens de mieux comprendre les théories d'unification ainsi que la vraie nature de l'énergie du vide. Dans les théories dites de la quintessence, la constante cosmologique est remplacée par un champ variable au cours du temps, très élevé dans les phases de l'Univers primordial, en accord avec les calculs des physiciens, mais qui tombe très bas au cours de l'évolution cosmique, conformément à la valeur aujourd'hui mesurée par les astronomes[1].

Faut-il vraiment aller jusque-là ? Les théories prédisant une valeur élevée de la constante cosmologique sont purement spéculatives. Aucune n'a fait l'objet de la moindre vérification expérimentale. Leur approche est peut-être entièrement fausse. Pis encore, les nouveaux programmes ayant pour but ultime d'unifier la gravité et la mécanique quantique, comme la théorie des cordes, ont pour objectif secondaire de prédire une constante cosmologique strictement nulle. Si les mesures astronomiques se

---

astronomes, la constante cosmologique est une force de répulsion cosmique qui affecte le taux d'expansion à l'échelle du rayon de l'univers observable, soit 10^{28} centimètres. Le rapport des deux longueurs est 10^{61}, qui est bien la racine carrée de 10^{122}...

1. Le champ de quintessence évoluerait naturellement vers « un attracteur » lui conférant une valeur basse, quelle que soit sa valeur d'origine. Les physiciens estiment ainsi qu'un grand nombre de conditions initiales différentes conduiraient à un univers semblable — celui qui est précisément observé !

confirment, le mystère de la constante cosmologique ira donc en s'épaississant, puisque aucune théorie ne sait présentement expliquer pourquoi sa valeur n'est ni nulle ni très grande. Tel un fantôme, la constante cosmologique nous signale qu'il manque encore quelque chose d'essentiel dans notre compréhension de l'Univers physique, et peut servir de guide sur la façon de mettre au point une bonne théorie d'unification.

C'est un singulier hommage aux génies d'Einstein et de Lemaître de voir comment le « petit agneau » dont ils discutaient poliment à Pasadena, il y a plus de cinquante ans, a suivi un chemin tortueux dont le bout n'est pas encore en vue.

37

La matière de l'ombre

Il est en [l'univers] des astres solitaires et d'autres accompagnés de satellites, des corps de lumière et des masses de ténèbres...

BUFFON

L'espace est peuplé de corps mystérieux. Une forme de matière dite « sombre », car inaccessible à l'observation télescopique, y domine. Sa nature est énigmatique. Est-elle constituée d'astres faits de matière ordinaire mais qui restent invisibles — petites étoiles, nuages gazeux ou trous noirs —, comme le proposent les astronomes ? Ou bien de particules exotiques créées lors du big-bang, voire de champs d'énergie plus étranges encore, comme le suggèrent certains physiciens théoriciens ?

Outre sa nature, la quantité de matière sombre est cruciale : c'est d'elles que dépendent la courbure de l'espace et le destin de l'Univers.

La mesure de l'invisible

Du système solaire à l'univers observable dans son ensemble, toutes les structures astronomiques sont dynamiquement gouvernées par la gravitation. Cette dernière met les corps en mouvement en leur imprimant des accélérations, donc des vitesses. Mesurer les vitesses des corps célestes visibles revient à estimer la masse d'autres corps, lumineux ou non, autour desquels ils gravitent.

Le procédé est bien connu. Les lois de Kepler, reformulées par Newton selon la théorie de l'attraction universelle, permettent de calculer la masse des planètes à partir de leurs vitesses orbitales. C'est en mesurant les anomalies observées dans le mouvement des planètes lointaines que Joseph Le Verrier et John Adams, en 1845, prédisent l'existence, la position et la masse de Neptune. C'est en analysant les mouvements irréguliers des étoiles Sirius et Procyon que Friedrich Bessel, en 1844, prédit qu'elles doivent avoir des compagnons invisibles de masse comparable : les naines blanches Sirius B et Procyon B sont effectivement découvertes, en 1862 et en 1896. L'existence des trous noirs — astres invisibles par excellence ! — est également inférée à partir du mouvement qu'ils impriment à la matière environnante, gaz ou étoiles. Enfin, les « exoplanètes », dont on parle tant aujourd'hui, restent la plupart du temps invisibles, mais elles sont décelées indirectement grâce à la légère danse qu'elles impriment à l'étoile autour de laquelle elles gravitent.

Ces trois classes d'objets célestes sont d'ailleurs des candidats plausibles pour constituer une partie de la matière sombre : planètes géantes gazeuses, étoiles naines blanches ou brunes, trous noirs petits ou grands.

C'est à l'astrophysicien Fritz Zwicky que l'on doit la découverte de la matière invisible à l'échelle des amas de galaxies. En 1933, il mesure les vitesses des galaxies de l'amas de Coma Berenices, situé à une centaine de millions d'années-lumière. Il reste perplexe car les galaxies semblent se déplacer trop rapidement au sein de l'amas : la masse visible de Coma, estimée à partir de ses composantes lumineuses, ne peut à elle seule expliquer des vitesses d'agitation aussi élevées. Zwicky en conclut qu'une « masse manquante » doit être ajoutée pour expliquer la dynamique de Coma[1].

Un phénomène similaire est observé à l'échelle des galaxies individuelles. Dans les galaxies spirales, les vitesses de rotation des étoiles autour du centre galactique paraissent trop élevées pour être expliquées par la seule masse lumineuse. On peut donc supposer que ces galaxies sont entourées d'un halo sphérique de matière sombre environ dix fois plus massif que les étoiles et le gaz brillant dans le disque galactique.

Dès lors, la chasse à la matière invisible est lancée. Le terme « masse manquante » tombe en désuétude, car, en vérité, rien ne manque : la matière de l'ombre est bien là, et elle gouverne l'organisation du cosmos !

L'enjeu cosmologique

Si les galaxies ont tendance à se disperser par le jeu de l'expansion cosmique, la gravité a pour effet contraire de les rassembler. Autrement dit, l'attraction gravitationnelle que les masses réunies de

1. Si l'on admet l'hypothèse que la dynamique newtonienne est satisfaite à l'échelle de l'amas. Certaines théories alternatives de la gravité modifient la loi newtonienne de façon qu'il ne soit plus nécessaire d'invoquer une masse manquante.

l'Univers exercent les unes sur les autres tend à ralentir l'expansion. La compétition est engagée. Y a-t-il suffisamment de matière pour que l'expansion s'arrête un jour ?

En relativité générale, l'énergie sous toutes ses formes dicte la courbure de l'espace. Si la densité moyenne d'énergie dépasse un certain seuil critique, l'espace est de courbure positive. Dans le cas contraire, l'espace est de courbure négative, ou bien, juste à la limite critique, il est de courbure moyenne nulle.

Les astronomes notent Ω la valeur de la densité réelle divisée par la densité critique, de sorte que la discussion sur la courbure de l'espace se ramène à comparer Ω à 1. Si Ω est plus grand que 1, l'espace est sphérique et fini. S'il est inférieur ou égal à 1, l'espace est hyperbolique ou euclidien (son caractère fini ou infini dépendant de la topologie : c'est le sujet de ce livre !).

En outre, si l'on néglige les formes d'énergie particulières allant à l'encontre de la gravité, comme la constante cosmologique, la courbure de l'espace dicte aussi l'évolution à long terme de l'Univers. Si Ω est plus grand que 1, l'expansion que connaît actuellement l'Univers s'interrompra dans le futur pour laisser place à une contraction généralisée. Dans le cas contraire, l'expansion ira en ralentissant mais sera éternelle.

L'enjeu cosmologique de la matière sombre est donc considérable. Sa quantité totale dicte la courbure de l'espace, sa répartition entre matière gravitante et énergie antigravitante gouverne la dynamique de l'Univers.

Quantité de matière lumineuse

Il n'est pas très difficile d'estimer le nombre d'étoiles lumineuses dans une galaxie, et donc leur masse totale, en mesurant la quantité de lumière que la galaxie émet. Calculer la masse de gaz interstellaire et intergalactique n'est pas non plus une tâche insurmontable. Le gaz froid émet des ondes radio, qui peuvent être recueillies sur Terre par les radiotélescopes, tandis que le gaz chaud émet des rayons X. L'atmosphère fait écran à ces derniers, mais ils peuvent être détectés par des instruments embarqués sur des fusées ou des satellites.

En additionnant les masses de tous les corps lumineux, on obtient une valeur Ω_v (v pour « visible ») ne dépassant pas 0,005 — largement insuffisante pour fermer l'Univers.

La matière sombre augmente nécessairement ce chiffre. Jusqu'où ?

Quantité de matière sombre dans les galaxies et les amas de galaxies

Dans une galaxie spirale, nous voyons des étoiles, du gaz et des poussières rassemblées en un disque mince, en rotation autour d'un axe passant par le centre. La majeure partie de la masse visible est concentrée dans un gros renflement central, le bulbe galactique ; sur le plan de la mécanique céleste, la galaxie devrait se comporter comme un système képlérien, c'est-à-dire un corps massif central entouré de corps de faible masse dont la vitesse de rotation décroît rapidement avec leur éloignement. On peut mesurer la vitesse de rotation des étoiles et du gaz (plus exactement, sa composante projetée dans la direction de l'observateur) grâce à l'effet Doppler, qui décale les raies spectrales vers le rouge (respectivement vers le bleu) proportionnellement à la vitesse d'éloignement (respectivement de rapprochement) de la source. La courbe de rotation est le tracé de cette vitesse en fonction de la distance au centre (voir figure 37.1). On s'aperçoit que les vitesses observées sont anormalement élevées à grande distance du centre, contrairement au cas képlérien où ces vitesses ne dépendraient que de la masse visible. Pour expliquer l'écart entre les deux courbes, les astronomes en induisent la masse nécessaire pour conférer aux étoiles et au gaz un tel mouvement. En calculant également la courbe de rotation théorique, obtenue dans le cas où la galaxie ne contiendrait que sa masse visible, il faut au moins dix fois plus de masse sombre que de masse lumineuse.

En outre, beaucoup d'astronomes estiment que la matière sombre ne peut être répartie dans le disque, mais dans un halo sphérique étendu englobant entièrement la galaxie visible.

Pour les galaxies elliptiques, qui n'ont pas de disque, de telles mesures sont impossibles, mais on peut évaluer les vitesses d'agitation stellaires ainsi que la température du gaz interne à la galaxie. Là encore, par le truchement de certaines modélisations, on en conclut que les galaxies elliptiques doivent être au moins dix fois plus massives que leur partie visible.

Les amas de galaxies sont constitués de centaines de galaxies regroupées par la gravitation. Trois mé-

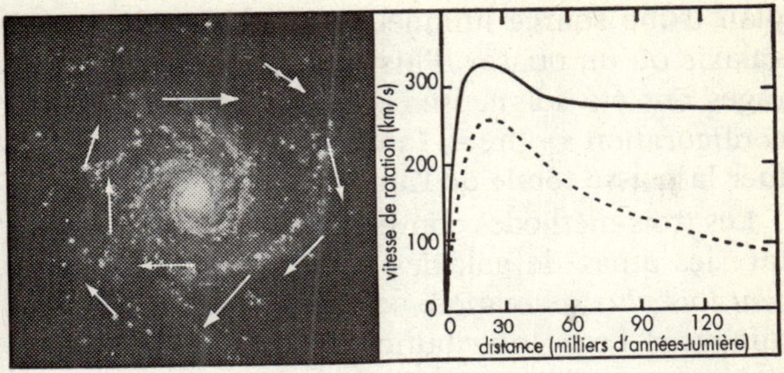

Figure 37.1. Courbe de rotation d'une galaxie spirale

À gauche, vue schématique d'une galaxie spirale. Les flèches représentent les vitesses de rotation des étoiles autour du centre. À droite, en traits pleins, tracé de la vitesse de rotation en fonction de la distance au centre. La courbe en pointillés correspond à celle prévue si la galaxie ne contenait que la matière visible.

thodes s'offrent à l'astronome pour évaluer leur masse dynamique.

Les galaxies se déplacent dans l'amas sous l'influence du champ gravitationnel général. Une modélisation permet de calculer la masse totale de l'amas en fonction de la vitesse d'agitation des galaxies. Ces dernières sont fournies par les observations spectroscopiques.

Une deuxième méthode repose sur l'analyse de la répartition et de la température du gaz intergalactique extrêmement chaud qui baigne ces amas. Il est observé dans le domaine des rayons X grâce à des satellites astronomiques comme Rosat ou Chandra.

La troisième méthode repose sur les mirages gravitationnels. Les rayons lumineux **Mirages célestes, p.51** sont infléchis par les masses des corps célestes. Un effet de lentille gravitationnelle est obtenu lorsqu'un amas de galaxies — la lentille — est situé à l'avant-plan d'une source lumineuse très lointaine — une galaxie ou un quasar. Plusieurs dizaines de ces mirages ont été soigneusement étudiés. Lorsque leur configuration s'y prête, l'analyse permet de reconstituer la masse totale de l'amas-lentille.

Les trois méthodes convergent vers le même résultat : les amas de galaxies contiennent *entre dix et cent fois plus* de matière sombre que de matière lumineuse ! Leur contribution au paramètre de densité est actuellement estimée à $0,05 \leq \Omega_d \leq 0,3$ (d pour « dynamique »).

Matière sombre et Univers primordial

L'un des succès des modèles de big-bang est d'expliquer les abondances observées des éléments chimiques légers (deutérium, hélium et lithium) par une brève phase de « nucléosynthèse » primordiale, datant des trois premières minutes de l'Univers.

Par exemple, le deutérium est un isotope de l'hydrogène intervenant dans la fusion de l'hydrogène. Mais, étant le plus fragile de tous les noyaux, il est détruit par les réactions nucléaires. Plus il y a de protons et de neutrons dans un volume d'espace donné, plus le nombre de réactions détruisant le deutérium est grand, et moins le deutérium peut se former en abondance. Comme il n'y a pas eu de nouvelle création de deutérium après la nucléosynthèse primordiale[1], son abondance présente reflète son abondance passée. On comprend pourquoi la quantité de deutérium, évaluée aujourd'hui à l'aide

1. Le deutérium nouveau formé dans les étoiles par les réactions nucléaires est aussitôt détruit par d'autres réactions.

de la spectroscopie, est reliée à la densité de protons et de neutrons à l'époque où ils se sont formés.

Il en est de même pour les autres éléments engendrés dans l'Univers primordial : l'hélium 3 (deux protons et un neutron), l'hélium 4 (deux protons et deux neutrons), et le lithium 7 (trois protons et quatre neutrons). Leurs proportions mesurées actuellement donnent la valeur de la densité de protons et de neutrons dans l'Univers primordial. Par la loi d'expansion[1], cette dernière donne la densité actuelle de protons et de neutrons — celle qui contribue au paramètre Ω. Le calcul théorique des abondances, effectué dans le cadre des modèles de big-bang, est en accord avec les observations si la densité de matière actuelle est voisine de 0,05.

Pouvons-nous en conclure que nous vivons dans un Univers de densité largement sous-critique, c'est-à-dire de courbure spatiale négative et en expansion perpétuelle ? Non, car le raisonnement ci-dessus ne s'applique qu'à la matière dite « baryonique ». Les baryons forment la classe des particules composées de quarks. Les protons et les neutrons sont les plus stables d'entre eux et, à ce titre, ils sont les constituants des noyaux atomiques : les nucléons. La matière baryonique peut donc être simplement qualifiée de matière ordinaire[2] ; c'est, en effet, celle qui

1. Pour être plus précis, on admet que la densité reste constante par unité de volume comobile. Ce dernier augmente au cours de l'histoire cosmique comme le cube du facteur d'échelle $R(t)$. La densité se dilue donc très vite au cours du temps.

2. La matière ordinaire (atomes, molécules, Univers primordial) est constituée non seulement de protons et de neutrons (baryons), mais aussi d'électrons (leptons), en nombre à peu près égal à celui des protons (sinon l'Univers ne serait pas électriquement neutre). Mais les électrons sont extrêmement légers — 1 836 fois plus que les protons —, si bien que leur contribution à la masse de l'Univers est complètement négligeable.

constitue les étoiles, les planètes, les cailloux, les êtres vivants, les automobiles, etc.

La matière sombre exotique

Récapitulons la situation :

• L'estimation de la matière visible (galaxies, gaz) fournit la valeur $\Omega_v \approx 0{,}005$.

• Les analyses dynamiques des galaxies et des amas de galaxies donnent $0{,}05 \leq \Omega_d \leq 0{,}3$.

• Les calculs de nucléosynthèse primordiale imposent $\Omega_b \approx 0{,}05$ (b pour baryonique).

La conclusion que l'on peut tirer de ces comparaisons est que non seulement l'Univers contient au moins 90 % de matière sombre (car $\Omega_d \geq 10\,\Omega_v$), mais que cette matière sombre n'est pas uniquement composée de matière ordinaire (car $\Omega_d > \Omega_b$).

Ce dernier point suggère qu'il existe de la matière « extraordinaire ». Les physiciens théoriciens préfèrent la qualifier d'« exotique ». D'où peut-elle bien venir ? Pour justifier son existence, il faut ouvrir la boîte de Pandore de la physique des particules...

Pour certains cosmologistes, la crédibilité de la matière exotique est renforcée parce qu'ils estiment qu'un Univers ayant exactement la densité critique $\Omega = 1$ serait plus satisfaisant du point de vue esthétique. Leurs arguments sont très discutables, car d'une part ils reposent sur l'idée que les équations cosmologiques correspondantes sont plus simples, d'autre part ils s'appuient sur des théories de physique des hautes énergies appliquées à la description de l'Univers primordial. Selon eux, l'Univers pourrait avoir connu une phase extrêmement courte nommée inflation, au cours de laquelle son taux d'expansion aurait augmenté dans des proportions considérables.

L'Univers est-il plat ?, p. 367

L'une des conséquences de l'inflation aurait été d'aplanir irrésistiblement l'Univers (un peu comme la surface d'un ballon démesurément gonflé tend à devenir plate), autrement dit à amener la densité moyenne de l'Univers à la valeur critique $\Omega = 1$.

Si tel était le cas, la totalité de l'énergie dans l'Univers se répartirait en 0,5 % de matière lumineuse et 99,5 % de matière sombre, et, au sein de cette dernière, 5 % de matière sombre ordinaire contre 95 % d'énergie exotique ! Examinons plus en détail quels types de constituants peuvent contribuer à l'une ou l'autre de ces formes de matière-énergie sombre.

Nature de la matière sombre

• La matière visible, c'est-à-dire la matière ordinaire composée principalement de protons et de neutrons, se trouve sous forme d'étoiles, de poussière et de gaz interstellaire.

• La matière sombre baryonique, c'est-à-dire la matière ordinaire trop peu lumineuse pour être observée, peut être composée d'astres invisibles collectivement appelés *machos* (trous noirs, planètes géantes, naines brunes), ou de gaz froid non émissif.

• La matière sombre non baryonique est constituée de particules exotiques collectivement appelées *wimps* ; elle se subdivise en deux types : la matière sombre froide et la matière sombre chaude.

• L'énergie sombre non « particulaire », si elle existe, est nécessairement de nature cosmologique, et probablement issue du vide, de défauts topologiques ou de champs quantiques.

Les termes *machos* et *wimps* proviennent d'un jeu de mots forgé par des cosmologistes anglo-saxons. En toute logique, la matière sombre baryonique est, au moins en partie, constituée d'objets célestes plutôt petits (une étoile suffisamment grosse est lumineuse) et peuplant les halos des galaxies. On les appelle donc *machos*, acronyme de *Massive Astrophysical Compact Halo Objects*. La matière sombre non baryonique peut être composée de particules élémentaires massives, produites à très haute énergie dans les premiers instants du big-bang, interagissant plus ou moins avec la matière connue (d'où la difficulté à les détecter). On les appelle *Weakly Interacting Massive Particles*, en abrégé *wimps*, terme qui se traduit en français par « mauviettes ». Les astrophysiciens ont résumé le problème de la matière sombre par une plaisanterie douteuse : l'Univers est-il dominé par des machos ou par des mauviettes ?

Plus sérieusement, examinons quelles sont les expériences dédiées à la détection des *machos* et des *wimps*.

La détection des machos

La matière baryonique visible, qui peut être détectée directement par les astronomes, est celle qui émet des quantités substantielles de rayonnements (étoiles et nuages gazeux) ou qui absorbe les rayonnements (poussière interstellaire et nuages froids). De toute évidence, beaucoup de corps dans l'Univers n'entrent pas dans ces catégories.

Les corps compacts, massifs et invisibles, sont soit des *trous noirs*, parangons de la matière sombre, soit des astres trop petits pour entretenir des réactions nucléaires et briller par eux-mêmes, c'est-à-dire les *étoiles naines* et les *planètes géantes*.

Si la nature et l'existence des trous noirs soulèvent des questions fascinantes, il est peu probable qu'ils puissent apporter une contribution significative à la masse cachée. En effet, on sait que les trous noirs de masse stellaire ne peuvent être engendrés que par les étoiles les plus massives, qui sont très rares. En outre, les trous noirs géants, qui semblent être présents au centre de certaines galaxies, ne peuvent pas exister en grand nombre dans le halo des galaxies spirales, sinon ils imprimeraient aux étoiles du disque des vitesses d'agitation trop élevées par rapport à ce qui est observé. Enfin, les petits trous noirs formés dans l'Univers primordial restent très hypothétiques. Au total, la densité de masse contenue dans les trous noirs de toutes sortes est certainement négligeable.

L'hydrogène et l'hélium sont les deux éléments chimiques les plus abondants de l'Univers. Les étoiles en sont constituées à 99 %. Toutefois, les astres d'hydrogène et d'hélium dont la masse est inférieure à 8 % de la masse solaire ne deviendront jamais assez chauds pour allumer des réactions nucléaires, et ne brilleront jamais comme des étoiles. Ces étoiles ratées sont appelées *naines brunes*. Nous savons qu'elles existent. Nous en connaissons au moins une, qui se trouve dans notre système solaire : Jupiter. On peut en effet considérer cet astre comme une naine brune plutôt que comme une planète, car, bien que sa masse soit un millième de fois plus faible que celle du Soleil, Jupiter rayonne dans l'infrarouge : à haute pression mais faible température, le gaz hydrogène dont elle est composée cristallise au centre de la planète et libère de l'énergie.

Comment détecter les étoiles ratées ? J'ai évoqué plus haut le phénomène de lentille gravitationnelle à l'échelle des amas de galaxies. Le même phénomène peut se produire à plus petite échelle, lorsque la source lumineuse est une étoile d'une galaxie proche, par exemple le Grand Nuage de Magellan ou la galaxie d'Andromède, et la lentille une naine brune située dans le halo ou dans le bulbe de notre galaxie. On se trouve alors en présence d'une *microlentille*. Comme l'a fait remarquer pour la première fois en 1986 l'astrophysicien polonais Bohdan Paczinsky, au cours de son mouvement galactique une naine brune a une probabilité non nulle de passer momentanément sur la ligne de visée d'une étoile du Grand Nuage de Magellan, située à l'arrière-plan. Les calculs montrent qu'environ une étoile du Grand Nuage de Magellan sur deux millions doit subir à un instant donné une amplification de sa luminosité supérieure à 30 %.

Les choses se compliquent lorsqu'on tient compte du fait que, sur les millions d'étoiles du Grand Nuage de Magellan, plusieurs dizaines de milliers sont intrinsèquement variables. Comment faire la distinction entre une variabilité intrinsèque et une variabilité occasionnelle due à un effet de microlentille ? Cette dernière présente en fait trois caractéristiques propres qui facilitent son identification. En premier lieu, l'événement, parce que très rare, doit être non répétitif pour une étoile donnée ; ensuite, la courbe de lumière doit être achromatique, c'est-à-dire indépendante de la longueur d'onde d'observation ; enfin, la forme du pic de lumière doit être symétrique dans le temps et d'une durée approximative de 30 jours (ce dernier chiffre est obtenu en considérant une naine brune d'un dixième de masse solaire située à 30 000 années-lumière et ayant une vitesse transverse de 160 km/s).

Le programme observationnel ainsi posé, reste la réalisation pratique, qui implique des milliards de mesures de luminosités stellaires pendant plusieurs années. En effet, si le halo de la galaxie est peuplé de dix mille milliards de naines brunes (cent fois plus que d'étoiles lumineuses) pouvant jouer le rôle de microlentilles, seul l'éclat d'une poignée d'étoiles parmi les dix millions que renferme le Grand Nuage de Magellan peut varier de façon reconnaissable.

En 1990, trois programmes baptisés EROS (français, l'acronyme signifiant Expérience de Recherche d'Objets Sombres), MACHO (américano-australien) et OGLE (américano-polonais) ont monté des expériences ambitieuses surveillant des millions d'étoiles dans les directions du Grand et du Petit Nuage de Magellan (pour EROS et MACHO) et de la galaxie d'Andromède (pour OGLE), afin de traquer d'éventuelles microlentilles situées dans le halo ou dans le bulbe de notre galaxie.

Les premiers événements ont été détectés en septembre 1993. Ils sont désormais répertoriés presque quotidiennement, suivis vingt-quatre heures sur vingt-quatre sur des sites répartis au Chili, en Afrique du Sud ou en Australie, les régions du globe d'où l'on peut voir aussi bien le centre galactique que les Nuages de Magellan. Des plaques photographiques à grand champ, prises à l'Observatoire européen austral du Chili pour EROS et en Australie pour MACHO, donnent des images instantanées des Nuages de Magellan tout entiers. Une surveillance régulière, quarante clichés par nuit pendant plusieurs années, permet de reconstituer peu à peu les courbes de lumière de chaque étoile des Nuages de Magellan. De même pour le programme OGLE et les étoiles de la galaxie d'Andromède.

Il est toujours intéressant que des expériences livrent des résultats différents de ceux pour quoi elles avaient été conçues. C'est le cas des programmes d'observation de microlentilles. En 1998, l'analyse combinée des résultats a permis en premier lieu d'exclure que des naines de masse inférieure au millième de la masse solaire contribuent pour plus de 10 % à la masse de la galaxie. En second lieu, les événements détectés en direction du Grand Nuage de Magellan sont compatibles avec une faible population de machos galactiques d'une demi-masse solaire ; ce ne sont donc pas des naines brunes, mais des étoiles naines « normales ». Il faut sans doute chercher ailleurs l'explication de la matière sombre.

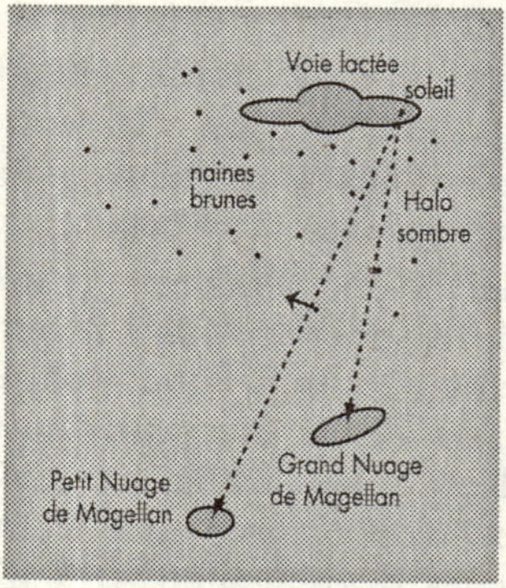

Figure 37.2. La recherche de microlentilles gravitationnelles

Le Grand et le Petit Nuage de Magellan sont deux galaxies satellites de notre propre Voie lactée ; leurs étoiles servent de toile de fond pour détecter, par effet de microlentille, les naines brunes du halo.

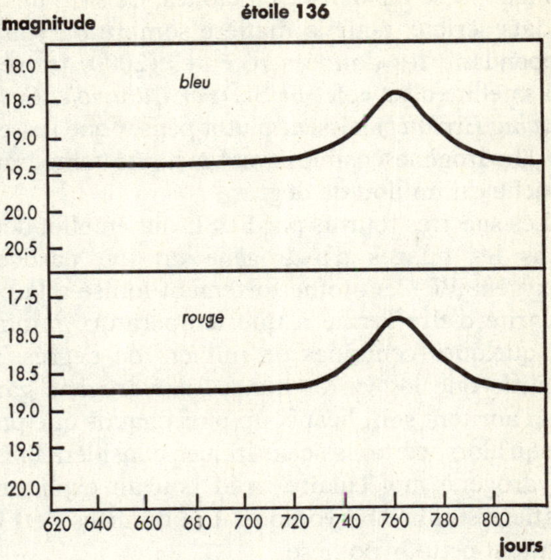

Figure 37.3. Courbe de lumière d'un micromirage gravitationnel

Le diagramme représente la courbe de lumière de l'étoile 136 du GNM. En abscisse, le temps d'observation mesuré en jours, en ordonnées la magnitude apparente de l'étoile. En haut, l'observation est effectuée dans la couleur bleue, en bas dans la couleur rouge. Aucune différence ne se manifeste. Le pic de luminosité est bien symétrique, et la durée de l'événement est d'une trentaine de jours, en conformité avec un effet de microlentille.

La détection de l'hydrogène froid

Nous avons parlé d'étoiles ratées. Peut-on imaginer des galaxies ratées ? Oui, sous forme d'immenses nuages d'hydrogène moléculaire froid[1] n'ayant

1. Dès que l'hydrogène atomique est chauffé, par exemple par le rayonnement stellaire, il perd son électron et s'ionise. Lorsqu'il

jamais pu se condenser en étoiles. Ce sont des candidats sérieux pour la matière sombre baryonique. Cependant, les données récentes (2000) provenant du satellite ultraviolet FUSE (*Far Ultraviolet Spectrographic Explorer*) laissent plutôt penser que l'essentiel de l'hydrogène cosmique est à haute température, proche du million de degrés.

Les spectres fournis par FUSE ont en effet détecté dans les nuages d'hydrogène un ion particulier, l'oxygène VI. Cet atome fortement ionisé a la particularité d'être formé à une température minimale de quelques centaines de milliers de degrés. Cela signifie que les vastes nuages d'hydrogène gazeux qui l'abritent sont beaucoup plus chauds que prévu. Jusqu'alors, certains scientifiques considéraient que l'hydrogène moléculaire froid pouvait expliquer la matière sombre baryonique. Les données de FUSE réfutent cette hypothèse.

Quant à l'hydrogène chaud, puisqu'il est détecté dans l'ultraviolet, il entre désormais dans la catégorie de la matière visible !

La détection des wimps

Les *machos* faisant faux bond, intéressons-nous maintenant aux mauviettes. L'existence supposée de ces particules exotiques résulte des diverses théories d'unification des interactions fondamentales (électromagnétisme, interactions nucléaires forte et faible, gravitation). L'unification ne pouvant se réaliser

---

est suffisamment froid, il s'associe au contraire en molécules H_2, constituées de deux atomes d'hydrogène ayant mis leurs électrons en commun.

qu'à très haute énergie, ces hypothétiques particules n'ont pu se former que lors du big-bang. Il se peut que des milliards d'entre elles traversent nos corps à chaque seconde. Mais, en tant que *wimps*, elles n'interagissent pas avec la matière baryonique dont nous sommes composés, de sorte que nous ne pouvons ressentir leur existence.

Les particules candidates pour former la matière noire non baryonique pourraient avoir été baptisées par Tristan Tzara et les surréalistes : axion, majoron, higgsino, photino, sneutrino, paraphoton, gravitino, axino, vorton, neutralino, cosmion, flatino, magnino, cosmion, gluino, wino, bino, dino, préon, pyrgon, maximon, et j'en passe. Il ne manque que le casino !

Ces particules se classent en deux catégories : les chaudes et les froides.

Le terme « chaud » ne fait pas précisément référence à une température, mais plutôt au fait que ces particules auraient émergé du big-bang avec des vitesses proches de celle de la lumière. Il existe au moins une particule de ce type dûment répertoriée : le neutrino. On sait même qu'il y en a en moyenne 400 par centimètre cube d'espace (autant que de photons, les particules de lumière). Il suffirait que les neutrinos aient une masse aussi infime que 10^{-32} gramme (cent millions de fois moins que la masse du proton) pour que l'Univers atteigne la densité critique. Mais le neutrino a-t-il une masse, ou au contraire est-il, comme le photon, de masse strictement nulle ? Le sujet est débattu, car les théories admettent les deux possibilités. Le dernier mot revient, comme toujours, aux expériences. Selon les plus récentes, effectuées en 1998 à Superkamiokande (Japon), les neutrinos auraient une masse, mais ne dépassant pas 10^{-35} gramme. Leur contribution à la densité d'énergie totale de l'Univers serait donc tout à fait négligeable, ne représentant au mieux qu'un millième de la densité critique.

Il peut néanmoins exister d'autres *wimps* chaudes et massives qui ne sont pas des neutrinos. Une contrainte sur leur nombre vient du problème de la formation des galaxies. Les particules à grande vitesse ralentiraient le processus de formation des galaxies, en ayant tendance à fragmenter les vastes agglomérats de matière. Les calculs indiquent que, si les *wimps* chaudes dominaient la matière sombre, les objets de la taille des amas de galaxies se formeraient en premier lieu dans l'histoire de l'Univers et seraient ensuite fragmentés en masses plus petites. Or cela est en conflit avec les observations, notamment celles du télescope WMAP, qui indiquent plutôt que les galaxies ont dû se former relativement tôt, moins d'1 milliard d'années après le big-bang.

Les *wimps* froides seraient celles qui auraient émergé du big-bang à des vitesses notablement inférieures à celle de la lumière. Ces particules se seraient agrégées en masses galactiques plus rapidement que la matière chaude, de sorte que les galaxies se seraient formées avant les amas. Concernant les scénarios de formation des galaxies, l'hypothèse de la matière sombre froide a donc longtemps paru la plus plausible. Mais, bien que de nombreuses théories d'unification disent ce qu'elles pourraient être, aucune particule de ce type n'a été découverte. Par ailleurs, des données plus précises sur la répartition des grandes structures de l'Univers vont à l'encontre d'une matière sombre expliquée exclusivement à l'aide de *wimps* froides. Un mélange de diverses formes de matière sombre semble mieux fonctionner.

Pour prouver l'existence des *wimps*, l'idéal serait de construire des accélérateurs de particules suffisamment puissants pour engendrer ces particules à très haute énergie. Toutefois, la course au gigantisme des accélérateurs parvient aujourd'hui à ses limites, si bien que cette méthode n'est pas envisageable dans un avenir proche. Il nous reste l'Univers, qui *a été*, dans son passé lointain, un prodigieux accélérateur de particules naturel, capable de produire toutes les espèces de particules possibles, si massives soient-elles.

Les chasseurs de *wimps* se sont donc tournés vers l'observation cosmologique dans l'espoir de repérer leur gibier, sous forme de particules fossiles des premiers instants de l'Univers. La difficulté consiste à fabriquer des détecteurs capables de cueillir les *wimps* cosmologiques. Un certain nombre de projets expérimentaux sont à l'œuvre. Ils reposent sur des bolomètres composites à cible massive couplée à un senseur de température. En clair, un bolomètre est un thermomètre à résistance électrique servant à mesurer de faibles dégagements de chaleur. Quand une *wimp* rencontre un noyau de la cible, son énergie se transforme en chaleur. Le capteur sensible à l'échauffement de la cible convertit cette chaleur en signal électrique. Pour être efficace, l'ensemble doit fonctionner à température extrêmement basse, inférieure à 0,1 kelvin (soit – 273 °C). Les premières campagnes de détection viennent de démarrer ; ainsi, des détecteurs ont été installés dans le laboratoire souterrain de Modane, afin d'être isolés du bruit de fond provoqué par le rayonnement cosmique. Quel que soit le résultat futur — positif ou négatif — de ces expériences, les détecteurs originaux conçus pour l'occasion feront avancer la recherche dans d'autres disciplines.

La détection de l'énergie noire

Et si l'essentiel de la matière sombre n'était pas de la matière ? Si elle se trouvait sous forme d'une énergie latente non particulaire ? Une constante cosmologique, et plus généralement l'énergie du vide, simule idéalement la présence de matière sombre. Mais cette énergie noire a une spécificité par rapport à la matière. Pour ce qui est de la courbure de l'espace, les effets de l'énergie noire seraient identiques à ceux d'une quantité équivalente de matière en vertu de la relation $E = mc^2$. Par exemple, si l'Univers avait une densité de matière totale (incluant les formes visible, baryonique et non baryonique) de $\Omega_m = 0{,}3$ et une constante cosmologique correspondant à une densité d'énergie $\Omega_\lambda = 0{,}7$, il serait de courbure nulle, c'est-à-dire euclidien. En revanche, pour la dynamique cosmique, les effets de l'énergie noire seraient tout à fait différents : agissant de façon répulsive, comme une sorte d'antigravité, la constante cosmologique provoquerait une accélération de l'expansion cosmique. La constante cosmologique confère en effet une densité d'énergie à l'espace en y exerçant, non pas une pression compressive, mais une tension expansive qui équivaut à une pression négative.

De même que les autres formes de matière sombre, l'énergie noire peut également jouer un rôle spécifique dans le processus de formation des grandes structures. Les astronomes ont découvert en 1989 un énorme regroupement de galaxies appelé « Grande

Muraille », mesurant environ 500 millions d'années-lumière de long, 200 millions d'années-lumière de large et 15 millions d'années-lumière d'épaisseur (illustration 6). La gravité seule ne paraît pas suffisante pour former une concentration de densité aussi énorme sur une durée aussi brève que celle impartie par le temps de Hubble. Comme l'avait prévu Lemaître, la constante cosmologique aide à résoudre ce problème, en favorisant, au cours de certaines phases passées, la coalescence de larges agrégats de matière.

On voit comment, à défaut **L'âge de l'Univers, p. 280** d'observations directes sur la nature de la matière sombre, les contraintes imposées par la formation des galaxies peuvent guider le choix des cosmologistes. La fabrication d'une galaxie ressemble à une délicate recette de cuisine. Pour la réussir, il faut savoir sélectionner les ingrédients, les incorporer dans les justes proportions et dans le bon ordre, et leur appliquer un temps de cuisson adéquat. Pour l'heure, il s'agit encore de cuisine rapide : une grosse dose (70 %) d'énergie du vide, une bonne part (25 %) de matière sombre non baryonique, un soupçon (5 %) de matière sombre ordinaire et une lichette (< 1 %) de matière visible. On pensait jadis que la nature avait horreur du vide. Aujourd'hui, si l'on en croit cette recette, il faudrait admettre que le monde physique en est rempli à ras bord : la pâte du vide dominerait totalement l'énergie universelle, couronnée de-ci de-là d'une mousse où toute la réalité matérielle du monde serait réfugiée.

Il nous manque peut-être un Bocuse cosmique, capable de nous concocter un soufflé galactique digne de plusieurs étoiles.

À CONSULTER

BOUQUET Alain et MONNIER Emmanuel, *Matière noire et autres cachotteries de l'Univers*, Paris, Dunod, 2003.
CASSÉ Michel, *Énergie noire, matière noire*, Paris, Odile Jacob, 2004.

38

Le rayonnement fossile

La chaleur ! on dirait qu'il n'y a qu'à se baisser et en prendre dans l'espace. Oui, de la chaleur à 270 degrés au-dessous de zéro.

LOUIS AUGUSTE BLANQUI

La découverte du corps noir cosmologique

Si vous entrez dans une pièce dont la cheminée a accueilli un feu, vous pouvez en apprendre beaucoup rien qu'en observant les braises : si elles sont rouge vif, les flammes sont éteintes depuis peu ; si elles sont orange, le feu a fini de brûler depuis une demi-heure ; si elles sont grises ou si elles ne donnent plus de lumière visible, mais si vous pouvez encore sentir leur rayonnement sur votre main, alors le feu est encore plus ancien, mais pas complètement éteint. Dans cette progression, les braises émettent un rayonnement allant de la lumière visible à l'infrarouge, c'est-à-dire dont la longueur d'onde devient de plus en plus grande, ou l'énergie de plus en plus faible, à mesure que le temps s'écoule.

Les premiers stades du big-bang peuvent être pensés comme un grand feu dont l'Univers lui-même serait les braises. À mesure qu'il s'est dilaté, l'Univers s'est refroidi, et il a produit un rayonnement dont la longueur d'onde s'est de plus en plus étirée vers le rouge. Aujourd'hui, quatorze milliards d'années après le feu cosmique, son rayonnement se trouve dans la gamme des micro-ondes, celles qui sont utilisées dans les fours à cuisson rapide. Une différence essentielle entre le big-bang et le feu de cheminée est, d'une part, que nous ne contemplons pas de l'extérieur les braises cosmiques : nous faisons partie du brasier en cours de refroidissement, d'autre part, qu'il n'y a aucune cheminée !

Ce type de raisonnement fut tenu en premier lieu par Georges Lemaître en 1931. Comme point de départ de l'expansion cosmique, il imagina l'« atome primitif », un noyau géant ultra-dense, comparable aux noyaux atomiques ordinaires mais beaucoup plus grand, dont l'instabilité fondamentale aurait engendré l'expansion : « L'atome univers s'est brisé en fragments, chaque fragment en morceaux plus petits. [...] L'évolution du monde peut être comparée à un feu d'artifice qui vient de se terminer. Quelques mèches rouges, cendres et fumées. Debout sur une escarbille mieux refroidie, nous voyons s'éteindre doucement les soleils et cherchons à reconstituer l'éclat disparu de la formation des mondes[1]. » Lemaître crut trouver dans les rayons cosmiques ces particules massives pénétrant l'atmosphère terrestre à très grande vitesse, le vestige de l'Univers primitif ; or il fallait plutôt chercher un rayonnement thermique[2].

1. *Revue des questions scientifiques*, novembre 1931.
2. Cependant, les rayons cosmiques d'ultra-haute énergie, récemment découverts, pourraient bien avoir été engendrés par le big-bang.

Ce fut la tâche de George Gamow, qui avait appris la relativité à Saint-Pétersbourg sous la houlette de Friedmann, mais qui émigra aux États-Unis pour fuir le régime communiste, d'enrichir considérablement l'hypothèse de Lemaître en y ajoutant la notion de *température*. Lemaître avait imaginé que l'Univers du début devait être très dense. En 1948, Gamow et ses collaborateurs Ralph Alpher et Robert Hermann précisèrent qu'il devait être également très chaud. Supposant un mélange primitif de particules nucléaires appelé *Ylem*, terme hébreu signifiant substance primitive à partir de laquelle on suppose que furent formés les éléments, ils purent en premier lieu expliquer la genèse des noyaux les plus légers (deutérium, hélium et lithium) durant les trois premières minutes de l'Univers, à une époque où la température cosmique atteignait 10 milliards de degrés. **L'âge de l'Univers, p. 280**

Ils calculèrent ensuite que, à une époque un peu plus tardive, lorsque l'Univers s'était refroidi à quelques milliers de degrés, il était brusquement devenu transparent, et avait laissé échapper sa première lumière. Alpher et Hermann calculèrent que l'on devrait recevoir aujourd'hui cet écho du big-bang sous la forme d'un rayonnement de « corps noir ».

Le rayonnement de corps noir est une sorte de lumière universelle dont le spectre (la répartition de l'énergie en fonction de la longueur d'onde) est uniquement déterminé par une température. Le corps noir représente une situation physique idéale dans laquelle le rayonnement est prisonnier d'une enceinte isotherme. Ce serait le cas d'un four parfaitement hermétique (faisant donc office de corps noir) que vous chauffez « au rouge », disons à 3 000 degrés. Si vous faites un petit trou dans la paroi du four, il en sort un rayonnement de couleur donnée (rouge, justement), indépendamment de la nature des objets que vous pourriez avoir mis dedans — une clé, un pot en céramique multicolore, des cailloux blancs et noirs. Cela signifie que le rayonnement émis par le corps noir ne dépend pas de ses constituants, parce que ceux-ci ont atteint un équilibre thermique parfait. La surface d'une étoile comme le Soleil émet un rayonnement proche d'un corps noir ; en l'occurrence la lumière solaire a la couleur jaune, car elle correspond à la température d'à peu près 6 000 degrés — celle qui règne à la surface du Soleil.

Pour le corps noir cosmologique, Gamow et ses collaborateurs calculèrent une température résiduelle de 5 degrés au-dessus du zéro absolu (5 kelvins ou 5 K), soit – 268 °C. Leur prédiction ne suscita aucun émoi. Ils refirent leurs calculs plusieurs fois jusqu'en 1956, sans susciter plus d'intérêt ; aucune tentative de détection ne fut entreprise.

Au milieu des années 1960, à l'université de Princeton, les théoriciens Robert Dicke et James Peebles étudièrent des modèles d'univers oscillatoires dans lesquels l'espace en expansion-contraction, au lieu d'être infiniment écrasé dans un big-crunch, passe par un rayon minimum avant de rebondir pour un nouveau cycle. Ils calculèrent qu'un tel rebond chaud engendrerait un rayonnement de corps noir détectable aujourd'hui à la température de 10 K. C'est alors qu'ils apprirent qu'un rayonnement de ce type venait juste d'être détecté, par hasard, aux laboratoires de la Compagnie Bell, dans le New Jersey. Les ingénieurs Arno Penzias et Robert Wilson y avaient mis au point un radiomètre voué à l'astronomie, et ils avaient trouvé un bruit de fond plus élevé que prévu. « Mettre au point » un radiomètre signifie éliminer le bruit de fond de l'antenne, ou tout au moins le filtrer. Le brouhaha des conversations dans une vaste salle de réception est un bruit de fond acoustique, qui se mesure en décibels. En radiométrie, le bruit de fond est dû à l'agitation des électrons de l'antenne et à des parasites extérieurs, et il s'exprime par une température. Lorsque Penzias et Wilson pointèrent leur antenne vers le zénith, ils trouvèrent une température de bruit de fond de 6,7 K ; une fois déduits le bruit d'antenne et l'absorption par l'atmosphère, il restait un excès de 3,5 K. Les ingénieurs de la Compagnie Bell passèrent une année entière à en rechercher les causes, y compris dans les crottes de pigeon qui salissaient le cornet du radiotélescope. L'excès de température était toujours là. Ne provenant pas de l'appareil, ne dépendant pas des saisons, capté dans toutes les directions du ciel et ayant les caractéristiques d'un rayonnement de corps noir, ce bruit de fond devait être d'origine *cosmique*. C'était le rayonnement fossile !

Les équipes de la Compagnie Bell et de l'université de Princeton publièrent séparément leurs articles dans le même numéro de juillet 1965 de l'*Astrophysical Journal*. Penzias et Wilson ne donnèrent que les résultats de leurs mesures, Dicke, Peebles, Peter Roll et David Wilkinson leur interprétation cosmologique. Aucun d'eux ne mentionna les prédictions d'Alpher et Hermann, encore moins celles de Lemaître. Penzias et Wilson obtinrent le prix Nobel de physique en 1978. Pourtant, au moment de leur découverte ils croyaient plutôt à la théorie de l'état stationnaire, rivale de **Les mathématiques cosmiques, p. 291**
celle du big-bang. Or, la détection du rayonnement

fossile a pratiquement signé l'arrêt de mort du modèle stationnaire !

La recombinaison

Quel mécanisme physique est à l'origine du rayonnement fossile ? L'Univers primitif ne contenait aucune étoile, aucune galaxie. Juste un mélange de particules chargées et de rayonnement, constitué des noyaux des éléments légers, des électrons, des neutrinos et des photons, le tout en équilibre thermique. En d'autres termes, l'Univers tout entier était empli d'une matière semblable aux couches externes de notre Soleil moderne. Comme la matière solaire, le plasma primordial était trop chaud pour abriter des atomes stables : dès qu'un noyau positif et un électron négatif se frôlaient, leur vitesse d'agitation thermique était si grande qu'ils ne pouvaient s'associer en un atome neutre. En conséquence, les photons, particules de lumière, avaient beaucoup de mal à se propager ; ils étaient inévitablement déviés par les électrons libres. L'Univers primitif était *opaque*. Dans la vie de tous les jours, les corps comme le métal, le bois ou la pierre sont opaques précisément parce qu'ils sont pleins d'électrons libres qui interceptent la lumière, tandis que les matériaux transparents, comme le verre ou l'eau, possèdent très peu d'électrons libres.

À mesure que l'expansion s'est poursuivie, le plasma primitif s'est refroidi. Au bout d'environ 300 000 ans, sa température est tombée à 3 000 K, un niveau suffisamment bas pour que les électrons perdent leur liberté : ils se sont combinés aux noyaux atomiques selon un processus appelé *recombinaison*.

Le plasma primordial s'est condensé en un gaz neutre d'hydrogène et d'hélium. Cette condensation est analogue à l'évaporation du brouillard dans l'atmosphère terrestre. Le brouillard se compose de minuscules gouttelettes d'eau en suspension qui diffusent les photons de lumière ; il est donc opaque. Mais, quand l'atmosphère est réchauffée par le soleil, les gouttes s'évaporent, se transforment en vapeur d'eau, et l'air devient rapidement transparent. Un phénomène analogue s'est déroulé dans l'Univers primitif, lorsque le plasma s'est condensé en gaz (bien qu'en se refroidissant). Ayant perdu ses électrons libres, l'Univers est devenu transparent. Les photons de lumière, qui étaient sans cesse diffusés par les particules chargées du plasma (d'où le nom de *surface de dernière diffusion* donné à leurs points de départ), sont subitement[1] devenus libres de voyager sans frein dans l'espace, ce qu'ils font depuis lors.

3 000 degrés, c'est la température qui règne aujourd'hui à la surface d'étoiles comme les géantes rouges. À la recombinaison, le plasma primitif a donc été un gigantesque objet lumineux occupant tout l'espace, aussi brillant qu'une étoile. Si on ne le voit pas la nuit (et encore moins le jour !) en lumière visible, c'est parce que l'énergie de ce rayonnement a diminué au cours du
Le paradoxe de la nuit noire, p. 231
temps. En effet, en quatorze milliards d'années, la température a chuté d'un facteur 1 100, car le rayon de courbure de l'Univers a dans le même temps

1. L'Univers n'est pas devenu transparent instantanément. La surface de dernière diffusion est plus à proprement parler une couche sphérique d'épaisseur non nulle ; toutefois, cette épaisseur est inférieure à 1 % de son rayon. C'est la raison pour laquelle, pour simplifier mais sans faire trop d'erreur, les cosmologistes traitent souvent la couche de dernière diffusion comme une sphère infiniment mince.

augmenté du même facteur. Ainsi le veut la thermodynamique cosmique. Le rayonnement fossile capté aujourd'hui n'a plus qu'une température de corps noir à 2,7 K et ne se « voit » que sur des longueurs d'onde comprises entre quelques centimètres et quelques millimètres — dans le domaine radio et des micro-ondes. Malgré tout, les photons du rayonnement fossile sont fort nombreux : il y en a en moyenne 400 par centimètre cube d'espace. Lorsque votre téléviseur n'est pas accordé sur un canal de réception, vous voyez de la neige à l'écran ; dites-vous bien que quelques pour-cent de cette neige proviennent des photons du rayonnement fossile ! (Voir illustration 17.)

Les taches du rayonnement fossile

C'est le gaz condensé à l'issue de la recombinaison, constitué de trois quarts d'hydrogène et d'un quart d'hélium, qui a nécessairement formé les premières galaxies et les premières étoiles. Mais pour cela il a fallu deux choses : des grumeaux, c'est-à-dire des excès de densité dans la soupe primitive, et un temps suffisamment long pour que ces grumeaux grossissent sous l'action de la gravité. Sans ces grumeaux, l'Univers serait à jamais resté sous la forme d'un gaz diffus et parfaitement homogène. Il ne contiendrait pas de galaxies, ni d'étoiles, ni de planètes — et *a fortiori* pas d'êtres vivants, pas d'astronomes et pas de lecteurs.

Il est clair que les galaxies et les amas de galaxies observés n'ont pu être créés que si le plasma primitif a été plus dense dans certaines régions. Les zones présentant un excès de densité par rapport à la normale ont exercé une attraction gravitationnelle plus grande sur la matière environnante, l'attirant et devenant toujours plus denses, renforçant leur pouvoir attracteur, et ainsi de suite. Par une suite de processus complexes, la gravité a fait germer les semences des objets célestes. On ne sait pas si ce sont des étoiles, des galaxies ou des amas de galaxies qui se sont formés en premier, mais on estime qu'un milliard d'années au minimum après la recombinaison a dû s'écouler avant que ces premiers astres apparaissent.

Les scientifiques ont essayé de retrouver les traces des fluctuations de densité dans l'Univers primordial. Elles doivent se traduire par de petites variations de température du rayonnement fossile, appelées anisotropies car elles dépendent de la direction d'observation. Ces anisotropies prennent l'aspect de taches, certaines légèrement plus chaudes, d'autres légèrement plus froides que la moyenne de fond.

Vingt-six ans de recherches ont été nécessaires avant d'aboutir à leur détection, en 1991, par le radiomètre micro-ondes différentiel (DMR) embarqué à bord du satellite COBE (*COsmic Background Explorer*, en français « Explorateur du fond cosmologique ») lancé par la NASA.

Leur détection fut ardue à plus d'un titre. D'une part, les micro-ondes sont un domaine du spectre électromagnétique difficile à observer. Seule la partie de plus basse énergie parvient au sol, ce qui avait justement permis à Penzias et Wilson de les détecter en radio. Mais la partie de plus haute énergie, qui contient plus d'informations sur les taches chaudes et froides du rayonnement fossile, est absorbée par l'atmosphère. Il faut donc embarquer les télescopes à micro-ondes soit sur des satellites, soit sur des ballons stratosphériques qui montent suffisamment haut.

D'autre part, la technologie traditionnelle des antennes radio devient mal adaptée et n'est pas assez sensible dès qu'on monte en énergie, des grandes ondes aux micro-ondes, et qu'on veut mesurer avec une très grande précision le bruit de fond cosmique. Plutôt que de détecter les ondes qui font vibrer des antennes, on mesure la chaleur qu'elles transportent. La façon de détecter cette infime chaleur consiste à utiliser des thermomètres sensibles aux basses

La matière de l'ombre, p. 323

températures, appelés bolomètres. Ils sont refroidis au voisinage du zéro absolu. Par exemple, les détecteurs de COBE étaient à 2 K, ce qui a justement permis de capter le signal à 3 K ainsi que ses petites variations.

Ensuite, contrairement aux attentes initiales, les écarts de température d'un point à l'autre du ciel sont inférieurs à un dix-millième de degré, un niveau de fluctuation comparable à celui qui serait représenté à la surface de la Terre par une montagne ou une vallée ne dépassant pas 100 mètres de dénivelé.

Enfin, les données sont noyées sous le bruit d'antenne et sous des perturbations parasites ne provenant pas du rayonnement fossile, mais d'autres sources astronomiques. Pour accéder au véritable bruit de fond cosmique, il faut soustraire toutes ces contributions parasites.

En premier lieu, on a constaté que la température du rayonnement fossile, mesurée dans une direction précise pointant vers la constellation du Verseau, est 0,2 % plus élevée que dans la direction opposée. Cette dissymétrie, appelée « anisotropie dipolaire », traduit un effet local : le mouvement de la Terre par rapport à ce référentiel spatio-temporel lointain que représente le rayonnement fossile. Le mouvement relatif de la Terre par rapport à la source de rayonnement se traduit, à cause de l'effet Doppler, par une légère augmentation de l'énergie reçue dans la direction du mouvement, et à une diminution dans la direction opposée. L'anisotropie dipolaire mesurée par COBE prouve que la Terre se déplace à une vitesse de 370 km/s en direction du Verseau. Cette vitesse est la composition de toutes les vitesses particulières de la Terre : celle de notre planète autour du Soleil, celle du Soleil autour du centre de la galaxie, celle de la galaxie par rapport au centre de gravité de notre Amas local, celle de l'Amas local par rapport au Superamas local de Virgo et, pour finir, celle de notre Superamas par rapport à un « Grand Attracteur » (voir illustration 18).

Il faut ensuite ôter la contribution de notre galaxie, qui émet en micro-ondes essentiellement dans le plan galactique coïncidant avec la Voie lactée (voir illustration 19).

Quand tous ces effets sont soustraits, la température résiduelle du fond de ciel se montre partout égale à 2,728 K (– 270,43°C), avec des fluctuations ne dépassant pas un cent-millième de degré. Cette extraordinaire uniformité atteste que l'Univers était bel et bien homogène à l'époque de la recombinaison, ainsi que le prévoient les modèles de big-bang. La carte des températures établie par COBE est une projection de la surface de dernière diffusion dans un plan, analogue à une mappemonde, où les variations de température sont codées par des couleurs (voir illustration 13).

Les variations de la densité du plasma primitif à la surface de dernière diffusion ne sont pas seules responsables des variations de température. La vitesse du plasma d'électrons et de photons, les variations du potentiel gravitationnel de l'Univers à la surface de dernière diffusion, ainsi que les variations du potentiel gravitationnel sur le trajet des photons, induisent aussi des anisotropies de température. On voit combien l'étude très détaillée des fluctuations peut fournir une véritable mine d'informations sur les conditions qui ont régné dans l'Univers primitif, notamment sur les paramètres cosmologiques comme la courbure, la densité de matière sombre, la constante cosmologique, etc. Mais comment faire la part entre tous ces effets ? (Voir illustration 20.)

L'acoustique du big-bang

Les cosmologistes ont trouvé qu'il était commode de représenter les taches par un spectre angulaire, qui trace l'amplitude des fluctuations de température en fonction d'un nombre d'ondes *l*. Ce nombre d'ondes n'est autre que 180°/θ, où θ (*thêta*) est l'angle sous lequel on voit la fluctuation. Les fluctuations de température, pour un mathématicien, s'expriment par une fonction à valeurs réelles sur une sphère. En tant que telle, ils peuvent la décomposer en une série infinie d'harmoniques sphériques, tout comme une fonction à valeurs réelles sur un cercle peut être décomposée en une série infinie de sinus et de cosinus, appelée décomposition en série de Fourier. Et de la même façon que les coefficients de Fourier d'une onde sonore fournissent toute l'information utile sur le son, permettant de reconnaître par exemple qu'il s'agit d'un *mi* bémol joué par un hautbois, les coefficients de Fourier du rayonnement fossile reflètent les valeurs du taux d'expansion, de la densité de matière, de la constante cosmologique et autres paramètres de l'Univers.

Si vous saupoudrez de sable la surface d'un tambour et que vous faites doucement vibrer la membrane, les grains de sable se rassemblent en motifs caractéristiques ; l'étude détaillée de ces motifs contient l'information sur la taille et la forme du tambour, sur son élasticité, la nature physique de sa membrane, etc. L'analyse des taches du rayonnement fossile ressemble à celle que l'on pourrait faire à la surface d'un tambour sphérique qui vibre. L'Univers primordial a été traversé par de véritables ondes acoustiques.

Une onde acoustique est la propagation d'une vibration au sein d'un milieu. La vitesse de propagation dépend des caractéristiques (température, densité, etc.) du milieu traversé. Par exemple, le son se propage à 331 m/s dans l'air à 0 °C, à 1 435 m/s dans l'eau à 8 °C et à 5 km/s dans l'acier.

Le plasma primordial s'est comporté comme de l'air. Les ébranlements gravitationnels se sont propagés sous forme d'ondes acoustiques, à une vitesse grande quoique inférieure à celle de la lumière. Au bout de 300 000 ans, les ondes acoustiques avaient transporté les vibrations jusqu'à une certaine distance appelée « horizon sonique ». On n'entend pas ces ondes acoustiques primordiales, mais comme les photons ont enregistré toutes les modifications du plasma, on les voit, sous la forme précisément des taches chaudes et froides qui parsèment la surface de dernière diffusion.

On attend que les fluctuations soient maximales sur un angle d'environ un degré. Cette échelle correspond à l'angle sous-tendu par l'horizon sonique, c'est-à-dire la distance parcourue par une onde acoustique depuis le big-bang jusqu'à la recombinaison. Puisque les fluctuations sont d'amplitude maximale à l'horizon sonique, un « pic acoustique » principal apparaît dans le spectre angulaire des fluctuations, correspondant à une fréquence de vibration fondamentale, suivi de pics secondaires semblables aux harmoniques musicales, c'est-à-dire vibrant selon des multiples entiers de la fréquence fondamentale.

La position du premier pic dépend de la taille de l'horizon sonique au moment de la recombinaison. Cette taille sert de règle étalon pour mesurer la géométrie de l'Univers. En effet, dans un espace de courbure nulle, l'angle sous-tendu par l'horizon sonique à la recombinaison est d'environ un degré ; dans le spectre de fluctuations, cet angle correspond à un nombre d'onde $l = 180$. Si l'espace est hyperbolique, c'est-à-dire de courbure négative, les photons se meuvent plus rapidement sur des trajectoires divergentes, si bien que l'échelle dominante des fluctuations angulaires devient plus petite et correspond à un nombre d'ondes plus grand. Pour un espace sphérique, courbé positivement, c'est l'inverse.

La plupart des informations cosmologiques fines sont codées dans les premiers pics du spectre

L'Univers est-il plat ?, p. 367

angulaire. Malheureusement, elles étaient inaccessibles au radiomètre DMR embarqué sur COBE. La raison en est que DMR n'était capable de résoudre des structures que sur des échelles angulaires de 7 degrés, ce qui correspond au diamètre apparent de quinze pleines lunes mises bout à bout. Si COBE avait regardé vers la Terre et non pas vers le ciel, il n'aurait pu distinguer que des

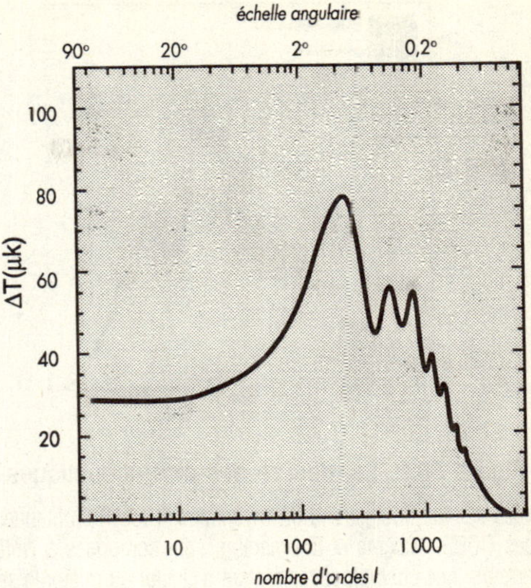

Figure 38.1. Pics acoustiques

Le schéma montre ce que prédit le modèle pour un univers euclidien empli de matière froide ordinaire. L'amplitude des fluctuations de température (en millionièmes de Kelvin) est donnée en fonction de l'échelle angulaire à laquelle on regarde (en degrés) ou, ce qui revient au même, en fonction du nombre d'ondes *l*. Le premier pic correspond à l'horizon sonique. Les oscillations secondaires dépendent de paramètres comme la courbure spatiale, la constante cosmologique, le taux d'expansion, la proportion photons/électrons, etc.

taches ayant plus de 1 000 km de diamètre : il aurait perçu de façon assez floue les limites des continents, mais n'aurait pas fait de distinction, par exemple, entre la France et l'Angleterre. On voit bien là la différence entre la sensibilité et la résolution du détecteur. La sensibilité permet de mesurer un « relief » d'un cent-millième de degré, la résolution permet de dire que ce relief est localisé dans un pixel

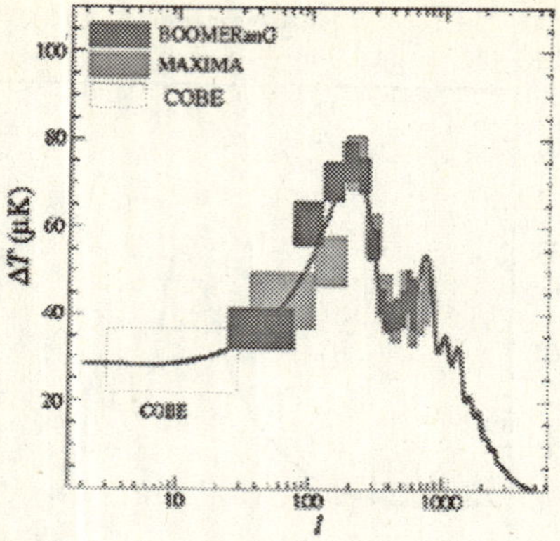

Figure 38.2. La mesure des pics acoustiques

Les données sur les fluctuations du rayonnement fossile, obtenues par les expériences COBE, Maxima et Boomerang, sont comprises à l'intérieur de boîtes d'erreurs. Les cosmologistes tentent d'ajuster au mieux le spectre de fluctuations angulaire correspondant (courbe).

plus ou moins grossier. Donc, avec les seules données de COBE, on ne peut être certain d'avoir correctement reconnu telle ou telle tache individuelle sur la carte du rayonnement fossile. Tout ce que l'on peut dire, c'est que, statistiquement, certaines des taches que l'on voit chaudes sur la carte sont effectivement chaudes, et certaines que l'on voit froides sont effectivement froides.

En termes de nombre d'ondes, COBE ne pouvait collecter aucune information au-delà de $l = 25$, très en deçà, donc, du premier pic acoustique. C'est la raison pour laquelle, après COBE, les scientifiques ont cherché à améliorer la résolution et à réduire le bruit de leurs instruments. La nouvelle technologie du froid a permis un tel progrès. En effet, pour mesurer les anisotropies de température avec une précision du millionième de degré, il faut être capable de refroidir le détecteur à une fraction de degré seulement au-dessus du zéro absolu.

Certains de ces instruments sont déjà en opération. Boomerang-98 est une expérience embarquée sur un ballon stratosphérique pour mesurer les anisotropies du corps noir cosmologique, par des bolomètres refroidis à 0,3 K. Cette expérience italo-américaine a effectué son premier vol longue durée (plus de dix jours autour de l'Antarctique) entre décembre 1998 et janvier 1999. Les données collectées ont été exceptionnelles : d'une part, leur sensibilité a permis d'atteindre le millionième de degré ; d'autre part, leur résolution angulaire (10 minutes d'arc, soit 70 fois meilleure que COBE) a permis d'accéder à des nombres d'ondes $l = 800$. En 190 heures d'observations, une fraction de ciel de 4 % a été couverte (voir illustration 20).

Maxima-1, une autre expérience sur ballon, a pris son envol en août 1998 et a volé dix heures à trente-neuf kilomètres d'altitude au-dessus du Texas. Il a été suivi par Maxima-2 en juin 1999, avec des performances comparables.

Le premier pic acoustique se trouve clairement dans les données, là où il était attendu, c'est-à-dire à un nombre d'ondes voisin de 200. Le déchiffrage et l'interprétation des autres pics sont moins évidents. Les résultats ont été annoncés en avril 2000 lors d'une conférence de presse spectaculaire, à l'issue de laquelle il a été claironné un peu prématurément que l'Univers était « plat ». Les contraintes sur les paramètres cosmologiques sont déterminées en faisant les meilleurs ajustements entre le spectre angulaire observé et le spectre prédit, moyennant les variations d'une bonne dizaine de paramètres, tout en restant dans une classe très particulière de modèles favorisant dès le départ la théorie de l'inflation, au détriment d'autres modèles possibles. Nulle surprise donc à retrouver dans la conclusion les hypothèses émises : l'inflation implique en effet un espace très près d'être euclidien !

L'Univers est-il plat ?, p. 367

Malgré tout, Boomerang et Maxima nous ont fait entrer dans une ère de cosmologie observationnelle de haute précision. Qu'en est-il des *paramètres topologiques*, qui nous intéressent ici au premier chef ? Force est de constater que, quelle que soit la précision apportée par les vols en ballon pour mesurer finement la courbure, ils s'avèrent inefficaces pour tester la topologie de l'Univers. Ils ne couvrent que quelques degrés carrés de ciel. Or la topologie est une propriété de l'Univers à très grande échelle. Pour la détecter ou pour l'éliminer de façon convaincante, il faut des cartes à très haute résolution du ciel tout entier. Comme en cristallographie cosmique, le mirage topologique créé par l'éventuelle forme chiffonnée de l'espace est global, et non pas localisé. La méthode des paires de cercles prévoit des corrélations de température dans des directions très **Des cercles dans le ciel, p. 173** différentes. Au lieu d'envoyer une armada de ballons embarquant chacun un bolomètre destiné à calibrer un tout petit morceau de ciel, puis de rassembler les données en un immense patchwork pour établir une carte complète, le mieux est de placer les bolomètres sur satellite ; là, le temps d'observation et l'orientabilité sont suffisants pour couvrir la totalité du ciel. Seules les expériences sur satellite pourront fournir une couverture complète du ciel, à l'exception de la zone occupée par la Voie lactée.

La communauté scientifique attend beaucoup de deux satellites conçus à cet effet. Le premier, dénommé MAP (acronyme de *Microwave Anisotropy Probe*, « sonde de l'anisotropie micro-onde »), a été construit par une équipe de scientifiques de plusieurs institutions américaines, sous la houlette de l'université de Princeton et de la NASA. Lancé courant 2001, MAP[1] sera placé à 1,5 million de kilomètres de la Terre, en une situation orbitale précise directement à l'opposé du Soleil, appelée point de Lagrange. C'est un emplacement idéal car les trois sources les plus brillantes du ciel (engendrant donc le plus de parasites dans le domaine des micro-ondes), à savoir le Soleil, la Terre et la Lune, seront toutes trois regroupées dans le dos de l'instrument.

MAP emportera une version améliorée du radiomètre micro-ondes différentiel DMR utilisé sur COBE, consistant en deux télescopes micro-ondes dont les signaux seront soustraits électroniquement pour donner les différences de température dans les deux directions du ciel. Les différences seront mesurées entre 3 et 14 millimètres de longueur d'onde. Comme MAP tournera sur lui-même, les directions dans lesquelles pointeront ses télescopes changeront, de sorte que sur les 24 mois prévus pour la mission, les écarts de température entre plusieurs millions de paires de directions seront mesurés, et les données seront périodiquement transmises à la Terre. Les scientifiques du programme MAP pourront alors reconstruire une carte à haute résolution des fluctuations de température du fond de ciel, avec une sensibilité de 0,00002 K par pixel de 0,3 degré carré.

1. MAP, rebaptisé WMAP en l'honneur de David Wilkinson, l'un des initiateurs du projet et décédé en septembre 2002, a effectivement été lancé en juin 2001. Il a fourni d'extraordinaires résultats, discutés dans la postface.

Planck est une mission de l'Agence spatiale européenne, programmée pour 2007. Son objectif est de mesurer les anisotropies du rayonnement fossile sur toutes les échelles angulaires supérieures à 10 minutes d'arc. Pour reprendre l'analogie géographique, cela reviendra à mesurer des détails d'une quinzaine de kilomètres à la surface de la Terre. Le projet dans son état actuel prévoit un radiotélescope de 1,5 mètre embarqué sur un vaisseau spatial qui sera lui aussi placé au point de Lagrange. Mais contrairement à MAP, qui ne mesurera que des différences de température, Planck mesurera les températures absolues. Il fournira ainsi directement la carte du fond de ciel.

Planck aura accès à un domaine de longueurs d'onde plus large et de plus haute énergie que MAP, compris entre 0,3 et 10 millimètres. Sa résolution angulaire, sa couverture en fréquences et la sensibilité des cartes obtenues dépasseront celles de MAP, ce qui est le moins qu'on puisse attendre d'une mission programmée cinq ans plus tard... En prime, Planck sera le premier à mesurer la polarisation du rayonnement fossile et à donner des informations sur les ondes gravitationnelles émises par l'Univers primitif.

À CONSULTER

LACHIÈZE-REY Marc et GUNZIG Edgard, *Le Rayonnement cosmologique*, Paris, Masson, 1995.

SMOOT George et DAVIDSON Keay, *Les Rides du temps*, Paris, Flammarion, coll. « Champs », 1995.

Site Internet : www.sns.ias.edu/~whu.

39

L'Univers est-il plat ?

L'ignorant le croit plat, j'épaissis sa rondeur.
LA FONTAINE

« L'Univers est plat. » Cette annonce a fait la une des quotidiens au printemps 2000. Elle a valu une ovation quasi unanime de la communauté scientifique pour les chercheurs à l'origine de ce résultat expérimental, déduit de nouvelles données sur les taches du rayonnement fossile publiées dans la revue *Nature*. Or cette annonce était fallacieuse à plus d'un titre.

Pour commencer, elle était fausse dans sa formulation : l'Univers *ne peut pas* être plat. En effet, tout discours moderne sur l'Univers relève de la cosmologie relativiste. Or, en relativité, l'Univers ne se réduit pas au seul espace cosmique qui contient les étoiles, les galaxies, l'énergie du vide, etc. : l'Univers est un *espace-temps*. À ce titre, le résultat majeur de la cosmologie relativiste est que l'espace-temps possède une *dynamique* (expansion, décélérée ou accélérée, contraction, oscillations...), ce qui se traduit automatiquement par une courbure spatio-temporelle. Le seul modèle relativiste d'Univers qui soit réellement plat est l'espace-temps de Minkowski ;

mais comme celui-ci est vide de matière et de gravité, il ne peut représenter en aucun cas l'Univers observé. Les modèles statiques d'Einstein et de De Sitter sont « temporellement plats » en ce sens que leur rayon de courbure reste constant, mais leur courbure spatiale est positive. Ils sont également invalidés par l'observation des décalages vers le rouge cosmologique. Les bonnes solutions relativistes sont les modèles de Friedmann-Lemaître. Ils ont tous une courbure spatio-temporelle, leur partie purement spatiale étant elle-même courbée, sauf le cas extrêmement particulier du modèle euclidien, de courbure nulle.

Les mathématiques cosmiques, p. 291

C'est précisément ce dernier cas qui était promu par l'annonce : l'espace (et non pas l'Univers) serait plat. Mais cette formulation corrigée n'est guère plus satisfaisante. L'adjectif « plat », traduit en l'occurrence de l'anglais *flat*, ne s'applique qu'aux surfaces, et non aux volumes. Il aurait donc été plus exact de dire : « l'espace est de courbure nulle » ou bien : « l'espace est euclidien ».

Ces distinctions entre « Univers » et « espace », « plat » et « euclidien » pourraient passer pour une coquetterie de scientifique rigoriste, tout à fait inutile dans le champ de la vulgarisation. Il n'en est rien ! Si l'on veut que le public comprenne de quoi il retourne, il faut être très attentif au choix des termes. Les mots « Univers » et « plat » ont un sens précis dans le dictionnaire, qui ne correspond pas à celui qui leur est donné dans la formule : « l'Univers est plat ». En conséquence, au lieu d'informer le lecteur, cette annonce le désinformait. Après la diffusion de la nouvelle dans les périodiques et sur les ondes, bon nombre de gens se sont fait une image entièrement fausse de la forme de l'Univers, comme j'ai pu le constater à maintes reprises. Certains ont cru par exemple que toutes les galaxies étaient disposées dans un plan infini. D'autres ont pensé qu'Einstein et sa théorie de la relativité générale, selon laquelle l'Univers est courbé par la matière, étaient contredits par les nouvelles observations astronomiques. Leur raisonnement a été le suivant : la matière courbe l'espace ; plus de matière implique plus de courbure (le trou noir courbe en effet son espace environnant plus fortement que le Soleil) ; si l'espace est plat, c'est qu'il n'a pas de courbure, c'est-à-dire peu ou pas de matière ; l'Univers serait donc trop vide pour être courbé à l'échelle de milliards d'années-lumière.

Ce raisonnement est faux. Si l'espace cosmique a une courbure en moyenne nulle, ce n'est pas parce qu'il est « trop vide », mais au contraire parce qu'il est « moyennement plein ». Plus précisément, c'est parce que son paramètre de densité Ω, défini comme le rapport entre la densité réelle (toutes formes de matière et d'énergie confondues) et la densité critique, est égal à 1. Un espace vraiment « très vide », disons avec Ω beaucoup plus petit que 1, est *fortement* courbé ; cette courbure est négative, certes[1], mais il s'agit quand même d'une courbure !

Pour conclure sur ce premier point, c'est le devoir du vulgarisateur et du journaliste scientifique d'être particulièrement vigilants sur le choix des mots — quitte à corriger les déclarations parfois peu rigoureuses des scientifiques professionnels eux-mêmes.

En second lieu, prétendre que l'espace est plat est une faute logique. Cela équivaut strictement à dire

1. En ce cas, l'espace a une géométrie hyperbolique.

que la densité totale de matière Ω est égale à une valeur bien définie par la théorie, et ce *avec une précision infinie*. Or, il est évident qu'aucune expérience de physique ne pourra jamais procurer un résultat de mesure avec une précision infinie. Toute mesure comporte une *barre d'erreur*. Il est regrettable que les scientifiques à l'origine de l'annonce aient déclaré pouvoir « dire avec une grande certitude que l'Univers est plat ». Ils ont sacrifié la rigueur au scoop. Il sera à tout jamais *impossible* de prouver (au sens expérimental du terme) que l'espace est plat.

C'est d'ailleurs le seul cas qui ne pourra jamais être prouvé ! En effet, il en irait différemment avec un espace sphérique (de courbure positive) ou hyperbolique (de courbure négative), car ces solutions correspondent à des *intervalles* de valeurs possibles du paramètre de densité ($1 < \Omega < \infty$ pour le cas sphérique, $0 < \Omega < 1$ pour le cas hyperbolique). Imaginons que, à l'avenir, la précision des données expérimentales donne une barre d'erreur entièrement contenue dans l'un de ces deux intervalles (par exemple $1{,}05 < \Omega < 1{,}23$) : on aura effectivement la preuve expérimentale que l'espace est courbé (positivement, dans mon exemple).

La situation expérimentale réelle est la suivante[1]. Les données sur le spectre du rayonnement fossile, obtenues par les expériences sur ballon Boomerang-98 et Maxima-1, et interprétées selon certains modèles théoriques, fournissent une barre d'erreur $0{,}95 < \Omega < 1{,}25$ avec un « degré de confiance » de 95 %. À partir de là, on ne peut pas conclure grand-chose sur la courbure de l'espace, sinon que le cas

1. Voir la postface pour les données réactualisées à la lumière des observations du télescope WMAP.

euclidien $\Omega = 1$ se trouve dans la barre d'erreur, sans être particulièrement « au milieu ». Cela entraîne simplement que l'espace observable a un rayon de courbure supérieur à celui de l'horizon cosmologique, et qu'il nous paraît donc presque « plat », tout comme un ballon de plusieurs mètres de diamètre paraîtrait plat à une bactérie dont l'horizon ne dépasse pas quelques microns. Dirons-nous pour autant que le ballon est plat et que son volume est infini ? À croire l'Univers strictement plat, le public a tendance à en déduire que l'espace est infini (il ignore généralement la possibilité d'un Univers chiffonné). Or, il suffirait que $\Omega = 1{,}000\,01$ pour que l'espace soit sphérique, et nécessairement de volume fini. La distinction entre fini et infini est quand même « de taille »!

En réalité, les expériences Boomerang et Maxima n'ayant cartographié qu'une petite partie du fond de ciel, elles ne disent *rien* sur les propriétés géométriques globales de l'espace. **Le rayonnement fossile, p. 347**
On serait tenté de rectifier l'annonce en disant : « l'espace est faiblement courbé », parce que le paramètre de densité Ω est voisin de 1. Ce serait, là encore, une grossière erreur ! Faiblement courbé par rapport à quelle échelle de référence ? De fait, les cosmologistes normalisent la courbure de l'espace à trois nombres entiers, $k = -1$, $k = 0$ ou $k = +1$ selon que l'espace est hyperbolique, euclidien ou sphérique. Si $\Omega = 1{,}000\,01$, $k = +1$, et on ne peut certainement pas dire que +1 est « faiblement plus grand » que 0. Le rapport de ces deux nombres est même infini !

Ce serait une autre erreur de croire que c'est parce que l'espace est de courbure nulle que la fin apocalyptique du cosmos, annoncée par les partisans de l'hypothèse du « big-crunch », n'aura pas lieu. C'est uniquement parce que la contribution de la constante cosmologique serait suffisamment grande pour accélérer l'expansion. Même si la quantité totale d'énergie contenue dans l'Univers était plus grande que la densité critique, et qu'en conséquence l'espace était fermé en forme de sphère, il serait quand même en expansion perpétuelle à cause de la constante cosmologique, et non pas à cause de sa courbure.

Pour conclure ce deuxième point, une formulation correcte de la fameuse annonce serait : « La partie spatiale de l'univers observable est approximativement euclidienne. » Je reconnais qu'on ne fait pas un gros titre avec cela...

Poussons plus loin l'analyse. Pourquoi la plupart des scientifiques eux-mêmes, normalement rigoureux, se sont-ils prêtés au jeu de cette simplification abusive ? Un examen plus approfondi de l'affaire ouvre d'intéressants aperçus sur la « sociologie de la science », ignorés non seulement du public, mais le plus souvent aussi des médiateurs que sont les journalistes scientifiques. La science, et en particulier la cosmologie, n'est pas à l'abri d'un véritable fléau : la pensée unique. La science fonctionne sur des consensus provisoires, c'est-à-dire sur des opinions partagées par le plus grand nombre. Bien entendu, contrairement à d'autres domaines comme la philosophie ou la politique, ces opinions ne sont au départ pas arbitraires ; elles résultent d'un accord satisfaisant entre la théorie et l'expérience. Mais un consensus qui survit assez longtemps a tendance à se transformer en pensée orthodoxe. Il se met alors à exercer un véritable terrorisme intellectuel envers toute pensée contraire. Dans l'histoire de la cosmologie, l'aristotélisme est le meilleur exemple d'une pensée au départ originale et novatrice, mais qui, par la suite, s'est sclérosée au point de freiner le développement de la discipline pendant près de deux millénaires.

Toutes proportions gardées, le modèle de l'inflation joue depuis une vingtaine d'années ce rôle de concept cosmologique original qui s'est transformé en pensée terroriste, mais que l'on déguise sous le terme plus noble de paradigme. L'inflation est un modèle issu de la physique des hautes énergies, selon lequel l'Univers aurait connu, dans les premières fractions de seconde de son évolution, un taux d'expansion frénétiquement élevé, au point que l'espace serait devenu plat. À première vue, donc, le modèle de l'inflation semble favorisé par les dernières observations. Les clameurs de la presse l'attestent : « victoire de l'inflation », « l'inflation confortée », a-t-on pu lire dans nombre de journaux. C'est évidemment ce que cherche à faire croire le lobby de l'inflation. Est-ce réellement le cas ? Pour le savoir, il faut entrer dans la chair du sujet et examiner de près la façon dont la conclusion $\Omega = 1$ a été obtenue à partir des données brutes des expériences Boomerang et Maxima.

Moyennant un certain nombre d'hypothèses, certaines plausibles, d'autres moins, tout un éventail de spectres angulaires des fluctuations du rayonnement fossile sont théoriquement calculés en faisant varier une dizaine de paramètres cosmologiques. Ils sont ensuite comparés au **Le rayonnement fossile, p. 347** spectre observé, et un ajustement « au mieux » des divers paramètres en est déduit. Mais alors que nous entrons dans l'ère d'une cosmologie expérimentale de haute précision, il devient de plus en plus difficile de comprendre comment les paramètres cosmologiques sont extraits des données observationnelles. Les anisotropies de température sont influencées par un grand nombre de facteurs : le taux d'expansion, la courbure de l'espace, la topologie de l'espace, la densité d'énergie du vide, la densité baryonique, le nombre d'espèces différentes de neutrinos, l'amplitude et le spectre des perturbations de densité primordiales, etc. De nombreuses causes différentes produisent des effets comparables. Les fourchettes de contraintes livrées à grand fracas doivent donc être prises avec beaucoup de précautions.

Le lecteur averti aura tout lieu d'être perplexe s'il se plonge dans la lecture détaillée des articles scientifiques consacrés à la question. L'analyse fine du spectre angulaire des fluctuations suggère en effet que le maximum de vraisemblance pour Ω est 1,2, et non pas 1. Il serait logique d'en conclure que la balance expérimentale penche en faveur d'un espace sphérique, de volume fini, bien qu'à grand rayon de courbure, et en expansion perpétuelle grâce à la constante cosmologique. Un singulier retour aux modèles proposés entre 1927 et 1931 par Lemaître
Les mathématiques cosmiques, p. 291
(voir figure 36.1), mais qui rendrait l'annonce d'une « révolution cosmologique » quelque peu surfaite. Or c'est justement cela que le lobby de l'inflation a du mal à admettre, d'autant qu'*aucun* modèle d'inflation ne prédit $\Omega > 1$. On le voit à l'extraordinaire façon dont les trois équipes de scientifiques responsables des expériences COBE, Boomerang et Maxima se sont jointes en juillet 2000 pour rédiger un article consensuel sur les « dernières » valeurs des paramètres cosmologiques (comme on parle de la « dernière mode »

parisienne). Leur façon de procéder a de quoi surprendre : leur but n'est plus de trouver le meilleur ajustement entre les divers paramètres (qui donnerait notamment $\Omega = 1{,}2$ pour la densité totale), mais de calculer les valeurs des *autres* paramètres cosmologiques en supposant au préalable que $\Omega = 1$. En d'autres termes, le scénario d'un spectre de fluctuations engendré par l'inflation *se trouve déjà dans les hypothèses*. Pas étonnant qu'on le retrouve en conclusion ! Ce type d'analyse biaisée est rendu possible par le fait que $\Omega = 1$ est effectivement compatible avec les données. Mais si les données sur le rayonnement fossile obtenues par les missions spatiales MAP ou Planck confirment le modèle sphérique, les chantres de l'inflation devront sérieusement réviser leur copie.

Il n'est pas question de minimiser l'importance des données recueillies par les expériences Boomerang et Maxima. Jamais la cosmologie observationnelle n'avait atteint une telle précision. Mais les barres d'erreur et le faisceau d'hypothèses implicites laissent la porte ouverte à des interprétations autrement plus originales que celles d'un Univers bêtement plat.

40

La symétrie

Le sentiment de la symétrie est un instinct qui repose sur une confiance presque aveugle. C'est l'essence poétique de l'univers, de cet Univers qui, dans la perfection de sa symétrie, est simplement le plus sublime des poèmes.

EDGAR POE

La symétrie est partout présente dans la nature, de notre visage aux ailes d'un oiseau, des feuilles d'arbre aux cristaux atomiques. Elle se contemple aussi dans les réalisations humaines. L'art et l'architecture de toutes les civilisations nous montrent des chefs-d'œuvre de simplicité et d'équilibre grâce aux préceptes de symétrie utilisés dans leur élaboration.

En géométrie, un objet possède une certaine symétrie si des angles de vue différents en donnent des images indiscernables. Une symétrie est donc une opération mathématique qui laisse une forme globalement invariante.

Dessinons un cercle sur une feuille, puis traçons un cercle de même rayon sur une feuille transparente et superposons les deux figures. Il existe une infinité de façons de placer le calque de sorte que les deux cercles restent confondus : le cercle est symétrique par rapport à toutes les permutations de part et d'autre de tous ses diamètres. En géométrie, cette propriété se formalise en disant que le cercle est invariant sous toutes les *rotations* d'angle quelconque autour de son centre.

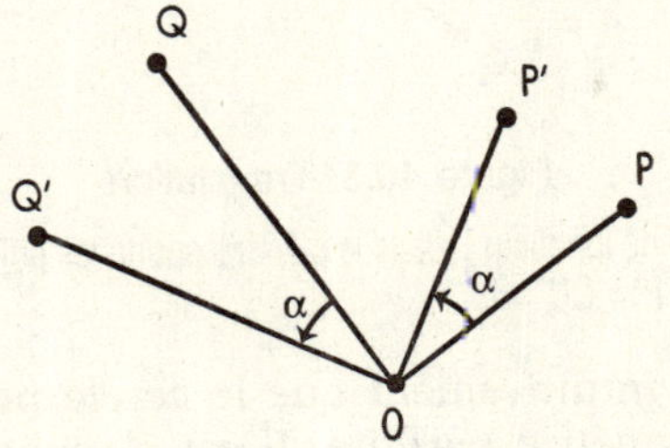

Figure 40.1. Rotation

Une rotation d'angle α dans le plan autour d'un point O transporte un point P en un point P' tel que OP = OP', et l'angle formé par OP et OP' est égal à α.

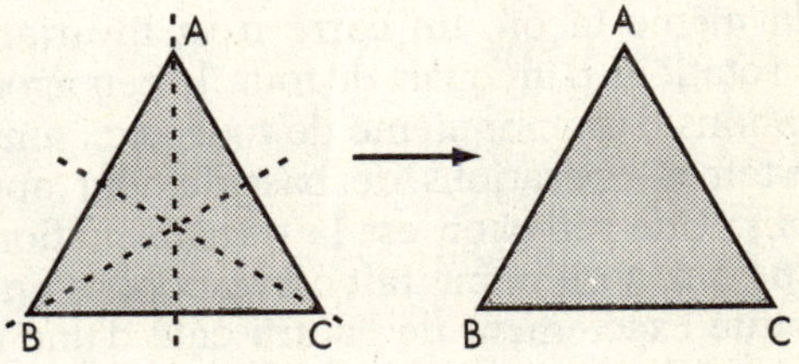

Figure 40.2. Symétries d'un triangle équilatéral

Six opérations élémentaires laissent invariant un triangle équilatéral : trois rotations de 120° autour du centre, et trois réflexions par rapport aux droites bissectrices (en pointillé).

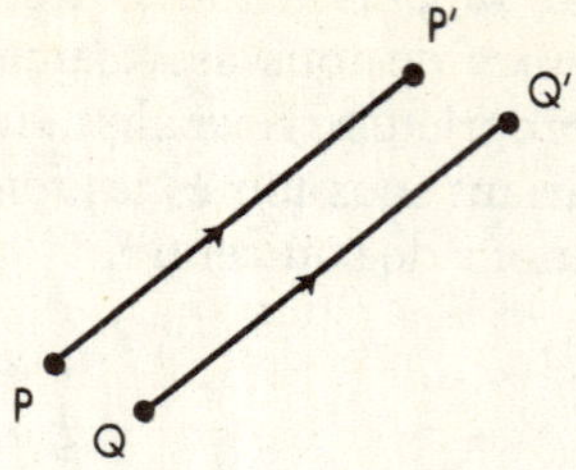

Figure 40.3. Translation

Une translation de longueur L dans le plan transporte les points P et Q en P' et Q' tels que PP' = QQ' = L.

On sent intuitivement que le cercle possède une sorte de symétrie parfaite. Il est clair que d'autres figures géométriques possèdent des régularités, tout en étant moins symétriques que le cercle. Traçons par exemple sur nos deux feuilles deux triangles équilatéraux ; il n'y a que six façons différentes de faire bouger le calque de sorte que les deux figures coïncident : trois rotations de 120 degrés chacune, ou trois basculements de la feuille par rapport aux bissectrices (figure 40.2).

De la même façon, un carré n'est invariant que par les rotations d'un quart de tour, le pentagone par les rotations d'un cinquième de tour, etc., ainsi que par certaines opérations de basculement appelées *réflexions*. Une réflexion est la transformation géométrique qui, à un point, fait correspondre un autre point situé exactement de l'autre côté d'une droite appelée axe de symétrie, à la même distance et dans la direction perpendiculaire. Les expériences pratiques que nous avons décrites avec les miroirs relèvent bien sûr de cette opération de réflexion, le miroir jouant le rôle de l'axe de symétrie.

Jeux de miroirs, p. 32

La forme d'une figure plane ou d'un objet d'extension finie, par exemple une feuille d'arbre, peut être entièrement explorée dans ses éléments de symétrie à l'aide des seules réflexions et rotations. En revanche, le plan dans son entier présente d'autres types de symétrie, qui se manifestent dès qu'on cherche à le découper en motifs répétés à l'infini. Ces pavages ou tessellations se trouvent partout dans l'art décoratif : tapisseries, planchers, mosaïques, etc. Pour les analyser, il faut des symétries supplémentaires. L'une d'elles est la *translation*.

Une translation est un déplacement rectiligne opéré dans une direction donnée et sur une distance donnée. C'est une transformation très simple, qui affecte peu les objets : si tous les points d'une figure sont déplacés sur la même longueur et dans la même direction, la figure reste identique à elle-même ; elle a simplement glissé un peu plus loin, comme sur des rails.

Les combinaisons entre opérations de symétrie sont intéressantes. Pour commencer, il est facile de composer des symétries de même nature. Deux rotations combinées donnent une nouvelle rotation, dont l'angle est égal à la somme des angles des deux rotations d'origine. Deux translations successives sont équivalentes à une translation dont la longueur est la somme des longueurs des deux translations. Dans le kaléidoscope formé de miroirs aux orientations multiples, les images résultent d'une combinaison des réflexions associées aux divers miroirs.

Cette propriété selon laquelle la combinaison de deux symétries donne une symétrie de même nature caractérise une structure mathématique fondamentale, la structure de *groupe*. La théorie des groupes n'est autre que la formalisation mathématique permettant de classer les symétries dans les espaces à un nombre quelconque de dimensions. À cet égard, « la théorie des groupes est, pour ainsi dire, la mathématique entière dépouillée de sa matière et réduite à une forme pure » (Henri Poincaré).

Il est tout aussi intéressant de combiner des symétries de nature différente. Par exemple, un *glissement* est le résultat d'une réflexion par rapport à une droite donnée, suivie d'une translation le long de cette même droite. Des traces de pas dans la neige, si elles sont bien régulières, présentent ce genre de symétrie autour du chemin central (figure 40.4).

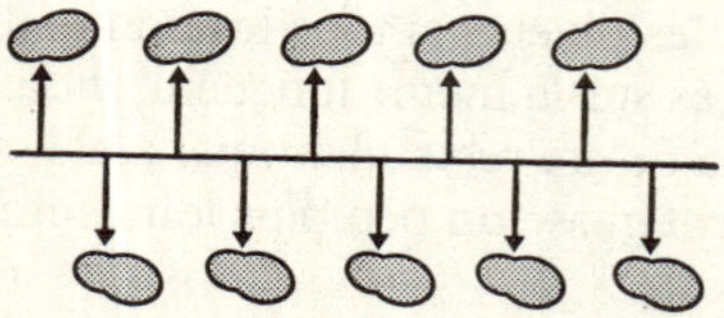

Figure 40.4. Glissement

Un glissement est la combinaison d'une translation et d'une réflexion.

Ces quatre opérations de symétrie dans le plan — rotations, réflexions, translations et glissements — possèdent une importante propriété commune : elles préservent les distances. En d'autres termes, tout segment de longueur donnée, s'il est transformé au moyen de l'une quelconque de ces opérations ou l'une quelconque de leurs combinaisons, garde la même longueur. D'où le terme *isométrie* (du grec *isos*, « égal », et *metron*, « mesure ») donné à ces transformations. Parce que la procédure permettant de mesurer la distance entre deux points d'un espace quelconque, appelée métrique, est l'une des caractéristiques essentielles de la géométrie, les isométries jouent un rôle privilégié dans l'étude des formes globales des espaces et de leur topologie[1].

La classification des groupes d'isométries permet notamment de répertorier tous les pavages réguliers du plan à partir d'une cellule fondamentale, sur laquelle on effectue diverses translations, rotations, réflexions, glissements et leurs possibles combinaisons. En transposant par exemple un parallélogramme dans deux directions différentes au moyen de deux translations indépendantes, on couvre le plan d'un réseau infini, chaque parallélogramme pouvant être considéré comme une cellule fondamentale. Mais le choix de la cellule n'est pas unique. N'importe quel parallélogramme peut être choisi, et même des formes qui ne sont plus des parallélogrammes. On peut paver un sol aussi bien avec des carreaux qu'avec des tommettes hexagonales.

En 1891, le minéralogiste russe Ievgraf Stepanovitch Fedorov a démontré que le nombre de groupes de symétrie permettant de paver régulièrement le plan est égal à 17. En 1922, l'archéologue Andreas Speiser a fait remarquer que ces dix-sept groupes avaient été découverts empiriquement quatre mille ans plus tôt dans l'art ornemental. En étudiant les tissages grecs, les pavages des temples égyptiens et les mosaïques de l'Alhambra à Grenade, il a constaté qu'ils étaient composés de motifs identiques, combinés en symétries simples ou composées,

1. Un exemple de symétrie plane qui n'est pas une isométrie est l'homothétie : un point est transformé en un autre en voyant sa distance à un certain point fixe multipliée par un nombre constant. Un carré transformé par homothétie d'un facteur deux donne un carré d'arête deux fois plus longue, et donc de surface quatre fois plus grande.

toutes les opérations possibles se réduisant aux dix-sept groupes de Fedorov. La variété innombrable des ornements plans peut donc se réduire à une description mathématique exhaustive.

La liberté dans le choix de sélectionner la cellule fondamentale permet de paver le plan entier avec un motif de forme arbitraire. Ce précepte a été mis en application par le graveur néerlandais Mauritz-Cornélius Escher. En 1936, le jeune artiste se rendit à l'Alhambra de Grenade, où il fut fasciné par les pavages mauresques. Peu après cette visite, il lut un article de vulgarisation que le mathématicien hongrois George Pólya avait publié en 1924 sur les groupes de symétrie dans le plan. Sans en comprendre l'aspect abstrait, Escher sut en extraire les dix-sept groupes de symétrie qui y étaient décrits. Entre 1936 et 1941, il appliqua ses nouvelles connaissances dans une série impressionnante d'estampes présentant tous les pavages périodiques possibles. Prenant le contre-pied de l'art islamique, qui devait se cantonner à des motifs purement géométriques, Escher utilisa des formes animales ou humaines : papillons, oiseaux, poissons, lézards, diablotins. Il entra en contact avec des mathématiciens de renom tels Donald Coxeter et Roger Penrose, et travailla en collaboration avec eux. En introduisant dans ses estampes des motifs de couleur — une dimension supplémentaire qui n'est pas prise en compte dans la classification de Fedorov —, Escher ouvrit un nouveau pan de la géométrie, la théorie des groupes de symétries polychromatiques, ultérieurement étudiée par Coxeter[1].

1. Lire par exemple Bruno Ernst, *Le Miroir magique de M.-C. Escher*, Taschen, 1995 ; G.-W. Locher (dir.), *Le Monde de M.-C. Escher*, Paris, Éditions du Chêne, 1992.

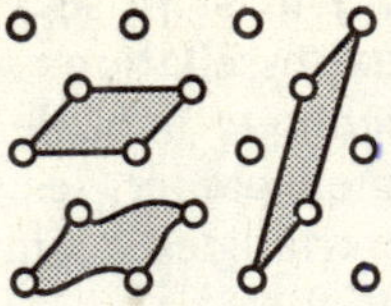

Figure 40.5. Cellules différentes pour un même réseau

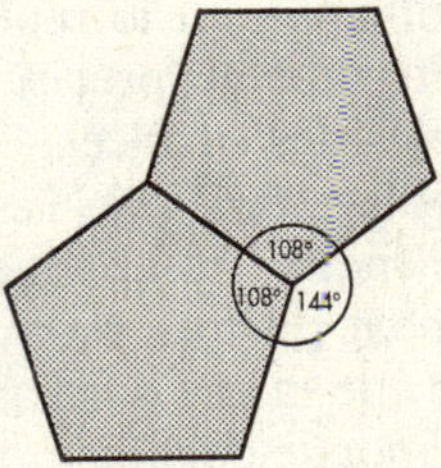

Figure 40.6. L'impossibilité d'un pavage pentagonal

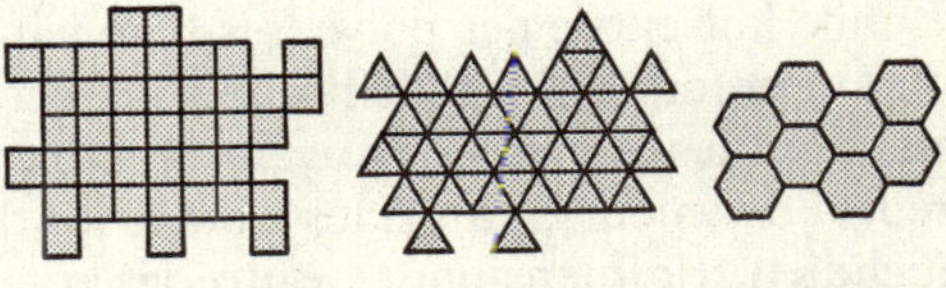

Figure 40.7. Les trois pavages polygonaux réguliers du plan

On ne peut pas réaliser un carrelage avec des pentagones. Mais les pavages semi-réguliers, composés à l'aide de motifs différents, sont aussi un domaine d'étude fascinant, qui a été formalisé par les travaux mathématiques de Roger Penrose. Là encore, les pavages semi-réguliers ont d'abord été explorés empiriquement par les artistes. L'origami, art traditionnel du papier plié si prisé au Japon, est très précisément lié aux tessellations semi-régulières du plan ; comme quiconque a pu le vérifier en fabriquant une cocotte en papier, les tesselles sont des polygones tels que triangles, rectangles, etc., qui ne sont pas tous identiques.

Classification des surfaces, p. 397

Toujours à deux dimensions, mais en considérant les géométries non euclidiennes, la classification des groupes d'isométries et le répertoire des pavages réguliers déterminent précisément toutes les topologies possibles des surfaces.

Qu'en est-il des symétries de l'espace à trois dimensions ? La symétrie rotationnelle y est manifeste : le mouvement du tour de potier ou celui de notre planète sur elle-même sont autant d'exemples définissant notre monde euclidien ordinaire.

La sphère est invariante par toutes les rotations d'espace autour de son centre, mais un cube doit être tourné de 90 degrés (ou d'un multiple entier de 90 degrés) pour que son aspect extérieur ne change pas. Le cube fait partie des polyèdres réguliers, figures qui se reproduisent à l'identique sous certaines rotations dont les angles ne peuvent prendre qu'un nombre fini de valeurs. Parmi les isométries de l'espace euclidien tridimensionnel, outre les rotations, on trouve également des translations, des réflexions, et de nouvelles opérations n'existant pas dans le plan, comme le vissage.

Les symétries qui permettent de paver l'espace de façon régulière sont manifestes dans les cristaux, arrangements d'atomes se reproduisant avec une certaine périodicité dans l'espace. Nous avons vu qu'il existe dix-sept groupes de symétrie dans le plan ; dans l'espace euclidien tridimensionnel, on en dénombre deux cent trente. Cela implique que les milliers de cristaux différents qui sont présents dans la nature ou qui peuvent être synthétisés en laboratoire ont une structure qui se réduit à l'un ou l'autre de ces deux cent trente groupes, qualifiés pour cette raison de « cristallographiques ».

On ne trouve jamais de formes pentagonales dans les cristaux[1]. Il existe cependant des alliages d'aluminium et de manganèse qui possèdent des symétries pentagonales, sans pouvoir paver l'espace de façon régulière. Ces « quasi-cristaux », aux propriétés spéciales, font l'objet de recherches intensives, tant théoriques que technologiques.

Le premier cristallographe de l'histoire fut Johannes Kepler. Dans un merveilleux petit traité de 1610, *La Strena*[2], il remarqua la forme hexagonale des flocons de neige et fit le lien avec celle de certains cristaux. Il en rendit compte par des raisonnements géométriques prémonitoires, en se demandant par exemple comment empiler des solides réguliers de la façon la plus compacte possible. La nature réalise ce type d'empilements : les pépins de grenade, de forme rhomboédrique, occupent le moins d'espace possible dans le fruit, et les alvéoles d'abeilles ont une forme hexagonale qui permet d'enfermer la plus grande quantité de miel. Mais Kepler entrevit surtout les principes sous-jacents de symétrie qui président à l'ordonnancement du monde, sur toutes les échelles de grandeur, depuis les cristaux jusqu'aux orbites planétaires et au cosmos tout entier. De tempérament mystique, Kepler croyait que la symé-

1. Bien que la symétrie pentagonale soit commune dans le monde vivant : primevère, étoile de mer, etc.
2. Johannes Kepler, *L'Étrenne ou la Neige sexangulaire*, Paris, Vrin, 1975.

trie géométrique était la langue naturelle avec laquelle Dieu s'était exprimé dans la Création.

La symétrie est si présente autour de nous que l'on ne peut s'empêcher de penser, à l'instar de Kepler, qu'elle tient une place importante dans l'explication du monde. Dans l'Antiquité, Platon avait été le premier à vouloir appliquer des principes généraux de symétrie pour décrire l'organisation générale du cosmos, sa forme et son contenu. Il avait élu la sphère, figure symétrique par excellence, pour symboliser l'architecture cosmique, supposée refléter la perfection et l'immuabilité divines. Afin de compléter la géométrisation du monde, Platon voulut représenter les éléments (terre, eau, air, feu) par des figures symétriques. Il choisit les polyèdres réguliers, moins « parfaits » que la sphère, car les éléments sont soumis à la corruption, à l'altération et au changement.

Les polyèdres, p. 390

Rien n'a fondamentalement changé dans la physique contemporaine. Les physiciens géomètres d'aujourd'hui recensent les symétries de la nature pour y accorder les propriétés structurelles de la matière (le terme « accorder » évoque d'ailleurs l'harmonie musicale). Ils estiment toujours que la façon dont s'expriment les divers phénomènes physiques et les propriétés de la matière peut être mise en correspondance avec des symétries géométriques. La différence est que les symétries cherchées aujourd'hui sont beaucoup plus subtiles que l'invariance par translation ou par rotation, seules connues des Anciens.

La compréhension du rôle de la symétrie en physique a réellement progressé grâce aux travaux d'Évariste Galois, en 1832, et d'Emmy Noether en

1916. Cette dernière a montré combien les lois de conservation de certaines quantités physiques sont liées à des symétries géométriques. Par exemple, le principe bien connu de conservation de l'énergie est une conséquence du fait que, lorsqu'on examine des fragments de matière à des temps différents, ils conservent exactement la même énergie, de la même façon qu'un cube se conserve quand on lui fait subir une rotation d'un angle de 90 degrés. La différence est que la symétrie mise en jeu dans la conservation de l'énergie est une translation temporelle au lieu d'être une rotation spatiale. L'invariance d'un système matériel par rotation spatiale entraîne la conservation d'une autre quantité physique, appelée « moment cinétique ». C'est ce qui explique qu'une patineuse qui tourne sur elle-même ralentit sa vitesse de rotation en écartant les bras (la masse des bras s'éloignant de l'axe de rotation, la vitesse doit diminuer pour que la quantité de mouvement angulaire reste constante) et tourne plus vite en ramenant ses bras près du corps. Il en va de même pour les pulsars, étoiles qui ont considérablement augmenté leur vitesse de rotation initiale en se contractant sur elles-mêmes.

Le concept de symétrie et de groupe de transformations laissant invariant un objet, qu'il s'agisse d'une figure géométrique, d'un corps matériel ou d'un objet conceptuel, s'est étendu à la structure même de l'espace-temps. Le principe de relativité stipule que les lois de la nature gardent la même forme dans tous les référentiels inertiels. Dans la mécanique de Galilée et la relativité restreinte d'Einstein, les référentiels inertiels sont en translation uniforme les uns par rapport aux autres ; en relativité générale, les référentiels inertiels sont ceux qui chutent librement dans un champ de gravitation. Les opérations géométriques qui permettent de calculer les positions, temps, vitesses, etc., en passant d'un référentiel inertiel à un autre sont équivalentes à des symétries. Celles-ci forment un groupe : le groupe de relativité. La symétrie est ainsi omniprésente en mécanique classique, avec le groupe de Galilée dans lequel, par exemple, les vitesses s'additionnent, et en mécanique relativiste, avec le groupe de Poincaré.

Après la relativité, la symétrie s'est étendue à la mécanique quantique et à la physique des particules. Les physiciens en usent pour classifier les particules élémentaires et comprendre la nature des interactions fondamentales, à travers des symétries dites « de jauge ». Ces théories de jauge sont couronnées de succès, puisque des particules prédites à l'aide de tels concepts sont effectivement détectées en laboratoire.

La symétrie traverse aujourd'hui la totalité du champ de la physique, au point d'en devenir le pilier fondateur. Depuis trente ans, les chercheurs tentent d'unifier les forces et les particules qui constituent notre univers matériel, c'est-à-dire de leur trouver une description mathématique commune. Une telle « superthéorie » rendrait compte non seulement de toutes les formes connues et inconnues de matière, mais aussi des quatre interactions fondamentales que sont la gravitation, l'électromagnétisme, les interactions nucléaires forte et faible. Ces théories d'unification sont encore variées : Grande Unification, supersymétrie, supercordes, etc., mais leur hypothèse de base commune est que la nature opère selon un ensemble de règles mathématiques se ramenant à des symétries.

Bien que les symétries de la nature soient aujourd'hui cachées dans notre Univers à basse énergie, elles se révéleraient à très haute température et peuvent être étudiées dans les accélérateurs de particules.

Le but réel des théories d'unification est, en fait, double : il s'agit non seulement de découvrir les symétries sous-jacentes de l'Univers primitif (à très haute température), mais aussi de trouver des mécanismes physiques capables de briser ces symétries lorsque, au cours de son expansion, l'Univers est descendu à basse énergie. Après tout, nous vivons dans un Univers devenu complexe, empli de particules et d'interactions si diverses qu'elles se prêtent mal à une description trop symétrique. La complexité du monde peut donc se traduire par des *écarts* à la symétrie parfaite. La physique étudie précisément les « brisures de symétrie » et montre que celles-ci jouent un rôle au moins aussi fondamental dans la nature que les symétries en elles-mêmes.

Il est remarquable que cette démarche se retrouve dans l'art et l'esthétique. La symétrie y est omniprésente, mais la notion (subjective) de « beauté » est davantage liée à un léger écart à la symétrie plutôt qu'à la symétrie parfaite. Les plus beaux visages ne sont pas exactement symétriques, les architectures les plus réussies mêlent symétrie et surprise...

À CONSULTER

WEYL Hermann, *Symétrie et mathématique moderne*, Paris, Flammarion, coll. « Champs », 1996.

BACRY Henri, *La Symétrie dans tous ses états*, Paris, Vuibert, 2000.

41

Les polyèdres

À vingt ans, en apprenant qu'il n'existait que cinq polyèdres réguliers parfaits pouvant s'inscrire dans une sphère, cinq et pas un de plus, je me suis dit que l'univers ne pouvait être que limité.

SALVADOR DALÍ

Un polyèdre régulier est une figure de l'espace dont les faces sont des polygones réguliers et identiques, et qui est faite de telle sorte que deux faces et deux seulement se rencontrent à chaque arête. Ainsi, une fourmi qui voudrait passer d'une face à l'autre ne doit traverser qu'une seule arête ; tout raccourci passant par l'intérieur du polyèdre est interdit.

Il n'existe en tout et pour tout que cinq polyèdres réguliers. Ce sont :

• le tétraèdre, plus communément appelé pyramide, dont les quatre faces sont des triangles équilatéraux ;

• l'hexaèdre, plus communément appelé cube, dont les six faces sont des carrés ;

• l'octaèdre, à huit faces triangulaires équilatérales ;

• l'icosaèdre, à vingt faces triangulaires équilatérales ;

• le dodécaèdre, à douze faces pentagonales.

Les cinq polyèdres réguliers sont connus depuis l'Antiquité. Après avoir été étudiés par Théétète et par Platon, ils forment le couronnement des *Éléments* d'Euclide. Le scholie de la proposition 18 du treizième et dernier livre démontre pourquoi il ne peut exister plus de cinq polyèdres réguliers.

Platon, qui avait fait graver au-dessus de la porte de son école philosophique, l'Académie, l'inscription « Que nul ne pénètre s'il n'est géomètre », les a utilisés pour décrire les corps simples (terre, eau, air, feu) en termes de géométrie pure — d'où le nom de « corps » ou « solides platoniciens » souvent donné aux polyèdres réguliers.

Une brève histoire de l'espace, p. 209 ; La symétrie, p. 376

La terre est associée au cube, l'eau à l'icosaèdre, l'air à l'octaèdre et le feu au tétraèdre. L'argumentation de Platon ne manque pas de sel. Par exemple, une pierre de forme cubique est plus difficile à mettre en mouvement qu'une pierre ayant toute autre forme polyédrique. Par conséquent, c'est la figure la plus lourde et inerte et, à cet égard, elle doit être associée à l'élément terreux. L'icosaèdre doit être associé à l'eau car, dans la série des polyèdres, c'est celui qui possède le plus grand nombre de faces : à chaque sommet se rencontrent cinq triangles, ce qui fait paraître sa structure relativement ronde et fluide. Le reste est à l'avenant.

Quant au cinquième polyèdre régulier, le dodécaèdre, Platon et Aristote l'ont utilisé pour clore la représentation géométrique du monde en le mettant en correspondance avec un cinquième élément : la quintessence[1]. Avec ses douze faces pentagonales,

1. Dans l'*Epinomis*, un texte postérieur au *Timée*, Platon la nomme « éther », dont l'étymologie signifie « court toujours », comme les régions du ciel.

le dodécaèdre est en effet la figure qui se rapproche le plus d'une sphère, dont la parfaite rondeur symbolise la perfection céleste.

Selon Jamblique, c'est le pythagoricien Hyppase de Métaponte qui aurait construit pour la première fois la figure du dodécaèdre. Dans sa *Vie de Pythagore*, il raconte que le fait d'avoir divulgué par écrit comment on pouvait construire une sphère quasi parfaite à partir de douze pentagones était un tel acte d'impiété qu'il périt en mer. Jamblique ajoute qu'Hyppase s'était vanté d'une découverte dont le mérite revenait au seul maître suprême, Pythagore ! Ce dernier aurait été intrigué par la forme des cristaux de pyrite que l'on trouve en Sicile, où il vivait. La pyrite présente douze faces pentagonales légèrement irrégulières, et cette forme aurait conduit Pythagore à s'intéresser au nombre d'or, qui se déduit de la construction des polygones réguliers. Depuis lors, le dodécaèdre est chargé d'un lourd symbolisme. Le nombre 5 associé au nombre de côtés de ses faces pentagonales joue un rôle particulier en occultisme : le pentacle ou étoile à cinq branches, à l'intérieur duquel sont inscrits des lettres, des mots et des signes, est censé traduire une structure universelle. Le nombre 12, qui est celui de ses faces, le met naturellement en correspondance avec les douze signes du zodiaque, les douze mois de l'année, les douze apôtres, etc. On a retrouvé des artefacts humains en bronze de forme dodécaédrique, d'origine gallo-romaine.

De nombreux artistes ont dessiné des polyèdres : Piero della Francesca, Léonard de Vinci, Dürer, Escher (dont le frère fut professeur de cristallographie à l'université de Leyde). Salvador Dalí a

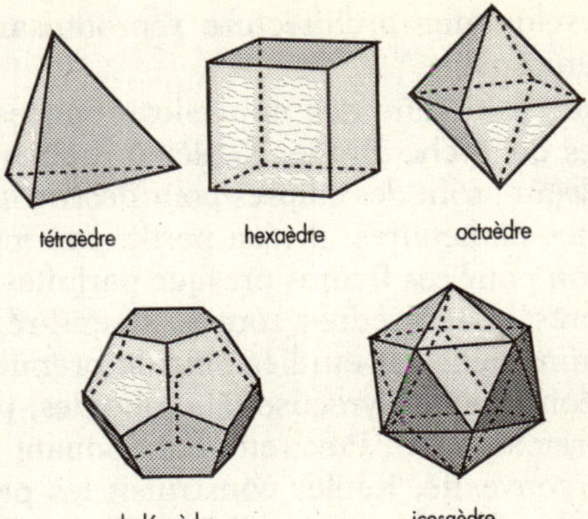

Figure 41.1. Les cinq polyèdres réguliers

Les polyèdres réguliers, déjà invoqués par Platon pour géométriser les « éléments », servent aujourd'hui à représenter certains espaces multiconnexes, à condition de considérer que les faces sont identifiées par paires selon certaines transformations géométriques.

notamment peint une impressionnante *Cène* qui se déroule dans une salle de forme dodécaédrique, ceinte de grandes baies vitrées pentagonales. Mais c'est surtout en cosmologie, en cristallographie et en topologie que les polyèdres ont révélé tout leur potentiel explicatif.

En 1596, dans son *Secret du monde*, Kepler s'est intéressé aux polyèdres réguliers pour résoudre d'une manière originale le problème des rapports entre les orbites planétaires. Selon lui, les cinq solides des platoniciens devaient correspondre exactement aux cinq intervalles entre les six planètes connues : Mercure, Vénus, la Terre, Mars, Jupiter, Saturne. Il démontra mathématiquement que les solides platoniciens s'agençaient l'un dans l'autre d'une manière unique, selon une architecture reproduisant celle du système solaire.

Lorsque, à la suite des nouvelles données astronomiques de Tycho Brahé, Kepler dut abandonner ce modèle au profit des ellipses pour décrire la forme des orbites planétaires, il n'en perdit pas moins sa fascination pour ces figures presque parfaites. Il étudia de près les polyèdres convexes semi-réguliers, dits archimédiens car étudiés pour la première fois par le géomètre de Syracuse (rhomboïdes, prismes et anti-prismes, etc.). Puis, en abandonnant l'hypothèse de convexité, Kepler construisit les premiers polyèdres étoilés, constitués d'assemblages d'étoiles multi-branches. Il les utilisa pour modéliser la structure des cristaux de neige et jeter les bases de la cristallographie[1].

La symétrie, p. 376

Les polyèdres, réguliers ou pas, ont enfin joué un rôle essentiel dans le développement de la topologie. En 1750, dans une lettre adressée à son confrère Christian Goldbach, Leonhard Euler cita un certain nombre de propriétés des polyèdres généraux. Parmi elles, une formule d'apparence simplissime, mais qui se révéla par la suite d'une profondeur considérable :

$$F - A + S = 2$$

où F est le nombre de faces, A le nombre d'arêtes et S le nombre de sommets du polyèdre.

Par exemple, un cube possède 6 faces, 12 arêtes

1. En 1809, le mathématicien Louis Poinsot, non informé des résultats de Kepler, redécouvrit les polyèdres réguliers étoilés et en fit une classification complète. Le lecteur fasciné par les polyèdres pourra consulter sur la Toile un site remarquable . http://bib1.ulb.ac.be/coursmath/poly.htm.

et 8 sommets. On vérifie sans trop d'efforts que 6 – 12 + 8 = 2. Il en va de même avec les autres polyèdres réguliers : le tétraèdre (4, 6, 4), l'octaèdre (8, 12, 6), le dodécaèdre (12, 30, 20) et l'icosaèdre (20, 30, 12). Mais la formule est vérifiée pour n'importe quel type de polyèdre, quelle que soit sa forme ou sa taille ! Après la résolution du problème des ponts de Königsberg, Euler franchissait ainsi une nouvelle étape dans la libération progressive de la notion de distance en géométrie.

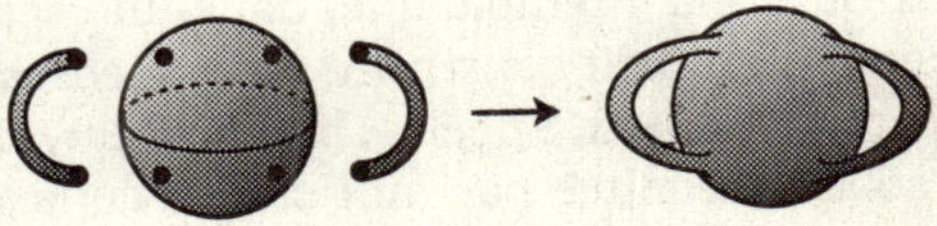

Figures 41.2. La sphère à poignées

La formule d'Euler-Lhuilier s'applique à toutes les surfaces fermées de genre T, équivalentes à une sphère munie de T poignées.

Que se passe-t-il si on creuse un ou plusieurs trous dans un polyèdre ? Simon Lhuilier réfléchit à cette étrange question et démontra, en 1813, que la formule d'Euler pouvait être généralisée à n'importe quelle figure polyédrique, percée ou non :

$$F - A + S = 2 - 2T$$

où T est le nombre de trous. Ce nombre apparaît, lui aussi, comme un invariant topologique, indépendant de la taille du polyèdre. Il peut être aussi défini pour n'importe quelle surface fermée, et il est alors appelé « genre ». Le genre du tore est 1, celui d'une sphère est 0, celui d'une sphère munie de T poignées est T.

Un autre invariant topologique est la dimensionnalité de l'espace. Ce n'est que dans les espaces à trois dimensions que le nombre de polyèdres réguliers est égal à cinq. Dans le plan bidimensionnel, on peut évidemment construire autant de « polyèdres » (c'est-à-dire de polygones) réguliers que l'on veut, il suffit pour cela d'augmenter le nombre de côtés.

Les mathématiciens, toujours curieux, se sont ingéniés à voir ce que devenaient les polyèdres réguliers dans des espaces de dimension supérieure. Ils ont trouvé par exemple que, dans un espace de dimension 4, on peut construire six polyèdres réguliers ; l'un d'entre eux, appelé « hypercube », est une figure solide délimitée par huit cubes, de la même manière qu'un cube dans l'espace ordinaire est délimité par six faces carrées. En dimension 5, on peut imaginer l'ultracube, délimité cette fois par un hypercube sur chacune de ses dix faces ! Mais le géomètre le plus talentueux vivant dans un univers à cinq dimensions ne pourrait jamais assembler plus de trois polyèdres réguliers : l'icosaèdre et le dodécaèdre n'ont aucun équivalent dans l'espace à cinq dimensions.

Le nombre de polyèdres réguliers apparaît donc comme une caractéristique de la dimensionnalité de l'espace dans lequel ces polyèdres sont plongés. Certains y voient même une démonstration de la nature tridimensionnelle de notre espace, parce que dans l'espace réel on peut effectivement construire les cinq polyèdres réguliers en pierre, en bois ou en papier !

42

Classification des surfaces

Parle à ce qui se tait
Sous la surface

MICHEL CASSÉ

J'appellerai ici « surface » un espace à deux dimensions qui n'a pas de bord. Un disque ou un carré, qui ont un bord, ne sont donc pas des surfaces. En général, une surface possède une courbure variable d'un point à l'autre (figure 42.1). Lorsqu'une surface n'a pas de point cuspoïdal, c'est-à-dire de point où la courbure devient infinie, elle a la propriété d'être homogénéisable. Cela signifie qu'un certain changement de coordonnées transforme sa métrique à courbure variable en une métrique à courbure constante.

La classification complète des surfaces homogénéisables se réduit donc à la classification des surfaces à courbure constante. Les trois cas à envisager sont les surfaces euclidiennes (courbure nulle), les surfaces sphériques (courbure positive) et les surfaces hyperboliques (courbure négative).

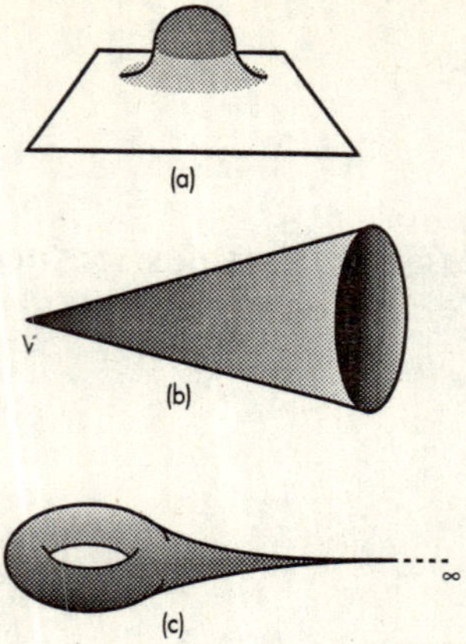

Figure 42.1. Trois surfaces à courbure variable

(a) Surface à courbure variable homogénéisable
Un plan muni d'une bosse est partagé en trois régions, une de courbure nulle (en blanc), une de courbure négative (en gris clair) et une autre de courbure positive (en gris foncé). Il est possible d'étirer continûment cette surface pour l'aplanir complètement, c'est-à-dire pour lui donner une métrique de courbure partout nulle. En un certain sens, dans un plan bosselé, les régions de courbure positive compensent les régions de courbure négative.

(b) Surface conique
Cette surface a une courbure partout nulle sauf en un point (le vertex V du cône), où la courbure est infinie. Elle n'est pas homogénéisable.

(c) Surface à point cuspoïdal
Cette surface « presque torique », bien que d'aire finie, possède un point cuspoïdal à l'infini. Elle n'est pas homogénéisable.

Surfaces euclidiennes

Parmi les surfaces euclidiennes, une seule est monoconnexe : le plan usuel E^2. Les autres, multiconnexes, se caractérisent par leur polygone fondamental et leur groupe d'holonomies. Le polygone fondamental est soit un « digone » (un polygone à deux côtés ne se rejoignant qu'à l'infini, c'est-à-dire une bande à bords parallèles de hauteur infinie), soit un quadrilatère, soit un hexagone. Quant aux holonomies (identifications de points possibles), ce sont soit des translations, soit des glissements. Le nombre de combinaisons différentes s'avère très réduit : il y a en tout et pour tout quatre surfaces euclidiennes multiconnexes (figure 42.2).

Il est facile d'obtenir des sections finies de cylindre ou de bande de Möbius (figure 42.3) à partir d'une feuille de papier. Il est en revanche impossible, même avec un matériau élastique, de construire un tore euclidien T^2 ou une bouteille de Klein K^2 (figure 42.4). **Du cylindre à la fougasse, p. 100**

Le tore plat T^2 peut alternativement être obtenu en identifiant les côtés parallèles d'un carré ou d'un hexagone régulier (figure 42.5). Ces deux descriptions équivalentes sont intimement reliées aux deux possibilités de pavage du plan euclidien par des carrés et par des hexagones. **La symétrie, p. 376**

Surfaces sphériques

Parmi les espaces à deux dimensions dont la courbure est positive, seule la sphère S^2 est monoconnexe. Du point de vue topologique, elle est représentable

Nom	Polygone fondamental et identifications	Forme	Fermé	Orientable
cylindre	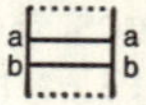		NON	OUI
bande de Möbius			NON	NON
tore	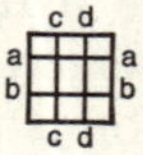	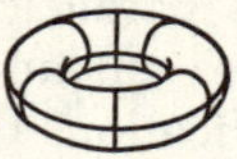	OUI	OUI
bouteille de Klein	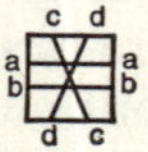	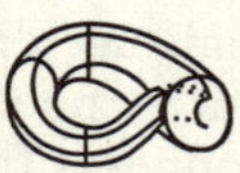	OUI	NON

Figure 42.2. Les quatre surfaces euclidiennes multiconnexes

La deuxième colonne indique la forme du polygone fondamental et les identifications de points possibles, la quatrième colonne indique le caractère fermé (aire finie) ou ouvert (aire infinie) de la surface, la dernière colonne sa propriété d'être orientable ou non. Quand le polygone fondamental est un digone (cylindre, bande de Möbius), la surface est ouverte ; sinon elle est fermée.

par un digone fermé (figure 42.6). Cette carte de l'espace sphérique nous est familière à travers les mappemondes. Lorsque nous suivons sur une mappemonde un tour du monde à la voile, nous nous éloignons par exemple vers l'ouest jusqu'à ce que nous atteignions l'extrémité gauche de la carte, cependant nous savons très bien que nous n'avons pas atteint l'extrémité de la Terre, mais un point qui est représenté deux fois aux deux bords opposés de la carte. Le digone n'a donc pas de frontière, les

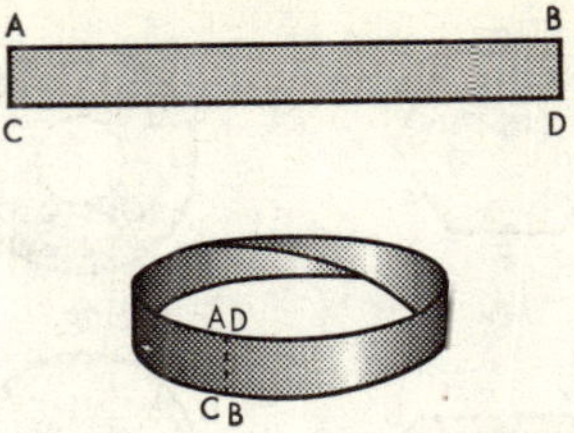

Figure 42.3. Construction d'un ruban de Möbius

La bande de Möbius est de longueur infinie, mais on peut en prélever une section de largeur finie appelée « ruban de Möbius ». Découvert en 1858 par Johann Benedict Listing et, indépendamment, par August Ferdinand Möbius en 1965, le ruban de Möbius peut facilement se construire dans l'espace à 3 dimensions : il suffit de découper une longue bande de papier et de coller l'une de ses extrémités, qu'on aura retournée, avec l'autre. La bande de Möbius n'est pas une surface orientable, autrement dit dont on pourrait peindre chacune des faces d'une couleur différente : et pour cause, c'est une surface unilatère, c'est-à-dire qui n'a qu'une seule face.

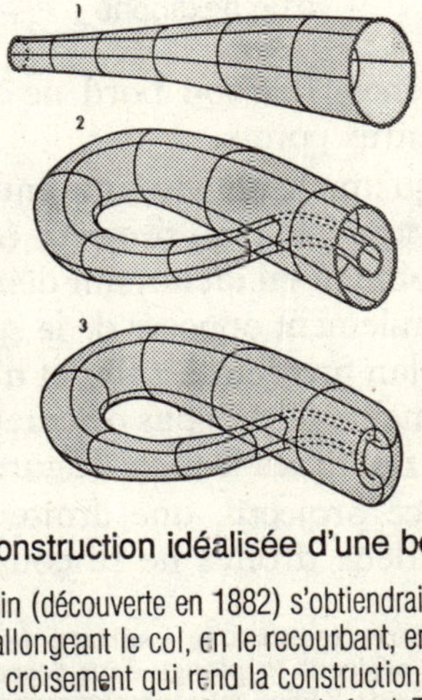

Figure 42.4. Construction idéalisée d'une bouteille de Klein

La bouteille de Klein (découverte en 1882) s'obtiendrait à partir d'une bouteille ordinaire en allongeant le col, en le recourbant, en lui faisant traverser la surface (c'est ce croisement qui rend la construction physiquement irréalisable) et en le raccordant par l'intérieur avec le fond. Tout comme la bande de Möbius, cette surface n'est pas orientable.

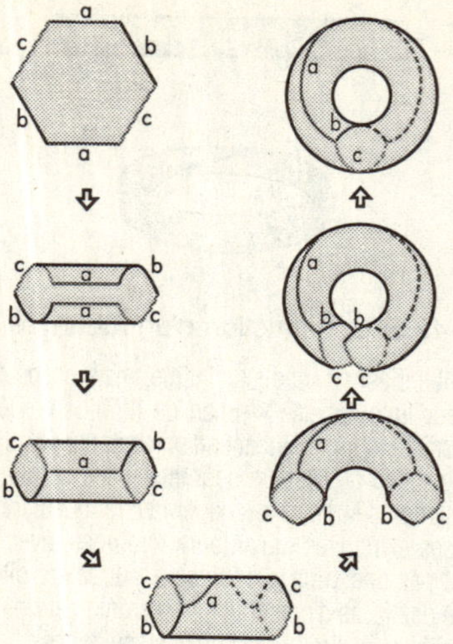

Figure 42.5. Construction d'un tore plat à partir d'un hexagone

points représentés sur son bord ne se distinguent en rien des autres points.

Il n'existe qu'une seule variante multiconnexe de l'espace sphérique : le plan projectif (dit aussi elliptique) P^2. Il s'obtient en identifiant deux par deux les points diamétralement opposés de la sphère. Comme la sphère, le plan projectif est fini et n'a pas de frontière ; en revanche, il n'est pas orientable. P^2 peut se construire de multiples façons[1] (figure 42.7).

Dans l'espace projectif, une droite est une ligne fermée, mais deux droites ne se coupent qu'en un

1. Parmi ces représentations, la « surface de Boy » permet de visualiser le plan projectif P^2 plongé dans l'espace euclidien E^3 ; comme la bouteille de Klein, cette représentation conduit nécessairement à des auto-intersections ; voir par exemple Jean-Pierre Petit, *Le Topologicon*, Paris, Belin, 1985.

point (alors que sur la sphère elles se coupent en deux points). En faisant le tour d'une des droites on passe d'un côté à l'autre de la première sans la rencontrer. La droite est donc une ligne fermée qui ne fait pas de coupure du plan projectif.

sphère S^2		monoconnexe	fermée	orientable
plan projectif P^2	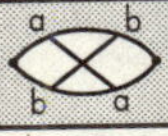	multiconnexe	fermée	non orientable

Figure 42.6. Les deux surfaces de courbure constante positive

Surfaces hyperboliques

Les surfaces à courbure négative admettent pour prototype monoconnexe le plan hyperbolique (ou plan de Lobatchevski) H^2. Comme le plan euclidien, le plan de Lobatchevski est une surface ouverte : si l'on se déplace en ligne droite tout en épousant les contours de la surface, on ne revient pas à son point de départ, mais on s'éloigne à l'infini.

Dès que l'on ajoute une poignée au plan de Lobatchevski, on obtient une nouvelle surface hyperbolique ouverte, mais multiconnexe. On peut également construire des surfaces hyperboliques multiconnexes *fermées*, en partant d'un polygone fondamental ayant au moins huit côtés, et en identifiant les côtés par paires, à l'aide d'holonomies formant un sous-ensemble des transformations qui laissent invariant le plan hyperbolique. Comme un polygone régulier peut avoir un nombre arbitraire-

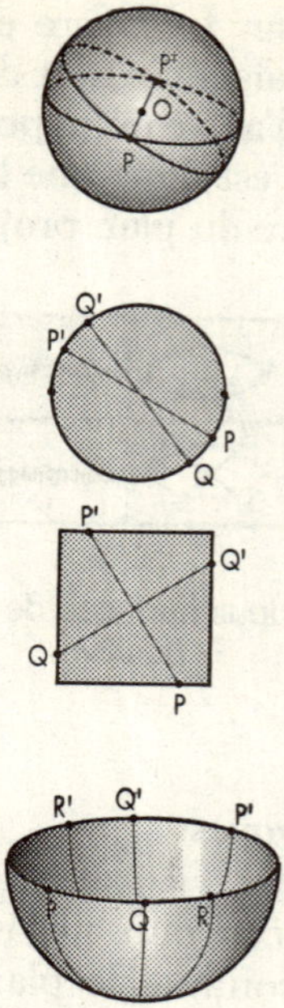

Figure 42.7. Différentes constructions du plan projectif

(a) Lorsque les antipodes P et P' (points diamétralement opposés sur la sphère) sont considérés comme un seul et même point, on obtient le plan projectif, muni d'une géométrie sphérique.
(b) Le polygone fondamental du plan projectif est un digone fermé — par exemple deux demi-cercles accolés, dont les points diamétralement opposés sont identifiés.
(c) Une représentation équivalente est celle d'un quadrilatère dont les côtés opposés sont identifiés à l'aide de deux glissements (translation suivie d'une rotation de 180 degrés).
(d) Le plan projectif est aussi représenté sur une demi-sphère. Les points P,Q, R sont identifiés aux points P', Q', R'.

ment grand de côtés, on en déduit immédiatement qu'il existe un nombre infini de surfaces hyperboliques fermées : les fougasses. La plus simple des fougasses hyperboliques est le double tore ; elle a deux trous, sa topologie est représentée par un octogone, ou par la somme connexe de deux tores $T^2 \# T^2$ (où le symbole # désigne la somme connexe). Plus généralement, le *n*-tore **Du cylindre à la fougasse, p. 100** — somme connexe de *n* tores — est une fougasse hyperbolique à n trous, représentable par un polygone à 4*n* côtés.

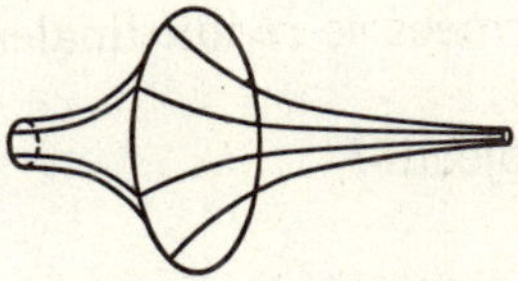

Figure 42.8. La pseudo-sphère

Cette surface, appelée aussi tractroïde, est un modèle du plan hyperbolique de Lobatchevski : elle a une courbure constante négative, et il existe un nombre infini de parallèles à une « droite » donnée.

Voilà donc toutes les surfaces homogènes classées. Cinq sont euclidiennes, deux sont sphériques et toutes les autres, en nombre infini, sont hyperboliques.

Si l'on ne s'intéresse qu'aux surfaces fermées, la classification est encore plus simple : elle se réduit à un jeu de Lego à trois éléments de base qui sont la sphère S^2, le tore T^2 et le plan projectif P^2. Faire une somme connexe de deux ou plus de ces éléments revient à emboîter les éléments du Lego. Par exemple, la bouteille de Klein se réduit à la somme connexe de deux plans projectifs ($K^2 = P^2 \# P^2$). La sphère joue un rôle particulier, celui d'élément neutre. En effet, la somme connexe de deux sphères reste une sphère ($S^2 \# S^2 = S^2$), la somme connexe d'une sphère et d'un tore reste un tore ($S^2 \# T^2 = T^2$), etc. La figure 42.9 donne la liste de toutes les surfaces fermées possibles, obtenues en combinant le nombre de plans projectifs et le nombre de tores qui participent à leur construction.

Mais cette liste est très redondante, car, à l'exception des éléments de la première colonne et de la première ligne, elle ne contient que des duplications ; par exemple, $T^2 \# P^2 = P^2 \# P^2 \# P^2$.

Une liste complète et sans duplications de toutes les surfaces fermées se réduit finalement :

- à la sphère ;
- au plan projectif ;
- au tore ;
- à toutes les sommes connexes de plans projectifs ;
- à toutes les sommes connexes de tores.

	0	1	2	3	...
0	S^2	P^2	$P^2 \# P^2$	$P^2 \# P^2 \# P^2$	...
1	T^2	$T^2 \# P^2$	$T^2 \# P^2 \# P^2$	$T^2 \# P^2 \# P^2 \# P^2$	...
2	$T^2 \# T^2$	$T^2 \# T^2 \# P^2$	$T^2 \# T^2 \# P^2 \# P^2$	...	...
3	$T^2 \# T^2 \# T^2$	$T^2 \# T^2 \# T^2 \# P^2$	...	...	...
...	...	...	...	...	...

Figure 42.9. Construction des surfaces fermées

La première ligne compte le nombre de plans projectifs et la première colonne compte le nombre de tores qui participent à la construction de la surface.

Courbure positive	S^2	P^2	
Courbure nulle		$P^2 \# P^2$	T^2
Courbure négative		$P^2 \# P^2 \# P^2$ $P^2 \# P^2 \# P^2 \# P^2$ ...	$T^2 \# T^2$ $T^2 \# T^2 \# T^2$ ...

Figure 42.10. Classification complète des surfaces fermées

À CONSULTER

WEEKS Jeffrey, *The Shape of Space*, New York, Dekker, 1985.

43

Classification des espaces tridimensionnels

Et bois, comme une pure et divine liqueur
Le feu clair qui remplit les espaces limpides.

CHARLES BAUDELAIRE

Le passage de la dimension 2 (classification des surfaces) à la dimension 3 (classification des espaces pouvant servir de modèles géométriques à l'espace physique) ne se réduit nullement à une simple généralisation, mais se traduit par l'apparition de propriétés radicalement nouvelles. Nous avons vu que toute surface régulière peut être homogénéisée de façon à être décrite par une métrique à courbure **Classification des surfaces, p. 397** constante. Cela signifie qu'il n'y a que trois prototypes de surfaces monoconnexes (faisant office de revêtement universel) auxquelles toutes les surfaces sont nécessairement rattachées. Il n'en va pas de même pour les espaces tridimensionnels : il existe *huit* espaces de revêtement universel possibles. Trois d'entre eux seulement sont homogènes et isotropes, les cinq autres sont homogènes mais non isotropes, c'est-à-dire qu'en un point donné la mesure de la courbure dépend de la direction.

De la relativité au big-bang, p. 67

Les *cylindres tridimensionnels* en constituent des exemples relativement simples. De même que le cylindre usuel peut être considéré comme la « multiplication » $S^1 \times E$ d'un cercle S^1 et d'une droite E (en ce sens que si l'on fait glisser un cercle le long d'une droite perpendiculaire à son centre on engendre un cylindre), le « cylindre tridimensionnel sphérique » peut être envisagé comme la multiplication $S^2 \times E$ d'une sphère S^2 et d'une droite E. Mais alors que la surface cylindrique pouvait se décrire par la métrique du plan euclidien E, l'espace cylindrico-sphérique est fondamentalement distinct de l'espace euclidien E^3. Ses courbures sont différentes selon les directions des plans de coupe. De même, l'espace « cylindrico-hyperbolique » $H^2 \times E$, obtenu en empilant des plans de Lobatchevski, est fondamentalement distinct de E^3.

Le but de ce livre étant d'appliquer la théorie mathématique des espaces à la description de l'univers physique, et ce dernier paraissant remarquablement isotrope, je m'en tiendrai ici (et de façon très succincte, étant donné la complexité du sujet) à la classification des espaces homogènes et isotropes. Eux seuls sont susceptibles de décrire la géométrie spatiale des modèles de big-bang. Ils se rattachent tous aux trois espaces de revêtement universel à courbure constante : S^3 (courbure positive), E^3 (courbure nulle), H^3 (courbure négative).

Espaces euclidiens (courbure nulle)

L'espace euclidien monoconnexe, E^3, de courbure partout nulle, est infini dans toutes les directions. Ses variantes multiconnexes se caractérisent par leur polyèdre fondamental et leur groupe d'holonomies. Le polyèdre fondamental est soit un parallélépipède fini ou infini, soit un prisme à base hexagonale, correspondant aux deux façons de paver l'espace euclidien (voir figure 14.3). Les holonomies (identifications de points possibles) sont soit des translations, soit des glissements, soit des vissages (combinaisons d'une rotation et d'une translation parallèle à l'axe de rotation). Le nombre de combinaisons différentes se réduit alors à dix-sept espaces euclidiens multiconnexes.

Sept de ces espaces sont ouverts (de volume infini) ; voir figure 43.1. Deux d'entre eux, dits *espaces tabulaires*, sont infinis dans deux directions et « compactifiés » dans la troisième. Les cinq autres, dits *espaces cheminée*, sont infinis dans une seule direction et compactifiés dans les deux autres.

Dix autres espaces euclidiens sont fermés (de volume fini) ; voir figure 43.2. Parmi eux, six sont orientables. Ce sont ces six espaces-là qui présentent un intérêt particulier pour la cosmologie, puisqu'ils peuvent parfaitement modéliser la partie spatiale
Les mathématiques cosmiques, p. 291
des univers d'Einstein-de Sitter. On distingue en particulier l'hypertore T^3, construit en identifiant les faces opposées d'un parallélépipède par translations.

Des formes fascinantes, p. 113

Espaces sphériques (courbure positive)

L'espace sphérique monoconnexe, S^3, de courbure positive, est l'hypersphère. Einstein a tenté de donner une image intuitive d'un tel espace à trois

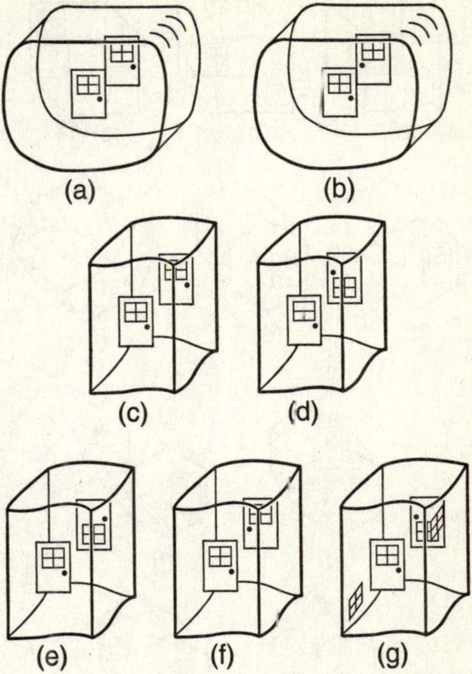

Figure 43.1. Les sept espaces euclidiens multiconnexes infinis

(a) L'espace tabulaire est constitué d'une plaque infiniment étendue dans deux directions mais d'épaisseur finie. Les parois sont collées par une translation.
(b) Sa variante colle les parois avec un retournement de 180°, indiqué par l'orientation des fenêtres.
(c) L'espace cheminée est constitué d'une cheminée rectangulaire de hauteur infinie, dont les parois avant-arrière et droite-gauche sont collées par une translation
(d) – (g) Les quatre variantes de l'espace cheminée collent les faces avant-arrière de la façon indiquée par l'orientation des fenêtres. Les faces droite-gauche sont collées directement, sauf dans (g) où elles sont collées avec un retournement (© Adam Weeks Marano)

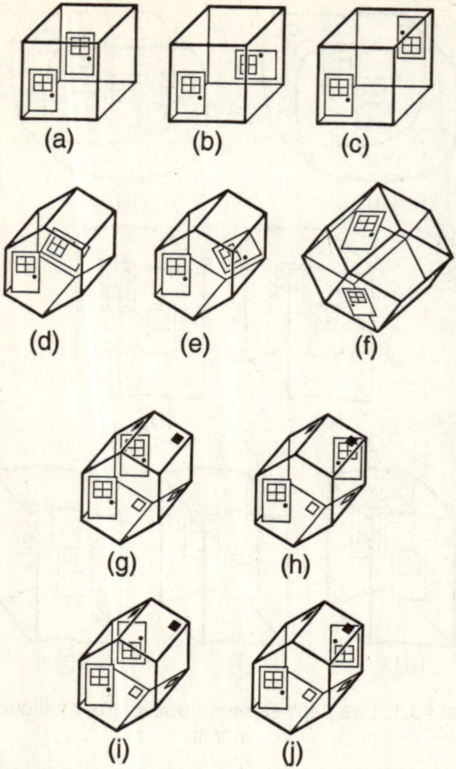

Figure 43.2. Les dix espaces euclidiens multiconnexes finis

Les paires de parois non marquées sont collées par de simples translations. Les autres sont collées avec des orientations indiquées par les fenêtres. Les six premiers espaces sont des hypertores orientables. Les quatre autres sont les généralisations tridimensionnelles des bouteilles de Klein, non orientables.

(a) hypertore (b) hypertore 1/4 tour (c) hypertore 1/2 tour (d) hypertore 1/6 tour (e) hypertore 1/3 tour (f) Espace de Hantzsche-Wendt (g) Espace de Klein (h) Espace de Klein avec retournement horizontal (i) Espace de Klein avec retournement vertical (j) Espace de Klein 1/2 tour (© Adam Weeks Marano).

dimensions fini et pourtant illimité, qu'un peu d'exercice suffit à rendre familier à notre esprit.

Il y a plusieurs façons de visualiser l'hypersphère. L'une d'elles consiste à imaginer les points de l'hypersphère comme ceux d'une famille de sphères bidimensionnelles qui croissent en rayon de 0 jusqu'à une certaine valeur maximale R, puis qui se rétrécissent de R à 0 (de la même façon qu'une sphère peut être découpée en tranches planes qui sont des cercles de rayon variable). Une autre façon est de voir l'hypersphère comme composée de deux boules sphériques plongées dans l'espace euclidien, et collées le long de leurs frontières de façon que chaque point de la frontière d'une boule soit le même que le point correspondant sur l'autre boule. Une construction semblable a été imaginée au Moyen Âge par Dante (1265-1321) dans *La Divine Comédie* (figure 43.3).

En plus de l'espace sphérique monoconnexe, il existe une suite infinie d'espaces sphériques multiconnexes, *tous fermés* (de volume fini) et *orientables*. L'espace projectif P^3, obtenu en identifiant les points antipodaux de l'hypersphère, est le plus simple d'entre eux.

Des formes fascinantes, p. 113 ; Topos et cosmos, p. 419

Les holonomies qui conservent la métrique de l'hypersphère appartiennent à trois catégories :

• le groupe cyclique, constitué des rotations d'angle $2\pi/p$ autour d'un axe, où p est un nombre entier quelconque ;

• le groupe dihédral, qui est le groupe de symétrie d'un polygone plan régulier à m côtés (figure 43.4) ;

• les groupes polyédraux, qui préservent la forme des polyèdres réguliers. Le groupe T préserve le té-

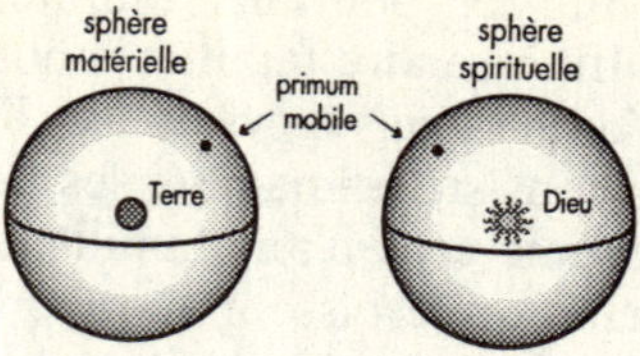

Figure 43.3. L'hypersphère selon Dante

Le cosmos selon Dante est divisé en deux sphères, la sphère matérielle et la sphère spirituelle. La première part du centre de la Terre et s'élève progressivement à travers les sphères successives de la Lune, du Soleil, des planètes et des étoiles fixes. Au-delà de cette sphère du monde visible est une autre sphère, l'Empyrée, la demeure des anges qui gravitent comme des planètes autour d'un centre divin. Le poète explique comment, à la surface sphérique de l'univers matériel (le *primum mobile*), il voit simultanément un point de la sphère correspondante dans l'univers spirituel. Le cosmos de Dante coïncide donc avec l'hypersphère de Riemann $\mathbf{S}^3$.

traèdre, le groupe O préserve l'octaèdre et le cube, le groupe I préserve l'icosaèdre et le dodécaèdre. Il n'existe que trois groupes polyédraux distincts pour les cinq polyèdres. La raison tient au fait que le cube et l'octaèdre d'une part, l'icosaèdre et le dodécaèdre d'autre part sont duaux au sens de la figure 43.5. En conséquence, leur groupe de symétrie est le même.

Si l'on identifie les points de l'hypersphère par des holonomies appartenant à l'un de ces groupes, l'espace résultant est sphérique et multiconnexe. Il y en a un nombre infini, à cause des entiers p et m qui paramétrisent les groupes cycliques et dihédraux. Plus p et m sont grands, plus le volume des espaces correspondants est petit.

Les espaces à groupe cyclique sont dits *lenticulaires*, ainsi dénommés car leur polyèdre fondamental a la forme d'une lentille. La figure 43.6 tente d'en donner un analogue bidimensionnel.

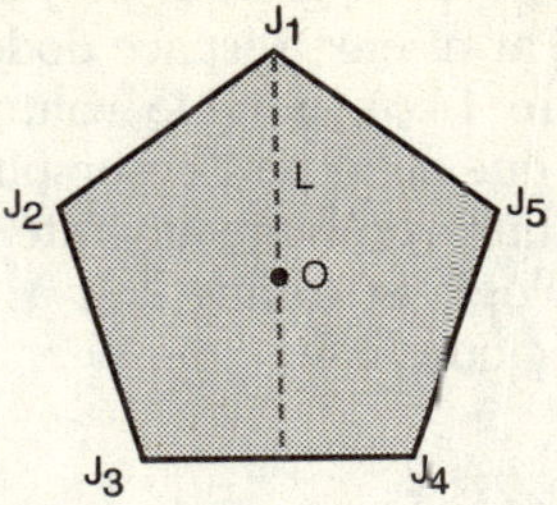

Figure 43.4. Un groupe dihédral

Le groupe dihédral D_5 est constitué des rotations d'angle $2\pi/5$ autour de la ligne L, qui laissent invariant le pentagone $J_1 J_2 J_3 J_4 J_5$.

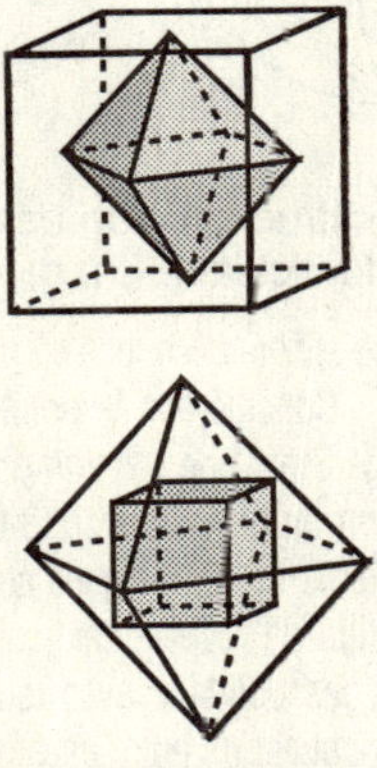

Figure 43.5. Dualité des polyèdres

Le cube a 6 faces et 8 sommets, l'octaèdre 8 faces et 6 sommets. Le cube est dual de l'octaèdre au sens où les centres des faces de l'un deviennent les sommets de l'autre, et vice versa. De la même façon, l'icosaèdre (20 faces et 12 sommets) et le dodécaèdre (12 faces et 20 sommets) sont duaux.

Les espaces à groupe dihédral sont dits prismatiques, en raison de la forme de leur polyèdre fondamental (figure 43.7).

Enfin, les espaces à groupe polyédral sont dits polyédriques. Parmi eux, l'espace dodécaédrique de Poincaré (figure 14.6), dont le volume cent vingt fois plus petit que celui de l'hypersphère de même rayon de courbure présente un intérêt particulier pour la cosmologie et donne lieu à de fascinants mirages topologiques[1].

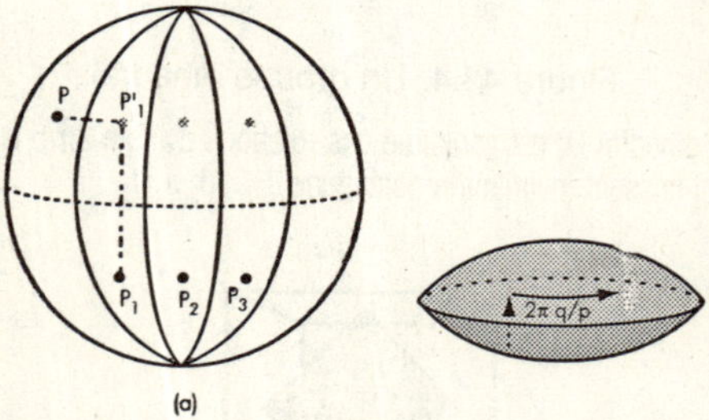

Figure 43.6. Construction d'un espace sphérique lenticulaire L(p,q)

(a) Prenons la surface d'une sphère découpée en p tranches égales (pensons à un melon), et un point P. Considérons le point P'_1 situé dans la tranche adjacente, obtenu à partir de P par une rotation d'angle $2\pi/p$, et le point P_1 symétrique de P'_1 par rapport au plan équatorial. Collons tous les points P de la sphère à tous leurs points P_1 homologues construits de cette façon, et l'on obtient une représentation de l'espace lenticulaire L(p,1). Si l'on fait la même opération en collant les points P avec leurs homologues P_2 situés deux tranches plus loin, on obtient un autre espace lenticulaire, noté L(p,2), et ainsi de suite.
(b) En fait, cette construction ne peut se faire à deux dimensions (il n'existe pas de surface lenticulaire autre que le plan projectif), mais à trois dimensions, les espaces lenticulaires L(p,q) sont obtenus à partir d'un domaine fondamental en forme de lentille. Ils forment des variantes multiconnexes de l'hypersphère $\mathbf{S}^3$, avec un volume p fois plus petit.

1. Voir la postface pour une visualisation de l'espace dodécaédrique de Poincaré.

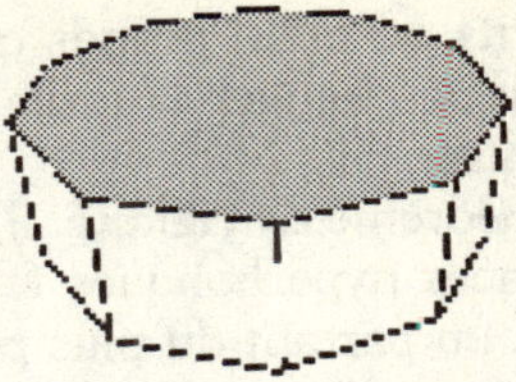

Figure 43.7. Polyèdre fondamental d'un espace sphérique prismatique

Espaces hyperboliques (courbure négative)

De tous les espaces hyperboliques, un seul, noté H^3, est monoconnexe. Il est l'analogue tridimensionnel du plan de Lobatchevski H^2, et s'étend à l'infini dans toutes les directions.

Il n'existe pas de théorème général permettant de classifier les espaces tridimensionnels hyperboliques. On ne connaît que des exemples, dont certains sont ouverts (de volume infini) et d'autres fermés (de volume fini). Le cornet hyperbolique est ouvert, les espaces de Best, de Seifert-Weber et de Weeks sont fermés.

De petits univers biscornus, p. 131 ; Des formes fascinantes, p. 113

Tous ont des propriétés fascinantes et peuvent servir de modèle géométrique pour l'espace physique s'il s'avérait que ce dernier soit de courbure négative. Leur propriété la plus remarquable relève du théorème de rigidité. En termes simples, il signifie que, si l'on se fixe une topologie hyperbolique, il existe une seule métrique compatible avec cette topologie. Il en découle que le volume de l'espace est fixé par sa topologie — ce qui contraste singulièrement avec le cas euclidien, où l'on peut construire des hypertores aussi petits ou aussi grands que l'on veut (il suffit pour cela de changer la taille du parallélépipède fondamental).

Grâce à ce théorème de rigidité, il est possible de classer les espaces hyperboliques fermés par volumes croissants, en partant du plus petit d'entre eux actuellement connu, l'espace de Weeks.

Des formes fascinantes, p. 113

À CONSULTER (POUR LECTEURS AVERTIS)

THURSTON William, *Three-Dimensional Geometry and Topology*, Princeton University Press, 1997.

44

Topos et cosmos

Après Newton les savants surent
Rendre de plus en plus attractifs
Les grands
Et les petits espaces

ANDRÉ VERDET

« Imaginez qu'à la suite d'observations astronomiques extrêmement poussées, l'Univers tout entier nous apparaisse constitué d'une multitude de copies conformes de notre propre Voie lactée, que l'espace infini s'avère partagé en cubes contenant chacun une copie exactement identique à la Voie lactée. Pourrait-on réellement croire qu'un même monde se répète indéfiniment ? Pour voir l'absurdité de l'idée, il suffit de songer que dans ces conditions, nous-mêmes, en tant que sujets observateurs, nous existerions à l'identique en un nombre infini d'exemplaires. Il serait beaucoup plus agréable de penser que les répétitions sont illusoires, qu'en réalité l'espace possède des propriétés de connectivité particulières, telles que si l'on quitte l'un quelconque de ces cubes par un côté, on y revient immédiatement par le côté opposé[1]. »

1. Karl Schwarzschild, *Vierteljahrschrift d. Astronom. Gesellschaft*, *op. cit.*, p. 337, c'est moi qui traduis.

Cette description, qu'on aura reconnue comme celle d'un espace hypertorique, date d'il y a tout juste un siècle. Elle figure dans le post-scriptum d'un article publié en 1900 par l'astronome allemand Cristallographie cosmique, p. 158 Karl Schwarzschild (voir figure 20.1). L'anticipation est d'autant plus extraordinaire que, au début du siècle, les nébuleuses spirales n'avaient pas encore été identifiées comme des galaxies à part entière, extérieures à la nôtre.

Schwarzschild faisait partie de ces astronomes visionnaires à la culture mathématique approfondie. Depuis le travail fondateur de Riemann, les mathématiciens du XIXe siècle avaient commencé à découvrir des exemples d'espaces de volume fini Les géométries non euclidiennes, p. 239 mais sans frontière. Parmi eux, l'hypertore, constitué d'un seul bloc rectangulaire d'espace euclidien reconnecté sur lui-même, de sorte que tout ce qui passe par une face réapparaît en un point de la face opposée. Mais, aux yeux de tous, cet espace clos était une pure abstraction, sans rapport aucun avec l'espace physique. Schwarzschild fut le premier à prendre le contrepied, à mêler *topos* et *cosmos*, lieu et totalité.

Topos et cosmos[1] n'ont guère fait bon ménage tout au long du développement de la cosmologie relativiste. Lorsque le père de la discipline, Albert Einstein, introduisit dans son modèle cosmologique de 1917 un espace tridimensionnel de courbure positive, l'hypersphère, sa principale motivation était de fournir un modèle d'espace fini. Cette solution résolvait de façon si ingénieuse tous les paradoxes liés à l'espace newtonien infini que les cosmologistes adhérèrent rapidement à cette idée nouvelle,

1. On peut aussi considérer ces termes comme les abréviations familières de topologistes et de cosmologistes !

aux dépens des autres possibilités. Einstein pensait aussi que l'hypersphère fournissait non seulement la métrique de l'espace, c'est-à-dire ses propriétés géométriques locales, mais aussi sa structure globale, sa topologie ; par exemple, le fait que le volume de l'espace soit fini et égal à $2\pi^2R^3$, où R est le rayon de l'hypersphère. Or les questions du volume, de la forme globale de l'espace, et plus généralement de son caractère fini ou infini, ne sont pas seulement affaire de métrique. Elles relèvent avant tout de la topologie. À ce titre, elles exigent une approche supplémentaire par rapport à celle de la géométrie différentielle riemannienne, qui sert de support mathématique à la relativité générale.

La topologie ne faisait pas partie des préoccupations majeures d'Einstein. Dans une lettre à Willem de Sitter, datée du 12 mars 1917, il écrivit en plaisantant : « L'Univers s'étend-il à l'infini ? Est-il fini et clos ? Heine a répondu à cette question dans un de ses poèmes en disant que seuls les imbéciles se la posent. » Einstein prétendit cependant donner une réponse définitive en faveur de l'Univers clos, avec son modèle d'hypersphère.

Certains de ses collègues, plus au fait des développements de la topologie, lui firent remarquer le caractère arbitraire de son choix. De Sitter, par exemple, nota que la solution cosmologique d'Einstein admettait une forme différente de l'espace sphérique : l'espace projectif, appelé aussi espace elliptique, construit à partir de l'hypersphère en identifiant deux à deux tous les points situés aux antipodes l'un de l'autre. L'espace elliptique a la même métrique que l'hypersphère, mais une topologie différente ; notamment son volume est moitié moindre.

Classification des espaces tridimensionnels, p. 408

De Sitter préféra la topologie elliptique pour un problème lié à la circumnavigation de la lumière. Les modèles d'Einstein et de De Sitter, tous deux finis, étaient également supposés statiques, c'est-à-dire que leur rayon de courbure restait fixe. Or, en quelques milliards d'années, un rayon lumineux partant d'une étoile avait le temps de converger à nouveau vers son point de départ et engendrait une étoile fantôme à la position où était l'étoile au moment de l'émission.

Cette possibilité fut jugée suffisamment paradoxale pour que de Sitter et, à sa suite, d'autres cosmologistes comme Arthur Eddington proposent l'espace elliptique en lieu et place de l'hypersphère pour modéliser l'espace fini. Dans l'espace sphérique, à chaque point correspond un seul point antipodal, analogue au couple des pôles Nord et Sud à la surface de la Terre. Dans l'espace elliptique, la topologie est telle que l'éloignement maximal d'un point donné ne correspond plus à un point unique situé à l'antipode, mais à une infinité de points situés dans une région analogue à un « équateur ». Cela vient du fait que, dans l'espace sphérique, les droites se coupent deux fois, tandis que dans l'espace elliptique elles ne se coupent qu'une fois, puisqu'un point et son antipode sont considérés comme identiques.

De Sitter ne fut pas le seul à réagir au choix arbitraire d'Einstein. Deux des plus grands mathématiciens de l'époque, Hermann Weyl et Félix Klein, écrivirent à Einstein pour lui signaler la question topologique. Expert suprême en géométrie et en théorie des groupes, Weyl occupait la chaire de mathématiques à l'Institut polytechnique de Zurich — où Einstein avait effectué de médiocres études.

« Mon travail a toujours tenté d'unir la vérité et la beauté ; mais lorsque j'ai dû faire un choix en faveur de l'une ou de l'autre, j'ai toujours choisi la beauté », écrira-t-il plus tard. Quant à Félix Klein, nul n'était plus habilité que lui à discuter de la topologie de l'espace : en 1872, âgé seulement de vingt-trois ans, il avait présenté pour la rentrée académique de l'université d'Erlangen une dissertation sur la géométrie comprenant en germe un programme d'études destiné à rassembler les disciplines géométriques jusqu'alors dispersées. Moment majeur de l'histoire des mathématiques, à l'origine de l'intégration de la géométrie dans une vue unifiée des mathématiques fondée sur la symétrie. les groupes de transformations et la topologie !

Einstein répondit à Weyl dans une lettre[1] datée de juin 1918 : « J'ai pourtant un sentiment obscur qui me fait préférer le [modèle] sphérique. Je pressens que les variétés dans lesquelles toute courbe fermée peut être contractée continûment en un point sont les plus simples. D'autres personnes doivent également avoir ce sentiment, car autrement, en astronomie, on aurait sans doute pris en considération le cas que notre espace puisse aussi être euclidien et fini. L'espace euclidien à deux dimensions aurait alors les propriétés de connexion d'une surface annulaire. C'est un plan euclidien dans lequel tout phénomène est doublement périodique, où des points qui se trouvent sur la même grille périodique sont identiques. Dans l'espace euclidien fini existeraient trois genres de courbes fermées non continûment réductibles en un point. De façon analogue, l'espace elliptique possède, contrairement au

1. Archives Einstein à Princeton.

sphérique, une classe de courbes non continûment réductibles en un point ; c'est pourquoi il me plaît moins que le sphérique. Peut-on prouver que l'espace elliptique est la seule variante de l'espace sphérique ? Il me semble. »

Einstein réaffirma sa croyance dans une carte postale du 16 avril 1919, adressée cette fois à Félix Klein[1]. Les termes choisis (« sentiment obscur », « préférer », « pressentir », « plaire », etc.) indiquent clairement qu'Einstein n'avait aucune argumentation physique à faire valoir pour trancher en faveur du caractère monoconnexe de l'espace ; il était guidé par un *préjugé esthétique*.

Dans sa réponse à Weyl, Einstein se trompait aussi sur le dernier point : à trois dimensions, en plus de l'espace elliptique existent une infinité de variantes topologiques de l'espace sphérique, toutes fermées, comprenant notamment les espaces dits « lenticulaires » — alors que, pour les surfaces bidimensionnelles de courbure positive, il n'y a effectivement que deux types topologiques distincts, la sphère et le plan elliptique.

Classification des surfaces, p. 397 ; Classification des espaces tridimensionnels, p. 408

Mais cela, personne ne le savait encore. La classification topologique des espaces tridimensionnels commençait à peine d'être entreprise. L'étude des différentes formes d'espace euclidien avait débuté avec des travaux de cristallographie. En 1885, Fedorov avait classé les dix-sept groupes de symétrie **La symétrie, p. 376** pour les structures cristallines, mais ce n'est qu'en 1934 que W. Nowacki démontrera

1. Voir le texte dans J.-P. Luminet, *L'Invention du big-bang*, *op. cit.*

comment les groupes cristallographiques donnent les topologies de l'espace euclidien. Le cas des espaces de courbure positive avait été posé par Félix Klein en 1890 et par Wilhelm Killing en 1891, et il était connu du temps d'Einstein sous le nom de problème de Clifford-Klein. Ce problème ne sera résolu de façon exhaustive qu'en 1960 par Joseph Wolf. Quant au problème des espaces hyperboliques, leur classification ne sera abordée sérieusement que dans les années 1970 sous la houlette de William Thurston[1], et elle fait aujourd'hui encore l'objet de recherches intensives.

Le rapport historique entre topologie et cosmologie contraste donc avec le rapport entre géométrie non euclidienne et relativité générale. La géométrie non euclidienne et le calcul tensoriel en espace riemannien étaient bien développés au moment où les physiciens en eurent besoin pour modéliser la gravitation ; en revanche, les pionniers de la cosmologie relativiste désireux de prendre en compte la topologie dans leurs modèles d'univers n'avaient pas grand-chose à glaner du côté des mathématiques.

Nous avons vu ailleurs combien la découverte de modèles d'univers non statiques, par Friedmann en 1922, puis par Lemaître en 1927, avait définitivement changé la face de la cosmologie. Ce qui est beaucoup moins connu, c'est que leurs articles comportaient également des considérations profondes sur la structure globale de l'Univers. Tous deux prirent rapidement conscience de l'incomplétude de la théorie de la relativité générale sur la question topologique.

1. Une lumineuse synthèse est présentée dans W. Thurston, *Three-Dimensional Geometry and Topology*, Princeton University Press, 1997. Thurston a reçu la médaille Fields en 1982.

Cosmologie	Topologie
1687 Newton : $\mathbf{R^3}$	
	1885 Fedorov : groupes de $\mathbf{R^3}$
	1890 Clifford-Klein : groupes de $\mathbf{S^3}$
1917 Einstein : $\mathbf{S^3}$	
1917 de Sitter : $\mathbf{P^3}$	
1922 Friedmann : $\mathbf{S^3}$	
1924 Friedmann : $\mathbf{H^3}$, $\mathbf{H^3/G}$	
1927 Lemaître : $\mathbf{S^3}$-$\mathbf{P^3}$, $\mathbf{H^3}$	
1929 Robertson-Walker : $\mathbf{S^3}$-$\mathbf{R^3}$-$\mathbf{H^3}$	
1931 Einstein-de Sitter : $\mathbf{R^3}$	
	1934 Nowacki : $\mathbf{R^3/G}$
1958 Lemaître : $\mathbf{H^3/G}$	
	1960 Wolf : $\mathbf{S^3/G}$
	1978 Thurston, Fomenko, Weeks… $\mathbf{H^3/G}$

Figure 44.1. Histoire parallèle de la classification topologique des espaces et de leur application à la topologie

Les symboles $\mathbf{R^3}$, $\mathbf{S^3}$, $\mathbf{H^3}$ désignent respectivement les espaces monoconnexes euclidien (infini), hypersphérique (fini) et hyperbolique (infini). $\mathbf{P^3}$ désigne l'espace projectif, la plus simple variante multiconnexe de l'hypersphère. Les symboles $\mathbf{R^3/G}$, $\mathbf{S^3/G}$ et $\mathbf{H^3/G}$ désignent les variantes multiconnexes des espaces euclidien, sphérique et hyperbolique, obtenues en identifiant des points par les transformations d'un groupe **G**

La discussion que lui consacra Friedmann se trouve dans l'article de 1924 où il découvrit les modèles d'univers hyperboliques à expansion perpétuelle. Dans le paragraphe final, il définit clairement les limitations fondamentales de la théorie cosmologique fondées sur la relativité générale : « En l'absence d'hypothèses additionnelles, les équations d'univers d'Einstein ne permettent pas de trancher la question de la finitude de notre univers[1]. » Il s'at-

1. J.-P. Luminet, *L'Invention du big-bang, op. cit.*

tacha à définir comment l'espace peut devenir fini si l'on identifie des points entre eux (ce qui, en langage topologique, rend l'espace multiconnexe). Il entrevit aussi comment cette possibilité permet l'existence de fantômes, en ce sens qu'en un même point coexistent un objet et ses propres images. « Un espace à courbure positive est toujours fini », ajoute-t-il, mais les connaissances mathématiques « ne permettent pas de résoudre la question de la finitude pour un espace à courbure négative ».

Contrairement à Einstein, Friedmann n'avait aucun préjugé en faveur de la topologie monoconnexe, mais il pensait, à l'instar de la plupart des physiciens de l'époque, que seuls les espaces de volume fini étaient physiquement admissibles pour décrire l'espace réel. Les modèles d'univers proposés par Einstein et de Sitter en 1917, et par Friedmann en 1922, avaient tous une courbure positive et satisfaisaient donc au critère de finitude. Avec les modèles à courbure négative, le problème était plus ardu : l'espace hyperbolique, dans sa version la plus simple (topologie monoconnexe), s'étend à l'infini. Donc, même au moment de la « création » de l'Univers, l'espace était lui-même infini ; autrement dit, l'Univers n'est pas né en un point, mais l'expansion s'est déclenchée en chaque point d'un espace préexistant infini. Conscient de cette difficulté, Friedmann vit une échappatoire dans le fait que les équations d'Einstein ne suffisent pas à décider si l'espace est fini ou infini, même si la courbure est négative ou nulle. Il faut faire des hypothèses supplémentaires pour spécifier des conditions aux limites, notamment le fait de savoir si certains points de l'espace sont identifiés entre eux ou non. Tout le problème de la topologie cosmique était ainsi posé, mais Friedmann ne disposait pas de développements mathématiques suffisants pour poursuivre la discussion.

Lemaître partageait pleinement le penchant commun en faveur de la finitude de l'espace. Il parla de la géométrie riemannienne comme de celle qui avait « dissipé le cauchemar de l'espace infini[1] ». Tous les modèles cosmologiques qu'il construisit à partir de 1927 firent l'hypothèse d'un espace de courbure positive, nécessairement fini, mais ayant la topologie de l'espace projectif et non celle de l'hypersphère. Cela ne l'empêcha nullement de reconnaître d'autres possibilités. Il fut, semble-t-il, le premier cosmologiste à remarquer que les métriques de courbure négative admettaient des topologies de volume fini : « Il est vrai qu'un espace localement hyperbolique n'est pas nécessairement ouvert. Il est possible de construire de tels espaces ayant un volume fini. Cela est même vrai pour l'espace euclidien[2]. »

Malheureusement, les cosmologistes de la première moitié du XXe siècle ne disposaient d'aucun moyen expérimental pour mesurer la topologie de l'Univers, de la même façon que Gauss et Lobatchevski, au milieu du XIXe siècle, n'avaient aucun moyen de mesurer la courbure de l'espace. Aussi la plupart d'entre eux perdirent-ils tout intérêt pour la question. Lorsqu'en 1932 Einstein et de Sitter proposèrent le modèle euclidien en expansion perpétuelle, ils firent l'économie de tout ce qui pouvait aller à l'encontre de la simplicité maximale ; ils

1. Texte publié à titre posthume dans *L'Univers, problème accessible à la science humaine*, *Revue d'histoire scientifique*, t. 31, 1978, p. 345-359.

2. G. Lemaître, *La Structure et l'évolution de l'univers*, 11e Conseil de physique, Solvay, 1958.

supposèrent une courbure nulle, une constante cosmologique nulle, et ne prirent même pas la peine de préciser que la topologie était monoconnexe.

Les mathématiques cosmiques, p. 291

Or c'est cette solution très particulière qui fit office de modèle cosmologique « standard » pendant les soixante années qui suivirent. Ces années-là furent donc les âges sombres de la topologie cosmique. La quasi-totalité des manuels de cosmologie, spécialisés ou non, omirent de mentionner la question topologique, réduisant le problème du caractère fini ou infini de l'espace à sa seule courbure. Tous les efforts de la cosmologie observationnelle et théorique portèrent sur la détermination du taux d'expansion et de la courbure de l'espace. Les deux exemples les plus illustres furent un manuel spécialisé de Steven Weinberg[1], qui a constitué une sorte de bible pour tous les étudiants de ma génération, et les livres de vulgarisation de George Gamow[2]. Par son talent de pédagogue et d'humoriste, Gamow imprégna l'imagination de deux générations de jeunes lecteurs, au point d'en convertir certains à la profession de cosmologiste. Le revers de la médaille est que, en affirmant à maintes reprises que les espaces euclidiens et hyperboliques étaient nécessairement infinis, Gamow fut en partie responsable du désintérêt de la profession pour la topologie cosmique !

Par bonheur, ce diktat ne fut pas suivi par tous. Certains rebelles s'affirmèrent, au premier rang

1. S. Weinberg, *Gravitation and Cosmology*, New York, J. Wiley, 1972.

2. G. Gamow, *La Création de l'univers*, traduction G. Guéron, Paris, Dunod, 1954 ; *M. Tompkins au pays des merveilles*, Dunod, rééd. 1999.

desquels des théoriciens de la cosmologie quantique, pour qui la question de la topologie de l'Univers était tout à fait naturelle. La cosmologie quantique cherche en effet à comprendre le mécanisme, supposé de nature quantique, par lequel l'Univers serait venu à l'existence. Ils tentent donc de prolonger l'histoire de l'Univers, racontée par la relativité générale et les modèles de big-bang, jusqu'à une époque si reculée qu'il est certain que la relativité générale faillit à la tâche et qu'une généralisation quantique devient nécessaire. Dans les années 1960, le physicien John Wheeler fut le premier à suggérer que la topologie de l'espace-temps pouvait fluctuer au niveau microscopique. Naquirent alors des scénarios où le big-bang était remplacé par une naissance spontanée de l'Univers à partir de fluctuations quantiques aléatoires. L'ambition ultime de ces nouvelles approches étant de calculer toutes les propriétés de l'Univers ainsi créé et de concilier les propriétés prédites avec la réalité observable, l'une des propriétés que l'on pouvait espérer prédire était la topologie de l'espace. Personne ne sut mener à bien un tel programme, mais du moins l'intérêt pour la topologie dans le cadre de la cosmologie classique était-il relancé.

En 1971, le cosmologiste anglais George Ellis publia un important article faisant le point sur les récents développements mathématiques concernant la classification des espaces et leurs applications possibles à la cosmologie. Dans la foulée, un regain d'intérêt pour le sujet s'ensuivit, sous la conduite de théoriciens comme le Russe Dimitri Sokoloff, le Brésilien Helio Fagundes et le Chinois Fang Lizhi (par ailleurs dissident politique qui dut émigrer aux États-Unis). Un programme observationnel démarra en Union soviétique, sous la direction de Viktor Shvartsman. Avec le télescope de six mètres de diamètre nouvellement installé à Zelentchouk, dans le Caucase, les sources fantômes dont Friedmann avait parlé en 1924, c'est-à-dire les images multiples d'une même galaxie, furent cherchées. Tous les tests échouèrent : aucune image fantôme de notre Voie lactée ou d'un amas de galaxies proche ne fut reconnue. Ce résultat négatif permit de fixer des contraintes sur la taille minimale d'un espace multiconnexe, mais il n'encouragea guère les chercheurs à poursuivre ce type d'investigation. L'intérêt retomba.

Pour ma modeste part, l'idée d'un espace topologiquement plié avait commencé à me titiller dès mes années estudiantines. Un excellent livre de vulgarisation du cosmologiste français Jean Heidmann[1], dévoré tandis que je finissais une maîtrise de mathématiques, m'avait non seulement décidé à me lancer professionnellement dans la cosmologie, mais avait aussi attiré mon attention sur l'extraordinaire richesse de formes que la topologie pouvait apporter à la description de l'espace physique. Mes premières investigations furent toutefois essentiellement consacrées aux trous noirs — un sujet offrant déjà des aperçus originaux sur la structure de l'espace et du temps. Je remisai momentanément la question topologique dans un tiroir de mon cerveau, me contentant de rédiger, en 1987, un paragraphe sur la topologie cosmique dans un article encyclopédique consacré à la géométrie de l'Univers[2]. Après dix années de recherche sur les trous noirs, ces

1. Jean Heidmann, *Introduction à la cosmologie*, Paris, PUF, 1973.
2. « Géométries de la variété univers », *in* J. Schneider (dir.), *Aux confins de l'Univers*, Fayard, Encyclopédie Diderot, 1987.

objets spéculatifs perdirent à mes yeux un peu de leur mystère, dans la mesure où leur existence réelle devenait de plus en plus assurée par l'observation astronomique. Je rouvris alors le tiroir topologie et me lançai dans une recherche bibliographique plus approfondie, à l'issue de laquelle je pus constater que presque tout restait à faire. Lors de mon séjour au prestigieux Département d'astronomie de l'université de Berkeley, en 1989-1990, mes discussions sur la topologie cosmique ne suscitèrent qu'un intérêt poli. Suggérer à des astrophysiciens que les quasars et les amas lointains de galaxies qu'ils observent depuis tant d'années ne sont peut-être que des fantômes n'était peut-être pas, il est vrai, la façon la plus diplomatique de les intéresser au sujet. Il fallait aussi combattre le préjugé que l'astronomie ne fait que repousser les frontières observables d'un Univers, sinon infini, du moins à jamais inaccessible. Prétendre l'inverse, à savoir que l'Univers réel est peut-être plus petit que l'Univers observé, va clairement à l'encontre du sens commun. Mais ce motif n'est pas suffisant pour que l'idée soit écartée — bien au contraire, l'histoire des sciences l'a maintes fois prouvé.

Ce n'est qu'à mon retour en France que je me mis à travailler franchement sur la question, en compagnie de Marc Lachièze-Rey, du Service d'astrophysique de Saclay. Ce faisant, nous prenions un certain risque professionnel, car, en défrichant un sujet quasi inexploré, notre taux de publication annuel allait forcément diminuer. Heureusement, le système de recherche français au sein du CNRS présente l'avantage de tolérer ce type de situation. À l'étranger, la fréquence de publication gouverne le sort des jeunes chercheurs : *publish or perish*. Dans ces conditions, ils sont tentés de ne s'intéresser qu'aux problèmes mineurs où « à la mode », garantissant des publications rapides, au détriment de questions conceptuelles profondes. Le mathématicien anglais Andrew Wiles, devenu célèbre en 1995 pour avoir démontré le théorème de Fermat, avait failli perdre son poste parce qu'il n'avait rien publié pendant quelques années !

Ce n'est qu'en 1995 que notre volumineux article intitulé « Cosmic topology » vit le jour dans la revue américaine *Physics Reports*. Nous y recensions tout ce que les chercheurs avaient publié sur la question depuis 1917 (une cinquantaine d'articles au total) et indiquions de nouvelles pistes de recherches qui nous paraissaient intéressantes, comme la méthode de cristallographie cosmique[1]. Nous escomptions un regain d'intérêt au niveau international pour ce sujet manifestement négligé, et appelions les compétences jointes des mathématiciens, des théoriciens de la cosmologie et des astronomes. Le fait est que l'époque était mûre pour cela : les cosmologistes disposaient enfin d'outils mathématiques et expérimentaux pour tester la topologie de l'Univers. Les sondages profonds du ciel commençaient à délivrer la géographie tridimensionnelle de l'Univers, et le satellite astronomique COBE venait de scruter en détail la structure du rayonnement fossile, permettant de sonder le passé le plus lointain de l'Univers.

Par une curieuse ironie, deux articles américains parurent la même année, allant complètement à l'encontre de nos espoirs : leurs auteurs déclaraient que le concept de petit univers chiffonné était exclu par les données du satellite COBE et qu'il était inutile

1. Nous n'avions pas encore découvert que Schwarzschild, dès 1900, avait proposé le concept d'univers cristallographique.

de travailler davantage sur la question. Les articles émanaient du Département d'astronomie de Berkeley ! Mes « élucubrations » californiennes n'étaient donc pas tout à fait tombées dans l'oreille de sourds, mais elles n'avaient pas été utilisées comme je l'espérais.

Notre premier article détaillant la méthode de cristallographie cosmique, rédigé avec Roland Lehoucq, fut même refusé par l'*Astrophysical Journal*. Les *referees* répondirent abruptement que la question était close par les données négatives de COBE. Après un bref temps de découragement, nous soumîmes notre article à la revue européenne *Astronomy and Astrophysics*, qui l'accepta. Nous nous aperçûmes aussi que l'interprétation des données de COBE faites par nos collègues américains était quelque peu biaisée, leur analyse tirant une conclusion négative générale à partir des seuls cas extrêmement particuliers — exclusivement euclidiens — qu'ils avaient su traiter.

De fait, ce que nous avions espéré se produisit : on vit enfin fleurir un intérêt mondial pour la topologie cosmique, tant du point de vue théorique qu'observationnel. Dans les cinq ans qui ont suivi — ce qui nous amène à aujourd'hui —, le nombre d'articles parus sur la topologie cosmique a dépassé de loin tous ceux publiés durant les quatre-vingts années précédentes sur la cosmologie relativiste. La forme de l'espace est devenue l'un des problèmes les plus excitants de la cosmologie. Plusieurs dizaines de chercheurs s'y consacrent à travers le monde et les premiers colloques exclusivement consacrés au sujet ont été organisés. Et je suis persuadé que la carrière de la topologie cosmique ne fait que commencer : sinon, je n'aurais pas écrit ce livre !

Postface

À L'ÉCOUTE DU TAMBOUR COSMIQUE

Certaines personnes pensent que le football est une question de vie et de mort. Je peux vous assurer que c'est beaucoup plus important que cela.

BILL SHANKLY,
manager de l'équipe de Liverpool

La musique de l'Univers

Nous avons vu (chap. 38) comment les cosmologistes espéraient « écouter la forme de l'espace », c'est-à-dire trouver sa topologie, en analysant en détail les fluctuations de température du rayonnement fossile. Car le jeune Univers a « sonné » comme un instrument de musique : avant la séparation de la matière et de la lumière, les particules étaient soumises à deux forces opposées, la pression de gravitation et celle du rayonnement. La soupe primordiale, tiraillée entre les deux, s'est mise à osciller et à vibrer. Lorsque les photons se sont échappés enfin au bout de 350 000 ans et que nos télescopes micro-ondes les ont capturés environ 14 milliards d'années plus tard, ils ont emporté avec eux cette signature vibratoire. Les petites taches chaudes et froides qui apparaissent dans les cartes du rayonnement fossile sont comme les grains de sable à la surface d'un tambour : leurs arabesques révèlent la façon dont le son se propage.

L'étude détaillée de ces motifs contient toute l'information sur la taille et la forme du tambour, sur l'élasticité et la constitution physique de sa membrane, etc. En particulier, il est facile de concevoir que la distribution statistique des grains dépend

• de la vibration initiale du tambour. Selon que vous le faites vibrer d'un grand coup de baguette frappé au centre ou d'un frottement d'archet de violon sur le bord, les arabesques seront différentes ; pour l'Univers, le coup de baguette est un modèle de fluctuations initiales, par exemple des fluctuations d'origine quantique.

• de sa composition matérielle. Sous une même impulsion donnée, une peau animale et une membrane métallique ne vibrent pas de la même façon ; pour l'Univers, les formes de matière et d'énergie qui le constituent dictent en partie sa manière de vibrer.

• de sa courbure. Les motifs seront différents selon que la surface du tambour est plane (ce qui est généralement le cas), légèrement concave ou bien légèrement convexe. Pour l'Univers, la valeur de la courbure spatiale, selon qu'elle est nulle, négative ou positive, est codée dans la taille des grumeaux du rayonnement fossile.

• de la forme globale du tambour, c'est-à-dire des « conditions au contour ». Les ondes se réfléchissent et se recombinent différemment selon que le bord du tambour est un cercle, une ellipse, un carré, etc. Bien entendu, l'Univers-tambour n'a pas de bord, mais sa topologie joue mathématiquement le rôle de conditions au contour.

Comment analyser les vibrations cosmiques pour en tirer toutes ces informations ? De la même manière que la vibration d'un tambour peut s'exprimer par une combinaison de ses harmoniques fondamentales, les fluctuations de température de l'Univers primordial peuvent s'exprimer par des combinaisons des modes vibratoires fondamentaux de l'espace.

À partir de 2001, ayant bouclé notre programme d'étude de la topologie à travers les méthodes de « cristallographie cosmique » (chapitre 20), nous nous sommes entièrement dévoués à l'étude des signatures topologiques inscrites dans le rayonnement fossile. Alain Riazuelo, qui venait de passer sa thèse de doctorat en se révélant l'un des meilleurs spécialistes mondiaux de l'analyse harmonique du rayonnement fossile, a rejoint notre petit groupe. Dès lors, nous avons pu développer un modèle très technique pour étudier les vibrations de l'Univers. Aux fins de comparaison avec les données observationnelles à venir du satellite WMAP, nous avons « simulé » par ordinateur des cartes à haute résolution du rayonnement fossile, calculées théoriquement à partir d'une large classe d'espaces à topologie multiconnexe (voir illustrations 21 et 22). Nous avons vérifié que la méthode des « paires de cercles corrélés » (chapitre 21) offrait en effet une signature topologique bien définie. En termes simples, nous avons montré comment la forme d'un espace pouvait être « écoutée » d'une manière unique Pour cela, il faut calculer les harmoniques (appelées « modes propres du Laplacien ») pour les diverses topologies possibles. Puis, à partir de conditions initiales fixant la manière dont l'Univers s'est initialement mis en branle, il faut calculer l'évolution dans le temps de ces harmoniques, de façon à simuler par ordinateur des cartes réalistes et précises du rayonnement fossile dans un grand nombre de configurations possibles. Pour les topologies euclidiennes, il se trouve que les modes propres sont connus mathématiquement, ce qui simplifie grandement le problème. En revanche, il a fallu un travail particulier pour calculer les modes propres des espaces sphériques, tâche s'apparentant davantage à un travail de mathématicien qu'à un travail d'astronome ! C'est là que la composition multidisciplinaire de notre petit groupe s'est révélée fort utile... Quant aux espaces hyperboliques, dans la majorité des cas les modes propres ne sont pas calculables autrement que par des approximations numériques, compliquées et peu fiables.

Les observations du rayonnement fossile effectuées en ballon entre 1999 et 2002 (expériences Maxima, Boomerang, Dasi, Archeops) avaient posé certaines limites sur la courbure de l'espace, contraignant sa valeur au sein d'un étroit intervalle autour de zéro (correspondant au modèle de l'Univers « plat ») ; elles n'avaient toutefois pas permis de connaître le signe exact de cette courbure, ni surtout de savoir si la topologie de l'espace est monoconnexe (par exemple celle de l'espace plat infini) ou multiconnexe (par exemple celle d'un hypertore plat et fini, ou celle d'un espace sphérique dodécaédrique). La raison est que ces mesures ne couvraient qu'une très faible portion de la sphère céleste et ne pouvaient donc pas être utilisées pour tester les propriétés géométriques à grande échelle de l'espace. Pour cela, il fallait attendre les cartes du rayonnement fossile acquises par le satellite WMAP, dont le lancement était prévu pour 2001 et les premières données pour 2003.

La révolution WMAP

Effectivement lancé le 30 juin 2001, le satellite WMAP (Wilkinson Microwave Anisotropy Probe) a minutieusement complété, remplacé et amélioré les données collectées dix ans auparavant par son ancêtre COBE (voir illustration 23). Comme espéré, les premiers résultats, publiés en février 2003, ont permis de décoder en bonne partie les vibrations du tambour cosmique et d'en tirer des informations d'une précision jusqu'alors inégalée sur les valeurs des « paramètres cosmologiques ». Ceux-ci gouvernent l'âge, l'évolution, la destinée, la composition et la forme de l'Univers.

L'âge de l'Univers (chapitre 33) est désormais fixé à 13,7 milliards d'années, à 1 % près. L'époque d'émission de la première lumière — celle que nous voyons dans le rayonnement fossile — est datée de 380 000 ans.

Le taux d'expansion actuel (chapitre 32) est 71 km/s par mégaparsec, à 5 % près.

La composition de l'Univers (chapitre 37) est 4 % de matière atomique ordinaire (dite baryonique), 23 % de matière exotique (non baryonique), et 73 % d'énergie sombre. La nature de cette dernière reste à élucider. S'il s'agit d'un terme constant du type constante cosmologique ou énergie du vide quantique (chapitre 36), cette énergie domine définitivement la dynamique future de l'Univers et lui confère une *expansion perpétuelle accélérée*. En 2003, des mesures indépendantes effectuées sur des supernovae ont renforcé ce résultat et donné même l'époque à laquelle l'accélération de l'expansion aurait commencé : voilà un milliard et demi d'années. Toutefois, puisque la nature exacte de l'énergie sombre reste hypothétique, certains modèles (par exemple ceux baptisés « quintessence ») admettent la possibilité d'une variation de l'énergie sombre au cours du temps ; si donc celle-ci rediminuait dans le futur au lieu de rester constante, alors la densité de matière l'emporterait à nouveau, et l'accélération de l'Univers céderait la place à une décélération, pouvant aboutir à un Univers fermé avec, à terme, un « big crunch » ...

WMAP a apporté une information plus inattendue et fort intéressante sur la formation des galaxies : l'époque d'apparition des premières étoiles de l'Univers serait de 200 millions d'années après le big-bang (soit 500 millions d'années plus tôt que les estimations antérieures). On en déduit que c'est la matière sombre « froide » qui l'emporte sur la matière sombre « chaude » (chapitre 37). Le fait que les premières étoiles aient été formées en un temps aussi court que 200 millions d'années favorise clairement cette hypothèse. En effet, dans un Univers dominé par de la matière sombre chaude (par exemple des neutrinos), la gravitation aurait eu beaucoup plus de mal à provoquer la condensation du gaz et les premières étoiles seraient apparues beaucoup plus tard. La formation des structures de l'Univers a donc probablement commencé par des petites galaxies, qui se sont peu à peu agglomérées pour former des galaxies plus massives, puis des amas et des superamas.

Passons maintenant à la courbure de l'espace. Je rappelle que celle-ci est codée dans la valeur normalisée du paramètre de densité d'énergie Ω_0 : $\Omega_0 < 1$ correspond à un espace de courbure négative (géométrie hyperbolique), $\Omega_0 = 1$ à un espace de courbure nulle, dit aussi « plat » (géométrie euclidienne), et $\Omega_0 > 1$ à un espace de courbure positive (géométrie sphérique). Or, combinées avec d'autres mesures, les données de WMAP donnent $1{,}00 \leq \Omega_0 \leq 1{,}04$. Ce résultat est marginalement compatible avec le modèle d'espace plat jusqu'alors favorisé par le consensus et par la théorie de l'inflation. Toutefois, la balance penche nettement en faveur d'un espace de courbure positive, donc fini, et semble éliminer le cas d'un espace hyperbolique !

D'une certaine façon, ce résultat était réconfortant pour notre équipe. Nous avions en effet démontré, d'une part, que les topologies hyperboliques seraient en pratique indétectables, d'autre part, que les topologies sphériques seraient plus facilement détectables que les topologies euclidiennes (pour des raisons trop complexes pour être exposées ici). Donc, nous avions focalisé nos travaux théoriques sur le cas des espaces sphériques, restés inexplorés comme modèles possibles d'Univers physique. Quoi qu'il en soit, les deux hypothèses — espace euclidien ou espace sphérique — offrent, mathématiquement, une grande diversité de structures topologiques (chapitre 43) : dix-huit dans le cas d'un espace euclidien, une infinité s'il est sphérique. À chaque forme, ses effets spéciaux : des galaxies fantômes en plus ou moins grand nombre, des grumeaux du rayonnement fossile qui se répètent de telle ou telle façon, des Univers plus petits que ce que voient nos télescopes.

Qu'en est-il donc de la question qui fait l'objet principal de ce livre : la topologie de l'Univers ?

C'est là que les choses deviennent vraiment intéressantes... Il y a une particularité intrigante dans les cartes cosmiques de WMAP[1] : le bébé Univers ne sonne pas tout à fait comme il le ferait si l'espace était euclidien et infini. Il est en quelque sorte aphone sur les grandes longueurs d'onde. Voyons plus précisément comment.

Les fluctuations de température du rayonnement fossile peuvent être décomposées en une combinaison d'harmoniques sphériques, tout comme le son produit par un instrument de musique peut être décomposé en harmoniques ordinaires. L'harmonique fondamentale fixe la hauteur du son (par exemple le *la* du diapason a une fréquence de 440 hertz) tandis que l'amplitude relative de chaque harmonique détermine le timbre (le *la* du piano est différent de celui joué sur un clavecin). Dans le cas du rayonnement fossile, l'amplitude relative de chaque harmonique sphérique fixe le « spectre de puissance » (voir figures 38.1 et 38.2), contenant une signature de la géométrie de l'Univers et des conditions qui prévalaient au moment de l'émission du rayonnement. Je rappelle que le spectre de puissance exhibe un ensemble de pics lorsque l'écart est mesuré entre des régions du ciel de petites et moyennes dimensions, c'est-à-dire séparées par de petits angles. Dans l'analyse harmonique de WMAP (figure 45.2), ces pics sont conformes à ce qui est prévu par le « modèle standard » (espace euclidien infini). En revanche, à grande échelle angulaire (pour des régions typiquement séparées de plus de 60°), il y a une perte notable de puissance qui ne concorde pas avec les prédictions du modèle standard.

1. Déjà présente dans les donnnées antérieures de COBE, mais à un niveau de précision qui n'était pas statistiquement significatif.

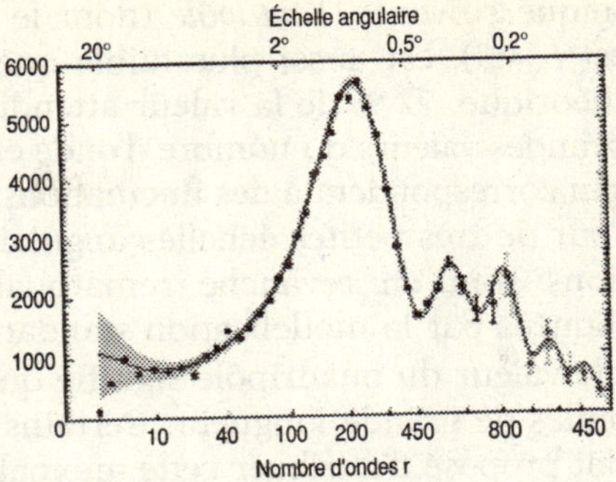

Figure 45.1. Spectre de puissance du rayonnement fossile micro-ondes

Les données du satellite WMAP (losanges noirs) ont accru la précision du spectre bien au-delà de ce qui était connu des mesures antérieures. Le diagramme reflète les petites différences dans la température du rayonnement fossile. Le spectre présente une série de pics correspondant à de faibles séparations angulaires (ou, de façon équivalente, à de grands nombres d'onde *l*). Le pic principal correspond à la taille angulaire des grumeaux les plus fréquents de la figure A. La position et l'amplitude de ce pic permettent notamment de contraindre la courbure de l'espace. Aux plus grandes séparations angulaires, cette structure disparaît et les données prédites par le modèle standard sont censées suivre un « plateau ». Or, les mesures de WMAP tombent très largement en dessous du plateau au niveau des premiers nombres d'ondes appelés le *quadripôle* ($l = 2$) et l'*octopôle* ($l = 3$). Le modèle cosmologique euclidien et infini (courbe en noir) ne peut expliquer cela, tandis que les modèles d'univers fini à topologie multiconnexe bien proportionnée l'expliquent très bien

La première harmonique observable est le *quadripôle* (dont le nombre d'ondes est $l = 2$). Il correspond à un angle d'observation de 90° — un quart de cercle, d'où le terme. Or, WMAP a observé un quadripôle sept fois plus faible que ce qui est attendu dans un espace euclidien infini. La probabilité que cet écart se produise par hasard est estimée à 0,2 %.

L'harmonique suivante, l'*octopôle* (dont le nombre d'onde est $l = 3$), est aussi plus faible que la prédiction théorique, 72 % de la valeur attendue. Pour les plus grandes valeurs du nombre d'onde et jusqu'à $l = 900$ (qui correspondent à des fluctuations de température sur de très petites échelles angulaires), les observations sont en revanche remarquablement bien expliquées par la modélisation standard.

La faible valeur du quadripôle signifie qu'il manque les ondes de grande longueur. Certains cosmologistes ont proposé d'attribuer cette anomalie à des lois physiques non encore découvertes qui auraient régi l'Univers primordial. Une explication de ce phénomène, qui nous a paru plus naturelle car purement géométrique (c'est-à-dire dans l'esprit de la théorie de la relativité générale), se fonde sur un modèle d'espace fini, dans lequel la taille de l'espace impose une valeur maximale aux longueurs d'onde autorisées.

En effet, un grand et un petit tambour ne sonnent pas pareillement. Aucun grave ne sortira du petit, car la longueur d'onde doit être inférieure au diamètre de l'instrument. Idem pour l'Univers. Si sa taille est infinie, ou du moins beaucoup plus grande que l'horizon cosmologique, toutes les longueurs d'onde sont autorisées et les fluctuations doivent être présentes à toutes les échelles. Au contraire, si sa taille est finie et plus petite que celle de l'horizon, alors les longueurs d'onde trop grandes sont interdites. Dans ce type de petit Univers chiffonné, il doit donc exister une échelle de longueur naturelle au-dessus de laquelle l'Univers cesse de vibrer, et qui se traduit par une perte de puissance dans le spectre du rayonnement fossile sur les échelles angulaires plus grandes que ce maximum. Exactement ce qui est observé dans les données de WMAP...

Un espace bien proportionné

On pourrait croire intuitivement que toute topologie multiconnexe, dès lors qu'elle introduit une finitude spatiale dans au moins une direction, doit abaisser le spectre de puissance aux grandes longueurs d'onde. Nous avons examiné la question et démontré qu'en réalité certaines topologies finies multiconnexes abaissent effectivement le quadripôle mais que d'autres l'augmentent. Les modes vibratoires de grande longueur d'onde ne tendent à être relativement affaiblis que dans une famille d'espaces finis multiconnexes dits « bien proportionnés ». Très généralement, parmi les espaces dont les dimensions sont comparables au rayon de la surface de dernière diffusion (condition pour que les effets topologiques sur le spectre de puissance soient observables), les espaces dont les trois dimensions sont du même ordre suppriment le quadripôle. Dès que l'une des dimensions devient significativement plus petite ou plus grande que les autres, le quadripôle est augmenté. La démonstration est géométrique, mais nous l'avons aussi testée numériquement dans le cas de tores euclidiens dont nous avons fait varier les proportions (le tore cubique diminue le quadripôle tandis que le tore oblat ou prolat l'augmente), ainsi que pour les espaces sphériques (les espaces polyédriques affaiblissent le quadripôle tandis que les espaces lenticulaires d'ordre élevé, fortement anisotropes, le renforcent).

Les espaces bien proportionnés représentent donc les données de WMAP mieux que ne le fait le modèle standard (figure 45.2).

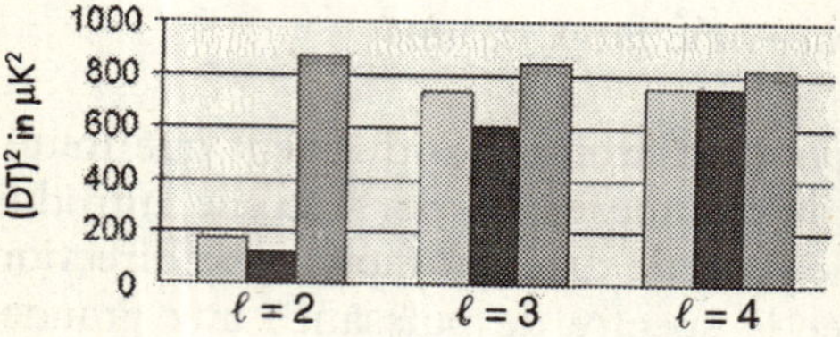

Figure 45.2

Comparaison de l'amplitude des fluctuations observées par WMAP (en noir) avec celle calculée pour un espace euclidien infini (gris foncé). Le calcul a été effectué pour une densité de matière de 0,28 et une constante cosmologique de 0,714. Le désaccord est important pour le premier nombre d'onde appelé quadripôle (*l = 2*), et moindre pour le second (*l = 3*) appelé octopôle. L'accord est nettement meilleur pour un espace bien proportionné particulier dit « espace dodécaédrique de Poincaré » (gris clair).

Le résultat était d'importance, et je songeai aussitôt à rédiger une « lettre » destinée à la revue britannique *Nature*. Cet hebdomadaire scientifique prestigieux ne publie que de courts articles relativement peu techniques, car censés pouvoir être compris par l'ensemble de la communauté des scientifiques : les biologistes doivent suivre les argumentations des astrophysiciens, et réciproquement ! Devant le flot de communications que la revue reçoit dans tous les domaines scientifiques, le choix est évidemment très sélectif. Nombre de numéros ne contiennent même pas un seul article d'astrophysique, *a fortiori* de cosmologie.

En juin 2003, nous contactons cependant l'éditeur de la revue afin de lui soumettre une version préliminaire de notre travail. Il nous répond : « Nous recevons de nombreux articles de cosmologie qui sont soumis à *Nature* dans l'unique but de promouvoir une idée nouvelle aux fins de discussion ultérieure. Normalement, de tels articles sont rejetés sans même être lus, parce que nous ne considérons pas que c'est la politique de la revue. Il y a plusieurs excellents périodiques spécialisés dont c'est le rôle. Mon commentaire n'est pas nécessairement une tentative de découragement, mais j'estime que vous devez être conscients qu'une publication dans *Nature* se heurte à une énorme barrière de potentiel. Nous publions moins de 10 % de ce qui nous est soumis (ce chiffre n'incluant pas les envois "excentriques"), et à peine 25 % des textes proposés sont envoyés à des rapporteurs. Nous avons plus de 10 000 propositions par an. Dans l'état actuel des choses, je ne me donnerais même pas la peine d'envoyer votre manuscrit à un rapporteur. Toutefois, il se peut que je consulte de façon informelle un expert du domaine, pour vérifier si votre travail montre un potentiel suffisant pour mériter d'être soumis à un rapporteur. »

Sur le moment, un vent de déception souffle sur nous. Jeff Weeks nous écrit par courrier électronique : « Voici la réponse de *Nature*. Comme vous voyez, ils nous découragent de soumettre la Lettre. Donc... peut-être que la meilleure chose à faire est de l'oublier. [...] Je suis désolé d'être aussi pessimiste, mais à la lumière de ce que dit l'éditeur, à savoir qu'il ne s'intéresserait qu'au "meilleur modèle" et pas seulement à une "possibilité intéressante", il semble que nos chances de voir notre Lettre acceptée dans *Nature* soient proches de zéro. »

Son de cloche encore plus lugubre chez mes collaborateurs français : « Je pense que *Nature* a raison dans son jugement et cela confirme ce que disait Alain. Je ne pense pas que dans l'état actuel des choses nous soyons en mesure de publier quoi que ce soit dans *Nature,* ni même dans une revue spécialisée comme *Physical Review Letters* ou *Astrophysical Journal* », commente Jean-Philippe Uzan.

Moi-même je rumine ce semblant d'échec tout un week-end. Quelques années auparavant, j'avais déjà réussi à publier dans *Nature* un article novateur sur les « crêpes stellaires », c'est-à-dire une description théorique de la façon dont des étoiles entières pouvaient être brisées par les forces de marée de trous noirs géants[1]. C'était en effet, à l'époque, le « meilleur modèle possible » de ce phénomène astrophysique. Comment faire maintenant pour transformer notre idée d'Univers bien proportionné en celle du « meilleur modèle possible » ? Pas question de passer au crible un vaste ensemble de formes candidates pour sélectionner, après de longs mois de calculs fastidieux, la plus adéquate.

L'espace dodécaédrique

L'illumination m'est venue en travaillant… dans le potager de ma maison de campagne ! L'esprit fonctionne toujours à l'arrière-plan lorsque le corps est occupé à des tâches physiques et très « terre à terre » ; nombre d'idées me sont venues tandis que je cultivais mon jardin ou que je marchais de longues heures en montagne…

1. Voir J.-P. Luminet, *Les Trous noirs, op. cit.*

Ce jour-là du printemps 2003, l'image d'un espace particulièrement bien proportionné m'a sauté aux yeux : l'espace sphérique dodécaédrique de Poincaré (voir chapitre 14). Pourquoi ? Il est difficile *a posteriori* de décoder les images mentales qui nous servent à avancer dans la recherche fondamentale. Pour rationaliser la chose, je dirais qu'intuitivement il nous fallait un modèle d'espace physique ni trop petit par rapport au volume de l'Univers observable (sinon les écarts observés avec le spectre de puissance théorique calculé pour un Univers très grand ne se seraient pas réduits aux seuls grands angles), ni trop grand (sinon aucun écart n'aurait été observé à l'échelle de l'horizon). À première vue, le modèle dodécaédrique convenait : son volume est 120 fois plus petit que celui de l'hypersphère ayant le même rayon de courbure. Or, celui-ci est parfaitement calculable si l'on se donne trois paramètres cosmologiques : le paramètre de Hubble H_0, la densité d'énergie Ω_m sous forme de matière gravitante (visible et sombre), et la densité d'énergie « antigravitante » Ω_Λ, (sous forme d'une constante cosmologique ou d'autres champs d'énergie plus exotiques). Pour des valeurs plausibles selon les données de WMAP, le calcul donne 140 milliards d'années-lumière pour le rayon de courbure de l'hypersphère simplement connexe, 53 milliards d'années-lumière pour le rayon de l'Univers observable[1] et 45 milliards d'années-lumière pour celui de l'espace dodécaédrique de Poincaré. En volume, cela correspond à une

1. Bien que les photons du rayonnement fossile n'aient voyagé que 13,7 milliards d'années, l'expansion de l'espace a allongé leur route, de sorte que la distance qu'ils ont parcourue avant de parvenir aujourd'hui à la Terre est de 53 milliards d'années lumière...

hypersphère environ 100 fois plus grande que l'Univers observable. Donc, l'espace dodécaédrique, 120 fois plus petit que l'hypersphère, aurait un volume environ 80 % de celui de l'Univers observable. Pas de mirage topologique spectaculaire avec des centaines de galaxies fantômes : nous avions calculé deux ans auparavant l'histogramme de séparations de paires (voir chapitre 20) dans un tel espace, et montré que la signature topologique sous forme d'images multiples de galaxies serait difficilement détectable (figure 45.6). Mais, avec un espace relativement grand, restait l'espoir d'un petit effet décelable dans les grandes échelles angulaires du rayonnement fossile…

Après le songe, le chiffre. La clé du problème consistait à démontrer qu'un tambour sphérique dodécaédrique vibrait théoriquement sur les grandes longueurs d'onde exactement comme a vibré l'Univers réel observé par WMAP. Jeff Weeks a commencé les calculs et n'a pas tardé à nous envoyer ce courrier électronique : « Les résultats sont absolument somptueux ! Quelle joie !! Bon, il ne fait aucun doute que l'espace dodécaédrique de Poincaré peut être la *star* de notre lettre à Nature (et nul doute également que ce sera un super article !). »

Nous rédigeons donc une courte lettre dans laquelle, en supposant que l'espace possède cette topologie dodécaédrique permettant de rendre compte du quadripôle et de l'octopôle observés par WMAP, nous déduisons très précisément son rayon de courbure et sa taille. Comme cet espace est de type sphérique, le paramètre de densité de l'Univers doit être contraint par $\Omega_0 > 1{,}01$, avec la valeur $\Omega_0 = 1{,}013$ comme meilleur ajustement aux données sur le quadripôle et l'octopôle. Notre modèle est donc réfutable, puisque les données du futur satellite européen Planck Surveyor (attendues pour 2007) devraient permettre de déterminer ce paramètre de densité à 1 % près. Une valeur inférieure à 1,01 éliminerait l'espace de Poincaré comme modèle physique, en ce sens que la taille du dodécaèdre deviendrait supérieure à celle de l'Univers observable et ne laisserait aucune signature décelable sur le quadripôle.

Non seulement le modèle d'espace sphérique dodécaédrique est réfutable, mais il est également *prouvable* (contrairement, par exemple, au modèle d'espace euclidien infini). Nous avons vu en effet (chapitre 21) que, si l'espace est multiconnexe, il doit exister des corrélations particulières dans le rayonnement fossile prenant la forme de paires de cercles le long desquels les fluctuations de température sont identiques, à une rotation près. Or, le modèle dodécaédrique prédit l'existence de six paires de cercles diamétralement opposées dans le ciel (correspondant aux six paires de faces identifiées du dodécaèdre), dont le rayon angulaire serait compris entre 10° et 40° (valeurs sensiblement dépendantes des paramètres cosmologiques).

Rédigé ainsi, notre article obéissait aux pures règles de la démarche scientifique : une observation nouvelle (le déficit des vibrations acoutisques dans les données de WMAP) soulève un problème théorique, une explication argumentée (un Univers multiconnexe particulier rendant compte des données) est proposée, qui fait en outre deux prédictions (la valeur précise de Ω_0 et six paires de cercles corrélés dans le rayonnement fossile), dont la confirmation ou l'infirmation pourront prouver ou réfuter le modèle.

Notre article est donc accepté sans coup férir par *Nature* dès la mi-juillet 2003. Il y a cependant un prix à payer pour publier dans cette revue : celui du secret. Normalement, tout article accepté pour publication dans une revue scientifique est mis immédiatement sur des archives électroniques, ce qui accélère considérablement sa diffusion dans la communauté. Or, *Nature* interdit que tout article accepté par elle circule en aucune façon avant le jour de sa publication papier : ni sur Internet, ni auprès des collègues sous forme de tirés à part, ni sous forme de communication à un colloque ! Il faut donc ronger son frein en attendant la parution, espérant qu'aucune autre équipe n'effectuera entretemps un travail analogue qui, soumis à une revue ordinaire, serait déposé avant sur les archives électroniques et emporterait donc l'antériorité !

Nous attendons donc la parution pour fin août. La publication prend du retard, sans doute à cause de l'été. Le 30 septembre, fin du suspense et consolation : *Nature* nous informe que non seulement l'article va paraître dans son numéro du 9 octobre, mais qu'en plus il fera la couverture du magazine, accompagné d'une spectaculaire représentation en couleurs du dodécaèdre de Poincaré vu de l'intérieur ! (Voir illustrations 24 et 25.)

Le jour en question, un communiqué de presse, rédigé sans que nous ayons été consultés par un habile journaliste de *Nature*, fait sensation : il annonce la découverte d'un modèle d'Univers en forme de… ballon de football !

Nous n'avions pas du tout prévu la comparaison. Mais il est vrai que, afin d'expliquer aux lecteurs de la revue comment l'hypersphère ordinaire pouvait être pavée par 120 dodécaèdres empilés, nous avions donné l'image bidimensionnelle simplifiée de la surface d'une sphère, qui peut être pavée par douze pentagones incurvés (figures 45.3 et 45.4). Et cette image évoque un ballon de football[1].

Plus sérieusement, le cosmologiste George Ellis, de l'université du Cap (Afrique du Sud) et l'un des pionniers de la topologie cosmique (voir chapitre 44), commente notre travail dans un court article préliminaire de *Nature* : « Depuis l'Antiquité, les hommes cherchent à savoir si notre Univers est infini ou fini. Aujourd'hui, après plus de deux millénaires de spéculations, des observations scientifiques pourraient trancher ce débat. [...] Il s'agirait d'une découverte majeure sur la nature de l'Univers. »

Figure 45.3

L'espace de Poincaré peut se décrire comme l'intérieur d'une sorte de sphère formée de 12 pentagones légèrement incurvés.

1. Appelé *soccerball* aux États-Unis, car dans le jeu de football dit « américain » le ballon a la forme oblongue de nos ballons de rugby...

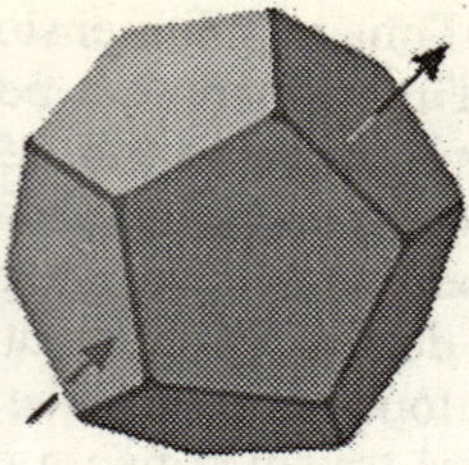

Figure 45.4

Mais, grosse différence avec un « ballon de football » auquel la figure 45.3 peut faire penser, lorsqu'on arrive à une paroi pentagonale, on revient dans le ballon par la face opposée en ayant tourné de 36°.

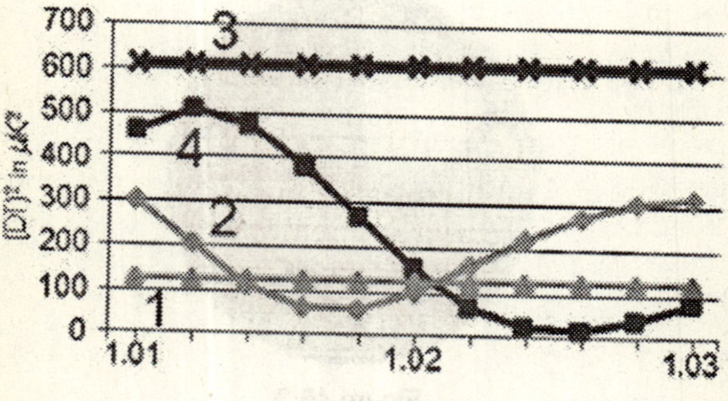

Figure 45.5

Valeurs du paramètre de masse-énergie pour lequel l'espace dodécaédrique de Poincaré (courbes 2 pour le quadripôle et 4 pour l'octopôle) s'accorde avec les observations de WMAP (courbes 1 pour le quadripôle et 3 pour l'octopôle). L'accord est optimal pour une valeur du paramètre de masse-énergie comprise entre 1,012 et 1,016.

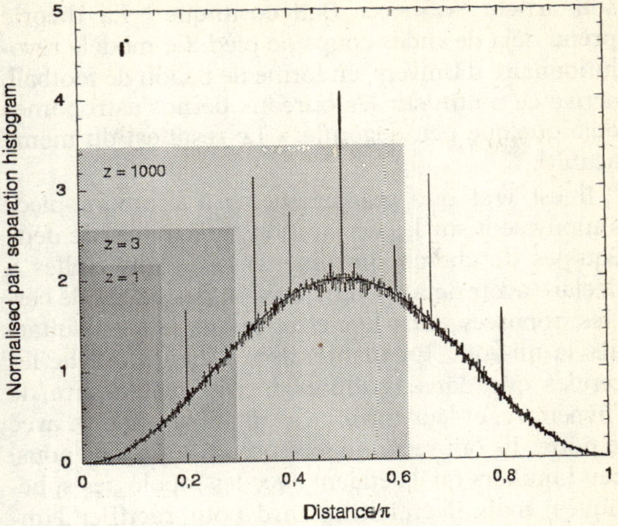

Figure 45.6. Cristallographie cosmique dans l'espace de Poincaré

Histogramme de séparation de paires dans l'espace sphérique de Poincaré, calculé pour $\Omega_0 = 1{,}1$. Si le pic principal est situé à un décalage spectral trop grand pour être détectable, le premier pic est à $z \sim 1{,}5$, accessible aux relevés observationnels profonds attendus dans la décennie.

La controverse

Faire la couverture de *Nature* avec un article de cosmologie théorique est peu commun, et le milieu scientifique n'est pas toujours tendre. En pleine controverse géopolitique sur l'intervention militaire en Irak, une partie de la presse généraliste américaine fait quelques commentaires désobligeants sur notre modèle — sans, bien entendu, en comprendre un traître mot. Le *New York Times* commence ainsi son article : « Soccer Ball cosmique ? La théorie prend déjà de rudes coups de pied. Ce modèle révolutionnaire d'Univers, en forme de ballon de football, arrive ce matin sur les bureaux de nos astronomes déjà quelque peu dégonflé. » Le reste est du même acabit[1].

Il est vrai que ces jugements à l'emporte-pièce s'appuyaient sur les déclarations précipitées de deux équipes de chercheurs américains. L'une d'elles a déclaré avoir déjà cherché en vain des paires de cercles opposées dans le ciel et publié leurs résultats dès la mi-août. En réalité, ils n'avaient cherché les cercles que dans la topologie très particulière de l'hypertore, et leur travail n'avait aucun rapport avec le nôtre. Ils ont reconnu leur erreur auprès de nous, peu familiers qu'ils étaient avec les topologies sphériques, mais il était trop tard pour rectifier l'impression négative donnée dans les médias d'outre-Atlantique. Une autre équipe, dirigée par Neil Cornish (celle-là même qui avait conçu la belle méthode des cercles corrélés), a également déclaré aux journalistes avoir cherché en vain des cercles corrélés dans les données de WMAP, mais ils n'avaient rien publié ! Les discussions qui ont suivi entre nos deux groupes ont été vives mais fructueuses. Par ordinateur, Alain Riazuelo a fabriqué des cartes artificielles du rayonnement fossile en se fondant sur une topologie gardée secrète, et engendrant un grand nombre de paires de cercles corrélés ; après quelques mois de calcul, nos collègues américains ont annoncé qu'ils avaient détecté nos cercles artificiels et

1. L'article de *The Economist* a été plus sobre : sous le titre de « Vérités platoniciennes », il rappelait que le dodécaèdre avait déjà été utilisé par Platon pour modéliser géométriquement l'élément constitutif du ciel, la « quintessence ».

retrouvé la forme cachée, ce qui représentait un indice prometteur quant à la validité de leur méthode. Forts de ce résultat, ils ont amélioré leur programme portant sur les données réelles et persisté dans leur réfutation du modèle dodécaédrique, excluant notamment une taille de l'Univers plus petite que celle de l'horizon cosmologique.

Pourtant, en parallèle, une équipe de cosmologistes polonais conduite par Boud Roukema a publié début 2004 un article dans lequel, analysant les *mêmes* données de WMAP, ils déclarent avoir trouvé les six paires de cercles corrélés prédits par le modèle dodécaédrique ! Cela démontre en passant comment l'analyse statistique des données observationnelles est délicate, puisque deux analyses différentes des mêmes données peuvent conduire à des conclusions radicalement opposées !

À l'heure où j'écris ces lignes (juin 2004), la controverse sur la forme de l'espace n'est donc pas tranchée. Une seconde mouture des données de WMAP, intégrant deux années d'observation avec vraisemblablement des incertitudes de mesure réduites, est attendue. Même si le modèle dodécaédrique est finalement rejeté, tous les modèles d'espace bien proportionnés ne seront pas éliminés pour autant. On s'attend à ce que les nouvelles données de WMAP confirment certaines anomalies à grande échelle du rayonnement fossile (ce qui expliquerait le surprenant retard dans la délivrance de cette deuxième mouture, initialement prévue pour février 2004). Or, ces anomalies sont justement l'une des signatures possibles d'un Univers fini et multiconnexe. En outre, nos simulations numériques montrent que, même si la taille de l'espace multiconnexe est plus grande que celle de l'Univers observable, nous pourrions en déceler quand même la trace dans le rayonnement fossile, alors même que plus aucune paire de cercles et encore moins d'images fantômes de galaxies ne subsisteraient. La topologie de l'Univers pourrait donc fournir une information sur ce qui se passe au-delà de l'horizon cosmologique !

Conséquences pour la physique de l'Univers primordial

Les modèles d'univers finis et bien proportionnés, et en particulier l'espace dodécaédrique de Poincaré, sont une véritable boîte de Pandore pour la physique de l'Univers primordial. En effet, le modèle standard prévoit que, dans ses premières fractions de seconde d'existence, l'expansion de l'Univers aurait été gouvernée par une phase de croissance exponentielle appelée inflation, due à une brisure spontanée de symétrie lors du découplage des interactions fondamentales. Avant même de parler de topologie, il est bon de noter que la théorie de l'inflation pose des difficultés. Dans sa version la plus simple, l'inflation prévoit un Univers beaucoup plus grand que l'Univers observable. Le seul fait que la courbure soit positive (c'est le cas si $\Omega_0 > 1$) pose déjà un problème pour l'inflation. Il est cependant possible de construire des modèles où la phase d'inflation est plus courte et permet d'avoir une courbure observable. Donc, si l'espace n'est pas « plat », l'existence d'une topologie multiconnexe n'est pas en contradiction flagrante avec l'inflation. Cette dernière devrait pouvoir s'en accommoder car la théorie possède beaucoup de paramètres libres. Toutefois, aucun modèle explicite n'a encore été formulé.

Dans la cosmologie relativiste moderne, il est en général admis que l'homogénéité spatiale reste valable au-delà de l'horizon cosmologique. Dans le modèle d'inflation chaotique — une variante du modèle d'inflation —, l'Univers deviendrait très hétérogène sur des échelles beaucoup plus grandes que ce que nous pouvons observer, et nous serions dans une bulle homogène en expansion parmi d'innombrables autres bulles. Or notre modèle est, à première vue, incompatible avec celui de l'inflation chaotique : il ne fait intervenir qu'une seule bulle d'Univers en expansion, en outre suffisamment petite pour que nous puissions la voir en son entier.

En 1917, Einstein avait déjà souligné que les Univers spatialement finis présentaient l'avantage de supprimer le problème des conditions aux contours. Un petit Univers dans lequel nous pouvons voir la plupart de ce qui existe est encore plus avantageux. C'est en effet le seul type d'Univers dans lequel nous pourrions prévoir l'avenir astronomique — le retour de la comète de Halley, par exemple —, parce qu'il n'y a que dans ce type d'Univers que nous pourrions disposer de toutes les données pour effectuer de telles prédictions. Cet argument n'est pas un gage de validité, mais une option philosophique intéressante. Pour l'heure, les données de WMAP suggèrent bien que nous puissions vivre dans un Univers fini, et suffisamment petit pour créer un mirage cosmique.

Le mot de la fin (forcément provisoire) revient au poète :

L'Univers comporte des degrés
étagés selon d'exactes proportions mathématiques
Le soleil s'applique à mûrir chaque grain

Les sphères sidérales sont tramées de feu très pur
Les nombres les figures sont leurs objets spirituels

Nous tissons les objets réels à partir du fil de l'étoffe
dont sont faits les rêves mathématiques
L'Univers est câblé d'arithmétique
Tracez un cercle pi surgit
Entrez dans un nouveau système solaire
et les formules de Kepler vous attendent
tapies sous la cape de velours noir de
l'espace-temps[1]

1. Extrait de J.-P. Luminet, *Itinéraire céleste*, Paris, Le Cherche-Midi éditeur, 2004.

ANNEXES

Bibliographie

ANDRILLAT Henri, *L'Univers sous le regard du temps*, Paris, Masson, 1993.

ARISTOTE, *Traité du ciel*, éd. J. Tricot, Paris, Vrin, 1986.

AUDOUZE Jean, *Les Particules et l'univers*, Paris, PUF, 2000.

— et ISRAEL Guy (éd.), *Le Grand Atlas de l'astronomie*, Encyclopædia Universalis.

BARROW John, *La Grande Théorie*, Paris, Albin Michel, 1994.

BATON Jean-Pierre et COHEN-TANNOUDJI Gilles, *L'Horizon des particules*, Paris, Gallimard, 1989.

BOUQUET Alain et MONNIER Emmanuel, *La Matière noire et autres cachotteries de l'Univers*, Paris, Dunod, 2003.

BRUNO Giordano, *L'Infini, l'Univers et les Mondes*, traduction B. Levergeois, Paris, Berg International, 1987.

CASSÉ Michel, *Du vide et de la création*, Paris, Odile Jacob, 1993.

— *Théories du ciel*, Paris, Payot, 1999.

CELNIKIER Ludwik, *Histoire de l'astronomie occidentale*, Paris, Technique et Documentation, 1992.

COHEN-TANNOUDJI Gilles et SPIRO Michel, *La Matière-Espace-Temps*, Paris, Fayard, 1986.

Collectif, *Aux confins de l'univers*, Paris, Fayard, Fondation Diderot, 1987.

COMTE Auguste, *Cours de philosophie positive, dix-neuvième leçon*, Paris, Anthropos, 1968.

CUSE Nicolas de, *De la docte ignorance*, Paris, La Maisnie, 1979.

DANTE, *La Divine Comédie*.

DAVIES Paul (éd.), *La Nouvelle Physique*, Paris, Flammarion, 1993.

— *Superforce*, Paris, Payot, 1987.
DEMARET Jacques, *Univers*, Le Mail, 1991.
— et LAMBERT Dominique, *Le Principe anthropique*, Paris, Armand Colin, 1994.
DESCARTES René, *Discours de la méthode ; la dioptrique, les météores et la géométrie*, Paris, Fayard, 1986.
EINSTEIN Albert, *La Relativité*, Paris, Payot, 1990.
— *Œuvres choisies*, vol. 2 et 3 : *Relativités*, Paris, Seuil, coll. « Sources du Savoir », 1993.
FANG Lizhi et LI Shuxian, *La Naissance de l'Univers*, Paris, Inter-Édition, 1990.
FRIEDMANN Alexandre et LEMAÎTRE Georges, *Essais de cosmologie*, précédé de LUMINET Jean-Pierre, *L'Invention du big-bang*, Paris, Seuil, coll. « Sources du Savoir », 1997.
GAMOW George, *La Création de l'Univers*, Paris, Dunod, 1961.
GREENE Brian, *L'Univers élégant*, Paris, Robert Laffont, 2000.
GRIBBIN John, *À la poursuite du Big-Bang*, Paris, Flammarion, coll. « Champs », 1993.
HAKIM Rémi, *La Science et l'univers*, Paris, Syros, 1992.
HARRISON Edward, *Cosmology*, Cambridge University Press, 2000, 2e éd.
— *Le Noir de la Nuit*, Paris, Seuil, coll. « Points Sciences », 1998.
HAWKING Stephen, *Une brève histoire du temps*, Paris, Flammarion, 1988.
— et PENROSE Roger, *La Nature de l'Espace et du Temps*, Paris, Gallimard, 1997.
HEIDMANN Jean, *Introduction à la cosmologie*, Paris, PUF, 1973.
— *L'Odyssée cosmique*, Paris, Denoël, 1986.
JAMMER Max, *Concepts of Space : The History of the Theories of Space in Physics*, New York, Harper, 1960.
KANT Emmanuel, *Histoire générale de la nature et Théorie du ciel*, traduction J. Seidengart, Paris, Vrin, 1984.
KEPLER Johannes, *Le Secret du monde*, Paris, Les Belles-Lettres, 1984.
— *L'Harmonie du monde*, Paris, Blanchard, 1980.
KOESTLER Alexandre, *Les Somnambules*, Paris, Presses-Pocket, 1985.
KOYRÉ Alexandre, *Du monde clos à l'univers infini*, Paris, Gallimard, 1988 ; Le Livre de Poche, 1992.
— *Études newtoniennes*, Paris, Gallimard, 1968.

KUHN Thomas, *La Révolution copernicienne*, Paris, Fayard, 1973.

LACHIÈZE-REY Marc, *Initiation à la cosmologie*, Paris, Masson, 1992.

LACHIÈZE-REY Marc, *Au delà de l'espace et du temps*, Paris, Le Pommier, 2003.

— et GUNZIG Edgard, *Le Rayonnement cosmologique*, Paris, Masson, 1995.

— et LUMINET Jean-Pierre, *Figures du ciel*, Paris, Seuil, 1998.

LAMBERT Dominique, *Un atome d'univers*, Paris, Racine, 1999.

LAMBERT Johann Heinrich, *Lettres cosmologiques sur l'organisation de l'Univers*, traduction M. Darquier, Amsterdam, G. H. Van Keulen, 1801.

LAPLACE Pierre Simon de, *Traité de mécanique céleste*, Bruxelles, Culture et civilisation, 1967.

LEMAÎTRE Georges, *L'Hypothèse de l'atome primitif*, Neuchâtel, Griffon, 1946.

LEHOUCQ Roland, *L'Univers a-t-il une forme ?*, Paris, Flammarion, coll. « Champs », 2004.

LO JACOMO François, *Visualiser la quatrième dimension*, Paris, Vuibert, 2002.

LOCHAK Georges, *La Géométrisation de la physique*, Paris, Flammarion, 1994.

LOT, Fernand, *L'Origine du Monde : le tour des théories*, Paris, 1950.

LUCRÈCE, *De la nature*, traduction H. Clouard, Paris, Flammarion, 1964.

LUMINET Jean-Pierre, *Les Trous noirs*, Paris, Seuil, coll. « Points Sciences », 1992.

LUMINET Jean-Pierre, *L'Invention du big-bang*, Paris, Seuil, coll. « Points Sciences », 2004.

— et LACHIÈZE-REY Marc, *La Physique et l'Infini*, Paris, Flammarion, coll. « Dominos », 1994.

MAZURE Alain, MATHEZ Guy et MELLIER Yannick, *Chronique de l'espace-temps*, Paris, Masson, 1994.

MERLEAU-PONTY Jacques, *Cosmologies du XXe siècle*, Paris, Gallimard, 1965.

MICHEL P.-H., *La Cosmologie de Giordano Bruno*, Paris, Hermann, 1962.

MUNITZ Milton K. (éd.), *Theories of the Universe : From Babylonian Myth to Modern Science*, New York, Free Press, 1957.

NEUGEBAUER Otto von, *Les Sciences exactes dans l'Antiquité*, Arles, Acte Sud, 1989.

NEWTON Isaac, *Principes mathématiques de la philosophie naturelle*, trad. fr. de la marquise du Châtelet, 1756 ; nouvelle éd., Paris, Albert Blanchard, 1966.

NOTTALE Laurent, *L'Univers et la lumière*, Paris, Flammarion, 1994.

PETIT Jean-Pierre, *Le Topologicon*, Belin, 1988.

PLATON, *Le Timée, La République*, in *Œuvres complètes*, Paris, Gallimard, « Bibliothèque de la Pléiade », 1950.

POE Edgar Allan, *Eurêka*, in *Contes, essais, poèmes*, éd. C. Richard, Paris, Robert Laffont, coll. « Bouquins », 1989.

Les Présocratiques, Paris, Gallimard, « Bibliothèque de la Pléiade », 1988.

RAVIGNANT P. et KIELCE A. (éd.), *Cosmogonies : les grands mythes de la création du monde* (choix de textes), Paris, Le Mail, 1988.

REEVES Hubert, *Dernières nouvelles du cosmos*, Paris, Seuil, coll. « Points Sciences », 1999.

— *La Première Seconde*, Paris, Seuil, coll. « Points Sciences », 1999.

SILK Joseph, *Le Big Bang*, Paris, Odile Jacob, 1999.

SMOOT George et DAVIDSON Keay, *Les Rides du temps*, Paris, Flammarion, 1994.

THUAN Trinh Xuan, *Le Chaos et l'Harmonie*, Paris, Fayard, 1998.

THURSTON William, *Three-Dimensional Geometry and Topology*, Princeton University Press, 1997.

VERDET Jean-Pierre (éd.), *Astronomie et astrophysique : textes essentiels de Platon à Einstein*, Paris, Larousse, 1993.

WEEKS Jeffrey, *The Shape of Space*, New York, Dekker, 1985.

WEINBERG Steven, *Les Trois Premières Minutes de l'Univers*, Paris, Seuil, 1988.

Références des citations

P. 13 : Stéphane Mallarmé, *Toast funèbre.*

P. 21 : Jules Laforgue, *Complainte du temps et de sa commère l'espace*, in *Les Complaintes*, 1885.

P. 27 : Épicure, *Lettre à Pythoclès.*

P. 32 : Giambattista Marino, *Le Théâtre du palais d'amour*, in Adone, 1623, in *Anthologie bilingue de la poésie italienne*, Gallimard, « Bibliothèque de la Pléiade ».

P. 35 : Filippo Marinetti, *Les Licous du temps et de l'espace*, in *Le Monoplan du pape*, 1912, L'Âge d'Homme.

P. 41 : Georges Perec, *Espèces d'espaces*, Denoël, 1976

P. 51 : Blaise Cendrars, *L'Eubage, aux antipodes de l'unité* (1926).

P. 55 : Jean-Paul Richter, *Rêve de l'Univers*, in *La Comète*, 1820, traduction A. Béguin.

P. 61 : Denis Diderot, *Lettre sur les aveugles*, 1749.

P. 67 : Raymond Queneau, *Petite cosmogonie portative*, Gallimard, 1950.

P. 79 : Jean Rousselot, *Poèmes en espoir de cause*, *Phréatique*, n° 49, 1989.

P. 94 : Jean Dieudonné, *Penser les Mathématiques*, Seuil, 1982.

P. 100 : Pierre Dac, *L'Os à moelle.*

P 126 : Maurice Couquiaud, *Trou noir*, in *Un plaisir d'étincelles*, GRP, 1985.

P. 131 : Victor Hugo, *Tout le passé et tout l'avenir*, in *La Légende des siècles*, 1859-1883.

P. 142 : Jorge Luis Borges, *La Bibliothèque de Babel*, in *Fictions*, Gallimard, 1974.

P. 147 : Jean Tardieu, *Le Ciel ou l'irréalité*, in *La Part de l'ombre, Objets incommensurables*, 1950-1961, Gallimard.

P. 153 : Villiers de L'Isle-Adam, *L'Ève future*, chapitre XI : « Uranie », 1886.

P. 158 : Strada, *La Genèse universelle*, in *Chant VI*, 1890.

P. 173 : Jean-Paul Richter, *Rêve de l'Univers*, in *La Comète*, 1820, traduction A. Béguin.

P. 187 : Louis Auguste Blanqui, *L'Éternité par les astres*, 1876.

P. 198 · Nina Berberova, *Le Mal noir*, traduction Luba Jurgenson, Actes Sud, 1989.

P. 209 : Jean Tardieu, *Le Ciel ou l'irréalité*, in *La Part de l'ombre, Objets incommensurables*, 1950-1961, Gallimard.

P. 227 : Guillaume d'Auvergne, *De Universo*, 1230.

P. 231 : Victor Hugo, *La Comète*, in *La Légende des siècles*, XLVI, 1859-1883.

P. 239 : Francis Ponge, *Texte sur l'électricité*, in *Lyres*, Gallimard, 1962.

P. 251 : Walt Whitman, *Cosmos*, traduction L. Bazalgette, in *Poèmes*, Éditions de l'Effort libre, 1914.

P. 258 : Jules Laforgue, *Éclair de gouffre*, in *Premiers Poèmes*, 1880.

P. 261 : Stéphane Mallarmé, *Quand l'ombre menaça*, in *Poésies*, 1883.

P. 265 : Charles Dobzynski, *La dernière galaxie*, in *L'Opéra de l'Espace*, Gallimard, 1963.

P. 274 : Giovanni Pascoli, *La Souche*, in *Canti del Castelvecchio*, 1903.

P. 280 : Alfred Jarry, *Du soleil, solide froid*, in *Gestes et opinions du docteur Faustroll, pataphysicien*, Fasquelle, 1911.

P. 291 : Francis Ponge, *Texte sur l'électricité*, in *Lyres*, *op. cit*.

P. 307 : Lucrèce, *De la nature*.

P. 323 : Georges Buffon, *Première Vue de la Nature*, 1764.

P. 347 : Louis Auguste Blanqui, *L'Éternité par les astres*, 1876.

P. 367 : Jean de La Fontaine, *Un animal dans la lune*, in *Fables*, livre VII, fable XVIII, 1668-1694

P. 376 : Edgar Poe, *Eurêka*, in *Contes, essais, poèmes*, traduction Charles Baudelaire, Robert Laffont, coll. « Bouquins », 1989.

P. 390 : Salvador Dalí, *Dix recettes d'immortalité*, Audouin et Descharnes, 1973.

P. 397 : Michel Cassé, *Varech primordial* (inédit).

P. 408 : Charles Baudelaire, *Élévation*, in *Les Fleurs du Mal*, 1857.
P. 419 : André Verdet, *Hommages*, in *L'Obscur et l'Ouvert*, Galilée, 1984.
P. 437 : Bill Shankly, cité dans *The Sun*, 9 octobre 2003.

Crédits des illustrations

Fig. 1 : L'Univers newtonien.
Image du film *Infiniment courbe*, © Arte/CNRS Images Media.

Fig. 3 : La Croix d'Einstein.
© STScI-NASA.

Fig. 4 : Arcs gravitationnels.
© STScI-NASA.

Fig. 6 : La Grande Muraille cosmique.
© M. Geller *et al.*

Fig. 8 : *Limite circulaire III*, tirée de B. Ernst, *Le Miroir magique de M.-C. Escher*, Fribourg, Medea.
© Fondation M.-C. Escher, Musée municipal de La Haye, Pays-Bas.

Fig. 9 : Cristal cosmique hyperbolique.
© The Geometry Center, University of Minnesota.

Fig. 10 : Le ciel profond vu par le télescope spatial.
© STScI-NASA.

Fig. 11, 14, 15a-c, 16, 24, 25.
© Jeffrey Weeks, avec son aimable autorisation.

Fig. 13 : Les fluctuations du rayonnement fossile.
© NASA COBE. Goddard Space Flight Center, Greenbelt, Maryland.

Fig. 18 : Anisotropie dipolaire.
© NASA COBE. Goddard Space Flight Center, Greenbelt, Maryland.

Fig. 19 : Émission micro-onde de la Voie lactée.
© NASA COBE. Goddard Space Flight Center, Greenbelt, Maryland.

Fig. 20 : Carte simulée du rayonnement fossile dans un petit hypertore.
© Alain Riazuelo.

Fig. 21a-e : Carte simulée du rayonnement fossile dans un petit espace lenticulaire.
© Alain Riazuelo.

Fig. 22 : Carte des fluctuations mesurées par Boomerang.
© BOOMERanG Team.

Fig. 23.
© Nasa-WMAP Science Team.

Toutes les autres figures ont été réalisées par l'auteur.

Index des noms

Index des notions

REMERCIEMENTS

Christine Ehm a retravaillé mon manuscrit avec une rare clairvoyance, Jean-Philippe Uzan, Roland Lehoucq et Didier Pelat m'ont fait part de leurs justes critiques.

La Fondation des Treilles m'a accueilli plusieurs fois pour me permettre de mener à bien cette entreprise de longue haleine, m'assurant des phases de travail serein qu'il m'était impossible de trouver autrement. Ce long labeur a également été soutenu à chaque instant par Olivier Bétourné, qui s'est armé de patience et de compréhension malgré mes nombreux ajournements.

Pour la présente édition actualisée, je remercie les lecteurs de la première édition qui ont relevé quelques coquilles et m'ont fait part de critiques pertinentes, en particulier Georges Melki. Éric Vigne m'a guidé de ses précieux conseils.

J'exprime à toutes et à tous ma profonde gratitude.

I. LA FORME DE L'ESPACE

II. LES PLIS DE L'UNIVERS

ANNEXES

DU MÊME AUTEUR

LES TROUS NOIRS, Belfond, 1987, Le Seuil, coll. « Points Sciences », 1992.

NOIR SOLEIL (poèmes), Le Cherche-Midi éditeur, 1993.

LES POÈTES ET L'UNIVERS, Le Cherche-Midi éditeur, 1996.

FIGURES DU CIEL, avec Marc Lachièze-Rey, Le Seuil/Bibliothèque nationale de France, 1998.

LE RENDEZ-VOUS DE VÉNUS (roman), Lattès, 1999.

ÉCLIPSES. LES RENDEZ-VOUS CÉLESTES, avec Serge Brunier, Bordas, 1999.

LE BÂTON D'EUCLIDE (roman), Lattès, 2001.

LE FEU DU CIEL, Le Cherche-Midi éditeur, 2003.

ITINÉRAIRE CÉLESTE (poèmes), Le Cherche-Midi éditeur, 2004.

L'INVENTION DU BIG BANG, Le Seuil, coll. « Points Sciences », 2004.

DE L'INFINI, avec Marc Lachièze-Rey, Dunod, 2005. Le Seuil, coll. « Points Sciences », 2005.

LE DESTIN DE L'UNIVERS, Fayard, 2006

LE SECRET DE COPERNIC (roman), Lattès, 2006, Livre de poche, 2008.

LA DISCORDE CELESTE (roman), Lattès, 2008, Livre de poche, 2009.

L'ŒIL DE GALILÉE (roman), Lattès, 2009.

BONNES NOUVELLES DES ÉTOILES (essai), avec Elisa Brune, Odile Jacob, 2009

Composition Nord Compo.
Impression CPI Bussière
à Saint-Amand (Cher), le 7 août 2009.
Dépôt légal : août 2009.
1er dépôt légal dans la collection : janvier 2005.
Numéro d'imprimeur : 092265/1.
ISBN 978-2-07-030052-5./Imprimé en France.

171053